東京大学
第二工学部の光芒

現代高等教育への示唆

大山達雄 ［編］
前田正史

東京大学出版会

Re-evaluating the Legacy of the Second Faculty of Engineering of
the University of Tokyo:
Implications for Higher Education Today

Tatsuo Oyama and Masafumi Maeda, editors

University of Tokyo Press, 2014
ISBN 978-4-13-066810-1

はじめに

　都内千代田区虎ノ門にある霞が関ビル近くの旧文部省があったあたりに，千代田区指定有形文化財（歴史資料）の工部大学校阯碑が建っている（写真1）．これは昭和14年（1939）に工部大学校出身者達が，この地に工部大学校があったことを記念して，わが国の工学発祥の地として建立したものである．工部大学校は工業分野の日本人の人材育成を目的として明治6年（1873）に開校した，わが国最初の高等教育機関であるといってよいであろう（写真2）．また工部大学校はタカジアスターゼの発見者である高峰譲吉，東京駅の設計者である辰野金吾らの多くの著名な人材を輩出し，明治期のわが国の発展の礎を築くことに大いに貢献した．工部大学校の「精神」と「伝統」はその後，東京帝国大学工学部に受け継がれ，日本の工学教育に大きな影響をもたらした．そしてその流れは，本書のテーマである東京大学第二工学部（以下，必要に応じて二工と略記する），東京大学生産技術研究所へと受け継がれることになった．本書作成の目的の一つは，このような流れを検証することである．

　東京帝国大学第二工学部（昭和22年（1947）までの正式名称）は昭和17年（1942）に創設され（写真3），9年間続いて閉校となったが，その実績にはめざましいものがある．戦時下に急造された学部であり，西千葉の辺鄙な場所の粗末な施設の中で，戦中，戦後の窮乏期をしのぎながら8期にわたって合計約2,562名を卒業させている．それらの卒業生は戦後の日本の復興に大きく貢献し，日本の発展をもたらした原動力として世間の大きな注目を浴びる顕著な活躍をした．工学系技術者を養成するという需要が急激に高まる中で，半ば軍事技術者を増大させるという役割を持たされつつ創設された東京大学第二工学部は，わが国の敗戦を経て後，「戦犯学部」とまでいわれつつ閉鎖に至っている．わずか9年間という教育効果を検証するには短すぎるくらいの期間しか存続しなかったはずの東京大学第二工学部が，なぜその後

i

写真 1 工部大学校阯碑
昭和 14 年(1939)に建立. 千代田区霞が関 3-2-1　霞が関コモンゲート西館敷地内.

写真 2 工部大学校［東京大学大学院工学系研究科建築学専攻所蔵］

写真3 東京大学第二工学部正門［生産技術研究所資料より］

のわが国の経済発展，産業発展にあれほどまでに貢献できた人間を養成しえたのかというのが，われわれが本書作成を企画するに至った主要な，そして唯一の理由である．

本書を作成する契機について書いておきたい．本書の編者の一人（大山）が政策研究大学院大学の教員として六本木のこの地に新キャンパスを得たのは，平成13年（2001）年4月である．この当時，政策研究大学院大学の初代学長であった吉村融氏（政策研究大学院大学名誉学長）は以下のように述べている．

> 「この六本木の土地は東京大学生産技術研究所のあったところで，生産技術研究所は東京大学第二工学部の閉学とともに新設された組織である．二工卒業生はわが国製造業を中心に企業の中核的責任者として各種産業界において活躍し，わが国の産業発展，経済発展に大いに寄与したはずである．このような彼らの貢献を再評価し，顕彰する必要があるのではないか．そしてまた，そのことはわが国の技術官僚，テクノクラートの業績の再評価にもつながり，さらにはそこから彼らが活躍する原動力となったのが何かについても新たな知見が得られるのではないか．」

このような問題意識が本書作成の一つの契機となったのである（写真4）．

一方，前田は平成元年（1989）に六本木の生産技術研究所に着任し，その後生産研の駒場への移転を行い，平成17年（2005）4月－平成21年

はじめに iii

写真 4 六本木にあった生産技術研究所を東方より望む［生産技術研究所資料より］奥に青山霊園が見える．

(2009) 3月には生産研所長として吉村，大山とともに二工の業績評価の活動を行った．

　生産技術研究所第7代所長を務めた岡本舜三氏は，『生産研究』(31巻5号，東京大学生産技術研究所，1979) の中で，「第二工学部の卒業生には技術行政官として優れた管理能力を発揮した人が多かったように思われるが，このことは千葉の雰囲気と無関係であるとは思えない」と述べている．さらに岡本氏は，「二工の足跡をたどり，二工のもたらした成果，業績を詳細に分析評価することは，今後の工業教育の在り方を考える上に参考になる点が多いと思われる」とも述べている．このことからも二工がわが国の産業界，官界，学界にもたらした影響，貢献を検証，再評価することは必要かつ重要なことであると考えるに至った．本書を作成するもう一つの契機は，この点に存在するのである．

　東京大学第二工学部は昭和17年 (1942) 4月にはじめての学生を受け入れて以来，昭和26年 (1951) 3月にすべての卒業生が修了するまでのわずか9年間という短い期間に限って存在した機関である．第二工学部卒業生は

総勢 2,562 名を数えるが，工学部に含まれるすべての分野において専門性，独創性，先見性を遺憾なく発揮し，産業界，官界，学界において技術開発，技術の教育，研究に従事し，経営分野においても最先端，最前線に立って活躍したといわれている．そしてまたわが国経済の戦後の復興にも大いに貢献し，わが国産業のその後の発展の基礎を築いたといっても過言ではないであろう．一方，わが国の技術官僚，テクノクラート人材が，官界においてわが国の産業政策の策定，国土開発，社会インフラの整備等に関して果たした役割は大きい．そこで本書では，以下のような問題点を明らかにすることを主要な目的としている．

- 第二工学部はなぜ，どのようにして誕生したか．
- 第二工学部の教育，研究，人材育成の特徴は何なのか．
- 第二工学部はなぜ，どのようにして廃止されるに至ったか．
- 第二工学部の主要な功績，貢献に対しては，どのような総括的評価が与えられるか．
- 第二工学部の精神は生産技術研究所にどのように受け継がれることになったのか．さらにまたわが国の高等教育政策にどのような影響を及ぼすことになったか．

上記のような問題意識に基づいて本書を作成することは，わが国の工学教育のあり方について何らかの有効な示唆を与え，また工学部出身者の今後の人材育成にも大いに貢献することになると信ずる．

本書の作成にあたっては，元富士通㈱社長の山本卓眞氏が二工卒業生とのパイプ役となって下さり，資料収集，懇談会，そして二工卒業生諸氏とのインタビューのすべてに関して，絶大なる協力をして下さった．その山本氏が平成 24 年（2012）1 月 17 日に亡くなられたのは返す返す残念でならない．本書が山本氏の協力なしには完成し得なかったことは皆が認める事実である．本書を故山本卓眞氏に心を込めて捧げたい．

なお，本書の作成にあたっては，編著者の一人である大山達雄（政策研究大学院大学，以下敬称略）が基本的に全体の第一稿を作成し，それに対して前田正史（東京大学），野城智也，中埜良昭，光田好孝（以上，東京大学生

産技術研究所），吉村融（政策研究大学院大学），そして小川正昭（政策研究大学院大学客員研究員），泉　知行（環境省）らがコメントを加え，それに基づいて大山が原稿の追加，修正等を行った．なお，本書作成のための基本データ，基本資料である二工各学科別年次別の卒業生の名簿，そして彼らの卒業論文題目，就職先等の必要かつ必須なデータ，資料の整理，編纂については，すべて依田晴樹，佐竹一夫ら東京大学生産技術研究所千葉実験所整備準備室の方々の絶大なる尽力によるところが大きい．そしてまた小川には本書の1.2, 6.3, 10.2の各節の一部および8.3節の第一稿を執筆いただいた．また泉には1.2節，3.1節の資料提供，原稿作成を協力いただいた．そしてまたインタビュー，座談会に対しては，尾上守夫氏，石原滋氏をはじめとする多くの二工出身者のご協力をいただいた．さらにまた政策研究大学院大学運営局長として高橋　誠，磯谷桂介をはじめとする歴代局長，そして東京大学生産技術研究所事務部長として佐沼繁治の献身的な協力をいただいた．これらの多くの人々の協力なくしては本書の作成は不可能であった．改めてここにお礼を申し上げたい．

　また，本書原稿については，多くの人々に読んでいただき，貴重なコメント，助言をいただいた．特に東京大学史史料室の谷本宗生氏には，教育史専門の立場からの貴重な多くのご意見，コメントをいただいた．また東京大学出版会編集部の小松美加氏にも原稿を丁寧に何度も読んでいただき，多くの貴重な指摘と助言をいただいた．ここに改めて感謝の意を表したい．

　本書の作成にあたっては，平成19年（2007）以来，6年余の年月を要したが，本書が東京大学第二工学部の再認識，再評価の契機となり，そしてまたわが国の工学教育政策，高等教育政策の将来への方向づけの一助となれば，編者はじめ本書作成に協力いただいた多くの人々にとってこれに勝る喜びはない．

　平成25年（2013）11月

　　　　　　　　　　　　　　　　　編者として　　大山達雄，前田正史

目次

はじめに　i

第1章　第二工学部——設立と開学までの経緯 ………………………… 1

1.1　東京大学工学部と工部大学校　1

工部大学校と東京大学工学部への系譜　1　　工部大学校の教育体制　6
海軍伝習所と小野友五郎　11　　東京大学の前身としての蕃書調所　16
日本の近代化とオランダ　20

1.2　第二工学部設立の決定　21

理工系拡充の趨勢　21　　各大学は戦時下いかに対応したのか　24
二工設立への経緯　30　　第二工学部設立　33

1.3　第二工学部の発足　38

入学者選抜と入学式　38　　学科の構成と講座・学生施設の整備　40

第2章　組織と施設設備 ……………………………………………… 42

2.1　二工の組織　42

二工の学科構成　42　　教官の構成と経歴　45

2.2　二工の施設設備　47

二工の敷地　47　　施設設備の概要　49

第3章　教育内容と教育体制 ………………………………………… 53

3.1　教育内容と教育体制　53

二工開校時の状況　53　　二工の教科構成　56
カリキュラムの特色　58　　輪講会・語学賞委員会・共通教室　62
二工と一工の教育体制　64

3.2　二工における学生生活　67
　　　工夫と協力の学生生活　67　　　大学院特別研究生と軍依託生　71
　　　学生生活の思い出　72　　　二工と一工の特徴　78
　3.3　二工における就職状況　79
　　　年度別・学科別就職先の概要　79　　　就職の苦労談　85

第4章　研究活動と研究体制 ……………………………………… 88
　4.1　二工における研究活動　88
　　　時代背景と二工の研究活動　88　　　学科別卒業論文の概要　90
　4.2　二工の研究指導体制の態様　102
　　　わが国の科学技術新体制と二工の研究体制の態様　102
　　　勤労動員から終戦へ　103　　　研究所として存続する二工　107

第5章　閉校への経緯 ……………………………………………… 110
　5.1　教育研究体制の変革　110
　　　米国教育使節団報告と六・三・三・四制　110　　　二工の戦後処理　112
　5.2　学制改革と再編成　113
　　　新大学制委員会と二工の将来問題　113　　　二工廃止と新研究所案　118
　5.3　第二工学部の閉学　123
　　　二工の閉学と瀬藤象二先生の退官　123　　　生産技術研究所に向けて　126

第6章　第二工学部から生産技術研究所へ ………………………… 128
　6.1　生産技術研究所の発足　128
　　　研究所案の決定　128　　　生産技術研究所の発足　129
　6.2　生産技術研究所の教育研究体制　133
　　　大講座制と特別研究費制度　133　　　生産技術研究所の20年　134
　6.3　第二工学部，生産技術研究所と瀬藤象二教授　136
　　　二工と一工の違いはなぜ生じたか　136　　　瀬藤象二教授の構想　137
　　　工学と工業の連携　140　　　二工の終焉と瀬藤象二教授　143

第 7 章 わが国の高等教育と生産技術研究所 …………………………… 146

7.1 幕末維新期からのわが国の高等教育　146
蕃書調所と昌平坂学問所　146　　江戸幕府による海外留学生派遣　149
岩倉使節団とお雇い外国人　151　　札幌農学校と駒場農学校　155
ヘンリー・ダイアーの工学観　157

7.2 東京大学の創立と明治期の高等教育　161
東京大学の創立　161　　東京大学の高等教育行政　162
専門技術者養成としての工手学校　164　　新渡戸稲造と諸芸学　168
工手学校スピリットと負けじ魂　169　　激動の明治維新と科学教育　170

7.3 戦後における国立大学政策──大学改革と評価　173
わが国の高等教育機関　173　　大学の種別化と大学教育の改善　174
大学改革と評価　176　　大学評価システム　178
大学評価の目的と大学ランキング　181　　望ましい大学評価　184

7.4 高等教育政策と生産技術研究所　186
大学・大学院進学率の経緯　186　　高等教育関連予算の概要　189
生産技術研究所と瀬藤先生の理念　191
高等教育政策と生産技術研究所　192

第 8 章 卒業生の活躍状況 ……………………………………………………… 194

8.1 第二工学部の卒業生　194
二工卒業生の年次別学科別分布　194

8.2 二工卒業生の活躍状況　196
二工卒業生の産業界における活躍　196　　二工の教育環境の特色　198
二工各学科の卒業生の活躍状況　200

8.3 産業界を担った二工と一工の卒業生　228
二工出身の経営者　228　　二工・一工出身の上場会社役員　230
会社役員と出身大学　233　　会社役員と出身学部　237

第9章　出身者懇談会と卒業生インタビュー ……………………… 243

9.1　西千葉キャンパスでの学生生活　246
埃だらけのキャンパスと食糧難　246
食料豊かな千葉二工キャンパス　248　　二工入学と学生生活　253
二工時代の学生の特徴　255　　二工時代の戦争体験　255
奨学金：特別研究生と軍依託生　256　　二工生のアルバイト　257

9.2　個性的な教官と学生達　258
稲葉清右衛門氏の思い出　258　　二工の教育　260
卒論ゼミでの先生と学生の結びつき　261
建築学科の先生方の思い出　264　　現場重視の二工教育　267
個性的な講義　269　　グループ研究の卒論　271
短縮授業と学徒動員　274　　親身な卒論指導　274

9.3　学生の就職と同窓会　276
終戦後の就職難　276　　教官による就職の世話　279
卒論作成と就職に伴う苦労　281　　戦後復興を目指した役人生活　285
就職：民間企業と公務員　291　　二工の歴史と学生の連帯感　292
同窓会の結びつき　295　　対照的な二工と一工　298
二工と一工の同窓会　299

9.4　二工スピリット　300
二工と一工の学生の気風　300　　明るい性格の二工卒業生　302
自由闊達な二工生　305　　二工スピリットで大学生活を謳歌　307

第10章　二工教育の現代的意義と高等教育への示唆 ……………… 310

10.1　二工プロジェクトの沿革　310
二工プロジェクトの誕生　311　　日本と欧米の文化の違い　313
明治期の教育：工部大学校　314
生産研に引き継がれた二工の精神　315　　本郷工学部と生産研　319
生産研と企業経営　320　　なぜ第二工学部が作られたのか？　322
テクノクラートの必要性　324
生研スピリットと日本の科学技術政策　326

10.2 　二工教育とわが国の高等教育の将来　330
　　　ヘンリー・ダイアーの教育実験　330
　　　工部大学校のカリキュラムの特色　333
　　　工部大学校の教育方針と二工　333　　遊び心と好奇心　333
　　　二工の教育の特徴　335　　二工と一工の教育の特徴　337
　　　わが国の工学教育の問題点　339　　科学技術系人材の育成と確保　341
　　　日本のもの作り産業　343　　二工の経験の現代への示唆　346
　　　二工教育と現代高等教育　347　　結びに代えて　351

おわりに　355
参考文献　357
事項索引　359
人名索引　363
編者略歴　367

第1章 第二工学部
——設立と開学までの経緯

　東京帝国大学第二工学部（以下，必要に応じて東京大学第二工学部ないし二工と略記する）は，戦時下の日本において工学士（エンジニア）に対する需要が増大する中で，昭和17年（1942）4月1日に設立された．二工が開学に至るまでの経緯を，時代的背景を述べつつ，設立準備から決定に至るプロセスを中心に述べる．行政機関としての企画院，文部省，大蔵省，軍機関としての陸軍，海軍，そして学術機関としての東京帝国大学の間で関係協議会が設置され，東京帝国大学に第二工学部を設置する旨決定がなされて以来，それぞれの機関がどのように対応し，設立，開学に至ったかを概観する．

1.1 東京大学工学部と工部大学校

工部大学校と東京大学工学部への系譜

　明治維新期におけるわが国の殖産興業，工業化推進を目標とする政府中央官庁としての工部省（写真1.1）は，イギリス人鉄道技師エドモンド・モレル[1]の建議によって明治3年（1870）閏10月に創置された．維新期において，新政府に強い影響力を持つ木戸孝允，伊藤博文，大隈重信，井上馨などが工部省を作るにあたって積極的に活動した．工部省の主要任務は，鉄道，造船，電信，製鉄，鉱山などの官営事業を管轄することによって，わが国の

---

[1] Edmund Morel, 1840-1871. 日本の鉄道事業導入の指導をしたお雇い外国人．伊藤博文，大隈重信らに仕え，「日本鉄道の恩人」と呼ばれる．現在の横浜桜木町駅近くに「モレルの碑」が「鉄道発祥記念碑」とともに建てられている．

写真 1.1 明治 6 年（1873）東京溜池にあった工部省庁舎［毎日新聞社提供］

近代国家としてのインフラ整備を行うことであった．こうして工部省はわが国の工業化政策の拠点となったが，イギリスは工部省に対して技術や資金，そして人材などを全面的に供与して積極的な支援を行った．工部省においては新たな工業人材を育成するための各種の試みがなされる中，政府の強力な関与によって，工部大学校をはじめとして工科系各種専門学校が作られた．工部大学校，鉄道，通信，鉱山，港湾など工部省の諸部門に多くのイギリス人が雇われた．

　現在の東京大学工学部の源流を明治時代に遡ると，大きく二つの流れがあったということができる．その一つの源流は明治 4 年（1871）に設立された工部省工学寮であり，明治 6 年（1873）に開学した（写真 1.2）[2]．それが明治 10 年（1877）に改称された工部大学校である．工部省工学寮は，工部省の中で工学の技術教育を実施し，殖産興業の実際の担い手になりうる人材を育成し，工学を発展させるための技術教育を行う高等教育機関を設けるべき

[2) 開学当初は工部学校，工学校という両方の名称で呼ばれていたが，学生募集，運営は工学寮としてなされた．

写真 1.2 工部省工部学校
[courtesy of Mr Colin Houston, The McVean Archives；豊橋技術科学大学・泉田英雄氏提供]

であるという，当時の技術官僚である山尾庸三の主張に基づいて明治4年（1871）に設立された機関である．工部省工学寮は明治6年（1873）にイギリス人教師の来日を待って開学となった．山尾庸三が初代の工学寮長官である工学寮頭に就任したが，工部省工学寮では明治8年（1875）からは大鳥圭介が2代目工学寮頭となった．明治10年（1877）には工学寮は工作局の管轄下に入るが，工作局は官営工場と工業教育機関の2部門からなり，後者が工部大学校となったのである．

東京大学工学部の源流のもう一つの流れは，徳川幕府の洋学機関であった開成所を基に作られた開成学校（明治元年（1868））に端を発するもので，明治2年（1869）に設立された大学南校から南校（明治4年（1871）），東京開成学校（明治7年（1874））を経て東京大学理学部（明治10年（1877）），そして東京大学工芸学部（明治18年（1885））となった文部省直轄機関としての系譜をたどる流れである．

これらの二つの流れは明治18年（1885）に工部省が廃止になるとともに一本化し，東京大学工芸学部と工部大学校は合併して，帝国大学工科大学となった．以後，大正8年（1919）に東京帝国大学工学部となって一つの学部として昭和の戦時期までつづいていくが，昭和17年（1942），本書のテーマである第二工学部が生まれ，東京帝国大学工学部は二つの学部に分かれることになった．当時としては，戦時下の必要性に迫られての新学部の創設ということであるが，当初は同質，同規模の二つの工学部を目論んでいた．ただ，結果的には，第二工学部は存続期間9年間という短い期間であったが，どちらかというと，かつての工部大学校のように，実践を重んじる性格を持った学部として推移し，幾多の人材を輩出していったという結果をもたらしたのである．その経緯と実績を検証しようとするものが本書の一つの大きなテーマであるが，まずはその工部大学校の実態を探ってみよう．

　山尾庸三は文久3年（1863），幕府の禁を破ってひそかにイギリスに渡った5人の長州藩士の若者の一人であるが，この時の渡欧同行者は，後の伊藤博文，井上馨，遠藤謹助，井上勝であった．当初は，海防，近代技術に遅れをとっていた長州の技術レベルを高めるねらいがあったようであるが，鎖国時代の長かった日本が，西欧の文化・文明の粋を摂取しようとの試みでもあったであろう．山尾はロンドン，そしてスコットランドのグラスゴーで5年間，近代科学と技術の習得に励んでいる．特にグラスゴーでは造船所の職工となり，機械工業の技術を習得すると同時に，同地のアンダーソンズ・カレッジの夜間学級にも出席している．明治元年（1868）に帰国した山尾は，新政府の下で，彼のイギリスでの経験をもとに工業人材を養成するための学校として，工学寮の設立を提唱したのである．

　明治5年（1872），岩倉具視欧米使節団の副使として赴いた伊藤博文が，イギリスにおいて工学寮の教師の採用を依頼することになり，グラスゴー大学を中心に人選を進めた．こうして都検（Principal，教頭，実質的な校長）には，グラスゴー大学の教授ランキン[3]の愛弟子ヘンリー・ダイアー[4]が推薦された．グラスゴー大学の重鎮ケルビン卿[5]の同意も得て，化学のダイバース[6]，理学のエアトン[7]，数学のマーシャル[8]ら8人の教師陣も決定された．彼らは明治6年（1873）6月に来日し，7月には工学寮が開学した．工

学寮頭(校長)は山尾庸三であった.外国人教師たちはその後も土木工学のペリー[9]，造家〈建築〉学のコンドル[10]，鉱山学ミルン[11]などのそうそうたる教授達が参加し，明治18年(1885)までに累計49人となった.

工学寮は明治10年(1877)に工部大学校と改名されたが，工部大学校が英語名として英国式の表現である The Imperial College of Engineering[12] と名乗っていたのは，工部大学校の教師がほとんど「お雇い外国人教師」とし

---

3) W. J. M. Rankine, 1820-1872. グラスゴー大学教授として土木工学を講じた，熱力学のパイオニアの一人であり，弾性学，波動理論なども研究した. ヘンリー・ダイアーを都検に推薦した直後に亡くなった.

4) Henry Dyer, 1848-1918. イギリス人の技師，教育者であって，明治6年(1873)から明治15年(1882)まで工部省工学寮，後に工部大学校の初代都検を務めた. 日本における西洋式技術教育の確立と日英関係の構築，発展に貢献した. 帰国後も『大日本』(明治37年(1904))と『世界政治の中の日本』(明治42年(1909))という2冊の本格的な日本研究書を刊行した. 著書『大日本』には，「東洋のイギリス——国家発展の研究」という副題が付けられている.

5) Lord Kelvin, 本名はウイリアム・トムソン(W. Thomson), 1824-1907. グラスゴー大学教授，後に同学長となる. 熱力学・分子運動論の研究，改訂伝染の実用化，羅針盤・電気器具の改良などに貢献した. 絶対温度(ケルビン)を提案したことで知られる. 工部大学校へのイギリス人教授の派遣の中心的役割を果たし，日本からの留学生の受け入れ等にも大きな力を発揮した. その貢献により後に日本の勲一等旭日章を受賞(明治34年(1901))した.

6) E. Diverse, 1837-1912. 化学の教授であったが，ダイアーの途中帰国後，工部大学校の都検を務めた. 帰国後は，英国化学工業協会会長を務めている.

7) W. E. Arton, 1847-1908. 電信，理学を教授. その一方，日本の電信事業の企画，施設の指導を行い，日本初のアーク灯を点灯. 帰国後はサウスケンジントン大学教授.

8) D. H. Marshal. 理学，数学の教授. ケルビン卿との共著『物理学論』がある. カナダクィーンズ大学名誉教授.

9) J. Perry, 1850-1920. ケルビン卿助手. 帰国後，エアトンとともにロンドンの技術カレッジの創設に貢献する.

10) Josiah Conder, 1852-1920. 来日後日本に残り日本の近代建築の発展に尽くし，鹿鳴館，ニコライ堂など多くの建築を設計・監督した.

11) J. Milne, 1850-1913. 王立鉱山学校卒. 来日後，地震に遭遇して以来，日本地震学会を設立するなど地震の研究に尽力した. 世界的にも著名な地震学者である.

12) 英国の Imperial College は，当時の自然科学を中心とするいくつかの大学(College)や教育機関(Institution)を統合する形で1907年に設立された. 19世紀以来，主要な教育機関としての役割を果たしてきた三つの教育機関である Royal School of Mines, Royal College of Science, City and Guilds College が統合対象の中心であったが，それ以前に作られたもので最も古いものは1845年設立の Royal College of Chemistry であった.

ての英国人であったことによるものである．しかも工部省の官僚として中心的役割を果たしていた長州出身の山尾庸三，伊藤博文らが幕末に英国への留学体験を有していたことと密接な関連を持っていたことは上述のとおりである．

　工部大学校の教育カリキュラムの作成にあたっては，初代教頭（Principal）として弱冠25歳で赴任したヘンリー・ダイアーの考え方が大きく寄与したことは注目すべきことである．彼は工学教育のあり方について高い理想を持ち，その実現への情熱をも兼ね備えていた．教育にあたっては，専門的学力を習得させることは当然として，実際の工業の場での実践力をつけること，さらにはエンジニアがとかく陥りやすい偏狭さを克服するため，学生が幅広い教養を持つことをも重視したのである．工部大学校のカリキュラムが，イギリス式実務重視の実践的教育とフランス，ドイツ式の理論重視の体系的教育とをうまくバランスさせたものであったということは，後に述べる第二工学部における教育とも相通じるものが見られるという点で興味深いことである．

　明治18年（1885）に工部省が廃止され，農商務省となるが，それに伴って工部大学校は文部省管轄下に入り，翌明治19年（1886）に帝国大学が発足するのに伴って，工部大学校と東京大学工芸学部は合併して帝国大学工科大学となった．工部大学校が帝国大学工科大学となり，東京大学工学部の源流の一つであることは前述した．もう一つの流れの東京大学工芸学部については，工部大学校が実務的，実践的な実地経験教育を重視したのに対して，東京大学工芸学部は理論的，体系的な学術理論を重視する教育を行っていたという点が特徴的である．東京大学工学部の源流がこのような二つの流れを有していたということは，東京大学工学部がその後の理学，工学に関する基礎学問研究の面，そしてまた実務的応用の面でも大きな影響と貢献とをもたらしたことに繋がっているといえるであろう．

工部大学校の教育体制

　東京大学工学部の源流としての二つの流れは，その歴史的経緯を見てもわかるように，それぞれの特徴，目的，理想を有していたといえる．東京大学

理学部においては，欧米先進国への留学準備を行う教育機関的色彩も濃く，工学系科目よりも理科的基礎教育から専門教育への充実化，専門化が図られ，理論面中心の教育が行われていた．したがって，それは総合的な工学教育としての体系化という点では不十分なものであった．

それに対して工部大学校では，工部省による鉄道網・通信網の整備，都市機能整備，港湾開発などのための技術者養成教育を目指したため，カリキュラム編成も工場や工事現場などでの実地訓練，そして学科間連携も含めて体系的に行われた．特に工部大学校における教育課程は予科学，専門学，実地学をそれぞれ2年ずつ，合計6年からなるものであった．工部大学校のカリキュラムの6年間の修業期間のうち，最初の4年間は毎年6カ月間を学校で過ごさせ，6カ月間を学生の選択する特定分野の実習にあて，最後の2年間は実践活動にあてるという形はヘンリー・ダイアーの発案である．理論と実践とのいわゆるサンドイッチ方式の教育である．また，施設や設備の充実には特段の配慮がされていた．学校生活は全寮制であり，すべて洋式であった．授業も英語で行われたが，同じ敷地内に居住する外国人教師との間での日常的なコミュニケーションも活発であったという．

日本側の全面協力があってのことだが，端麗な校舎にはじまって，各種の実験室や工作室，図書館，技術博物館なども最新のものに整備され，充実したものとなった．カリキュラムの中の予科学では基礎科学，図学，英語などが主体となっており，専門学では土木学，機械学（後に機械工学），電信学（後に電気工学），造家（後に建築学），実地化学（実用化学から，後に応用化学），鉱山学（後に採鉱学）の6つの専門学科が設けられた．なお冶金学も存在したが，専任教師がおらず，実質的に6専門学科制をとっており，造船学科も後に加えられた[13]．エンジニアリングの専門領域をこれだけ細分化したのは，イギリスにおいてはもちろん，世界にも先例のないものであった[14]．そして最後の2年間の実地学においては，学期中の大部分の時間を工部省各部局の作業現場で実習をさせ，それに基づいて卒業論文を作成し，

---

[13] 東京大学百年史編集委員会『東京大学百年史』部局史三，pp. 6-7.
[14] 三好信浩『ダイアーの日本（異文化接触と日本の教育）』，福村出版，1989.

最終試験を受けるという教育が行われていた．

　成績の評価も厳しかったようである．試験の結果によって卒業に際し，第1等及第にのみ工学士が授与され，第2等及第は後の試験をもって学士を与えられ，第3等及第は学士ではなく得業生とされるに過ぎなかった．明治12年（1879）の第1回卒業生から明治18年（1885）の第7回卒業生までの合計は211名である．入学者は493名であって，在校生153人を除いた340人のうち111名が退校，18人が死亡となっており，いかに修学が厳しいものであったかを伺わせる．後述する第二工学部における教育方式の基礎が，この頃にできていたものと類似した面もあり，興味深いところである．

　工部大学校におけるきわめて機能的な教育体制を作ったのは，前述の英国人リーダーのヘンリー・ダイアーによるところが大であるが，彼にとっては欧米各国における技術教育の現状と経緯を調査し，比較検討した上で得た結論であった．ダイアーは，工部大学校の教育の大枠は日本側から聞かされていたとしても，イギリスから日本へ向かう2カ月の間を，彼の著書の中で次のように述べている．

　「船上の私は，東京に設立される技術カレッジの講義内容や授業時間割りなどをまとめたカリキュラム『講義題目一覧表』（学科並びに諸規則）の草案作りに没頭する毎日だった．その甲斐あって，私が日本に到着するとすぐ，工部省の工部大輔宛に書き上がったばかりの『講義題目一覧表』を提出することができた．それは何の修正も加えられることなく日本政府に採用され，「工学寮入学式並学科略則」として工部省から発表された．」（『大日本』，平野勇夫訳，実業之日本社，1999, p.33)

　彼にとっても幸運だったのは，工部大輔の山尾庸三とは，当時はお互い知らなかったが，ともにグラスゴーのアンダーソンズ・カレッジで学んだ仲だったことである．山尾は意気投合して，可能な限りダイアーを支え協力したようである．その結果，ダイアーは後に，工部大学校が成功を収めたのは山尾の努力に負うところが非常に大きいと感謝している．

　このような教育が大きな成果をあげたことは，卒業生達の目覚しい活躍によって証明されている．工部大学校の卒業生は211名いるが，タカジアスターゼを創製した高峰譲吉，東京駅を設計した辰野金吾，琵琶湖疏水事業を進

めた田辺朔郎など，わが国の学問，実業の発展に大きく寄与した人々の名前を数えあげれば切りがない．まさに実務的技術教育を重視した教育を受けた卒業生達が明治日本の殖産興業の中心人物となり，その後のわが国の産業界発展を支えた．この点については，第二工学部の場合と多くの共通するものがあり，興味深い．

　工部大学校の卒業生，特に第一期の中の成績優秀者はイギリス，主にグラスゴーへの留学が進められた．彼らの成績の傑出ぶりは際だっており，グラスゴー大学での志田林太郎[15]などはケルビン卿が「私が教えた最高の学生」と折り紙をつけたほどだという．高山直質[16]，南清[17]もグラスゴー大学でいくつもの賞をとるなど際だって優秀であった．高峰譲吉は同じくグラスゴーのアンダーソンズ・カレッジに向かっている．また，辰野金吾はロンドン大学への留学であった．

　他の多くの留学生も含めて，帰国すると彼らは工部省で採用されることが多く，工部学校等の教職にも就き，外国人教師と代替していった．外国人教師の中には日本に残留したものもいたが，帰国後，イギリスに帰って学界等で大活躍したものも多い．日本での工業教育の成功に裏付けられて逆に，母国の工業教育を巡る制度の改革を積極的に訴えるようになった．特にヘンリー・ダイアーは熱心に働きかけ，グラスゴーの地元で技術カレッジの設立へと結実させている．

　工部大学校は工学系教育機関の成功例として国際的な注目を集め，欧米の科学技術のジャーナリズムでもしばしば取り上げられたが[18]，設置母体である工部省が衰退するとともに，実習，実地訓練の現場である工場や工事現場が急速に縮小され，その存続が危ぶまれることになった．そして明治18年（1885）文部省に移管され，同年12月15日の東京大学工芸学部と合体後，

---

[15] 帰国後，工部省電信局で働きつつ，工部大学校（後帝国大学）教授として電気工学等の専門教育に励んだ．明治25年（1892）に36歳の若さで亡くなった．
[16] グラスゴー大学での各種の賞を受賞して実習での鉄工所で働いていたが，過労で病気になっている．帰国後，工部大学校の教授となるが，翌年夭折．
[17] グラスゴー大学の後，実習で鉄工所，鉄道の技師として働き，帰国後，山陽鉄道会社，九州鉄道など日本の鉄道会社の経営にも携わる．
[18] 前出本章脚注13，p.8.

わずか3カ月で明治19年（1886）3月に帝国大学工科大学として発足するに至るのである．

工部大学校の廃止に際しては，校内に大きな反対運動があった．学生は大集会を開き，文部大臣森有礼への建議をすることを決めた．総代として菅原恒覧が起草文を書き，その中で，「工部大学校は，創立以来二百有余名の卒業者を送り日本の工業界全般に大きく寄与しており，この実績は諸外国からも賞賛されている．それを改廃すれば我が国工業にとって大損失である．工部大学校の教育方針は，理論と実践を兼ね備え，実業が主であるが，理学をも重視している．それに対して，東京大学の理学部は専ら学術の真理を追究することにあり，それも重要である．この二つの組織と精神が両立してこそ理学の研究と工業の盛大が達成される」[19]との趣旨を淡々とつづっている．このような考え方は，奇しくも，後述の東京大学第二工学部の廃止の際にも主張された[20]ことでもあり，工学教育の原点に関わるものを含んでいるといえよう．

工部省管轄の工部大学校と，それとは対照的な文部省管轄の東京開成学校との関係について，そしてまたその後の閉校へと至る経緯を別の視点から眺めてみよう．工部大学校は，元来，伊藤博文，井上馨，山尾庸三，等の長州藩出身者によって形作られたものであるのに対して，文部省は薩摩藩出身者が主流で，工部大学校の工学教育への対抗意識も強く，明治8年（1875）に「制作学教場」を設立するなど，語学中心ながら優等生の海外留学を進めてはいた．また，文部省としては教育の一元管理を主張しており，工部省廃止が両校統合への大きな契機になったものであろう[21]．その背景には，当時の日本の政界において伊藤博文がドイツ式の立憲君主制を採用することを決定して以来，次第に教育の流れも変わり，当初のイギリス流モデルからドイツ流モデルへのシフトが進行していったことがある．それ故，イギリス式教

[19) 旧工部大学校資料編纂会編『旧工部大学校史料・同付録』青史社，1978, pp. 120-126.

[20) このような考え方は，二工の教育基本理念ともいうべき，瀬藤象二教授の「工学と工業の連携」に通じるものである．本書 p. 120 参照．

[21) 北 政巳『御雇い外国人ヘンリー・ダイアー』，文生書院，2007, pp. 110-114.

育カリキュラムも改編されることになり，工部大学校のヘンリー・ダイアーをはじめイギリス人教師の貢献や経歴が，不思議と思えるほどわが国の歴史上で評価されなくなった，という指摘もある[22]．

東京大学工芸学部について述べよう．東京大学工芸学部は東京大学理学部の学科の中の機械工学，土木工学，採鉱冶金学，応用化学の諸学科を分割して新設した学部であるが，東京大学工芸学部は工部大学校との合併の受け皿として作られたといわれている．帝国大学工科大学は発足当時，古市公威学長（実質的には学部長）を含めて11名の教授陣から構成されていたが，うち3名は工部大学校出身者であった．また助教授は7名いたが，うち6名は工部大学校出身者であった[23]．そして明治26年（1893）の講座制移行時には教授は8名いたが，うち5名は工部大学校出身者であった．

帝国大学工科大学は明治30年（1897）に東京帝国大学と改称され，工科大学は大正8年（1919）に工学部と改称された．東京大学工学部誕生，そしてそれ以後の流れについては，以下の図1.1に示すとおりであるが，これについては，わが国の高等教育成立の経緯を中心に7.1〜7.2節に詳しく述べる．

海軍伝習所と小野友五郎

工部大学校の創立がその前身を含めると明治4年（1871）であることは前に述べたが，それ以前の技術者の教育と養成，あるいは数学，工学教育について少し述べよう．ここで忘れてならないのは，海軍伝習所の存在とその最大の功労者ともいうべき小野友五郎[24]の貢献である．海軍伝習所は，幕末期にわが国の徳川幕府からオランダに向けて発注した軍艦（スクリュー式蒸気コルベット型といわれるが，当初ヤーパン号と呼ばれ，後に咸臨丸[25]となる）の乗組員としての士官，下士官，兵を養成するための機関であり，オ

[22) 前掲脚注21，pp.154-157および，北 政巳『国際日本を拓いた人々——日本とスコットランドの絆』，同文館，1984, p.109．
23) 前出本章脚注13, p.8．
24) 1817-1898．
25) 咸臨丸の縮尺1/50の模型は現在も「船の科学館」に展示されている．

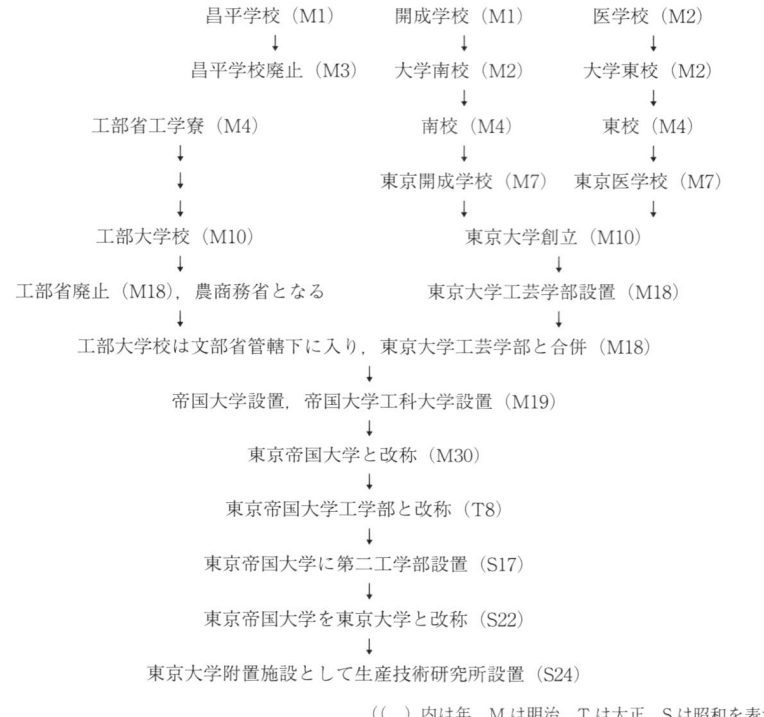

図 1.1 東京大学工学部・生産技術研究所の設置までの変遷

ランダ海軍が中心となって長崎に設立したものなので，長崎海軍伝習所（写真 1.3）とも呼ばれている．

　藤井（1991）[26]によると，安政 2 年（1855）の夏，オランダ海軍のファビウス中佐はヘデー号とスンビン号の 2 隻を率いて来日し，スンビン号をオランダ国王ウィレム 3 世から将軍徳川家定への贈物として幕府に献呈した．2 隻のうちの 1 隻スンビン号を，日本人の乗組員養成を目的とした練習艦として海軍伝習所で用いようとしたのである．これに対して徳川幕府は，海軍伝習生の人選を全国から募ったとされている．特に艦長候補者はお目見え以上

---

[26] 藤井哲博『長崎海軍伝習所――十九世紀東西文化の接点』，中公新書，1991．

12　第 1 章　第二工学部――設立と開学までの経緯

写真 1.3 長崎海軍伝習所絵図［公益財団法人鍋島報效会所蔵］

（旗本）から指名され，伝習生の学生長として教官と学生とのパイプ役を果たしたが，その中には勝麟太郎[27]も含まれていた．一方，艦長候補者ではなかったが，特に幕府から指名された中に，常陸笠間藩士で幕府天文方に出役していた小野友五郎がいたのである．彼が指名されたのは，天文方においてすでにオランダの航海術書を解読して『渡海新編』4巻という抄訳本にまとめ，幕府に献本していたことによるものであった．したがって，彼は諸藩からの伝習生の扱いではなく，特に幕府伝習生として「航海測量」の専修を命じられることになったのである．

　長崎海軍伝習所の士官，下士官要員の幕臣関係伝習生は，第1期が39名で最も多く，第2期は11名で最少，第3期は年少者中心で26名となった．第1期と第2期には，この他に諸藩などから聴講生約130名が加わり，まさ

---

[27] 1823-1899. 少年時から直心影流剣術・禅を学び，さらに弘化2年（1845）から永井青崖に蘭学を学び，やがて赤坂田町に私塾「氷解塾」を開く．長崎海軍伝習所に入所し，万延元年（1860）には咸臨丸で渡米し，帰国後に軍艦奉行並となり神戸海軍操練所を開設する．戊辰戦争時には，幕府軍の軍事総裁となり，早期停戦と江戸城無血開城を主張し実現する．明治維新後は，参議，海軍卿，枢密顧問官を歴任し，伯爵に叙せられた．

1.1　東京大学工学部と工部大学校

に押すな押すなの盛況となったといわれている．

　第1期生は安政2年（1855）から安政4年（1857）にかけての約16カ月間伝習を受けることになったが，伝習所では，当時のオランダ海軍の組織に習って，乗組員を2つのグループ，すなわち大砲を撃ち小銃による狙撃を行う戦闘員と，戦闘伝習を行うことなく軍艦の運航と機関の運転のみを行う非戦闘員との2つに分けて教育を行っていた．

　徳川幕府が安政7年（1860）に日米修好通商条約の批准書交換のために遣米使節を派遣した際，遣米使節が乗ったのは米国の軍艦であったが，これとは別に，日本の1軍艦を派遣して警衛の任務にあたらせるとともに，海軍伝習所において学んだ技術を実地に試す計画が立てられ，その派遣艦にあてられたのが，幕府所有の咸臨丸であった．咸臨丸には教授方頭取として勝麟太郎，教授方として小野友五郎，通弁主務として中浜（ジョン）万次郎が乗船していたが，咸臨丸の教授方と同手伝は，ほとんど全員，長崎海軍伝習所の第1期から第3期までの出身者であった．

　欧米では19世紀半ばから海軍要員の養成学校が設立されたが，海軍士官教育は，年少の良家の子弟を海尉候補生として軍艦に乗組ませ，実地教育を施す方法がとられていた．しかしながら，大洋航海術の進歩と帆船から汽船への切り換えによる造船術の発達と機関術の出現により，士官教育も，専任の教官のいない普通軍艦での実地教育だけでは不十分となり，高度の数学などの理科系・工学系科目の基礎教育が求められた．長崎海軍伝習所で教授科目の中心となったのは，航海術，造船術，機関術などの専門技術と，それらに必要な数学，物理学，力学，天文地理学などの普通学であった．それに，実地教育的な船具，運用術，砲術，海兵隊のための陸戦術などを加えたものが教科の全容であった．

　咸臨丸の米国側の海尉艦長であったジョン・M・ブルックは，日本人の火気取り扱いがルーズであるとか，日本人は士官・下士官・兵ともに軍艦運用術がきわめてお粗末であるとか，日本人を非常に厳しく評価していたが，小野友五郎に対してだけは，彼の並々ならぬ航海術家としての技倆を早々と見抜いている．小野に対して，「本艦の航海術責任者である士官（小野友五郎のこと）が今日天測した．彼は私に，この港は品川から経度五分東のところ

にあることがわかったと言った．今夜彼は陸上で『月距（ルナー・ディスタンス）』を観測している．私は彼等の学識には驚かざるをえない」と彼の日記の中で述べている（藤井，1991，p.128）．これは小野がすでに「月距法」をマスターし，それを使いこなしていることを知り，ブルック海尉が驚いたと述べているのである．

　小野友五郎は常陸笠間藩の生まれであるが，蘭学を学び，和算にたけていた上に西洋数学も学び，天文学，地理学に詳しく，測量学，航海術といった実学応用面も重視していた人物である．彼は数学の勉強を和算の入門書としての算盤の入門書『塵劫記(じんこうき)』からはじめた．その後，数，度量衡，貨幣の単位，整数の性質，比例，按分，利息算，級数，平方根・立方根，幾何図形，相似形，勾配，面積，体積，測量などの広範囲の理論を学び，日常生活に必要な算術の問題を中心に，種々の技術的あるいは遊戯的な応用問題を加味したものまでマスターするという，まさに当時の天才的応用数学者といえるであろう．数学史が専門の小倉（1979）[28]は，小野のことを「この長崎伝習所においてどのような数学がどの程度まで教授されたのかということについて，これを正確に知る資料は未だ見当たらない．小野友五郎の回想によれば，小野は高等代数学や微積分を教わったように思われるが，しかしそれは伝習生全部ではなく，小野のような特殊な人々のみが教授されたのかも知れない」と述べている．

　さらに小倉（1979）は，西洋数学のわが国への導入について，本格的になったのは安政5年（1858）の開港以来ではあるものの，それ以前から西洋数学，洋算については二つのルートを経て導入が行われていたとしている．その一つは中国を通しての書物の導入が行われたことで，たとえばユークリッドの『幾何原本』6巻などが17世紀はじめに中国で刊行されて以来，17世紀に多くの古い数学（デカルト以前）の書物が中国の数学者によって翻訳されたものを徳川吉宗の時代にわが国に導入したと述べている．そしてもう一つのルートは，長崎から海軍伝習所のオランダ人教師等によってわが国に導入された航海術，国防，天文学等のための数学の導入であるとしている．

---

[28] 小倉金之助『近代日本の数学』，講談社学術文庫，1979，237p.（原書は新樹社，1956，272p.）

彼はさらに，長崎海軍伝習所の設立 100 年にあたる昭和 30 年（1955）に「日本科学技術への反省—長崎海軍伝習所開設 100 年を迎えて」（小倉，1979，pp.143-145）の中で，「わが国がまだ開国もしていない鎖国中でありながら，そして攘夷論が盛んに叫ばれ，蘭学に対する誤解と圧迫もある中で，長崎海軍伝習所は幕府，そして全国諸藩から多数の有能な人材を選抜し，幕府の名において直接西洋人から科学・技術の伝習を受けたというのは，驚くべきことであって，またわが国の科学・技術の移植上も決定的な役割を演じた」と評価している．

さらに小倉（1979）は，長崎海軍伝習所の開設（安政 2 年（1855））の翌年，幕府の天文方に属する 1 部局の翻訳方が独立して蕃書調所となったことに対して，「幕府中枢の閣老阿部伊勢守正弘から出された「翻訳方でも従来のような，時勢にうとく不活潑なものでなく，この時代に応じえるような機関を興すべきだ」という意見に基いている」と述べているが，当時としては，かなり斬新な，そして将来を見通した意見といえるのではなかろうか．そして蕃書調所の設立は，「まず必要なのは，洋書の中でも砲術，砲台築城，軍艦製造，航海測量，水陸練兵，器械学，国勢学，地理物産などで，おいおい天文諸術芸に及ぶべきである．洋書取調の役所を設け，それに蘭学稽古所を附属させ，旗本御家人の入学を許すべきである，等々」という趣旨のもとに実現したのである．

東京大学の前身としての蕃書調所

蕃書調所はある意味では当時のわが国の科学，技術研究の基礎を築いたといえようが，後に開成所となり，そしてそれが東京大学となったことを思えば，まさに東京大学の前身ともいえる．蕃書調所では学生はまず語学の学習からスタートするわけであるから，本来の科学研究を西洋人士官から教授されるまでに到るのは相当な苦労があったと思われる．小倉（1979）は長崎海軍伝習所の果した役割を評して，最後に以下のように結論付けている．

「長崎海軍伝習所の開設は，ただ蕃書調所や諸藩における洋学の研究を促したばかりではなかった．いまや西洋の科学・技術に関する，とくに時局向きの翻

訳書が，続々と刊行されて来た．その上に他方では，直接間接，伝習所の開設に関連して，工作機械が輸入され，製鉄所や造船所などが興されるにいたった．

このようにして長崎海軍伝習所の開設は，幕末日本の科学・技術の上に，何物にもまさる大きな刺激と影響とを与えたのであった．元来，近代技術とその基礎としての近代科学は，ヨーロッパでは市民社会の成長と共に進展したものであったが，後進国としての日本では，幕末において何よりもまず軍事技術として移植されはじめたのである．そして明治維新後になっても，日本の科学・技術は近代的・民主的市民社会の建設のための科学技術ではなく，それどころか，むしろ正反対な封建的・絶対主義的帝国主義のための科学技術として成長発達を遂げ，ついに太平洋戦争の悲劇を見るにいたったのである．思えば，100年前における長崎海軍伝習所の開設こそは，その後の日本の科学・技術にとって，まことに象徴的であった．私は今日日本の危機にあたって，この事実を特に回顧し，強調して，読者大衆諸君への反省のことばを結びたい」(1954.11.7)(『自然』昭和30年(1955)1月所載)

長崎海軍伝習所の創立100年にあたって，同組織を反省をこめて振り返ると同時に，その後のわが国の行く末を案じた点は評価できるであろう．一方，このような見方，考え方は，ある意味ではわが国のその後の科学技術の近代的市民社会への普及のための礎石となったといえる．

咸臨丸による渡航で航海長をつとめた小野友五郎は，長崎海軍伝習所で造船学の数理も究めていたため，咸臨丸による訪米の際，サンフランシスコ滞在中の見聞に基づいて，帰国後に蒸気軍艦の国産，港湾の近代的防備，海軍工廠の建設などを着想し，次々とその実現を図ろうとした．小野が幕末期にわが国の近代的海軍設立のために大きな貢献をしたことはこれまで述べたとおりであるが，慶応3年(1867)10月の将軍徳川慶喜による大政奉還後，彼は榎本武揚に加わって蝦夷地へ行くことになった．明治新政府と戦って敗れた彼は伝馬町の牢に入れられることになる．翌年の出獄後，小野の関心は軍事よりも民生に傾き，わが国鉄道事業の測量担当に携わることになった．

藤井(1991)は次のように述べている．

「幕末時代，小野友五郎は海軍方・勘定方のテクノクラートとして活躍したが，彼の本領は数学に強いことであった．それが時代の要請に応じて，軍艦の航海

長になったり，造船の基本設計家になったり，水路測量家になったり，内戦の兵站方になったりしただけで，本来，武官向きの人ではなかった．それにすでに齢55歳に近かったから，いまさら海軍に戻ったところで，適当なポストがあるはずもなかった．彼は幕末すでに軍事よりも民生に傾いていた．兵庫開港御用の勘定奉行並として，ガス燈・郵便・鉄道などを設計する計画を自らの手で実施するつもりになっていた．」

小野友五郎が新政府の鉄道事業に加わり，それに精力を注ぐという決断をしたことについては，まさにわが国の発展，殖産興業のために鉄道建設が必須であるという信念に基づくものであったといえるであろう．当時の鉄道関係者の主流は，幕末に海軍諸術を長崎海軍伝習所で学んだか，もしくはそれを学ぶために英国に密航した人々であった．鉄道計画は小野が明治3年（1870）に鉄道事業に乗り出して以来，新橋・横浜間に日本最初の鉄道が開通して本州から各地に広がることになったが，そのための人材は，明治政府が養成した鉄道技術者が育つまでは長崎海軍伝習所出身者が中心であったということは，わが国の海軍の整備，確立の場合と同じであった．

鉄道で海軍伝習所出身者が主導権を握ったのは明治10年（1877）までであったが，最後まで関係した小野友五郎と肥田浜五郎[29]の場合でも，明治10年代の半ばまでであった．初期の鉄道の中心を海軍伝習所出身者で固めたのは，後に鉄道行政の実力者と言われた井上勝[30]であった．長州閥の井上は事実上鉄道の実権を握っており，わが国の「鉄道の父」と呼ばれた．小野のような学問に対する理論的分析能力と，自らとともに他人をも動かしつつわが国の産業の近代化実現のために邁進するという実務的処理遂行能力に優れた人間が，武士による封建社会国家から明治時代という近代政府国家に変わる時期に出現したということは，わが国の数学，工学の発展の上からも，そしてまたわが国の近代産業発展の基礎を築くといった観点からも，非常に

---

[29] 1830–1889. 長崎海軍伝習所で機関学を学び，咸臨丸機関長として小野とともに操船指揮をとった．

[30] 長州萩の出身で文久3年（1863）に脱藩し，英国へ密航し，山尾庸三，伊藤博文，井上馨らと英国留学し，明治元年（1868）まで University College of London で鉄道技術，鉱山技術を学んだ．わが国の鉄道事業の発展にあたって，民営鉄道であるべきだと主張する田口卯吉と対立したことが知られている．

幸運なことといえるのではないだろうか．

明治維新というのは，日本的革命であったとよくいわれる．人心の一新ということに関しては一定の効果があったが，文化的に幕府時代と明治時代の境に断絶があったわけではない．特に文化的脱亜入欧は，幕末の長崎海軍伝習所でスタートし，それが明治時代において加速したといえるであろう．事実，明治10年代までは，その担い手が海軍伝習所出身者であったことは，われわれとして記憶に留めるべきであろう．明治4年（1871）には工部大学校の前身である工部省工学寮が設立されるが，長崎海軍伝習所の人材養成と成果は工部大学校の設立の精神の中にも十分に生かされることになったといってよいはずである．このことは，後に工部大学校の伝統と精神が本書の中心課題である東京帝国大学第二工学部に継承され，それが現在の東京大学生産技術研究所に生かされるという大きな流れの源となっていることをここに述べておこう．

蒸気コルベット艦ヤーパン号（咸臨丸）が長崎港に到着したのは安政4年（1857）8月で，咸臨丸が小野友五郎らの海軍伝習所卒業生を乗せて米国への遠洋航海に出発したのは安政7年（1860）であった．小野はその後も「国際派テクノクラート」として明治維新のわが国の近代化に努めるのであるが，慶応3年（1867）1月には再び小野友五郎使節団として，幕府から軍艦の購入を主要な目的とする命を受けて，米国へ正史（勘定吟味役）として派遣されることになった．このとき小野は随員として選んだ福沢諭吉，津田仙，尺振八らと米国の教育施設も視察している．

小野使節団の様子については藤井（1991）に記されている．そこでは洋行経験と英語の能力があるということで小野自身が使節団の随員に選んだ福沢諭吉に対して，彼が期待した英語能力を有していなかったこと，そして実務能力もなかったこと，そしてやはりこのとき随員として連れて行った尺振八が非常に高い英語能力を有していたので，尺にすべて通訳を任せたことなどを記している．

その後の明治時代になってから，福沢諭吉は慶應義塾，津田仙は学農社という農学校，そして彼の次女梅子は米国留学の後に女子英学塾，尺振八は共立学舎を創立することになった．彼らがいずれもわが国の高等教育の普及に

大きな貢献をしていることを考えるとき，小野友五郎の先を見通す能力に加えて，当時の知識人達の努力とエネルギーに驚嘆するばかりである．

日本の近代化とオランダ

慶応4年（1868）1月に鳥羽・伏見の戦いがはじまり，それに続いて戊辰戦争[31]が起こり，わが国が内戦状態となる中，戊辰戦争では多くの海戦も行われた．榎本武揚の指揮するわが国の艦船の戦いぶりは，全部で13隻の勢力であったにもかかわらず，戦争が終ってみると，残存艦船はわずか4隻になっており，しかもその大半は気象・海象の予測の未熟さのためか，座礁事故で失ったものであり，当時の幕府海軍の運用術の水準の低さが露見したともいわれている．このような経緯を経て，わが国の海軍艦船の近代化達成計画は明治海軍に引き継がれ，オランダが中心となっていたのが英国，米国へと移っていくのである．しかしながらこのことは，これまでにオランダがわが国の幕末から明治維新期にかけての近代化過程の中で大きな貢献をしたことを考えれば，わが国の海軍近代化過程におけるオランダの貢献度を下げるものでは決してあり得ないということはいえるであろう．

藤井（1991）[26]はあとがきに次のように述べている．

「長崎海軍伝習所は幕末にオランダが日本に与えた文化的影響のなかで最大のものを残したに違いない．それ以前にオランダが日本人に直接接触して影響を与えたのは，古くはオランダ商館のドイツ人ケンペルやスウェーデン人ツンベルク（関係した日本人側はオランダ語通詞たち十数人），商館医のドイツ人シーボルト（日本人側は彼の医学の門人数十人）くらいが主な者であっただろうが，海軍伝習所の場合は教えるオランダ人側がオランダ海軍の数十人で，教わる日本人側が幕府および諸藩の伝習生たち数百人であった．受講期間は1人平均1年半，伝習生の出身地は，南は鹿児島から北は箱館（函館）まで，ほとんど日本全国にわたっていた．このように日蘭文化接触の規模は，以前とは比較にならないほど大きい．またオランダがこの伝習を通して日本に残した文化的遺産は，理工系分野全般にわたり，ソフトウェア，ハードウェアともに，明治以後の日本の近代的科学技術導入の際の基礎知識となったといえよう．」

---

[31] 明治元年（1868）- 明治2年（1869）．

1.2　第二工学部設立の決定

理工系拡充の趨勢

　工学部拡大の時代的な背景は，第二次大戦当時の非常事態下で，軍備の増強，軍需工業の拡充に伴う科学者・技術者の大幅な不足をきたしたことにあり，政府はその対応策として理工系の拡充を図っていた．逼迫した国家財政の下ではあったが，各帝国大学の定員増により人材需要への対応を図るほか，昭和8年（1933）には大阪帝国大学工学部の設置（大阪工業大学移管），昭和14年（1939）には名古屋帝国大学理工学部および九州帝国大学理学部の設置，さらに官立高等工業学校7校の新設，そして昭和17年（1942）には名古屋帝国大学理工学部の理学部，工学部への分離などの措置が講ぜられた．

　東京帝国大学においては，工学部への入学者は，昭和10年（1935）は327名であったが，昭和14年（1939）および昭和15年（1940）の2度にわたる増員によって，同15年（1940）には482名に増加した．当時，平賀譲総長は，工学部の丹羽重光工学部長に要請し，昭和16年度（1941）予算案に向けて第二工学部設置案を昭和15年（1940）に提出している．第二工学部設置案は丹羽工学部長の構想によるものであったが，この設置案は大蔵省の反対によって認められなかった．翌昭和16年（1941）1月26日に至り，海軍当局から平賀総長に対して，技術者急速補充の対策として卒業短縮の申し出があり，平賀総長は第二工学部新設を提案したところ，政府部内において急速にその実現に向けて折衝が行われ，同年2月には第二工学部創設費が昭和16年度（1941）追加予算として帝国議会に提出され，同年3月に成立をみたのである．

　当時の世界情勢は，昭和16年（1941）6月独ソが開戦し，同年10月には東条英機内閣の成立，やがて仏領インドシナ進駐，そして同年12月8日には太平洋戦争への突入という，まさにわが国の戦時体制下に第二工学部は誕生した．

　東京帝国大学第二工学部設立には，軍部，文部省，大学といったそれぞれの機関間のさまざまな要因が絡み合って，複雑な展開を見せたのは事実である．しかしながら，その主たる社会的背景として，わが国の産業発展のため

のエンジニアへの急速な需要と，それに応えるべく教育体制の整備再編の必要性に対する共通認識に基づいた各種施策，といったことが存在していたという経緯がある．その当時の高等教育機関である高等学校（旧制），大学，専門学校（特に工業専門学校）はどのように変容し改編されていったのか，当時の状況の概要を探ってみよう．

エンジニアへの急速な需要増大に対する主要な流れとしては，1930年代に入ってからの日本経済の旺盛な産業発展と，昭和12年（1937）の日華事変以来進んだ軍事統制に伴う軍需生産強化の方針がある．産業発展については，1930代初頭の昭和恐慌を克服した日本経済は，伝統的な繊維産業などの軽工業に加えて，鉄鋼業，自動車，航空機，機械工業などの重工業の発展が進み，エンジニアへの需要が急激に増大していった．さらに戦時体制の強化のためには，昭和13年（1938）の国家総動員法，昭和18年（1943）の軍需会社法が制定されて，早急に軍需生産体制の強化が図られていった．

それに伴って，教育面においても昭和12年（1937）から昭和16年（1941）にかけて，内閣の直属諮問機関である教育審議会の答申のもとで高校，大学，専門学校を含む高等教育制度の再編成が次々に進められていった．まず昭和12年（1937）から昭和20年（1945）にかけての高等学校の文科，理科の生徒数の推移は，表1.1のように示される[32]．表1.1からもわかるように，特に昭和18年（1943）以降に理科系生徒数の急激な増加が見られるが，それには昭和14年度（1939）の理科生徒増募の実施，昭和17年度（1942）の理科甲，理科乙両類の大増募，そして昭和18年度（1943）に理工系のさらなる拡大と温存を図ったことが影響していると思われる．

一方，大学では理科系進学者の急増があり，理工学部などでは定員の増大，新学科の増設などが実施された．表1.2に昭和8年（1933）と昭和18年（1943）の大学生数と，それらの大学別あるいは専門別内訳データを示す．表1.2からも大学生総数の中での理工系の比率の増大が見られる．昭和8年（1933）には全体の10.5%であったものが，昭和18年（1943）には全体の

---

[32] 『文部省年報』（資料）国立教育研究所『日本近代教育百年史5』，昭和49年（1974）3月．

表1.1 高等学校の文科,理科の生徒数の推移

	昭和12年(1937)	昭和14年(1939)	昭和18年(1943)	昭和20年(1945)
文科	5,954	6,726	7,912	3,622
理科	6,390	7,116	13,146	13,573

単位:人

表1.2 大学生数と大学別専門別内訳

	昭和8年(1933)	昭和18年(1943)
大学生(総)数	47,841	62,509 (1.31)
うち帝大	18,709	22,831 (1.22)
私大	23,560	33,061 (1.40)
内訳	昭和8年(1933)	昭和18年(1943)
帝大 医学部	2,391	3,345 (1.40)
工学部	2,602	5,744 (2.20)
理学部	1,054	1,419 (1.35)
農学部	1,558	1,695 (1.09)
官立工業大学	474	1,093 (2.29)
私大 理工学部	1,371	2,796 (2.00)
農学部	319	513 (1.60)
医学部	1,752	1,669 (0.95)

( )内は対昭和8年(1933)増加倍率を示す.
単位:人
出典:『文部省年報』各年度版,国立教育研究所『日本近代教育百年史5』,昭和49年(1974)3月.

17.7%と顕著な増加をしている.

　大学理工学部学生が増加する一方で,工学系専門学校の増設増募も積極的に行われ,大学学部卒業より短期にエンジニアを養成できる工業専門学校が著しく増大した.大学生が高等学校卒業を前提としていたのに対して,工業専門学校は中学校(旧制)卒業程度で入学資格がある履修期間3年のコースである.独立校の場合もあり,大学の付属学校である場合もあったが,大学の理工系学部とは別に工学系の専門部として設置されているケースも多かった.昭和14年(1939)には室蘭,盛岡等の7つの高等工業学校が創設され,昭和15年(1940)にはそれらの名称が工業専門学校となり,既設専門学校の工業専門学校への改編が進行した.昭和20年(1945)時点における工業専門学校の数は,官立独立校が29校,官立大学専門部が3校,公立独立校

表1.3 専門学校（本科）・大学（学部）の卒業者数

	昭和16年（1941）			昭和19年（1944）		
	専門学校	大学	計	専門学校	大学	計
医歯薬系	4,987	1,874	6,861	5,640	1,470	7,110
医学	1,685	1,819	3,504	2,230	1,416	3,646
歯学	2,098	55	2,153	2,181	54	2,235
法商経系	15,875	8,262	24,137	16,111	8,323	24,434
法学	2,656	3,251	5,907	3,374	3,032	6,406
経済学	2,874	2,849	5,723	3,462	3,292	6,754
商学	9,516	2,162	11,678	9,275	1,999	11,274
理工系	9,412	3,067	12,479	15,407	4,279	19,686
工学	6,713	1,989	8,702	11,513	3,106	14,619
農学	2,130	638	2,768	3,302	626	3,928
文学系	4,143	1,529	5,672	4,753	1,896	6,649
その他	3,358	391	3,749	5,017	－	5,017
計	37,775	15,123	52,898	46,928	15,968	62,896

出典：『文部省年報』各年度版，国立教育研究所『日本近代教育百年史5』，昭和49年（1974）3月．

単位：人

が14校，私立独立校が29校，そして私立大学専門部および他の種の専門学校に工業専門課程を置くものが6校で合計81校となり，大学より専門学校の方がはるかに多くなった．昭和20年度（1945）の入学者は約2万5,000人となり，昭和12年度（1937）の8倍強となった．

　大学，専門学校を合わせた工学系の卒業者の推移を表1.3に示す．理工系さらにはその中の工学が突出して肥大化しているのがわかる．戦後になって新制大学が発足するのに伴って，これらの工業専門学校もあるものは廃止されているが，そのまま存続していったものも多い．官立のものは，各地方大学の理工系学部の母体となり，私大の工業専門学校も同じく新制大学の理工系学部として存続した．

各大学は戦時下いかに対応したのか

　急速なエンジニア育成の気運の高まりの中で，東京帝国大学以外の各大学はどのように対応していたのであろうか．それぞれの大学はそれぞれの事情

に応じて，付属専門学校の新設，学部定員の増員，講座数の増加および学科の新設，等を実施していった．いくつかの大学の例について概要を示す．

(i) 京都帝国大学

　京都帝国大学は明治 30 年（1897）に創設され，まず分科大学の一つである理工科大学が設立され，土木工学科，機械工学科の 2 学科で開学した．これが後の京都大学工学部の前身であり，翌明治 31 年（1898），電気工学，採鉱冶金学，製造化学の 3 学科が開設された．その後，大正 3 年（1914）に理工科大学は理科大学と工科大学に分離され，さらに工科大学は工学部となった．学科の増設は大正 8 年（1919）に建築学科があった程度であり，合計 6 学科 30 講座であったが，戦時期には，他の帝国大学と同様に理工系の学部が重点的に拡充された．特に工学部の学科，講座の増設の動きが顕著であった．昭和 14 年（1939）には燃料化学科，同 15 年（1940）には化学機械学科，同 16 年（1941）には繊維化学科，同 17 年（1942）には航空工学科，採鉱冶金科の鉱山学科と冶金学科への分割が行われ，結果として 5 学科の増加で 11 学科となり，講座数は 25 も増加した．

　その他にも増設計画はあったようで，そこにはいくつかの研究所の新設の経費が盛り込まれていたが，驚いたことに「第二工学部」新設の計画も存在したのが，昭和 19 年（1944）に提出された大学の概算要求に見られる．設立に伴う費用は，ほぼ東大第二工学部の規模と同様であって，初年度 836 万円，総額は 4 年間で 1,276 万円であった（『評議会関係書類』[33]）．いずれも実現はみなかったが，「東京大学第二工学部」を見做ったもののようである．

　『京都大学百年史』[34]によると，工学部入学者数は昭和 13 年（1938）に 206 人，同 18 年（1943）に 328 人，同 20 年（1945）に 486 人とある．

(ii) 東北帝国大学

　東北帝国大学は，仙台高等工業学校を大正元年（1912）3 月に吸収して東北帝国大学附属工学専門部としていたが，大正 8 年（1919）に東北帝国大学工学部創設のため廃止となるところを，大正 10 年（1921）に再び仙台高等

---

[33] 京都大学大学文書館所蔵．
[34] 京都大学百年史編集委員会編『京都大学百年史』，京都大学後援会，1997-2001．

工業学校(大戦中は仙台工業専門学校と改称)として独立して,東北帝国大学と併存することになった.工学部は大正8年(1919)の創設以来,大正13年(1924)までは機械工学,電気工学,化学工学,金属工学の4学科,計21講座体制であった.昭和12年(1937)の化学工業1講座の増設を皮切りに工学部の学科や講座の増設が続くことになり,昭和16年(1941)に通信工学科,同19年(1944)に鉱山学科が設置され,合計7学科構成になり,16講座増となった.他に工学系の研究所の付置や増設が急速に行われた.工学部入学者数は昭和13年(1938)に89人,同18年(1943)に229人,同20年(1945)に334人であった(『東北大学百年史』[35]).

(iii) 九州帝国大学

九州帝国大学工学部は,明治44年(1911)九州帝国大学の創始とともに,その分科大学の工科大学として設置された.土木工学,機械工学,電気工学,応用化学,採鉱,冶金の6学科からなり,入学者の合計は82名であった.その後,大正8年(1919)に工科大学は工学部となった.そして昭和14年(1939)には理学部が設立された.工学部では,学科の追加として造船学科,航空学科(昭和12年(1937)),通信工学科(昭和20年(1945))が設置された.各年度の入学者数は,それぞれ昭和13年(1938)134名,同18年(1943)241名,同20年(1945)332名.さらに研究所として,昭和17年(1942)に流体工学研究所,同18年(1943)に弾性工学研究所が設立された.

昭和18年(1943)には文部省から東京,京都,東北,九州の各帝国大学と東京工業大学に対して付属工業専門部を設置するよう要請がなされた.それに対して帝国大学では九州のみが東京工業大学とともに受け容れて設置することになった.これは工業専門学校と同等であって,中学校(旧制)卒業程度で入学資格があり,履修期間3年であった.機械科,電気通信科,航空機科,造船科,各科とも50名計200名が入学した.これは昭和19年(1944)5月からスタートしたが,同20年(1945)入学の2期のみ続いた(『九州大学工学部七十年史』[36]).

---

[35] 東北大学百年史編集委員会編『東北大学百年史』,東北大学出版会,2003-2010.
[36] 教育文化科学研究所『九州大学工学部七十年史』,1979.

(iv) 東京工業大学

東京工業大学の前身である東京職工学校は，明治14年（1881）に創設された．それ以来，校名はいくつか変わったが，現在の名称で旧制大学へ昇格した昭和4年（1929）には，染料化学，紡織学，窯業学，応用化学，電気化学，機械工学，電気工学，建築学の8学科を擁していた．昭和10年代に入ると，戦時下の体制に組み込まれていく．昭和14年（1939）に，航空機工学科の新設を決めるとともに従来の150人を209人に学生増員を行った．化学工学科，金属工学科，燃料工学科が新設され，他に精密機械研究所，窯業研究所，電子工学研究所などの研究所が設置された．

工学部入学者数は昭和13年（1938）に178人，同18年（1943）に366人，同20年（1945）に563人であった．この他に九州帝国大学と同様に付属工業専門部が設置された．各期募集数は300人ほどであるが，翌昭和20年度（1945）の入学生までの2期生だけで募集を停止，昭和23年（1948）3月で廃止となった（『東京工業大学百年史』[37]）．

(v) 早稲田大学

早稲田大学理工学部は，明治41年（1908）の創立で，機械，電気，建築，採鉱，応用化学の5学科が漸時設置されており，昭和9年（1934）頃までは平均200名ほどの卒業生を送り出している．戦時に伴う学科増設は，昭和13年（1938）応用金属学科，昭和17年（1942）に電気通信学科，石油工学科，昭和18年（1943）に土木工学科，工業経営学科であった．戦時下における中等技術者の社会的需要の高まりに応じて，昭和14年（1939）専門部工科が学部の設備を共用する形で新設された．機械工学科，電気工学科，建築学科，土木工学科の4科からなり，修学年限は3年，入学時定員は360人であった．

昭和19年（1944）になると，さらに拡充の動きとなり，航空機科，電気通信学科，鉱山地質科の3科の増設があった．3科の定員は300名である．さらに昭和20年度（1945）4月に生産技術科（定員100名）が増設された．それによって昭和20年（1945）の専門部工科の入学者は950人となった．

---

[37] 『東京工業大学百年史（部局史）』，東京工業大学，1985．

夜間の付属学校として明治45年（1912）に早稲田工手学校，昭和3年（1928）に早稲田高等工学校が創設された．早稲田工手学校は中等技術者，すなわち技手，もしくは職工長を養成する目的で，尋常小学校修了者から中学校卒業者まで学力差に応じて2年から2年半の修学年限があった．早稲田高等工学校は工手学校の上級校として，工手学校と大学との中間の学力，技術を持つエンジニアの養成を目的としていた．修業年限は2年，機械工学，電気工学，建築学，土木工学の4科のみで総数1,011名であった．昭和14年（1939）に修業年限は3年間になった．昭和19年（1944）には，航空機科，電気通信科，土木工業科の3科が増設された（『早稲田大学理工学部百年誌通史』38)）．

(vi) 慶應義塾大学

　慶應義塾大学工学部の前身は，昭和14年（1939）創立の藤原工業大学である．その創立者藤原銀次郎の意思により，大学の教育は慶應義塾大学に一任され，藤原銀次郎亡きあとはすべて慶應義塾に寄付され，慶應義塾大学工学部となることになっていた．修業年限は予科3年，本科3年の6年制であった．それが早まり昭和19年（1944），そのまま慶應義塾大学の工学部となった．

　昭和20年（1945）4月には，これまでの機械工学科，電気工学科，応用化学科の3学科に加えて冶金工学科が加えられ，4学科240名が入学した．しかし同年の戦災により日吉地区にあった工学部の施設はほぼ大半が灰燼に帰したので，学校自体がほとんど閉鎖状態のまま終戦を迎えた．冶金工学科も翌昭和21年（1946）9月に廃止された．

　慶應義塾の付属校として，商工学校（明治38年（1905）創設，昼間）と商業学校（明治24年（1891）創設，夜間）があった．政府の理科系教育重視の一環で，中等学校も変わらざるを得ず，昭和18年（1943）に両校の存続を図るために合併し，昼間夜間の両部を置く工業学校を設立した．慶應義塾工業学校は改称して慶應義塾三田工業学校となった．機械科，電気科，建

---

38) 早稲田大学理工学部百年誌編集委員会編『早稲田大学理工学部百年誌通史』，早稲田大学理工学術院，2008.

築科，電気通信科の4科からなり，昼夜2部制で修業年限は4年，生徒の定員は昼間部が1,000人，夜間部が800人であった．

なお，藤原工業大学も付属校として藤原工業学校という夜学の中等学校を有していた．昭和18年（1943）に同じ校内に開校される．機械，電気，工業化学の3学科をおき，修業年限4年，生徒定数800名であった．その後，大学とともに慶應義塾に寄付され，戦災を受け，慶應義塾三田工業学校と合併した（『慶應義塾百年史』[39]）．

(vii) 日本大学

日本大学工学部（現在は理工学部）の創設は昭和3年（1928）であって，土木，建築，機械，電気の4学科を備え，各学科60名，合計240名の規模であった．修業年限は学部が3年，予科が2年であって，同年に予科理科学生募集となった．さらに翌昭和4年（1929）には専門部工科も設置することとなった．土木科，建築科，機械科，電気科の4科であり，修業年限は3年であった．日本大学工学部の前身にあたるのは日本大学高等工学校である．これは夜間の2年制，後に3年制に変わったが，土木科，建築科，機械科を設置するもので，大正9年（1920）に設立された．現業の第一線で働いている工業学校，中等学校卒業生に対して教育の場を設けることが，当人のみならず日本の工業技術界にとっても必要であることを唱えた東京帝国大学教授の佐野利器工学博士の構想と人選のもとで実現されたものである．彼は校長として迎えられ，以後も工学部長，専門部工科長として工学教育の中心となった．

昭和18年度（1943）における工学部各学科の定員は100名，合計500名であった．専門部も各科100名，計400名であるが，昭和20年（1945）には入学者850人となっている．日本大学にも第二工学部があった．それは，戦後新制大学化の流れの中で，昭和24年（1949）には専門部工科が福島県の郡山に移転し，新制大学の日本大学第二工学部としてスタートすることになった．東京大学第二工学部にならってのことである．既存の工学部は昭和33年（1958）に理工学部と改称し，その学部の中の経営工学科は昭和40年

---

[39] 慶應義塾編『慶應義塾百年史（中巻後）』，慶應義塾，1964．

(1965) に独立して第一工学部となった．その直後の昭和 41 年（1966）に第二工学部は工学部，第一工学部は生産工学部と改称した（『伝統と情熱の 70 年史・日本大学理工学部』[40]）．

二工設立への経緯

　昭和 12 年（1937）に日華事変が勃発して以来，社会における工学部卒業生に対する需要が激増するという状況の中で，恒久的な方策として，学生数をほぼ倍増する第二工学部案が構想されるようになった．定年で大学を去ることになった平賀譲工学部長の後に工学部長となった丹羽重光教授は，工学部の学生募集増を決意し，教授会において学生収容力を 2 倍とする案も検討されたが，最終的には収容力を 40% 増加させる案が教授会で採択された．

　この案は丹羽工学部長から長与又郎総長に提出されたが，当初は工学部の臨時増募は 2 回だけとして，在学年限の短縮処置（昭和 14 年（1939）入学者を昭和 16 年（1941）12 月末に卒業させ，昭和 15 年（1940）入学者を昭和 17 年（1942）9 月に卒業させた）をとっていたにもかかわらず，戦時，戦局の情勢がますます多難となったため，さらなる工学士に対する需要増が要求されることになった．工学部の拡張案として，鉱山と火薬を除いて全学科の拡張を行うべきであるという意見も多くあったが，当時の丹羽学部長は，工学部の拡張ではなく，別に第二工学部を東京帝国大学の機構内に設置するとの考えに至った．平賀総長から第二工学部設立案の提出を命ぜられ，昭和 15 年度（1940）に翌昭和 16 年度（1941）に向けた二工設立案を提出するに至ったが，文部省では認められたものの，大蔵省で拒否されることとなった．

　昭和 16 年（1941）1 月 30 日に企画院において緊急会議が開かれ，文部省，大蔵省，陸軍，海軍，企画院と東京帝国大学からなる関係協議会が行われ，東京帝国大学に第二工学部を設立することが決定された．その資材は，陸海軍が折半して引き受けることとされたが，第二工学部設立に要する創設費としては，昭和 16 年度（1941）追加予算として，臨時費第 1 年度分 308 万円，

[40) 日本大学理工学部 70 年史編纂委員会『伝統と情熱の 70 年史・日本大学理工学部』日本大学理工学部，1990．

4年継続事業総額 1,270 万円が決定され，帝国議会に提出することが閣議決定された．第二工学部の設立が決定された後，早くも昭和 16 年（1941）2月上旬には創設費として追加予算を帝国議会に提出することが閣議決定され，同年 3 月には正式決定に至った．このことからも第二工学部の設立がいかに急がれていたかがわかる．

第二工学部設立案の提出理由としては，(i) 日華事変（昭和 12 年（1937））以来，工業が異常なほどに急激な発展をきたし，その結果，工学士への需要が激増し，科学振興調査会をはじめ，工業に関する各種学会，その他においては，今後毎年大学工学部卒業者の数を日華事変前の 3 倍にすべきであると主張する現状があること，(ii) このような多数の工学士を養成することは現存する教育施設では絶対に不可能であるばかりでなく，新たにこれを養成する施設を作ることもまた容易ではないため，東京帝国大学においては第二工学部を設立し，国家必需の工学士増加養成の一端に資することが必要であること，等が述べられた．さらにまた，上述の第二工学部設立に伴う追加予算の金額が，当時のわが国の財政規模として，文部省予算総額が 2 億 6,972 万円という中で決定されたことを考慮すると，いかに巨額な高等教育投資であったかがわかる．

第二工学部創設という大事業の推進に指導的な役割を果たした平賀譲総長[41]（写真 1.4）は，東京府立尋常中学校（後の府立第一中学校），第一高等学校を経て明治 34 年（1901）6 月東京帝国大学工科大学造船学科を卒業し，横須賀造船廠に入り，大正 14 年（1925）12 月海軍技術研究所長，同 15 年（1926）12 月造船中将，そして昭和 7 年（1932）7 月東京帝国大学教授，同 13 年（1938）12 月総長という経歴を有している．平賀氏は世界的にも著名な艦艇設計者であったが，海軍中将であった彼なればこそ第二工学部が実現したとの評価もあるほどである．

一方，平賀総長就任時の東京帝国大学は，経済学部を中心に矢内原事件など国家非常体制下における思想問題で揺れていた時期である．昭和 12 年（1937）12 月に約 400 名の無産党関係者，労農派マルクス主義者が一斉検挙

---

[41] 明治 11 年（1878）- 昭和 18 年（1943）.

写真 1.4 平賀 譲・東京帝国大学総長
[生産技術研究所資料より]

され（第二次人民戦線事件），続いて同13年（1938）2月，労農派グループを支援したという治安維持法違反容疑により，経済学部の大内兵衛教授，有沢広巳助教授，脇村義太郎助教授の3教官を含む35名が検挙されるという事件が起こった（教授グループ事件）．この問題は学内で紛糾していったが，昭和13年（1938）12月に大内教授ら3名が刑事事件として起訴されたので休職処分となった．大内教授ら3名は，昭和19年（1944）9月に無罪が確定したが，大学復帰は終戦後の昭和20年（1945）11月であった．後述するように，大内教授らは復帰後，第二工学部の廃止の先頭に立って，二工の完全廃止と全講座の経済学部，社会科学研究所などの文科系新学部等への移管を強硬に主張することになるのである．

　昭和13年（1938）10月，経済学部河合栄治郎教授の『改訂社会政策原理』，『ファシズム批判』，『時局と自由主義』，『第二学生生活』の4著書は内務省により発禁処分となり，翌昭和14年（1939）2月に起訴された．この時，河合擁護派とその追放を図る土方成美学部長ら革新派とが激しく挑み合った．

平賀総長は，昭和14年（1939）1月，文部省に河合・土方両教授の休職を上申し，いわば喧嘩両成敗のかたちで収拾を進めた．これに対し両派の教授，助教授，助手が抗議して辞表を提出するという騒ぎになった．平賀総長は，評議会の支持の下，慰留工作によって教授4名，助手1名以外は辞表を撤回させ，さらに昭和15年（1940）2月森荘三郎教授が学部長に就任し，経済学部再建を果たした．この平賀総長の措置は「平賀粛学」と呼ばれている．平賀総長は昭和18年（1943）2月17日に逝去され，同年3月12日に内田祥三博士が総長に任ぜられた．

第二工学部は昭和17年（1942）4月に入学者受け入れを開始したが，最初の学年には421名が入学を果たしている．続いて昭和17年（1942）10月から昭和20年（1945）にかけては，それぞれ427名，425名，429名，424名が入学している．昭和21年（1946）5月入学者は旧航空機体の物理工学科，旧航空原動機の内燃機関学，そして旧造兵の精密工学科からの転科学生を主とし，これらに陸海軍学校その他からの転入者および試験による入学者50名を加えて，7学科130名となっている．また，陸海軍学校その他からの転入者については，その半数近くの21名が海軍兵学校卒であって，その他は陸軍士官学校あるいは工業専門学校卒がそれぞれ6名程度であった．

第二工学部設立

わが国の当時のエンジニアへの急激な需要増加に対する各種大学，専門学校の対応は上記のとおりであるが，東京帝国大学においては，昭和16年度（1941）に追加予算が閣議決定され，議会で成立したのを受けて，丹羽重光工学部長は総長の命を受け，昭和16年（1941）2月19日，工学部各学科の長老教授を集めて，「第二工学部設立準備相談会」[42]を開催し，第二工学部の構想を説明して設立準備のための協力を懇請した．そこでは以下のようなことが丹羽工学部長によって説明された．

（i）第一，第二工学部は，互いに学問的に切磋琢磨し，わが国の工学の発

---

[42] 第二工学部設立準備委員会の前身．昭和16年（1941）2月から3月にかけて3回開催．各学科の長老教授が集められていた．

達の中心となること．

（ii）第一，第二工学部学生の素質に差異を生じないようにするために，入学試験は同時に行い，学生が第一と第二工学部のいずれに入学するかは大学が決定すること．ただし，将来第二工学部においては，別個に試験をするのが適当であるという時期に達した時は，両者協議の上，別に試験を行うこともあり得ること．

（iii）第一，第二工学部は同様のものとして設立されたので，内容的に新味を発揮することは可能であるが，看板は異ならぬものとすること．すなわち特異性は将来徐々に実現すること．

第二工学部設立時点においては，上記のような認識，了解のもとに合意が得られ，発足したわけであるが，上記合意事項には，第二工学部が第一工学部との間に「格差」の生じることのないよう，そして質，量ともに均等になるように気配りがなされているのが感じられる．一方，このような合意のもとに発足した第二工学部が，昭和17年（1942）から昭和26年（1951）にかけてのわずか9年間という短い存続期間にもかかわらず，かなりの独自性，特異性を発揮できたというのは，非常に興味深いことである．

平賀総長の監督の下に諮問機関として，第二工学部設立準備委員会が設置されることが，昭和16年（1941）2月25日に決定された．第1回委員会は，昭和16年（1941）3月14日に開催され，平賀総長から第二工学部の建設敷地候補について3カ所が考慮中であること，内1カ所については陸軍が対象とする敷地の一部を買収済みであることなどが報告され，第二工学部の学部長予定者として，瀬藤象二教授が紹介された．

第2回委員会において第二工学部の建設敷地が千葉市の新市域内の総面積14万7,000坪に確定した．二工設立にあたり，第二工学部設立準備委員会[43]において，平賀総長は次のように発言している[44]．

「予算も出来居り建設は急速に取運ぶを要するを以て現工学部教官の協力は勿

---

[43] 平賀総長の監督の下におかれた諮問機関．昭和16年（1941）2月25日に設置が決定し，第1回は昭和16年（1941）3月14日（金）開催．
[44] 『東京帝国大学第二工学部設立準備委員会記事要旨（第一回）』p.2, 東京大学生産技術研究所所蔵．

論，各位の熱心なる協力に依り出来得る限り充実せしめ現工学部に比し遜色無きものとしたし．尚現工学部に於いては近年工学の進歩に伴なひ諸種改善を要する点を考究中なるが従つて第二工学部はこれ等の点をも考慮し特色あるものとしたし．」

これに対しては，当時法学部教授であった穂積重遠委員が次のように問題提起をしている[45]．

「唯今の会長の御意見に依れば第二工学部は現在の工学部に比し特色あるものの如くなるも，それは専門的方面に就いてのみならず将来技術者として実際工業界に活躍する者に対し，世の動き世界の大勢を洞見し得ると云ふ如き意味合の識見を養はしむる為に，例へば倫理，道徳又法制経済等の大局的なる講義も加味せられんとするものなりや．」

この後，加えて工場経営の講義をも考慮すべきという意見が出た後，議論が行われ，平賀会長発言として，次のような結論となった[46]．

「方針として，法制経済の講義を重んずること，工場経営其の他は専門委員会に於いて検討することとなしては如何．」

このようにして専門委員会では，丹羽工学部長が次のような発言をしている[47]．

「一，総長の希望として，第二工学部は特色を発揮すること，（例へば法制経済を週二時間位必修すること等）講座の総数は六十九を保つとしても第一の改むべきところは改めることとしたし，其按配は専門委員会にて審議せられたしとのことなり．
二，現工学部と著しき差異ある場合は文部省，大蔵省，法制局等にて承認を得難き感あり．」

上の発言からは，二工を特色あるものにするという総長の考え方に加え，既存の工学部と同様の教育内容・教育体制をとらざるを得ないという丹羽工

---

[45] 前掲脚注44，p.3.
[46] 前掲脚注44，p.8.
[47] 『第一回第二工学部設立準備専門委員会議事録』p.1，東京大学生産技術研究所所蔵.

学部長の考えが読み取れるが，瀬藤第二工学部長も，同様の意見を学制改革実施準備委員会で発言している[48]．

「第二工学部には新しく教職につかれた方が非常に多いので，第一とはかなり新しい変つた物の見方，考え方がおありと思ふ．さういふ所を十分出して頂き度い．但し第一と第二と非常に変つたものになるといふことは困るから連絡を緊密にする必要がある．」

以上から，法制度や経済といった社会科学の講義にも重きを置くこと，新しい教官がそれぞれの特色を出すこと，など二工として特色を打ち出すことが可能な部分については打ち出し，それ以外の部分は基本的に一工に倣って教育内容・体制が組まれていたことがわかる．第二工学部は，戦時体勢の下で軍事技術の拡充を期待する軍の要望を受けて設置された面もあったが，大学としての考え方は，丹羽工学部長らが以前から検討していたように，「両工学部は互いに切磋琢磨し，本邦における工学の発達の中心となることを願い，そのためには，それぞれの学生の資質に差異を生じないように選抜し，新工学部は現工学部と同様なものとして出発させた上で，将来徐々に特異性を発揮させる」というものであった．

第一，第二工学部の入学試験については，昭和16年（1941）10月の工学部教授会において下記のような事項が議決された．

(i) 第一，第二両工学部の定員の合計を選抜採用した上で，両工学部に入学させる学生の素質をなるべく均一にするような配分方法を採用すること．

(ii) 両工学部への入学受験者に対しては，いずれか一方の工学部へ選択希望を認めないこと．

第3回第二工学部設立準備委員会は，昭和16年（1941）10月1日に開催され，内田専門委員長の下で，第二工学部の学科課程について，以下のような事項について合意がなされた．

(i) 当該学科の学生向けに用意された科目について，他学科学生が併せ聴講する場合でも程度（レベル）を下げる等は行わない．

---

[48] 『第一回の学制改革実施準備委員会議事録』p.4，東京大学生産技術研究所所蔵．

(ii) 各科目に対して演習時間を設けること．

(iii) 教授内容に関する理論面と応用実務面との割り振りについては，現工学部における程度（割合の配分）を目標とすること．

(iv) 選択科目制度については，自由選択主義とするのではなく，必要に応じて，必須科目を設けてもよいこと．

第二工学部発足時においては講座数 69 がすべて完備されていたわけではなく，昭和 17 年度（1942）に 33 講座で発足し，昭和 18 年度（1943）に 21 講座を新設し，さらに昭和 19 年度（1944）に 15 講座を新設するというように年次進行となっていた．このために学科によっては，第一工学部には存在したものの，第二工学部には未完備のものもあった．そこでさらに細かい規則として，第一，第二両工学部に併設されている学科においては，各学科ごとに当該学科を第一志望とする者の中より両学部収容定員の合計を選抜してこれを両学部の所属学科に分配するが，一部のみに設置されている学科においては当該学科を第一志望とする者の中よりその収容定員を選抜するということも合意されていた．いずれにしても，上記昭和 16 年（1941）10 月の工学部教授会議決事項 (i) 項の入学者の両学部への分配にあたっては，両学部に入学させる学生の素質をなるべく均等にする組み分けを行うということに最も注意が払われたようである．組み分け方法については，2 種類以上を作った上で，そのいずれによるべきかについては，抽選によって大学側がこれを定めるとされた．

昭和 12 年（1937）に日華事変が起こり，昭和 14 年（1939）には第二次世界大戦が勃発し，わが国の軍備が増強されることになり，昭和 16 年（1941）12 月には大東亜共栄圏建設という錦の御旗の下に第二次世界大戦に突入することとなった．昭和 16 年（1941）6 月にドイツとソ連が開戦し，10 月には東条内閣が成立し，12 月には真珠湾攻撃が行われ，政府による言論思想統制もかなり強化されてきた．このような中で東京帝国大学第二工学部は誕生したわけであるが，設立に尽力した人々の努力と意思とがいかばかりであったかについては，後述する初代第二工学部長の瀬藤教授の入学式でのスピーチに「思うようにならない点もあろうが，全学部一体となって建設に努められたい」と述べられたことが，この間の事情と経緯とを如実に物語っている．

1.3 第二工学部の発足

入学者選抜と入学式

　東京帝国大学第二工学部は昭和17年（1942）4月1日に勅令により設置された．それに伴って従来の工学部は第一工学部と改められた．第二工学部の敷地は千葉市新市内の東京寄りで弥生町一帯の台地の総面積14万7,000坪の土地であった．校舎の新営については，コンクリート造りは認められず，すべて木造2階建ペンキ塗屋根瓦葺のものとなった．資材，労力の不足によって，昭和17年（1942）4月の開学に間に合った建物は，中央事務室，講堂はじめ7棟のみであった．第二工学部の開学式は，昭和17年（1942）12月5日に第二工学部講堂で挙行された．第二工学部の初代学部長には，電気工学科の瀬藤象二教授が就任することとなった．

　昭和17年（1942）1月末日，全国帝国大学入試の申込受付は締め切られ，各学部の志願者数が決定した．例年の難関学部としての工学部が，第二工学部の新設によって一躍定員の倍増を見た結果，文科系に比べて多分に競争緩和の状態にあり，昭和17年度（1942）の志望者数は909名と前年度の664名に対して大幅の増加を見せてはいるものの，第二工学部の新設で定員も339名から796名と飛躍したため，入試倍率は著しく低下し，百余名の不合格者を出すに過ぎないといわれた．土木工学，機械工学，建築，火薬の各学科のように無試験入学を予想されるものもあるが，航空，冶金，造船のように定員の倍近くの難関部門もあり，各学科の悲喜こもごもの色彩は「工学部に一番濃い」と記載されていた．

　第二工学部の入学者の選抜については，本郷の第一工学部と千葉の第二工学部に入学する学生の資質を均等とする観点から，両学部併置の学科の収容人員の合計数を選抜して，入学志願者がどちらか一方に選択志願することを認めることなく，その合格者を公平に配分する方法がとられた．そして第一工学部あるいは第二工学部のみに設置されている学科においては，当該学科を第一志望とする者の中からその収容定員を選抜することが定められた．

　第二工学部への最初の合格者は421名であり，昭和17年（1942）3月7日に発表された．第1回入学式（入学宣誓式）は同年4月1日に本郷の大講

写真 1.5 第二工学部第 1 回入学式［船尾洋二氏提供］

堂で挙行された（写真 1.5）．機械工学科 60 名，その他の学科各約 40 名，計 421 名の学生を迎えて第二工学部は歩みを開始したわけであるが，その入学式において瀬藤学部長は講堂に集合した教職員，学生に対して，「学生諸君の中には，入学許可決定以後，本学部建設の現場を見に来られて，あれで 4 月 1 日から開校できるのだろうかとか，或いはまたあんな状態の学部に入学するよりも，外の大学へ入学した方がよかったとか，第一工学部へ何とかして入れ替えてもらえないものだろうかとか，いろいろのことを考え，中には事務担当者に，その希望やら質問やらを持って来られた者もあった」と述べている．さらに，瀬藤学部長は，第二工学部の設立決定以来 1 年，その間に日本は大東亜戦争に突入し，悪化する諸事情の下で，昭和 17 年（1942）4 月に開学する固い決意で困難を乗り越えて今日を迎えた経緯を述べた上で，「思うようにならない点もあろうが，全学部が力を合わせ教職員および学生一体となって建設に努められたい」と強く要望した．さらに父兄には，「ただ単に子弟に大学教育を受けさせるというような消極的な考えでなく，おのおのその得意とする所において将来国家の運命を双肩に担い，大東亜共栄圏の建設に，御奉公すべき人物を錬成することを目的として頂き度い」，そして最後に「皆さんの子弟はわれわれが確かにお預かり致します」と教育に対する熱意を率直に述べている．そしてさらに瀬藤学部長は，二工の先生達は

学術に堪能というだけでなく，人格の高い先生方が数多くおられるので，学問上のことに限らず，必要な場合には一身上のことでも，先生方に相談して，指導を受けられることを学生達に強く勧めている．

　本郷キャンパスで試験を受けた当時の受験生達にとっては，アカデミズムの権威のシンボルを思わせるような重厚な建物群は畏敬の念を抱く対象で，一種の憧れを感じたに違いない．それが彼らの意思でということなく第二工学部に入学することになり，荒涼とした畑の中で砂嵐が舞う中に散在する木造の建屋を見たときには，「これが東京大学か」とまずショックを受けたに違いない．そして，二工に振り当てられた「身の不幸」を嘆く者も少なくなかったようである．

学科の構成と講座・学生施設の整備

　第二工学部には，土木工学，機械工学，船舶工学，航空機体学，航空原動機学，造兵学，電気工学，建築学，応用化学，冶金学の10学科が置かれた．共通教室としては，共通第一教室（応用力学，応用数学），共通第二教室（応用物理学，応用電気工学，放射線工学），共通第三教室（工業分析化学，化学機械学）が設けられた．上記の10学科においてはそれぞれの専門学科の中で縦糸的教育を行い，また3つの共通教室においては学科間をまたぐ横糸的教育を行うことが目指されていた．第二工学部の内容は，航空機体，航空原動機，冶金，造兵の各学科がそれぞれ5講座，土木，建築，船舶，電気，応用化学の各学科がそれぞれ6講座，機械学科が8講座，これに中央所属の共通講座として11講座が加えられ，合計69講座が設置されることになった．共通講座の内訳はAグループとして応用力学3講座と数学1講座，Bグループとして応用物理2講座と応用電気・放射線工学各1講座，Cグループとして工業分析2講座，化学機械1講座であった．

　講座の整備については，合計69講座が設置されることになっていたが，前述のように初年度は，各学科においてそれぞれ目標の半分程度の2講座ないし3講座が開設整備され，合計33講座という状況であった．初年度における各学科の状況は，土木工学，機械工学，電気工学，建築学，応用化学がそれぞれ3講座，船舶工学，航空機体学，航空原動機学，造兵学，冶金学，

応用力学,応用物理学,工業分析化学がそれぞれ2講座,そして応用数学,応用電気工学がそれぞれ1講座であった.

　戦時中であったため二工校舎の建築工事も思うように進まず,昭和17年(1942)4月の二工発足時には船舶,機械,土木の各学科棟と講堂,学生食堂と本部事務室のみが校舎として完成していた.そのため二つの教室が一つの建物に同居したり,あるいはまた実験設備を第一工学部と共用するといったことも行われたようである.しかしながらその後6月には建築学教室1棟,7月には共通教室2棟,造兵学教室1棟,8月には航空機体学,応用化学教室各1棟,そして収容人員280人を有する学生宿舎6棟が次々に新築され,施設は充実されることになる[49].第二工学部の学科の構成と講座・学生施設の整備状況については,次章に詳細を述べる.

---

[49] 東京大学生産技術研究所編『東京大学第二工学部史:開学25周年記念』,昭和43年(1968)11月,p.24.

第2章 組織と施設設備

　東京帝国大学第二工学部は，千葉市弥生町の総面積14万7,000坪のキャンパスで421名の学生，10学科，総講座数33（最終的には69講座）からなる組織としてスタートした．本章では，二工における学生と教官からなる組織，そして施設設備がどのようなものであったかについて概要を紹介する．

2.1　二工の組織

二工の学科構成

　第二工学部は昭和17年（1942）4月の創立以来，昭和26年（1951）3月まで9年間にわたって存続した組織であるが，初代学部長は瀬藤象二教授（写真2.1）が昭和20年（1945）3月までの3年間を務め，昭和20年（1945）4月から昭和23年（1948）3月までの次の3年間は井口常雄教授（写真2.2），そして昭和23年（1948）4月から昭和26年（1951）3月までの最後の3年間は再び瀬藤教授が務めることになった．

　瀬藤象二氏は電気工学教室の教授であった．二工の初代学部長としての新入生，教職員への訓話からも伺えるように，謹厳実直な人柄とともに学生，教職員に対する思いやり，気配りの行き届いた方であるのがわかる．瀬藤氏は第二工学部が生産技術研究所として改組されるということが，昭和22年（1947）から昭和24年（1949）にかけて東京大学において全学的に議論されるに際しても，再び二工の学部長として大任を果たすことになる．さらには第二工学部の後継組織である生産技術研究所の初代所長をも務めていることからしても，まさに瀬藤教授の人生は第二工学部とともにあったといっても

写真 2.1 瀬藤象二・第二工学部初代，第三代学部長，生産技術研究所初代所長
［生産技術研究所資料より］

写真 2.2 井口常雄・第二工学部第二代学部長
［生産技術研究所資料より］

表2.1 開学時の教官構成と講座開設年度割表

講座	開学時			年度経過				講座	開学時			年度経過			
	教授	助教授	講師	I	II	III	計		教授	助教授	講師	I	II	III	計
土木工学	3	2	1	3	2	1	6	冶金学	3	1	1	2	1	2	5
機械工学	5	1	2	3	3	2	8	応用力学	4	2	1	2	1		3
船舶工学	4	2	3	2	3	1	6	応用数学		1	1	2	1		1
航空機体学	2	4	1	2	2	1	5	応用物理学	2	1		2			2
航空原動機学	2	2		2	1	2	5	応用電気工学	1			1			1
造兵学	1	1	1	2	2	1	5	工業分析化学	3		1	2			2
電気工学	4	1	1	3	2	1	6	放射線工学	1	1				1	1
建築学	4	1	3	3	2	1	6	化学機械学						1	1
応用化学	4	4	2	3	2	1	6	計	44	24	19	33	21	15	69

単位：人

I：昭和17年（1942）3月24日　勅令216号
II：昭和17年（1942）10月3日　勅令663号
III：昭和19年（1944）2月22日　勅令94号

過言ではないであろう．

　第二工学部の学部長として2代目を務めた井口常雄氏は，船舶工学科の応用力学の教授であった．井口教授はわが国が終戦を迎える昭和20年（1945）8月をはさんで二工の学部長を務めているが，戦時情勢が非常に厳しい中，二工における学制改革委員会委員長として，大学学科課程の再編成，大学院の強化，大学と高校との連携のあり方，昭和20年（1945）以降の学生の過渡期対策などに尽力することになった．

　第二工学部は10学科（土木工学，機械工学，船舶工学，航空機体学，航空原動機学，造兵学，電気工学，建築学，応用化学，冶金学），3共通教室（第一（応用力学，応用数学），第二（応用物理学，応用電気工学，放射線工学），第三（工業分析化学，化学機械学）），そして総講座数69の組織としてスタートした．総講座数は69のところ査定で60となったが，復活が認められ69講座に復したという経緯がある．しかしながら，第1年度は33講座となり，講座設置年度計画は第1年度に33講座，第2年度に21講座，第3年度に15講座が設置され，総計69講座となり，第二工学部の講座設置の完成をみることになった．

　第二工学部の開学時の組織体制は，表2.1のとおりである．10学科の縦

糸的教育と 3 共通教室の横糸的教育の各々に対して，開学時の教官構成と講座開設の経年変化を示したが，講座数と比較して教官の数が多いのが，船舶工学，建築学，応用化学，第一共通教室（応用力学，応用数学），工業分析化学などであって，また逆に教官数が少ないのが造兵学であることがわかる．

教官の構成と経歴

　第二工学部教官の経歴[1]を見ると，二工 9 年間の歴史の中で 6 年間以上を二工で過ごした（授業を教えた期間を含む）教官数は，10 学科 3 共通教室に対して，それぞれ土木 7 名，機械 8 名，船舶 4 名，航空機体 6 名，航空原動機 3 名，造兵 3 名，電気 9 名，建築 10 名，応用化学 8 名，冶金 8 名，共通第一 9 名，共通第二 3 名，共通第三 5 名となっている．同じ学科に滞在期間の長い教官が多くいる学科は，学生と教官との結びつきが強く，卒業生にとっても二工生活の思い出が多く，また卒業生同士の結びつきも強いようである．

　一方，共通講義として法律概論を担当した尾高朝雄教授と柳川昇教授などは，二工での共通講義を 4 年近くも担当している．第 9 章の座談会記録のところでも述べられるように，工学部の学生にとって社会科学系の科目を聴講する数少ない機会ということで，法律概論といった科目を担当された尾高先生の講義は，二工学生へかなりの影響を与えたことがうなずける．また外来講師数も土木，機械，電気，共通第一などでは 10 名以上と，かなり多く抱えていたようである．

　二工設立直前，当時の丹羽重光工学部長は，第二工学部設立準備相談会において「自分は第二工学部へ行くゆえ他の人も一緒に来い」という態度で臨むよう各学科教官に要望しており，さらに二工は一工と同様のものとして設立することを前提としていた．実際，一工と二工の教官がどのように配分されたのか，昭和 17 年 (1942) 時点での一工と二工の教官陣の比較を行ってみる．この比較には，『東京大学一覧　昭和十七年』および『東京大学一覧

---

[1] 東京大学生産技術研究所編『東京大学第二工学部史：開学 25 周年記念』，昭和 43 年 (1968) 11 月，pp. 37-48.

表 2.2 一工と二工の教授・助教授数（昭和 17 年（1942））

学科	教授数		助教授数	
	一工	二工	一工	二工
土木工学科	4 (3)	4 (1)	1 (1)	2 (1)
機械工学科	3 (2)	5 (3)	5 (5)	1 (0)
船舶工学科	6 (4)	4 (2)	2 (2)	2 (0)
航空原動機学科，航空機体学科	4 (4)	2 (0)	4 (4)	7 (2)
造兵学科	2 (2)	1 (0)	3 (3)	2 (1)
電気工学科	4 (4)	4 (3)	3 (3)	2 (0)
建築学科	6 (6)	5 (2)	4 (3)	1 (1)
応用化学科	5 (5)	4 (3)	3 (2)	5 (2)
冶金学科	2 (2)	2 (1)	4 (1)	3 (0)
計	36 (32)	31 (15)	29 (24)	25 (7)

表中の（ ）内数値は教授数・助教授数のうち，既存の工学部に教授または助教授として在籍していた人数を表す．
注1：応用力学講座などの共通科目，火薬学科，石油工学科に所属する教師，分担や兼担および授業担当の教師は含まれていない．
注2：冶金学科は，一工では鉱山及冶金学科となっており，鉱山関係の講座も含まれる．ここでは冶金関係のみを比較対象にした．

昭和十六年』中の職員一覧を用いる（結果を表 2.2 に記載）．

　二工設立にあたっては，一工と同程度の数の講座を創設する必要があったため，当然ながら教授が多く必要となった．そのため，外部からの教授の招聘に加え，それまで助教授であった人物が多く教授に昇任している．表 2.2 から，既存の工学部の教官の多くが，そのまま一工で教鞭を執ることとなっていたことがわかる．一工では教官の 8 割以上が既存の工学部の教授または助教授であったのに比べ，二工では教官の約 4 割程度しか既存の工学部の教授または助教授ではなかった．したがって，残りの教官は外部から招聘してきたということになる．具体的には，一工教授で 4 名，助教授で 5 名，二工教授で 16 名，二工助教授で 17 名となった．外部からの招聘に際しては，他の帝国大学も工学部を続々と拡張しており，そこからの人員の補充は困難であったため，教官として東京帝国大学に招聘したのは，公務員や民間企業の会社員など，実務に携わっていた人物であったものと推測できる．他の帝国大学から移籍してきた教官の数がどの程度であったかについては精査が必要であるが，一工に比べ，二工において，多くの実務に携わっていた人物が教

壇に立っていたことはほぼ間違いないであろう．

また，学科によっては本郷から西千葉に移った教官の割合にばらつきがあることもわかる．機械学科，応用化学科および建築学科はその割合がやや高い．丹羽工学部長の所属する機械学科については，丹羽工学部長が主導してその割合が上がったという可能性がある．応用化学科はカリキュラムにおいても独自色を発揮しており，教官の配分についても特徴的となっている．

2.2 二工の施設設備

二工の敷地

第二工学部創設時の敷地（写真 2.3）は南北約 1,500 m，東西約 500 m，面積約 15 万坪のやや細長い形をした土地であったが，最寄り駅は省線と呼ばれていた当時の国鉄総武線の西千葉駅（当時は新駅予定）であり，その駅前に位置していた．また私鉄京成の駅は，表門前約 400 m の地点に帝大工学部前という新駅（写真 2.4）として移設されることになった（図 2.1 参照）．

第二工学部の敷地が千葉市に決定されるまでには，いろいろな経緯があった．昭和 15 年（1940）頃から本郷以外ということで，中央線沿線を中心に合計 7 カ所程度の候補地が挙がったようである．最終的に千葉市の東京寄りの地に決定したのは，千葉市，千葉県側による積極的な誘致運動もあったが，当時東京帝国大学が千葉県検見川町に約 40 万坪の土地を有し，総合運動場と学生宿舎を建設中であったことも影響したのではないだろうか．第二工学部敷地が千葉市に決定すると，ただちに千葉市は 2 万 5,000 坪の土地を提供し，交通の便の改善，水道ガスの配給，そして職員住宅，学生宿舎の建設にも十分な便宜を提供することを約束した．民間地主からの土地買収も千葉市が行ったため，事業は順調に進み，整地も行われ，昭和 16 年（1941）8 月には地鎮祭が行われ，平賀総長による鍬入れ式挙行に至った．

昭和 17 年（1942）10 月に千葉市と大学側との協力によって，二工キャンパスの千葉寄りに西千葉駅ができたことによって，それまで総武線稲毛駅から約 20 分かけて歩くか，または京成電鉄浜海岸駅から 15 分かけて歩くしかなく，御茶ノ水駅から 1 時間 10 分を要していたのが，かなり便利になった．

写真2.3　第二工学部創設時の敷地の様子［生産技術研究所資料より］

写真2.4　京成電鉄「帝大工学部前」駅［生産技術研究所資料より］

　京成浜海岸駅は千葉キャンパス中央の正門の南に移転し，駅名を帝大工学部前（この駅は後に工学部前，そして黒砂駅を経て現在はみどり台駅になっている）と改められることになった．
　二工キャンパスは図2.1にあるように，千葉市の西北地域の弥生町の一帯

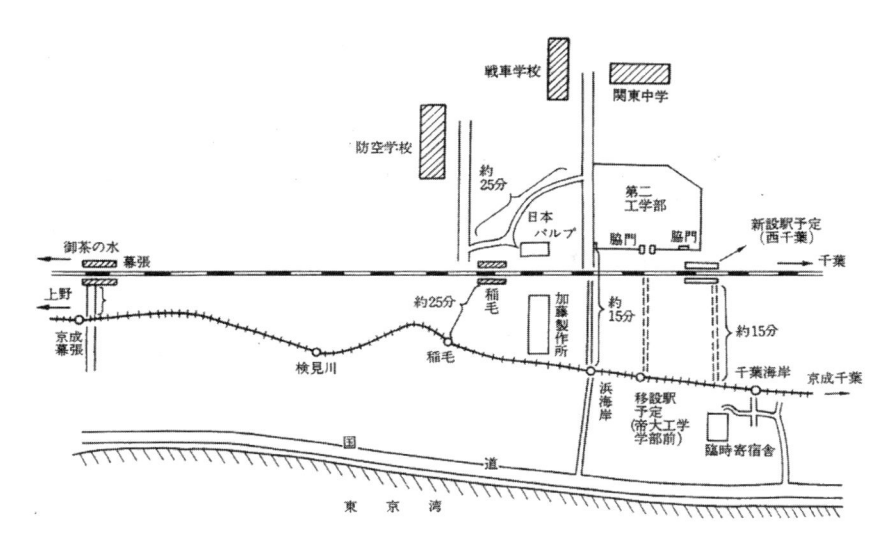

図 2.1 第二工学部付近見取図［出典：東京大学生産技術研究所編『東京大学第二工学部史：開学 25 周年記念』，昭和 43 年（1968）11 月，p.24］

の広大な台地に位置し，海岸に近く，松林もあり，風光明媚なところだった．ただ東京から通うのに交通の便がよくなく，一帯も土埃と黄塵とでワイシャツがすぐに汚れてしまうといった点は，かなり悪評だったようである．

施設設備の概要

第二工学部各学科の建物は，昭和 17 年（1942）3 月の二工創設時は，機械，土木，船舶の計 4 棟と，本部事務，講堂，食堂のみで（写真 2.5），主として木造 2 階建，一部が耐火造りで，建物延面積は約 2,300 坪に過ぎず，多くの建物に複数の教室が同居するといった状況だった．その後同年 6 月から 8 月にかけて，建築学教室，共通教室，造兵学教室，航空機体学，応用化学教室が新築され，学生宿舎 6 棟も新築され，かなりの充実が図られた．

二工の土地の鉄道に面した中央に正門，そして千葉寄りと稲毛寄りに脇門，背面に裏門が作られ，正門から入った中央軸線上に中央事務室，講堂，学生食堂，そして中央講義室が建てられた．この中央軸線の左右の土地に教室が建てられたが，各教室は事務室，図書室，そして教官研究室を主とした棟と，

写真 2.5 第二工学部創設時の建物の様子［生産技術研究所資料より］

学生が製図，実験を行う棟と，さらには特別の実験棟数棟が中央の庭を囲むように配置された．

　建物建造への要求は木造1万8,000坪，坪あたり単価180円としてなされたが，面積のみ要求が認められることになった．面積1万8,000坪の内訳は，中央部分の建物を4,140坪とした上で，残りを工学部の教育，研究のため学生1人あたり11坪という前提に基づいて，学生定員1,260人分の合計1万3,860坪が加えられたものである．この案は瀬藤象二副委員長によって立案されたものであるが，瀬藤副委員長は昭和16年（1941）1月に第二工学部の建設が千葉に決定されて以来，資材負担は陸海軍側と折半するという確認の下に，軍部とのかなり困難な交渉にあたっていた．昭和16年（1941）7月には中央事務関係の建物の入札を済ませ，次々と新たな建物建設に向かうはずであったが，戦時中で戦局が激しさを加えたということもあって，資材の輸送が滞り，労働力の不足も深刻になり，一時は昭和17年（1942）4月の開学すら危ぶまれたといわれている．

　このような状況下で4月1日の開校時に間に合った建物は，前述のように中央軸線上の3棟を含む計7棟で，約2,300坪であった．その後次第に建物が新築，増築され，同年10月の第2回の入学生を迎える時には，

写真 2.6 学寮［船尾洋二氏提供］

計 7,000 坪を超える状況であった．以後，第 2 期工事を経て，翌昭和 18 年 (1943) 9 月には建物総面積は約 1 万 4,200 坪となり，建設予定の総面積 1 万 8,300 坪にかなり近づくことになった．なお第二工学部関係の建設工事は，昭和 20 年 (1945) 8 月終戦と同時に中止されたが，戦時中の空爆によって機械棟，船舶棟，航空機体棟，航空原動機棟，応用化学棟など，合計約 2,300 坪が焼失した．

　第二工学部では学生のための施設として，図書室，厚生福利施設，食堂，売店，学生宿舎などが整備されていた．図書室は中央図書室に科学，工学，工業等に関する一般図書と教養図書，辞典類，その他新聞雑誌などが備えられ，専門書は各教室の図書室に置かれていた．学生達はそれらの図書を，本郷の附属図書館の図書も含めて自由に閲覧することができた．

　厚生福利施設は，大学側もかなり考慮を払っており，学生掛が学生からの身上，家庭，勉強，思想，学資などいろいろな相談に親切に対応していた．医務室は開学には間に合わなかったが，昭和 19 年 (1944) になって完成をみている．

　食堂・売店は二工創設時には竣工しており，食券制，セルフサービスの食事を提供していた．第二工学部の食堂の食事は，本郷の学生食堂の食事よりも安くてかなりボリュームがあるということで好評で，本郷の学生からも羨

ましがられていたようである．

　学生宿舎は二工開設時には臨時宿舎（大洋荘と呼ばれていた）として用意されており，民間会社の厚意によるといわれていたが，二工開設時には百数十名を収容していた．昭和17年（1942）8月になって，後に学寮と呼ばれる学生宿舎（写真2.6）も完成し，合計約280名が寮に入れることになった．学寮は正門からすぐに海側へ線路を横切って歩いて行ける近いところにできたが，寮の運営はすべて学生に任されていた．宿泊学生の中から各学科2名の委員が選出され，委員会を構成し，それぞれ総務，経理，炊事，厚生などの担当を決めていた．戦局の推移とともに民間会社による学寮経営もだんだん困難となり，昭和19年（1944）4月からは第二工学部が学寮の建物，設備を会社から賃借りして直営することになり，二工の厚生委員会がこれにあたっていた．

第3章 教育内容と教育体制

　第二工学部における教育内容の特徴として，本郷の第一工学部に比べて履修科目に実学的科目が多いということがいわれていた．また教官の出身，経歴として産業界，企業出身者が多いという特徴もあった．本章では第二工学部における教育内容の紹介に加えて，そのような状況，傾向が学生の卒業後の進路としての就職，進学にどのように影響しているか，についても述べる．またさらには，このような傾向が各学科間である程度異なることも考えられるので，学科間，そして第一工学部との比較，検証も行う．

3.1　教育内容と教育体制

二工開校時の状況

　いまだ建設中の千葉新キャンパスの講堂で行われた，第二工学部の入学宣誓式（昭和17年（1942）4月1日）における瀬藤象二学部長の訓話は，第二工学部の教職員，関係者に限らず，こんなところで大学教育ができるのだろうかという不安を持って入学してきた新入生，そして彼らに同伴して参列している父兄各位の全員にとって印象的なものであった．訓話の内容は，今日でも教育の場に携わる者すべてに十分に通用する格調高いものであった．

　瀬藤学部長は，「二工教官は，大学令の定める所に従って，国家に須要なる学術の理論および応用を教授し，これと同時に学生諸君の人格の陶冶と国家思想の涵養に努めますが，二工においては先生達が学生諸君に接するのは，単に講義の時だけではないのであります．工学教育においては実験，演習，製図等の数多い時間がありますから，学生諸君はこれらの時間に，学術に堪

能で，しかも人格の高い先生に接することができるし，学問上のことはもちろん，必要な場合には，一身上のことでも，先生方に相談して，指導を受けられることをお勧めします」と述べている．

さらに瀬藤学部長は，帝国大学は知的教育のみを行うのでなく，特に工学部のように人間の日常生活にとって密接な関係のある学問をするところでは，立派な人格を備えた人が滅私奉公の精神でものを作り上げなければ，真の意味で世の中に益することにはならないと述べ，ものを作る人間の基本姿勢を説き，人は欺き得ても，天は欺き得ず，誠実にことを進める必要を目のあたりに体験することが，若い人にとって人格の陶冶に資するところ大であると結論づけている．

西郷隆盛（1828-1877）が「大西郷遺訓」の中で述べている「人を相手にせず，天を相手にせよ．天を相手にして，己を尽くし，人を咎めず，我が誠の足らざるを尋ぬべし」にも通ずる言葉である．まさに科学技術，文明の格段に進歩，発展した現代においても十分に通用する，あるいは現代においてこそ必要とされる，現代社会への「警告」といえるのではないだろうか．

瀬藤学部長自身，多少の不安を持たれての訓話であったであろうが，まさに二工の第1回卒業生となるべき新入生への期待と激励のこもった訓話の効果もあってか，その後，二工はまさに建設，発展，成長の一途をたどることになる．第2回の学生が入学してくる昭和17年（1942）秋には，学生の当初の不安はすっかり消え失せていたというのが現実だったようである．

一方，わが国をめぐる当時の国際情勢としては，昭和12年（1937）の日華事変勃発以来，昭和15年（1940）の仏領インドシナへの日本軍進駐，翌昭和16年（1941）のマレー沖海戦，ジャワ沖海戦，そして米国に対する真珠湾攻撃と続き，わが国は日本軍の相次ぐ勝利に湧き立っていた．その後昭和17年（1942）に入ると，ミッドウェー海戦，ガダルカナル島の戦い，ソロモン海戦等において米国を中心とする連合国側の大反攻に遭い，戦況は転換期を迎え，日本にとって不利な状況を迎えることになった．昭和17年（1942）4月には米軍爆撃機B25による東京初空襲，そして6月にはミッドウェー敗戦というように，戦争の暗雲が厚くたれこめていた．

このような中で，二工も戦争の影響を受けることになった．昭和17年

表 3.1 二工学生の入学卒業の状況（開設から終戦まで）

年次	入学（昭和年月）	卒業（昭和年月）
1	17 年 4 月	19 年 9 月
2	17 年 10 月	20 年 9 月
3	18 年 10 月	21 年 9 月
4	19 年 10 月	22 年 9 月
5	20 年 4 月	23 年 3 月

(1942) 4 月に入学した新入生を同年 10 月には 2 年生に進級させること，そして翌昭和 18 年（1943）4 月に入学することになっている学生（約 420 名）を，前倒しで昭和 17 年（1942）10 月に入学させることが臨時措置としてとられた．こうして第 2 回の入学者選抜試験は 8 月に行われ，426 名が入学することとなった．

二工が開学した昭和 17 年（1942）12 月 5 日には，政府当局，大学関係者，千葉の県市関係者約 300 名を招いて開学式が開催された．東大平賀譲総長は，式辞の中で「予算成立後わずか 1 年半で田園が学園になった」と述べている．さらに，10 学科構成の下に，完成時の目標講座数 69，教授数 69 名，助教授 65 名，学生数 1,260 名に対して，現在は教授数 45 名，助教授 33 名，その他職員 363 名，学生 847 名を擁し，帝国最高学府に相応しい教育と研究を実施していると述べ，昭和 20 年（1945）3 月の学部完成予定を昭和 19 年（1944）9 月に半年繰り上げ，第 1 期卒業生を国家社会に送り出すと宣言している．

また，同開学式当日に瀬藤学部長も学内状況報告の中で，二工の建物が増設されて全部で 17 棟となり，延べ 6,200 坪であるとし，さらに工事中のものとして 15 棟 4,200 坪があるとも述べている．さらには，学生数も昭和 17 年（1942）10 月入学者 426 名を加えて計 847 名となり，講座数も 54 となり，二工が順調に拡大成長しつつあることを報告している．

第二工学部の開設から終戦までの間の入学・卒業の状況は，表 3.1 のとおりである．表 3.1 に示したように，第 1 回生の在学期間は 2 年 6 カ月となり，彼らは高等学校 3 年を終了して入学後，半年短縮して卒業したことになる．また第 2 回生から第 4 回生にかけては，高等学校の在学期間が 2 年 6 カ月となったため，大学の在学期間はちょうど 3 年ということになる．また第 5 回

生に関しては，高等学校在学期間がさらに6カ月短縮されたため，2年となっており，大学入学後は大学に3年在学したことになる．

　修業年限の短縮に関しては軍部からの依頼は以前からあったものの，大学側による学力低下を憂慮する主張もあって，ただちには実現しなかった．しかしながら昭和16年（1941）10月16日の勅令によって，大学・高専の修業年限は「当分ノ内夫々6月以内之ヲ短縮スルコトヲ得」べきことが決められ，この年の12月には文部省令によって臨時措置として大学修業年限が6カ月以内で短縮されることになった．さらに高等学校の修学年限も昭和18年（1943）には2年に短縮され，繰上げ卒業が行われた．

　このような流れを受けて，第二工学部内に学制改革実施準備会（井口常雄委員長）が設置され，昭和18年（1943）1月より10月までの間に13回の会議を開催した．審議事項は，①大学学科課程の再編成，②大学院の強化，③大学と高校との連絡，④昭和24年（1949）4月以降の過渡期対策，などについての議論，検討が行われることになった．

二工の教科構成

　第二工学部におけるカリキュラムの組み方，教育体制に関しては，かなり特徴的なものがあり，それが学生の卒業後の活躍の基盤を作ったのではないだろうかともいわれている．戦前と戦後に分けて，二工の講義・時間割の内容を見てみよう．東京大学生産技術研究所編（昭和43年（1968））[1]に，第二工学部における講義時間割は，戦前と戦後に分けて示されている．第一工学部のものを基本に改善を加えたとのことで，戦前における二工第1学年から第3学年にかけての講義時間割には，総計366本の講義が示されている．

　科目番号100番台は，主として共通教室から提供される数学，力学など基礎的科目と，各学科教官が紹介する土木工学大意，建築学大意などの大意というタイトルの付いた基礎的科目と，演習，実験，製図などを含めて全部で78本の科目がある．大意というのは概要あるいは概論（概論は別に航空学

---

　[1]　東京大学生産技術研究所編『東京大学第二工学部史：開学25周年記念』，昭和43年（1968）11月．

概論,法律概論,経済概論としても用いられている)といった意味で用いられているようであるが,大意の付いた科目は全部で12本ある.数学,力学は第1学年から第3学年で毎週2時間ずつ,それぞれ5単位が3本,2本(内力学第一のみは2.5単位)ずつあるが,演習として数学が2本(7.5単位),力学2本(7.5単位),応用力学(3.5単位)が用意され,演習時間がかなり多くとられている.実験科目も材料力学,電気工学,工業分析化学など14本が用意され,1科目あたり7.5単位として,かなりの時間がとられたようである.なお,科目番号100番台の科目として,法律,経済に加えて,特許法,気象学,地震学などがあるのも興味深い.

科目番号200番台は土木工学科目で全部で43本あるが,たとえば水道,河川,国土計画など専門ごとに製図科目が13本,実験が4科目もあり,測量,製図,実験などが重視されているのがわかる.

300番台は機械工学科目として全部で35本あり,演習,実験的科目が7科目で,機械製図などは17.5単位と長時間を要する科目となっている.機械系教官による学外演習という科目も無単位で用意されている.

400番台は船舶工学科目が30本あるが,ここでも20単位の船舶工学計画製図をはじめ10本の製図,演習科目が用意されている.

500番,600番台は航空機関連科目が全部で47科目用意されており,ここでは実験科目は航空原動機実験1科目のみであって,航空原動機特別講義などの特別講義が多いのが特徴的である.

700番台は造兵関連科目であるが,18科目と最も少なく,実験,製図も各1科目のみであるが,製図は19.5単位と多くの時間を費やしている.

800番台は電気工学系の科目が43本示されているが,実験,設計,製図関連の科目は8科目あり,電気工学実験は全教官が担当し,総計22.5単位を付与していたようである.

900番台は建築工学系科目であるが,専門の特徴からして演習,製図系の科目が多く,全24科目と少ない中で半分近くの10科目を占め,演習科目には1科目あたり10単位程度,製図系科目には1科目あたり約20単位から27.5単位程度を付与し,かなりの時間を割いているのが見られる.

1000番台は工業化学系科目で全部で25科目となっているが,実質的には

物理化学及無機化学（12.5単位），有機化学（8単位），工業化学概論（5単位）の3科目が講義科目で，他は工業化学というタイトルのもとにそれぞれの先生がそれぞれの講義を行っていたようである．実験科目3，製図科目1もそれぞれ7.5単位，5単位として各教官が担当している．

1100番台は冶金関連科目で23本あるが，講義科目は冶金学，金属組織学，冶金物理化学のみで，あとは実験科目が金属組織学（4.5単位），試金学（13.5単位），冶金学（16.5単位）の3科目で全教官が担当している．

終戦によって，二工10学科のうち，造兵，航空機体，航空原動機の3学科が廃止され，教官，学生は全員，精密工学科，物理工学科という新学科に転属されることになったのは，二工にとっての一つの大きなできごとであった．文献[1]には第1学年から第3学年までの昭和21年（1946）9月の第2学期の時間割が掲載されている．第1学年と第2学年では，すべての学科で月曜日朝から土曜日午前までびっしり講義，演習，実験，製図などが入っているのに対して，第3学年になると，機械工学科も機械，電気，精密，応用化学，船舶の5学科では週日2ないし3科目とかなり講義が入っているが，他の土木，物理，建築，冶金の4学科では週日ほとんど科目がないか1科目あるいは卒業論文が入っているのみである．土木工学科の月曜日の時間割に農耕が入っていること，あるいはまた冶金学科では，第3学年は月曜から土曜までまったく講義が入っていないことなどが特徴的に見られて興味深い．

カリキュラムの特色

第二工学部の特色については，丹羽重光工学部長は，二工がいくつかの特色を打ち出すものの，基本的には既存の工学部と同様の教育内容・教育体制をとらざるを得ないと考えていたようである．当時の学制改革実施準備委員会議事録を参照すると，実際のカリキュラムの策定にあたっては，学科ごとにさまざまな考え方があったことがわかる．

たとえば建築学科の関野克教授は，同委員会で基本的には第一工学部に準ずると述べている[2]．土木工学科の堀正人助教授は，第二工学部の学科課程

---

[2] 『第一回学制改革実施準備委員会議事録』p.6，東京大学生産技術研究所所蔵．

を作るとき，これまで土木では第一と同じとしてきたが，この機会を利用して改めたいと思うとも述べ，また応用化学科の菊池真一教授は，応用化学は土木工学科と違って二工設立時にカリキュラムを一工と大きく変えたので，専修制度と外国語を専門教育に取り入れること以外には今後変えるということは少なくてよいと思うと述べている[3]．したがって土木，建築両学科は一工の課程に準じてカリキュラムを組んだということがわかる一方，応用化学科は一工の課程を変えたということがわかる．さらに菊池教授は，具体的にどのように変えたかということについても，「1年に基礎学科を行うことは同じであって，従来は2年で専門の科目をしっかりやり，3年はほぼ論文にあてていたのを，2年の講義を半分にし，あとの半分は雑誌による演習制度をとり，講義時間が減った分を補うため，1年に工業化学概論を設けた」と述べている[4]．

　二工創設にあたってのカリキュラムについての考え方が最もよく反映されているものは，二工開学の年である昭和17年（1942）時点の当初のカリキュラムである．『東京帝国大学一覧　昭和十七年』中の第一工学部規定第三条別表及び第二工学部規定第三条別表を用いて比較する[5]．この表には，当時設定されていた科目名，学期ごとの週あたり講義時間，単位数が記載されている．一工と二工における学科別総科目数を表3.2に示す．表3.2から，二工の新しいカリキュラムの科目のうち，一工のカリキュラムと一致している科目の占める割合が，二工の土木工学科，船舶工学科，電気工学科，建築学科，冶金学科では80％以上と高いのに対して，二工の機械工学科，航空機体学科，航空原動機学科，造兵学科，応用化学科においては，一工の科目と対応するのは50％以下となっているのが特徴的である．なお，総科目数について一工が多くなっているのは，火薬学科と石油工学科が二工に設置されなかったこともあるが，昭和17年（1942）時点で二工には新入生しかい

---

[3] 『第二回学制改革実施準備委員会議事録』p.1，東京大学生産技術研究所所蔵．
[4] 前掲脚注3，p.2．
[5] 『東京帝国大学一覧』は昭和17年（1942）までは年に1冊まとめられていたが，戦中・戦後の混乱のため，昭和18年（1943）から昭和25年（1950）までは刊行されていない．

表 3.2 一工と二工の科目の比較

学科(一工)	総科目数	学科(二工)	総科目数
一般科目	74	一般科目	76 (34)
土木工学科	44	土木工学科	43 (37)
機械工学科	31	機械工学科	34 (17)
船舶工学科	27	船舶工学科	27 (24)
航空学科	36	航空機体学科	20 (4)
		航空原動機学科	21 (10)
造兵学科	17	造兵学科	20 (10)
電気工学科	35	電気工学科	37 (30)
建築学科	27	建築学科	25 (21)
応用化学科	23	応用化学科	14 (7)
火薬学科	11		
鉱山及冶金学科	45	冶金学科	23 (21)
石油工学科	23		
計	393	計	340 (215)

表中の( )内数値は,総科目数のうち一工の科目と一致したものの数を表す.

注1:第一工学部規定第三条別表及び第二工学部規定第三条別表(以下,それぞれ「一工別表」,「二工別表」という.また,まとめて「別表」という)中,それぞれの科目には番号が振られており,一工別表は一般科目→各学科の座学科目→各学科の実習科目の順に100…895,二工別表は一般科目→各学科の科目の順に101…1152とされている.この比較表においては,便宜上,二工別表の整理に合わせ,座学科目と実習科目を分けずに整理を行っている.

注2:一工の一般科目は二工の一般科目より広範であり,二工では各学科の科目とされているものが一般科目に分類されている場合がある.この比較表においては,便宜上,二工の整理に合わせ,科目が一致するものは二工の各学科の科目としてカウントする.

注3:科目名が完全に一致する場合のほか,以下のいずれかを満たす場合は,科目が一致すると判断した.
1. 科目名の違いが次に掲げるものの場合 (i)片仮名か漢字,(ii)「学」「工学」がついているか否か,(iii)「機」「機械」がついているか否か,(iv)括弧がついているか否か
2. 科目名の違いが「第一」「第二」「大意」がついているかどうかのみであり,かつ時間数と単位数が同じ場合
3. 次に掲げる場合(左側が一工別表,右側が二工別表の科目名.なお,すべて時間数と単位数は同じとなっている)「熱機関大意」と「熱及び熱機関大意」,「道路及街路」と「道路」,「水力」と「発電水力」,「河川水力計画及製図」と「水力計画及製図」,「煖房及換気」と「暖冷房及換気」,「空気圧縮機」と「空気機械」,「冷凍機及冷蔵法」と「冷凍機」,「木造及造船幾何学」と「木船構造及造船幾何学」,「船舶算法及復原性」と「船舶算法及船体復原性」,「航空学実地演習第一」と「航空学実地演習第二」と「航空実習第一」「航空実習第二」,「航空原動機工作法」と「航空原動製作法」,「機雷」と「機雷及爆雷」,「社寺建築」と「社寺及和風建築」など.

なかったことも影響していると考えられる．昭和18年（1943）時点の二工のカリキュラム[6]では，総科目数は368と増加している．

　以上見てきたように，第二工学部の講義は，実務家を経て大学教官となった教授陣によって，実験重視，実際にものを作る，といったものが多い点に特徴を有していることは事実である．しかしながら，中には岡本舜三先生の土木構造力学，山内恭彦先生の数学といったような，かなり理論的，数学的，抽象的なものもあり，これらの講義は人気も高く，教室が満杯になっていたと二工卒業生諸氏も語っている．戦時中でありながら若い学生がアカデミックな雰囲気を初めて体験し，それに耽り，向学的探究心に燃えている有様がほほえましく感じられる．特に昨今の工学部学生がこのような理論的，数学的，抽象的なものからむしろ逃避する傾向があるのを目のあたりにするとき，当時の二工学生にこのようなチャレンジ精神に満ちあふれた傾向があったということは，はるか昔のこととはいうものの，時代を超えて頼もしく感じられ，そしてまた輝いても見えるのである．

　二工においても教授会，教授総会などが開催され，通常の大学と同様に学部における教育，研究に関する基本方針，重要事項が議論された．昭和17年度（1942）中には教授会が18回，教授総会が19回開催されたが，加えて図書委員会，食堂委員会，厚生委員会，教官宿舎世話人会なども，それぞれ担当委員を任命して運営されていた．食堂委員会などは，戦時中の食糧難の中で，経済統制，食糧配給制，物価統制など各種統制の下で，運営にはかなり困難を窮めたようである．食堂委員会は学生宿舎の学寮の運営，食堂の運営管理，売店の経営，等々厳しい状況の中でかなりの努力を強いられた．食堂委員会，学生掛の努力に千葉市の好意も加わって，二工の食堂の食事は栄養食が供与されたため，本郷一工の学生からは羨望の目で見られていたようである．その後業務は厚生委員会に引き継がれたが，大学としても食糧増産を強いられることになり，約1万坪の直営地を持ち，農耕係がその管理を担当するようになったというのは二工特有の事情に基づいていたようである．

---

[6] 前出本章脚注1, pp.49-55.

3.1　教育内容と教育体制

輪講会・語学賞委員会・共通教室

二工の特徴を表すものとして，教官による輪講会が毎週開催されたことがある．二工教官が交互に（50音順に実施）毎週二人で30分ずつ講演をすることになった．輪講会は各教官（教授，助教授）が「平素研究している内容について交互に知識を交換し，工学の総合的研究効果に資する」ことを目的として開催されたものであるが，昭和19年（1944）9月から終戦の年の秋まで戦争の激化と疎開などの事情で休会となった以外は，ほとんど毎週開催された．二工教官が相互に研究内容を発表し，お互いに理解することによって，工学の総合化といった大きなテーマを各研究者が認識し，教官同士の相互理解，相互協力を通して学部教育にも役立てるという点で十分な効果があったと思われる．

教官同士の輪講を重視し，数多く定期的に実施していたことは，二工の教育体制，カリキュラムの大きな特色の一つとしてあげられる．設立当初時に瀬藤象二学部長は，工学部学生は各自の狭い専門分野のみに閉じこもるのではなく，視野を広くするために，他の学問分野，領域のことも知ることができるようにと輪講の重要性を強調された．このことは二工の学生の教育にも大きく影響したと思われる．

瀬藤学部長は昭和17年（1942）4月に行われた教授総会にあたって「輪講会の目的」と題する文書を提出しているが，そこには次のような趣旨のことが書かれている．

> 「工学が発達すると学問としての分化，専門化が極端に進み，お互いに他の分野のことがわからなくなる．このことはかえって専門を発達させるのに支障となることがある．これを防ぐためには学問研究の総合化が必要となる．開学間もない第二工学部では，まず輪講会によって教官同士が相互にお互いの専門を認め合い，理解し合うことによって，それぞれが自分の専門における問題解決を図ることが必要である．まずは教官が率先して実践することが必要である．」

科学技術がこれだけ発展を遂げた今日においても十分通ずる，教育と研究のあり方を示唆しているのではないだろうか．輪講会は昭和26年（1951）3月31日に第二工学部が廃止になるまで通算174回続き，これは後に生産技術研究所になってからも引き継がれたのである．

二工に設置された各種委員会の中で興味を引くものに，語学賞委員会がある．東大本部は「外国語学奨励のため」ということで，日本および海外諸国の文化国情などに関して，ドイツ語，フランス語，あるいは英語で執筆した論文を提出した東大学生の若干名に語学賞を毎年授与することにした．毎年課題が各学部で選定された上で，各学部が予備審査を行い，東京大学審査委員会が受賞者を決定した．そこで二工では語学賞委員会を設置し，各教室から選出された委員が二工学部内で学生の研究課題の選択・決定，論文の公募，応募論文の審査などを行うことにした．昭和17年度（1942）の第1回課題は「ニュートンと万有引力の発見」と「第1次大戦とフリッツ・ハーバー」の2件であったが，二工学生からは両者で31件の応募があり，他学部全体の14件を大きく凌ぎ，両課題に対して二工学生が受賞したと報告された[7]．翌昭和18年度（1943）はドイツ語学力を重視することを目的として，ドイツ語文献2件の邦訳紹介が課題として出されたが，これに対しても二工学生3名が受賞している．二工学生の向学心に燃えた態度，外国語学習への積極的な姿勢が垣間見られる．

　二工には3つの共通教室があり，各学科に所属する学生が学科の枠を超えて工学の素養を深めることが目的であるとされていた．共通教室に所属しておられた山内恭彦先生のように，格調の高い講義をされたということで当時の多くの学生にとって非常に印象的であって強烈なショックを受けた講義もあったということである．学生に実務的，実践的教育の重要性とともに，学問自体の面白さに目覚める素地を与えたのではないだろうか．

　また二工では総合大学の実を上げるために人文社会科学系の講義を重視し，いくつかの科目を授業の中に組み入れたことも，二工の教育内容の大きな特徴をなしている．富士通㈱社長を務めた山本卓眞氏（電気，昭和24年（1949）卒）が，尾高朝雄先生の法哲学の講義に非常に感銘を受けたと述べているように（第9章の懇談会記録で後述），当時本郷から二工千葉キャンパスに出向いて人文社会科学系講義をされた先生方との交流を通して，またそれらの講義の内容からも，自分達の専門とはかなり異なる学問分野の息吹を

---

[7] 前出本章脚注1，p.30.

感じ取っていたのではないだろうか．

二工と一工の教育体制

　一工と二工の当時の教育体制の違いについて，特に土木工学科の例については，泉知行（2007）[8]，泉ほか（2009）[9]に詳しく記されている．三木五三郎氏（土木，昭和19年（1944）卒）はインタビュー（第9章参照）の中で，「二工が創設された際，本郷の教授，助教授はほぼ一工土木工学科（以下「一工土木」）に残り，当時助教授であった福田武雄先生がただ1人，二工に出向くことになった」と述べている．また，高橋裕氏（土木，昭和25年（1950）卒）も同インタビューの中で，その福田先生が現場とつながった教育をするという方針のもとで実務経験者を教官として招聘していた可能性を指摘している．

　実際の二工土木と一工土木の教授・助教授陣の実務経験と，昭和16年（1941）（二工設立の前年）時の職を表3.3に示す．表3.3から，教授・助教授陣の実務経験に関しては，二工土木の方が一工土木よりも圧倒的に多いことがわかる．内務省復興局と東京帝国大学教授とを兼任していた田中豊氏を別にすると，一工土木では実務経験が10年を超える教官はいない．一方，二工土木においては，帝都復興橋梁でケーソン工法を指揮し，関門トンネル工事で業績をあげた釘宮磐先生，村山貯水池の事業で中心人物であった東京市水道局の岩崎富久先生，鉄道鋼構造物のスペシャリスト集団である鉄道省大臣官房研究所第四科長の沼田政矩先生，富士川の改修工事に13年間従事した内務省の安芸皎一先生など，教授であった人物の実務経験が多いことがわかる．また，福田先生は二工土木の幹事（各学科1名ずつ選ばれ，諸般の準備をすることとされている教官[10]）であったため，高橋裕氏の指摘にあるように教授の人事などに携わった可能性は高いと推察できる．また同イン

---

　[8]　泉　知行「東京大学第二工学部土木工学科における教育と環境」，東京大学工学部社会基盤学科卒業論文，2007．
　[9]　泉　知行，亀田佳明，中井　祐「東京大学第二工学部土木工学科の教育」，土木史研究論文集，Vol. 28, 159-170, 2009．
　[10]　前出本章脚注1，p. 15．

表 3.3　二工土木と一工土木における教授・助教授陣の実務経験と前職

専門	二工土木 氏名	実務経験	昭和16年時の職業	一工土木 氏名	実務経験	昭和16年時の職業
鉄道	沼田政矩	23年	鉄道省大臣官房研究所第四科長	山崎匡輔	5年	東大教授
上下水道	岩崎富久	29年	東京市水道局給水課長	広瀬孝六郎	2年	助教授兼厚生省
橋梁	福田武雄	1年	東大助教授	田中 豊	29年	東大教授
				平井 敦	5年	京城帝国大学助教授
施工法	釘宮 磐	30年	鉄道省下関改良事務所長			
河川	安藝皎一	18年	内務省兼興亜院技術部	本間 仁	8年	東大助教授
港湾	森田三郎	27年	東京市港湾部長			
応用力学	岡本舜三	10年	愛媛県庁土木課	奥村敏恵	4年	日本発送電㈱
道路	星埜 和	9年	内務省土木試験所			
測量	丸安隆和	1年	京城帝国大学理工学部助教授			
土質	堀 武男	1年	鉄道省工務局保線課軌道応力	最上武雄	なし	東大助教授
				山口 昇	4年	東大教授
コンクリート				吉田徳次郎	なし	東大教授
				國分正胤	7年	東京府庁土木部河港課

タビューの中で，高橋裕氏および菅原操氏（土木，昭和24年（1949）卒）は，実務経験のある教官が自身の経験を講義で話していたことを指摘している．

以上から，二工土木においては，福田武雄先生というキーパーソンが教官陣の構成を考え，実行したという面で一工土木との差異化をはかっていたこと，また，実務経験を積んだ教官達が自身の経験を話す講義が当時の学生達の記憶に残っているということが特徴として指摘できる．

東京大学名誉教授で第7代生産技術研究所長を務めた岡本舜三氏は，星合正治先生追憶記念会（1988）[11]の中で，「星合正治先生を偲んで」と題して，以下のように述べている．

---

11) 星合正治追憶記念会編『星合正治先生の思い出』，コロナ社，1988．

「私は昭和4年東大土木工学科に入学しましたが，同科の学生は土木技術者になるに必要な素養として，機械工学，電気工学，数学を学ぶことになっています．私は機械工学を兼重寛九郎先生に，電気工学を星合正治先生に，数学を寺沢寛一先生，山内恭彦先生に教えていただきました．勿体ないような方々ばかりですが，これは東大に入れた冥利と云えましょう．そして卒業して十年目に，助教授として第二工学部に戻ってきますと，兼重先生，星合先生，山内先生にはそれぞれ同学部専任の教授として学部創設に指導的役割を果たしておられ，私は再び先生方から直接御世話になることになりました．第二工学部は，高い理想と大きな夢を抱いて出発しましたが，不幸にして敗戦とともに廃止ときまり，生産技術研究所として再出発することとなりました．私達が比較的安穏に研究生活を送れたのは，瀬藤先生，兼重先生，星合先生の御庇護のおかげであって，それを思うと感謝に堪えぬものがあります．」

二工の当時の教師陣の充実ぶりが十分にわかり，しかもまた当時の二工の先生方の教育に対する情熱と熱意とが感じられ，それがやがて生産技術研究所へと継続，継承されていく様子がまさに目に見えるようである．

東京大学名誉教授で千葉工業大学電気工学科教授であった丹羽登氏（電気，昭和19年（1944）卒）は，やはり星合正治先生追憶記念会（1988）[11]の中で，「第二工学部1回生のクラス幹事として」と題して，以下のように述べている．

「第二工学部第1回生として昭和17年（1942）4月に電気工学科に入学したときの最長老教授として二工の学部全体にかかわっておられ，電気工学科の創設，特にムード作りの中心は星合正治先生であった．二工の第1回生ともなれば，最初は上級生も下級生もいない芋畑の中の一クラスだけだったので，遊ぶ方の団結は自然にできたのだが，やはり「二工に廻された」とがっかりしている者も少なくなかった．小生も，ここで同級生の士気を鼓舞する必要ありと痛感し，先生方や本郷との連絡役，つまりクラス委員を買って出て，顔の広さを大いに活用した．そこで知り合ったのが星合先生のムード作りの熱意であった．入学直後の夏に計画した豊島園での一二工合同の懇親会へも，星合先生は他の先生方にもすすめられて率先して参加され，大いに懇親の実をあげることができたのである．クラス会については星合先生が「クラス会は（一工と）合同でやりたまえ．（1回生である）君達が（合同で）やらないと，後のクラスが迷惑する」と強くいわれ，いささか心配になったのを今でもはっきりと思い出す．学

科によっては，一工側からは，二工の卒業生を仲間とは思わないところもある，と聞いていたからである．そこで10年会（卒業後10年目に先生方をお招きするクラス会）の準備にあたり，一二工共催の幹事会を呼び掛け，10年会の合同開催を強く申し入れた．内心は，はらはらしていたのだが，その申し入れは快く受入れられて，ほっとした．」

　星合先生の下で二工の電気工学科の学生達がまとまり，それによって彼らの連帯感が自然とでき，それが彼らの卒業後にも引き継がれ，電気工学科卒業生達の連帯感が築かれる有様が如実に感じられるのである．

3.2　二工における学生生活

工夫と協力の学生生活

　前述のように，第二工学部創設時の敷地は南北約 1,500m，東西約 500 m，面積約 15 万坪の土地であったが，学生に対する施設としては，図書室（中央図書室および各教室図書室），医務室，食堂・売店が置かれた．学生宿舎は，昭和 17 年（1942）8 月末に竣工し，収容人員は 280 名であった．

　また，開学とともに，第二工学部所属の教職員，学生が加入する第二工学部会が発足した．この会の目的は，「第二工学部学生の心身を鍛え教養を高め，集団的訓練を行い，会員相互の親睦を図る」というものであった．活動としては，講演会，運動会，音楽会などが企画された．第二工学部会の会長は瀬藤象二学部長が務めたが，瀬藤会長は同会発行の会誌創刊号に「第二工学部会の使命の達成について」を寄稿し，その中で「二工は未だ建設途中にあり，施設も未完成であって，その生活環境も決して良いものではない．テニスも，蹴球も，映画も，ピアノも，何もないが，都会生活，西洋料理がなければ生きていけないと考えてはいけない．多少都合の悪いことがあっても「ヨシ，やってみよう」の精神で朗かに方向転換をして積極的，建設的な心構えを持つことが望ましい．生活を潤いのあるものとするために工夫と努力をし，自分の進路を開拓し得る者のみが不断の活力を得る．このような心構えで二工学生諸君が将来の進むべき境遇に対する訓練としては，設備の完成した所よりも二工のこの未完成の施設においてこそ実現し得ると確信する」

と述べている．二工学生が決して恵まれたとはいえない，困難な境遇の中で自らの学生生活をエンジョイし，卒業後の各自の人生の中でそれぞれの能力を遺憾なく発揮できた背景には，このような瀬藤会長の励ましが二工学生に十分に伝わったという事実があったのではないだろうか．第二工学部会は後に昭和21年（1946）から「弥生会」と呼ばれることになった．

大学側は，二工学生が本郷一工と比較して教育研究の環境がかなり悪い中で疎外感を感じないように，そしてまた二工が総合大学学部としての特色を発揮し続けられるようにとかなり配慮し，注意を払ったようである．まず一工と二工の学生の交流を運動競技の面で野球大会（写真3.1），陸上競技大会など両工学部の交歓を行ったり，全学で行った事業である農耕作業（写真3.2）に参加してともに農園で作物を作りながら汗を流したり，また教室によっては年中行事として一工・二工交歓会を催したりすることによって，親睦と融和が進められ，本郷との距離感が短縮されていったと述べられている[12]．

二工の学生には，お互いの親睦を深めるため，あるいはまた生活に潤いを持たせるべく都会生活を体験する機会を与えるため，といった目的の下に，学内行事として運動会（写真3.3）を大規模，積極的に行い，また講演会や音楽鑑賞会（写真3.4）を時々催すなど，数多くの企画が実施された．運動会としては学科対抗のボートレース，軟式野球，卓球大会，排球大会などを行い，各学科の団結の下でかなり対抗戦を盛り上げていた．また学部対抗の陸上競技会などでも第二工学部が優勝するなど，千葉キャンパスという環境をトレーニング等に非常に効果的に活用した上で，教官と学生が一体となって団結して戦うといった姿勢が，運動の面でも大いに成果を発揮していた．

講演会は，戦時中の時局を反映した海軍少将による帝国海軍の成果に関するもの，新聞記者による従軍記に関するものなどに加えて，学生の教養を身に付けさせるための異分野の南方音楽研究者の話なども行われた．また音楽会としては，レコード音楽鑑賞会としてクラシックの代表的なものを皆で試聴することもあったようである．新しい「電蓄」を購入したということで，

---

[12] 前出本章脚注1，p.31．

写真 3.1 野球大会［河添邦太郎氏提供］

写真 3.2 農耕作業［生産技術研究所資料より］

ベートーベンの交響曲「第九合唱」,「皇帝」,「英雄」などはもちろんのこととして,ハレルヤコーラス,バッハのトッカータ,ハンガリアンラプソディー,モーツァルトのフルート協奏曲など,かなり広範にわたっていろいろな企画がなされた.彼ら若い学生は当時の千葉キャンパスの地でどのような気持ちでクラシックレコード鑑賞をしていたのだろうかと考えると,ほほえましくも感じられるのである.千葉キャンパスの地で世界的水準の芸術に接せられることを実感したのであろうか,それとも本郷一工の都会生活がますま

写真 3.3　運動会 [船尾洋二氏提供]

写真 3.4　音楽鑑賞会 [河添邦太郎氏提供]

す羨ましくなったのであろうか，と興味は尽きない．

　またピアノやバイオリンのコンサートも時々開催され，多くの二工卒業生諸氏はそのことをよく覚えている．かなり有名なピアニストもきてくれたこと，そして演奏してくれたピアニストへの謝礼がサツマイモだったことなども，二工卒業生諸氏は楽しく思い出しつつ語ってくれた．広漠とした千葉キャンパスで毎日生活を送っていた彼らにとって，このような企画，機会は貴重な清涼剤となる砂漠の中のオアシスだったのかもしれない．

大学院特別研究生と軍依託生

　昭和 16 年（1941）12 月の日米開戦以来，マレー上陸，マニラ占領，ジャワ上陸と日本軍による戦闘勝利が政府報道として一般国民に伝えられたが，昭和 17 年（1942）に入ると米軍爆撃機 B29 による首都攻撃が行われ，ミッドウェー海戦の日本軍大敗が伝えられ，戦局の悪化とともに国民生活は深刻な物資不足の打撃を受けていた．

　国内では軍隊や軍需工場への動員の強化が行われ，二工学生も勉学を放棄せざるを得ない者が続々と出てきた．また教職員でもいわゆる「赤紙」による召集令状によって出征する者が多数出ることになった．二工では開学以来軍事教練として毎週 2 時間が割りあてられており，運動場での匍匐前進，射撃，突撃などの戦闘動作訓練あるいは野外演習なども行われていた．昭和 18 年（1943）9 月には文科系学生の徴兵猶予が停止され，12 月からは学業を中断して学徒出陣がはじまった．昭和 19 年（1944）3 月には「決戦非常措置要綱ニ基ク学徒動員実施要綱」によって，理科系学生も「軍関係工場，病院等ノ職場ニ配置シテ勤労ニ従事セシム」とされ，昭和 19 年（1944）5 月頃からは理工系学生も官公庁や軍需会社に勤労動員された．また，軍事教練が強化され，食糧危機に対処し，検見川東大臨時農場における勤労奉仕，千葉および群馬県下の農繁期援農動員などが行われた．このような結果，二工においても講義時間は著しく制約された．

　東京帝国大学では学部長会議を開催して，学術文化の低下防止，理工系研究要員確保のための方策として，大学院教育強化を目指すことになった．その結果，昭和 18 年（1943）10 月から大学院特別研究生の制度が設けられた．これは優秀な学生を確保するのが目的で，兵役猶予とともに，大卒初任給を上回る学資が支給された．対象校は，7 つの帝国大学，3 つの官立大学，そして早稲田・慶應の 2 つの私大であった．東大 8 学部で計 107 名の第 1 回大学院特別研究生が採用された．第 1 回研究生としては二工では 7 名が採用されたが，その後は毎年約 20 名（定員）が二工から採用されている．この大学院特別研究生制度は昭和 28 年（1953）まで継続したが，戦時中の文部省の文教政策として最も成功したものであるといわれている．

　二工には陸海軍による依託学生制度に採用された依託学生が在籍していた．

表3.4 陸海軍依託学生採用者数（昭和19年（1944）1月現在）

	土木	機械	船舶	航機	航原	造兵	電気	建築	応化	冶金	合計
陸軍	4	15	1	4	14	18	7	3	11	15	92
海軍	16	46	35	18	34	70	17	10	17	18	281
合計	20	61	36	22	48	88	24	13	28	33	373

単位：人

昭和19年（1944）1月現在の採用者総数は，表3.4に示すように373名おり，当時の在籍学生の約3割を占めていた．なお彼らは毎月手当金として40円を供与されていた．表3.4からもわかるように，軍依託学生は造兵学科が昭和19年（1944）1月現在で90名近くと最も多く，次いで機械，そして航空原動機という状況であった．それらと比較して，土木，建築，航空機体，電気などはかなり少なかったようである．また陸軍と海軍では，すべての学科において海軍の方が，かなり多くの依託学生を派遣していたことがわかる．

この制度によって，優秀な学者，研究者が輩出されるようになった．昭和61年（1986）に異例の若さで文化功労賞を受賞して話題になった故猪瀬博国立情報学研究所長（電気工学科5期生）もその一人である．

学生生活の思い出

東京大学生産技術研究所の編集による『東京大学第二工学部史』（pp.62-63）には「二工各学科の学生生活」として，各学科の教官，学生だった人々が当時の千葉キャンパスでの教官，学生の生活ぶりをいろいろ書いている．それによると，二工千葉キャンパスでは，戦時中ということで生活物資が不足し，食糧入手がますます困難になる中で，教官と学生が一緒になって苦労している様子がよくわかるし，またそのような仲間意識ないしは連帯感の醸成が運動会，園遊会，芸術鑑賞会，そしてまた級誌作成といった著作活動に至るまで，全員が積極的に参加している様子が目に見えるようである．

共通第三教室（工業分析）の武藤義一教授は，海軍技術研究所から赴任した茂木武雄教授が学生を引率して元の勤務先へ行って実験器具の借出しを行ったこと，東京ガスの供給するガスのカロリーが低いのをガス分析計測実験で検証してガスの値引き交渉を行ったことなどを書いている．また土木工学

の三木五三郎助教授は，二工園遊会での土木学生による踊り「会津磐梯山」が好評だったこと，クラスで級誌『くろすな』を作って土木の教官，学生全員が寄稿し，自由に随想，論説，読物，ルポなど述べあったこと，食糧制限がますます厳しくなって学生食堂でも1日1食厳守を強いていた中で，昼食券の「修整」でいろいろなごまかしを図った成功例と失敗例，など悲喜こもごもの話が紹介されている．また機械や冶金などの学生からの意見として，二工における学生生活が，年齢，専門を越えたいろいろな人と話す機会に恵まれ，さらに教官の中にも自らの人生経験を語ってくれる人が多く，とても印象深い人生経験をしたこと，そしてまた楽しみも苦しみもすべて大学ぐるみであったとも述べているが，これらは二工における教官と学生とが一体となって人間としての交流があったことを物語るものであって，まさに二工ならではの特徴といえるのではないだろうか．

戦争拡大によって生活物資や食糧が不足する中，二工学生が短い期間とはいえ，友人や教官とともに畑を耕し，作物を収穫し，魚を採り，努力して生活を築いていたというのは，お互いの連帯感を養い，信頼感を増し，人間としての生涯の結びつきの基礎を築いたといえる．

終戦直後，当時の食糧事情調査が行われた中に，学生の声がいろいろと書かれている．一般的意見，学習方法に関するもの，食糧対策への希望，実情を訴えたものと4部に分かれている．学生が食糧難の中で，働きながらでも勉強したい，休講しないで欲しい，落ち着いて勉強できる寮が欲しい，卒業研究を中断したくない，などと切々と訴えており，胸に迫るものがある．一方，食糧難の実情を摂取カロリーが少なすぎる，食糧を確保してほしい，栄養剤がほしい，学業が続けられないかも知れない，などと嘆く意見も書かれている．飽食の時代，そして勉強し，研究するためには何でも揃っている，研究環境が当時と比較すると格段に整備され，必要な情報は何でも容易に入手できる，という現代では，上記のような学生達の「欲求」は考えられないし，また想像し難いものであろう．

このような当時の学生生活であるが，そのような状況，環境の中で学問研究を続け，成し遂げた二工学生の強固な意志と根性には頭が下がるのみである．このような艱難辛苦の時期があったからこそ，それを乗り越えたことが，

彼らのその後の「多くの成功」につながっているのかも知れない．まさに二工は，お互いに協力しあう教職員と学生からなる一つのファミリーだったのかも知れない．そのようなファミリー意識の中から「二工スピリット」が生まれてきたに違いないと思えるのである．

九州産業大学工学部教授であった藤井俊雄氏（電気，昭和19年（1944）卒）は，星合正治先生追憶記念会（1988）11)の中で，「先達の弟子」と題して，二工時代の学生時代を以下のように振り返っている．

> 「我々が入学後まだ日が浅く，互いに名前もよく分らない頃，教室わきの野原でクラス内の野球を行い，小生はピッチャーをしていた．突然，まぐろのような黒い飛行機が，低空で東京方面へ眼前を過った．これが空母ホーネット号から発進したドウリトル指揮下の初めての東京空襲機の中の一機だった．電気工学実験は，学生食堂の一部を仕切って行った．ホイートストンブリッジの向こう側の調理場で，昼食の準備に体格のよいイタリア人のような千葉娘が，長靴を履いて動き廻るのが気になった．他学科の学生との交歓も盛んだった．学科によるムードが随分違うと感じた．日曜日には，近隣の電気設備の見学に，グループを作って出かけた．学徒動員でも色々な経験をした．どんなことでも，学生が自ら企画して実行しなければ，何も進まないように感じた．新天地に開設された第二工学部の学生は，このようにして実行力を養われた．今にして思えば，何処へ行っても何をしても積極的に行動がとれたのは，星合先生の予めのご配慮があったからである．先生のこのようなお心遣いは，溢れる人徳によるものと思う．先生は著書『拙を守る』（p.269）に「変人が偏人になるな」と戒めて居られ，自らは多読とお酒を以て万人に接せられた．」

戦時中の厳しい生活の中で友人，先生との暖かい人間関係を築き，それを将来の自分の人生に生かすという逞しさが感じられる．

NTT㈱社長を務めた山口開生（はるお）氏（電気，昭和23年（1948）卒）は彼の著書13)（1992）の中で学生時代を振り返って，以下のように述べている．

> 「大学（東大第二工学部）に入ったのは，戦争が激しくなっていた1945年（昭和20年）4月だった．当時の高等学校の生徒は全体としては多くはなかったから，大体どこかの帝国大学に入れたが，東大とか京大というのは希望者が多か

---

13) 山口開生『NTTにかけた夢』，東洋経済新報社，1992．

った．戦況が激しくなっていたので，入学試験ができるような状態ではなかった．したがって内申書による一次試験と身体検査による二次試験が行われることになった．このやり方は影響が大きかった．というのは，当時の高校生は平常学校の成績をあまり気にせず悠々としていたからだ．大学に入る時は入試で頑張ればよいと思っていた．一方で浪人を絶対許されないとすると，希望の大学を勝手に決めるわけにはいかなくなった．

　当時東大工学部に第一と第二があった．第二工学部は戦時中に技術者が不足してきたので，それを補うために新しく増設されていた．志望の際は選択を許されておらず，学校側で決定されたが，私は第二工学部に入学した．大学に入る直前の3月にはB29による米軍の大空襲があり，東京は焼け野原になっていた．今から思うと，大学はよく学生を入学させたものだ．私が東京に来たのはこの時が初めてだった．第二工学部は千葉にあったので，寮も千葉にあった．千葉へは秋葉原（東京）で乗り換えて総武線の電車で行くのだが，秋葉原の高架のホームから見たら，周りはもう焼け野原だった．秋葉原のホームから東大（文京区）の安田講堂が見えた．今はもちろん見えないが，当時は途中がみんな焼けてしまったので見通せた．大学は爆撃を受けなかったらしく，残っていた．東京がこんな状態で勉強なんかしていいのだろうか，兵隊になって戦地に行かなくてもいいのだろうか，これでは申し訳ないという気持ちがした．兵隊にいつとられるかわからない，いつでも国のために死ぬ覚悟でいなければ，という時だったから，こんな状況では勉強などしていられないと思った．秋葉原のホームに初めて降り立ったときは，こんな複雑な気持ちで東京の街をながめた．千葉に行き，そこで大学生活が始まったが，やはり勉強どころではなかった．すぐに農村の勤労動員に駆り出された．東金（千葉県）の農村に行き，二ヶ月ぐらい泊り込んで田植えを手伝った．一軒の家に二人ずつぐらい泊めてもらった．あのあたりの農家には牛がいたが，働き盛りの男が一人もいない．みんな兵隊に行っていたからだ．残っていたのはおじいさん，おばあさん，それにお嫁さんばかりで，若い男が一人もいない．だから田植えをしようにもできなかった．

　田植えをしていた時に，米軍のグラマンに狙われ，危うく殺されそうになったことがある．五月の暑い盛りで，仲間の学生と二人で蓑笠をかぶって田んぼで野良仕事をしていたら空襲警報が鳴った．空襲警報ぐらいならいいやということで，そのまま仕事をしていた．そこへ突然，飛行機の音が聞こえてきた．見たら東のほうからグラマンが二機こっちに飛んでくる．東金は九十九里浜の近くにあり，グラマンは九十九里浜沖の米艦から飛び立ったものだ．米艦から

の艦砲射撃も時々あった．簔笠は黄色で，空からはよく見える．明らかに我々二人を狙って近づいてきた．これは大変だということで，あわてて簔笠やなんか全部投げ捨てて，グラマンが飛んでくる線の真横に逃げ，一目散にあぜ道のドブの中に飛び込んだ．われわれは何回も空襲を受けているから，襲われそうになったら真横に逃げるよう訓練されていたからすぐできた．パイロットは我々が全部投げ捨ててドブに逃げ込んだことを見ているから，やる気だったら機銃掃射できたはずだ．事実，あの近くでは機銃掃射で撃たれて死んだ人もいる．とにかく，あのときは九死に一生を得たという感じだった．」

さらに山口開生氏は，終戦後に学生達がそれぞれの故郷に帰ってしまった時のこと，勤労動員の時のことなどを以下のように述べている．

「宮津でぶらぶらしていたら，九月になって大学から家に電報が来た．「平常通り講義をしているから出てこい」と．当時はまだ私の家には電話はなかったから，電報で知らせてきた．それで，東京にのこのこ出てきたら，何も変わっていない．若い者が引っ張られるということもなく，講義も確かに始まっていた．これには拍子抜けした．大学では，「お前らはなんだ，工員崩れの学生じゃないか．出来が悪いな」とよく教授に怒られた．勤労動員で工場に駆り出されていたころは「あんたらは学生崩れの工員だ」と言われていたが，大学に戻ったら逆の話になった．戦後は食糧難の時代が続いた．特に東京はひどかった．第二工学部は千葉にあったから東京よりは良かったが，寮生活の食事では配給米に頼っているわけでひどかった．第二工学部の周りは当時一面のサツマイモ畑で，サツマイモのシーズンになると農家に行ってサツマイモを買った．大学の構内も広くて土地がいくらでもあったから，自分でサツマイモを作ったりもした．千葉の海岸は今は埋立てられて工業地帯になっているが，当時は海岸が寮のすぐ近くまで来ていた．ちょっと走れば東京湾の海岸があり，そこではアサリやハマグリがよく採れた．土曜や日曜になると，ここでアサリやハマグリを採ってタンパク質を補給した．澱粉はサツマイモでとっているから，これで何とかなった．大学では時々コンパをやるんだが，本郷には食料がないから，みんな千葉に来て，イモでコンパをやった．日立製作所の三田さん（勝茂，現会長）や富士通の山本さん（卓眞，現会長）なんかも一緒の電気工学科にいた．確か私より一期下だったと思う．同じ工学部でも，第二工学部の方がバイタリティがあった．「これはなぜか，やはりイモのおかげだろう」なんて話をしていたものだ．」

㈱デンソーの社長を務めた石丸典生氏（機械，昭和26年（1951）卒）は松島・尾高（2006）[14]の中で，当時の学生生活について以下のように述べている．

「高等学校の授業では，数学と物理に興味がありました．ドイツ語も好きでした．哲学は，あまり難しいのは苦手でしたが，それでも，一応はいろいろ読みました．西田幾多郎の『善の研究』とか，三木清の『哲学ノート』，カントの『純粋理性批判』など理解できないままにも文章を追いつづけました．アダムスミスの『国富論』，マルクスの『資本論』，『共産党宣言』など難解ですね．比較的に馴染めたのはエンゲルスの『空想から科学へ』とか河上肇の『貧乏物語』などで，非常に共感しました．当時の高校では，理解の程度は別としても，話に乗れる程度の知識はないと，恥ずかしかった．しかし，私はもともとそういう方面は苦手でしたから，今では殆ど忘れてしまいました．文学は濫読ですが，古典を除いて明治・大正・昭和の作家のものは殆ど読みました．一番多くの作品を読んだのは夏目漱石かな．高校2年の夏は『漱石全集』を買うために必死にアルバイトをしました．

中学の友達を含めると，今思い浮かぶだけでも戦後3人も自殺しています．一人は女性のことで悩んで，一人は病気のことで悩んで，いま一人は哲学に凝って人生に悩んで自殺しています．このように，私の周囲の人には自殺している人が多いのですが，私は能天気で，楽天的なものですから今日まで生きて働けたのではないかと思います．勿論，あのころ究極に人生を論じ，人間社会の腐敗を悲憤慷慨した人が皆自殺したわけではないし，卒業と共に考え方が一変した人もいて，さまざまです．寮に残る人はどちらかと言えば，物事を真面目に，真剣に取り組むのはよいのですが，激情的で自己主張の強い人が多かったようです．私の性格は全てを客観的に見るほうですので，同調しにくい面が多々ありましたので，進級を機会に寮を出て下宿することにしました．」

日産自動車㈱の社長を務めた久米豊氏（航原，昭和19年（1944）卒）はエッセー[15]の中で，学生時代について次のように述べている．

---

[14] 松島　茂・尾高煌之助編『石丸典生オーラルヒストリー』，法政大学イノベーション・マネジメント研究センター，No.20，2006，250p.
[15] 久米　豊『回想——人と生活と』，同人，1997．

「昭和17年（1942）4月，東京帝国大学第二工学部航空原動機学科に入学した．工学部拡張のためこの年に新設されたこの学部は，千葉県稲毛に建設中の木造バラックだった．私の学科は競争率だけは一番高かった．私は海軍依託学生に合格し，毎月40円の手当を支給される身となった．どの道軍務に就くなら技術でと考えたのと，学費の調達も必要だった．40円は一か月の下宿代に相当する．永久服役である依託学生に身を投ずるものはかなり多くて，教授は「これでは教室に残るものがなくなる」と歎いた．昭和19年（1944），卒業実験に取り掛かっている時に工場への動員令が来た．「国破れて何の学問ぞ」というのが言い草で，一機でも多くの飛行機をというのだが，足りないのは資源であって労働力ではない．国が貧しくなるほど逆に労働力は余るという事実を無視し，形式の中に安心感を求めているだけだ．八月大学に戻る．もう卒業までに日は残っていなかった．卒業製図は何とか仕上げたが，実験を完了することは出来ず，卒論には苦労した．考えてみると私の学生生活は正味2ヵ年そこそこ，まことに充実感に乏しい一時期だったと言うしかない．」

二工と一工の特徴

　わが国産業界をリードしたとも言える二工卒業者による当時の学生時代についての思い出を聞くにつけ，当時の学生の知識欲と学問への一種の憧れと，そして「選ばれたエリート学生」としてのプライドないしは責任感が彼らの強い思いの中に感じられる．「ノブレス・オブリージュ」という言葉があるが，当時の彼らにはそれにふさわしい，あるいはそれを身につける素地があったといえるのではなかろうか．
　二工と一工に学生を振り分けるにあたっては，能力，資質の差が出ないように成績順に交互に振り分けるため，学生のいずれか一方への進学希望，要望を考慮しない，といった細心の注意が払われたことは前述のとおりである．このことは当時の一工と二工の教官達がかなり真剣に留意した点であるということは随所に強調されている．それにもかかわらず，結果的には一工と二工とではその置かれた環境や条件の違いがもとになって，二工では一工にはない独特のカラーが形成されたようである．その相違点を整理してみよう．
(i) 学部の性格
　本郷が伝統的，アカデミックな雰囲気の工学部であるのに対して，二工は東京から離れた千葉から出発した新設学部ということで，チャレンジ精神，

パイオニア精神，創意工夫，進取の気性に満ち溢れた雰囲気が養成されたといえる．

(ii) キャンパスの環境

一工キャンパスが大都市の中にあったのに対して，二工キャンパスは千葉市郊外に置かれ，周囲は畑や原野であり，野性的で自由奔放な雰囲気があったといえる．

(iii) 教官の経歴の特徴

一工は伝統的な大学出身の教官が多かったのに対して，二工では産業界出身の実務を経験した教官で若い人が多くいたために，新たなことにチャレンジする積極的な教育，そして物づくりの面での実践的，実務的な工学教育が大きく花開いていた．

(iv) 教育課程の特徴

一工では伝統的な工学部専門教育が行われていたが，二工においては，専門の工学教育にとどまらず，広く人文・社会科学の講義も開講された．特に法哲学の尾高朝雄教授は，「付和雷同せず幅広く学び深く考えよ」と訓示され，大きな影響を与えている．

(v) 学生寮の存在

二工学生の中には学生寮に住む者が多くいたために，旧制高校の寮生活の延長で，仲間意識が強く，バンカラ気質が引き継がれた．自由闊達な雰囲気の中で皆が協力して勉強，研究，生活ができた．クラスメートも皆覚えているといった状況である．先生もリラックスした自由な雰囲気であったというのが一工と異なる特徴として感じられる．

3.3 二工における就職状況

年度別・学科別就職先の概要

表3.5は，二工卒業生の昭和19年（1944）から昭和29年（1954）にかけての年度別就職先分布を示している．表3.6は，就職先を学校，官庁・公社団体，民間企業・私企業という3つの就職先グループに分類し，それぞれの卒業生数とその割合を示したものである．表3.6における学校，官庁・公社

表 3.5　年度別二工卒業生就職先分布（昭和 43 年（1968）9 月現在）

期	卒業年月	学校	官庁	公社団体	民間企業	私企業	その他・不明
1	昭和 19 年 9 月	42	29	24	226	10	18
2	昭和 20 年 9 月	60	44	31	215	14	15
3	昭和 21 年 9 月	32	49	37	229	12	17
4	昭和 22 年 9 月	21	55	25	209	13	9
5	昭和 23 年 3 月	26	57	28	221	14	12
6	昭和 24 年 3 月	14	10	10	85	3	1
7	昭和 25 年 3 月	23	29	18	202	12	4
8	昭和 26 年 3 月	17	23	16	170	13	9
分校	昭和 29 年 3 月	8	17	13	153	9	3
合計（%）		243 (8.8)	313 (11.3)	202 (7.3)	1,710 (61.8)	100 (3.6)	88 (3.1)

単位：人

表 3.6　年度別二工卒業生就職先分布（昭和 43 年（1968）9 月現在）

卒業年月	学校（%）	官庁・公社団体（%）	民間企業・私企業（%）
昭和 19 年 9 月	42 (12.7)	53 (16.0)	236 (71.3)
昭和 20 年 9 月	60 (16.5)	75 (20.6)	229 (62.9)
昭和 21 年 9 月	32 (8.9)	86 (24.0)	241 (67.1)
昭和 22 年 9 月	21 (6.5)	80 (24.8)	222 (68.7)
昭和 23 年 3 月	26 (7.5)	85 (24.6)	235 (67.9)
昭和 24 年 3 月	14 (11.5)	20 (16.5)	88 (72.1)
昭和 25 年 3 月	23 (8.1)	47 (16.5)	214 (75.4)
昭和 26 年 3 月	17 (7.1)	39 (16.3)	183 (76.6)
昭和 29 年 3 月	8 (4.0)	30 (15.0)	162 (81.0)

単位：人

団体，民間企業・私企業という3つの就職先グループのそれぞれの割合を三角グラフ上の点としてプロットしたものが図3.1である．

同様に表3.7は，二工卒業生の学科別就職先分布を示している．また表3.8は，表3.6の場合と同様に就職先を学校，官庁・公社団体，民間企業・私企業という3つの就職先グループに分類し，それぞれの卒業生数とその割合を学科別に示したものである．学科別の3つの就職先グループのそれぞれの割合を三角グラフ上の点としてプロットしたものが図3.2である．

図3.1からグループ別就職先の割合は，ほぼ学校が10%程度，官庁・公社団体が20%前後，そして民間企業・私企業が70%から80%と安定しているのがわかる．さらに細かく見ると，卒業年次が後になるにつれて，特に昭

表3.7 学科別二工卒業生就職先分布（昭和43年（1968）9月現在）

学科	学校	官庁	公社団体	民間企業	私企業	その他・不明
土木	21	105	61	97	13	6
機械	20	16	28	356	4	11
船舶	16	34	11	148	7	6
航機・物工	40	17	10	142	3	7
航原・内燃	9	9	4	71	0	12
造兵・精密	26	18	5	155	1	8
電気	16	27	45	197	8	16
建築	32	61	25	122	48	4
応化	33	18	0	228	9	7
冶金	30	8	13	194	7	11
合計	243	313	202	1,710	100	88
%	(8.8)	(11.3)	(7.3)	(61.8)	(3.6)	(3.1)

単位：人

表3.8 学科別二工卒業生就職先分布（昭和43年（1968）9月現在）

学科	学校（%）	官庁・公社団体（%）	民間企業・私企業（%）
土木	21 (7.1)	166 (55.9)	110 (37.0)
機械	20 (4.7)	44 (10.4)	360 (84.9)
船舶	16 (7.4)	45 (20.8)	155 (71.8)
航機・物工	40 (18.9)	27 (12.7)	145 (68.4)
航原・内燃	9 (9.7)	13 (14.0)	71 (76.3)
造兵・精密	26 (12.7)	23 (11.2)	156 (76.1)
電気	16 (5.5)	72 (24.6)	205 (70.0)
建築	32 (11.1)	86 (29.9)	170 (59.0)
応化	33 (11.5)	18 (6.3)	237 (82.3)
冶金	30 (11.9)	21 (8.3)	201 (79.8)

単位：人

和23年（1948）3月卒業以降，民間企業・私企業の割合が高くなり，昭和23年3月卒業が68%程度だったのが，昭和29年（1954）3月卒業に対しては81%まで上昇していることもわかる．民間企業・私企業の割合が上昇するに伴って，学校は昭和24年（1949）3月卒業に対して11%あったのが，昭和29年（1954）3月卒業には4%まで下降している．また官庁・公社団体も昭和23年（1948）3月卒業のほぼ24%をピークに，昭和29年（1954）3月卒業では15%まで下降している．

図3.2からは，就職先グループ別の割合が学科によってかなり異なっていることがわかる．全般的には学校はほとんどの学科が10%前後であって，

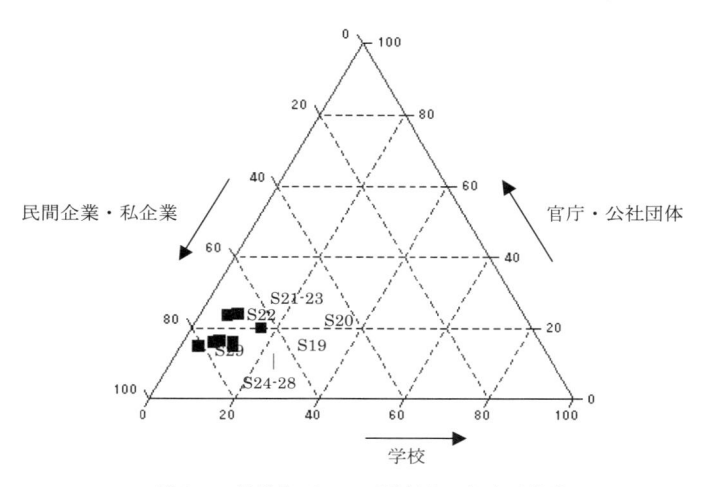

図 3.1 就職先グループ別割合の年次別推移

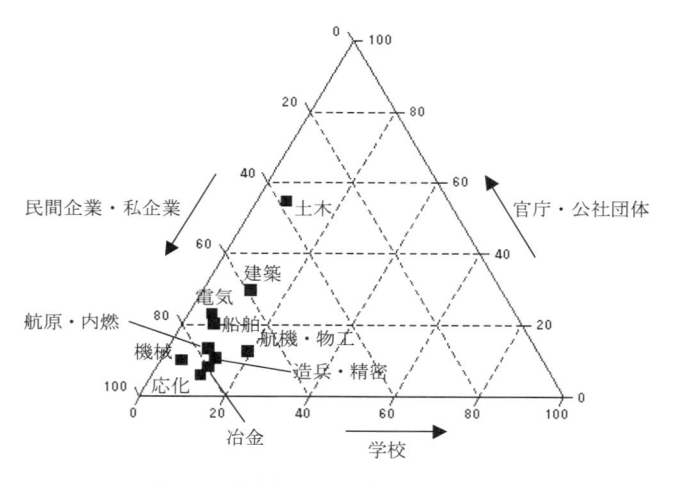

図 3.2 就職先グループ別割合の学科別傾向

官庁・公社団体は土木の 55% を除くと 10% から 20% 前後,そして民間・私企業が土木の 38% を除くと 60% から 80% 程度である.特徴的なのは,民間・私企業の割合が 38% と最も低く,かつ官庁・公社団体の割合 55% と最も高いのは土木である.続いて民間・私企業の割合が約 60% と低いのが建築である.また学校の割合が約 20% と最も高いのは航機・物工である.民

表 3.9　学科別二工卒業年次別卒業者就職先の推移（昭和 43 年（1968）9 月現在）

卒業年月	土木					機械				
	卒業数	現在数	I	II	III	卒業数	現在数	I	II	III
昭 19.9	35	34	5	14	15	55	51	2	7	41
昭 20.9	42	36	3	17	16	58	55	6	7	40
昭 21.9	38	37	0	21	16	53	53	4	8	41
昭 22.9	35	35	0	24	11	61	60	1	9	49
昭 23.3	46	44	3	28	13	65	64	3	8	52
昭 24.3	17	15	3	7	5	23	23	1	1	21
昭 25.3	35	34	3	23	8	59	59	1	1	57
昭 26.3	39	39	1	19	19	41	41	2	2	35
分校（昭29.3）	29	29	3	13	13	29	29	0	1	27
合計	316	303	21	166	116	444	435	20	44	363
(％)	(100.0)	(95.9)	(6.7)	(52.5)	(36.7)	(100.0)	(98.0)	(4.5)	(9.9)	(81.8)

卒業年月	船舶					航空機体・物理				
	卒業数	現在数	I	II	III	卒業数	現在数	I	II	III
昭 19.9	38	35	4	3	28	31	31	3	1	27
昭 20.9	41	39	3	5	31	37	37	14	3	20
昭 21.9	33	30	4	5	21	37	36	6	7	21
昭 22.9	39	38	2	14	22	29	29	3	7	18
昭 23.3	34	33	0	11	22	24	24	3	0	18
昭 24.3	10	10	0	0	10	—	—	—	—	—
昭 25.3	25	24	2	5	17	14	14	4	2	7
昭 26.3	13	13	1	2	10	20	20	4	2	14
分校（昭29.3）	—	—	—	—	—	29	28	3	5	20
合計	233	222	16	45	161	221	219	40	27	145
(％)	(100.0)	(95.2)	(6.9)	(19.3)	(69.0)	(100.0)	(99.0)	(18.1)	(12.2)	(65.6)

卒業年月	航空原動機・内燃機関					造兵・精密				
	卒業数	現在数	I	II	III	卒業数	現在数	I	II	III
昭 19.9	38	35	1	2	30	36	33	4	5	24
昭 20.9	38	33	6	5	21	43	43	8	7	28
昭 21.9	38	37	2	6	24	37	35	5	4	26
昭 22.9	—	—	—	—	—	26	25	5	3	17
昭 23.3	—	—	—	—	—	35	30	1	4	25
昭 24.3	—	—	—	—	—	—	—	—	—	—
昭 25.3	—	—	—	—	—	20	20	2	0	18
昭 26.3	—	—	—	—	—	13	13	1	0	12
分校（昭29.3）	—	—	—	—	—	14	14	0	0	14
合計	114	105	9	13	75	224	213	26	23	164
(％)	(100.0)	(92.1)	(7.9)	(11.4)	(65.8)	(100.0)	(95.1)	(11.6)	(10.3)	(73.2)

表3.9 学科別二工卒業年次別卒業者就職先の推移（昭和43年（1968）9月現在）

卒業年月	電気					建築				
	卒業数	現在数	I	II	III	卒業数	現在数	I	II	III
昭19.9	37	34	4	7	23	33	29	4	11	14
昭20.9	37	30	3	11	16	42	36	5	10	19
昭21.9	39	38	0	9	29	40	37	3	19	15
昭22.9	38	37	2	6	29	34	33	3	10	20
昭23.3	44	44	4	14	26	43	43	6	14	22
昭24.3	34	33	2	5	26	16	13	2	5	6
昭25.3	30	30	1	6	23	39	39	4	8	27
昭26.3	38	38	0	9	29	37	35	4	4	26
分校（昭29.3）	26	25	0	5	20	27	27	1	5	21
合計 (%)	323 (100.0)	309 (95.7)	16 (5.0)	72 (22.3)	221 (68.4)	311 (100.0)	292 (93.9)	32 (10.3)	86 (27.7)	170 (54.7)

卒業年月	応用化学					冶金				
	卒業数	現在数	I	II	III	卒業数	現在数	I	II	III
昭19.9	38	35	9	0	26	36	32	6	3	23
昭20.9	37	35	4	6	25	37	35	8	4	22
昭21.9	38	35	4	4	27	40	38	4	3	28
昭22.9	37	36	2	4	30	41	39	3	3	32
昭23.3	40	40	2	2	36	37	36	4	4	26
昭24.3	23	22	5	1	16	7	7	1	1	5
昭25.3	40	39	4	1	34	29	29	2	1	24
昭26.3	27	26	2	0	24	23	23	2	1	19
分校（昭29.3）	27	27	1	0	26	25	25	0	1	23
合計 (%)	307 (100.0)	295 (96.1)	33 (10.8)	18 (5.9)	244 (79.4)	275 (100.0)	236 (95.5)	30 (10.9)	21 (7.6)	202 (73.4)

表中のI, II, IIIはそれぞれ学校, 官庁・公社団体, 民間・私企業他を表す.
またI, II, IIIの数値合計が現在数に一致しないのは不明者がいることを表している.

単位：人

間・私企業の割合が85%と最も高いのは機械である．続いて民間・私企業の割合が高いのは応化の83%である．機械，応化をはじめとしてほとんどの学科の卒業生が民間・私企業指向が強く，8割程度が民間に就職したのに対して，土木，建築といったあたりの卒業生は官公庁指向が強かったというのが大きな特徴といえるであろう．

なお各学科別8期分卒業生総数の就職先の傾向は前述のとおりであるが，これを卒業年次別に見ても，傾向はほぼ同様であることがわかる（表3.9参照）．

就職の苦労談

　山本卓眞氏（電気，昭和 24 年（1949）卒）は著書[16]の中で以下のように述べている．

　「私は昭和 24 年（1949）4 月に富士通に入社した．当時の社名は富士通信機製造株式会社といった．その頃はドッジラインとよばれた超緊縮財政政策の影響で日本は不景気に陥っていた．多くのメーカーが新人採用を抑制しており，私の大学（東京大学第二工学部）のクラスメートも，電気工学を専攻したにもかかわらず，メーカーに入ったものは少なかった．35 人のクラスメートのうち，メーカーに直に入ったのは 4 人だった．私のほか，東芝に 2 人，日立に 1 人だった．現在，日立製作所の会長をしている三田勝茂君は遅れて日立に入った．また，ソニーの技術最高顧問をしている森園正彦君（元ソニー副社長）は最初はソニーでなく別の会社に入ったと記憶している．日本電気は採用ゼロだった．ほとんどは電力会社とか電鉄など電力を応用する方面に進んだ．学校の先生になった者もいる．電気科主任の星合正治先生が「山本，私が知り合いの社長に頼んでおいたから行ってこい」という．会社の名前を聞いたら，富士通信機製造株式会社とのこと．私は，青くなった．これは自分のまったく知らない会社だ，とんでもない町工場に押し込められたと瞬間的に思った．「先生，確かに私は成績は悪かったかもしれないが，それは貧乏でアルバイト（農業）をやらなければならなかったからで，学校が嫌いだったわけではない．それなのに，そんな町工場へ行けというのはひどいじゃないですか」と言った．すると，先生は「君はバカか．富士通信機製造というのは，ちゃんとした会社で，通信省に電話機とか交換機を納入している．ドイツのシーメンス社とも提携していて技術力もある…」と始まった．「もう紹介状を書いたから，すぐ行ってこい．今は大変な不景気だけれども，あそこなら一人ぐらい採ってくれるだろう」という．先生の顔をつぶすわけにもいかない．おそらく先生にしてみれば，その年，メーカー，特に弱電に行く者が少なかったので，寂しい思いがしていたのかもしれない．今の大学教授と比べると，当時の教授は非常に権威があったし，われわれも尊敬の念を持っていた．必ずしも学問だけではなく，社会とのつながりのあり方その他に対しても，ある種の規律を持っていた．大学の法律概論かなにかの講義の時，尾高朝雄という教授が，君たちはこれから社会に出ていくけれども，あまり単純に思い込みをしてはいけない，真理の探究というのはそんな単純な

---

[16] 山本卓眞『夢をかたちに』，東洋経済新報社，1992．

ものではない．深く厳しいものである．人から言われて妄信的に思い込むようなことは厳に戒めよ，ということを言われた．私にとってはそれは非常に印象的な言葉だった．」

山口開生氏（電気，昭和23年（1948）卒）は彼の著書（1992）[13]の中で学生時代の就職状況を振り返って，以下のように述べている．

「大学には3年間いたことになるが，終戦前後のドサクサもあり，丸々3年間いたとはいえない．高等学校も本来は3年のところが2年間だったし，短い学生生活だった．これは損したのか，得したのか，よくわからない．私が大学を卒業したのは昭和23年（1948）3月だったが，次の昭和24年（1949）に卒業した人たちも，兵隊に行って帰ってから大学に入り直した人が多く，当時は今のようにきちんとはしていなかった．大学を卒業して，当時の逓信省に入った．技術系にはまだしっかりとした仕事がなかった．一方で，逓信省（現在の郵政省）からは募集があり，戦争後は役人は極度に人気がなかった．戦争犯罪人みたいに言われ，公僕だということで給料も安かった．みんな，役人なんてなるものじゃないと考えていたから，誰も応募しない．でも，逓信省には毎年東大から何人か行っており，大学としても何人か送り込みたいというところだったと思う．役人は人気がなかったし，気乗りがしなかったからだ．おまけに逓信省は厳しい採用試験があるという．卒業論文を仕上げてほっとしていたので，また試験かという気持ちも働いた．逓信省に入ってから先輩に「就職難の時代であったから特別の処置で逓信省は採用枠を拡げて拾ってやったのだ」という話を聞いた．逓信省の試験を受け仲間と一緒に合格した．今思うと恵まれた環境での就職ではなかったが，チヤホヤされて入社するよりよかったかも知れない．」

上述の山本卓眞氏，山口開生氏が述べていることからもわかるように，戦時中，そして戦後の混乱期という中で「当時の選ばれたエリート」として実力が認められた東京帝国大学工学部で学び，卒業し，そして就職活動をした彼らにとっては，与えられた社会的状況と環境の深刻さと異常さの中で，就職できるということが十分に恵まれた幸せなことであるとは，当時はわかっていなかったのであろう．まだ社会を知らない20歳代前半の若者にとっては，就職に対してもそれなりの夢と希望があったに違いないことは十分に理解できる．そのような中で就職するということが，彼らの将来にとって必要

条件であるということを受け入れつつ，彼らはそれぞれの周囲の教官，先輩，友人，家族といった人々との関わり合いを通して，その時代背景，状況，環境の中で就職し，そして努力し，自らの人生を切り拓いたのである．そして彼らは，それぞれの努力の結果が決められ，各自が大きな「目標達成」，「社会的貢献」を成し遂げたといえるであろう．与えられた厳しい状況，環境をいかにして克服し，それに向かっていかに努力するかが常に問われているというのが人生であろう．人生はすべて用意された立派なレールの上を走るというほど順調なものではあり得ないということは，すべての人間にとって事実のはずである．特に二工卒業生にとっては，このことが実感として感じられるのではなかろうか．山口開生氏の最後の言葉「チヤホヤされて入社するよりよかったかも知れない」がそれを物語っているような気がするのである．

第4章 研究活動と研究体制

　第二工学部は千葉キャンパスに設置されたが，工学部における各種実験，研究に必要とされる施設，設備については，本郷の第一工学部と比較して不十分であったといわざるを得ない．このような中で，第二工学部学生が二工教官による研究指導を受けるに際して，どのような特徴を有しているかを検証し，さらにまた本郷一工と比較して大学に残る学生が少なかったとされる事実が，どのような理由，根拠に基づくかを調べることは，卒業生の将来の活動，活躍の特徴を分析する上でも必要かつ必須であると思われる．

4.1　二工における研究活動

時代背景と二工の研究活動

　昭和18年（1943），大本営発表として「アッツ島玉砕」が報じられたのは，わが国が敗戦に近づきつつあることの象徴的なできごとであった．その後も米英を中心とする連合国側の攻勢は続き，翌昭和19年（1944）にかけてのダグラス・マッカーサーによる「飛び石作戦」（重要拠点を飛び飛びに占拠する作戦），アメリカ海軍によるインパール作戦，マリアナ沖海戦，サイパン島，グァム島上陸などによって，わが国陸海軍は敗退を続けることになった．

　このような状況の中で，学徒出陣は昭和18年（1943）12月に初めて行われた．その後戦局の激化とともに，わが国陸海軍の兵力不足を補う方策として，学徒出陣に対する徴兵猶予の対象が次々と狭められることになった．当初は大学，そして旧制の高等学校，専門学校などの学生に対して26歳以下

を対象として徴兵猶予が行われていたのが，大学，専門学校，そして予科，高等学校の修業年限の短縮とともに，臨時徴兵検査の実施を行うことによって兵力不足を補う事態となった．昭和18年（1943）10月には東京明治神宮外苑競技場において第1回の出陣学徒壮行会が開催され，関東地区を中心に約7万人が集まったといわれている．さらに同年10月には「教育ニ関スル戦時非常措置方策」が閣議決定され，文科系の高等教育諸学校の縮小と理科系への転換，在学入隊者の卒業資格の特例なども定められた．こうして翌昭和19年（1944）10月には徴兵適齢が20歳から19歳に引き下げられ，学徒兵の総数は13万人に達したといわれている．ただし学徒兵の総数に関しては，推計値として少ない方は3万人から多い方は30万人まで幅広い概数が出されており，今までのところ確定はされていない．学徒出陣に関しては，文科系学生が各学校に籍を置いたまま休学として徴兵検査を受けて入隊したのに対して，理科系学生の場合は兵器開発など，戦争継続に不可欠として徴兵猶予が継続され，陸海軍の研究所などに勤労動員された．このことについては本書第9章で二工卒業生のうちの何人かが語っている．

　東京帝国大学第二工学部の設立が，昭和16年（1941）1月の東京帝国大学，文部省，大蔵省，陸軍，海軍，企画院からなる企画院会議において決定され，また設立にあたっても陸海軍が資材を折半して引き受けることが提示されたことからもわかるように，当初からわが国軍部が設立に関与していたことは事実である．一方，昭和12年（1937）に勃発した日華事変以来，社会において工学部卒業生に対する需要がかなり高まっていたことについては，1.2節にその経緯と詳細を述べたとおりである．したがってこのような状況の下で設立を迎えた第二工学部における教育，研究の内容に関しては，軍事部門からの要請に基づくものがかなりあったようである．第二工学部における造兵学科あるいは航空機体学科，航空原動機学科等において軍事関連科目があり，卒業研究題目としていくつか軍事研究課題が取り上げられている．たとえば船舶工学科においては軍艦構造及艤装通論（および各論），造兵学科においても火砲及弾薬，銃器，戦車及射撃兵器，理学兵器，魚雷，化学兵器学，等々の講義が用意されていた．二工の卒業論文の中にも軍事研究はかなり含まれていたようである．

第二工学部の研究活動については，戦局の悪化とともに次第に軍事研究の色彩が濃くなったといえる．昭和18年（1943）8月に「科学研究ノ緊急整備方策要領」が閣議決定され，一切の研究を戦争目的のために組織化することとなった．さらに，同年9月に科学研究動員委員会規程が制定され，「総長ノ諮問ニ応ジ本学ニ於ケル科学研究ヲ最高度ニ集中発揮セシメ我国戦力ノ急速増強ニ資スル」態勢が築かれた．これについては次節で詳述するが，国家目的のために大学の方針が決定され，態勢が構築される中で，二工はその設立の経緯からして，研究体制・研究内容についてより大きな影響を受けざるを得なかったことが察せられる．

学科別卒業論文の概要

　第二工学部における卒業論文題目を各学科別に眺めてみよう．
(i) 土木工学科

　土木工学科では，昭和19年（1944），昭和20年（1945）のいずれも，40名近い卒業論文が提出されている．卒業論文の課題はかなり広範囲に及んでおり，力学的，理論的な問題を扱ったものと，実際的，実務的な問題を扱ったものに大別される．

　前者に属するものとしては，昭和19年（1944）には，「水中コンクリートの施工法に就いて」，「土の衝撃試験」，「土堰堤の透水問題」，「ラーメン鉄道橋設計に関する考察」，「雪崩擁壁の研究並びに設計」，「重力堰堤の振動に関する実験並びに考察」などがある．また昭和20年（1945）には，「モルタルの衝撃試験」，「発電用重力堰堤ノ基本三角形断面ニ関スル試算」，「堤防法面ノ破壊ニ就テ」，「土ノ圧縮試験ニ於ケル二，三ノ考察」，「落盤ニ関スル実験的研究」などがある．

　後者に属するケーススタディ的なものとしては，昭和19年（1944）には，「陸上機用飛行場一般」，「奥多摩万年橋架換設計（二鉄鋼鈑肋拱橋）」，「北陸地方計画」，「飛行場の排水に関する研究並びに計画」などがある．また昭和20年（1945）には，「東京復興計画緑地問題」，「貯水槽ノ設計」，「船車連絡設備ニ就テ」，「帝都改造計畫ニ伴フ地下鉄道鋼ノ構想」，「東京復興計画地域制問題」，「疎開計畫ニ対スル地方計画措置」，「帝都復興計画，殊ニ衛星都市

ノ計画」，「名古屋ヲ中心トスル鉄道鋼改編ニ関スル二，三ノ問題」，「八王子地方復興計画」，「洪水波ニ関スル研究」などがある．

また軍事的研究らしいものとして，昭和19年 (1944) には「小銃弾の衝撃に対する「モルタル」の侵徹抵抗並びに破壊現象に就いて」，昭和20年 (1945) には「地下工場，防波堤ノ戰時設計ニ関スル二，三ノ研究」，「二，三ノ防備施設ニ関スル考察」などがある．

昭和24年 (1949) には，土木工学科においては11名の卒業論文が提出されたが，研究内容としては，実際の発電所として「東山揚水発電所」，「長野原線第二吾妻川」を対象とした研究，あるいは「利根川河口改修計画」，「庄川の水理」といった実際の河川管理，そして，「洪水とその対策」，「我が国の觀光事業と熱海觀光港計画」といった実用的研究がほとんどである．分析的研究として，「フラットスラブ式鉄筋コンクリート高架橋の設計」，「橋梁の耐震性について」なども見られる．

そして昭和25年 (1950) には30数名の卒業論文が出されているが，やはり特定の地域の開発計画に関する研究が多く，「お茶の水附近地下鉄道計画並びに設計」，「八丈島開発計画」，「木曽川の水文並びに水理に関する研究」などがある．また「河相論」に関する研究もあり，安芸皎一先生が指導されたと思われる．道路，橋梁，港湾を対象とする論文として，「橋梁の設計」，「堤防の土質力学的研究」，「道路構造に関する研究」，「ラーメンの研究並びにラーメン橋の設計」，「地震時に於ける基礎の破壊に関する実験的研究」，「コンクリート試験方法の研究」，「衝撃に関する研究」，「港湾に於ける漂砂の研究」などがある．

また昭和26年 (1951) には「アルミニウム橋」，「鉄筋コンクリートラーメン道路橋」，「登山鉄道の設計」に関する論文とともに，「東京地下鉄池袋駅の計画並びに設計」，「新潟港付近に於ける漂砂防禦工事」，「東京地下鉄神田駅の計画並びに設計」，「金沢市の都市計画」のような特定地域を対象としたケーススタディも行われている．

(ii) 機械工学科

機械工学科は最も学生数が多かったこともあって，昭和19年 (1944)，昭和20年 (1945) にはいずれも50数名以上の卒業生を出している．卒業論文

としては，昭和 19 年（1944）には広範な各種機関に関する全般的研究が多く，大型水圧鍛造プレス，強制循環式水管鑵，小型水圧鍛造プレス，舶用ヂーゼル機関，発電用セクショナル水管鑵，自動車用ヂーゼル機関，航空用ガソリン機関，生産フライス盤，ガス機関，発電用堅型水管鑵，航空用ガソリン機関，発電用蒸気タービン，舶用蒸気タービン，自動車，自動旋盤などが研究対象となっている．

昭和 20 年（1945）には各種機関を対象とするのに加えて，各種機械あるいは機構構造，あるいはまた各種測定方法などのより具体的かつ詳細な研究が多く見られる．たとえば「ガスタービンノサイケルニ就テ」，「防空発動機甲専用工作機械ニ就テ」，「高速小舟艇用発動機」，「歯車ポンプノ研究」，「機械槌機ノ仕事量ニ関スル研究」など，そして「円孔ニ於ケル応力集中」，「落体ノ衝撃ニ就テ」，「タービン静翼ニヨル誘導速度ノ研究」，「内燃機関排気弁ノ冷却」，「研削抵抗の測定」，「X 線ニヨル應力ノ測定」，「水圧鍛造プレスノ動力消費ニ関スル考察」，「金属ノ加工硬化ノ研究」などの機械の特性，計測，測定に関する研究が主である．

さらにまた特徴的な傾向として，昭和 20 年（1945）になると「地下工場環境衛生ニ就テ」，「学校工場ニ於ケル一考案」，「工場ニ於ケル單軸自動旋盤ニ関スル考案」など，よりマクロなシステム分析的な卒業論文も見られる．

昭和 24 年（1949）には 12 名，昭和 25 年（1950）には 56 名，昭和 26 年（1951）には 35 名の卒業論文が提出されている．卒業論文研究としてほぼ毎年何人かの学生が研究課題として選んでいるのは「非線型振動」，「ばねの振動」，あるいは「ガスタービン自動車の設計」，「船用蒸気タービンの設計」，「歯車ポンプの研究」，「自動車用発動機の設計」，「発電用蒸気タービンの設計」，「ガスタービン燃焼器の研究」などである．昭和 24 年（1949）には「バイタルサーモスタットの特性」，「二軸ボギー客車の設計」，「單軸自由旋盤の設計」などの特徴のある研究課題も見られるが，全般的には昭和 25 年（1950）から昭和 26 年（1951）にかけては研究課題が細分化されている．たとえば昭和 25 年（1950）には「微粉炭インゼクターの実験的研究」，「蒸気圧縮式蒸発法の実験的研究」，「自動車用トルクコンバータの設計」，「粉粒体の風送」，「自動車用発動機の摩擦損失の研究」，「空気式温度制御装置の研

究」,「引抜加工の変形過程に関する研究」,昭和26年(1951)には「送風機のサージング現象に関する研究」,「小型発動機の損失馬力の研究」,「タービン用羽根の研究」,「ショックアブゾーバーの研究」,「空気作動自動温度制御の研究」,「切削温度の研究」,「流体変速機の設計」,「固気混流に関する研究」,「蒸汽圧縮式蒸発法の実験的研究」などが見られる.

(iii) 船舶工学科

　船舶工学科では,昭和19年(1944)から翌昭和20年(1945)にかけて,それぞれ40名近い卒業生を出している.卒業論文題目としては,大半の研究は一般の船舶あるいは貨物船等に関する設計,製図,強度解析などが主であって,「航走時ノ自由横揺ニ就テ」,「造船構造ニ対スル電気熔接ノ應用ニ就テ」,「木製模型ニヨル船体上下屈曲振動ノ実験ニ就テ」,「二重底肋板ノ構造並ニ強度ニ就テ」,「載貨重量5,500瓲型鉱石運搬船ノ計畫並ニ製図」,「載貨重量5,500瓲型貨物船ノ計畫並ニ製図」などがある.

　一方,軍事的研究に近いものとしては,戦艦に関連するものとして「戦時標準船ノ横揺実験」,「既成艦ノ重量変化ノ縦應力ニ及ボス影響ニ就テ」,「巡洋艦－鋲孔控除ヲ行ヘル場合ト行ハザル場合ノ船体横断面係數ノ比較ニ就テ」,「水中ヲ進行スル物体ノ見掛ケノ質量ニ就テ」,「潜水艦ノ水上状態ニ於ケル復原性能近似計算法ニ就テ」,「戦時標準船ノ肋骨寸法ニ就テ」,「潜水艦ノ計畫並ニ製図」,「巡洋艦ノ計畫並ニ製図」,「大型戦艦ノ計畫並ニ製図」,「高速大型戦艦ノ計畫並ニ製図」,「防空巡洋艦ノ計畫並ニ製図」などがある.

　昭和24年(1949)には2名,昭和25年(1950)には23名,昭和26年(1951)には10名が卒業論文を提出している.いずれの年も3000トン級の貨物船あるいは貨客船を対象とした研究が多い.大きく,①力学的解析をしたもの,②何らかの実験をしたもの,③それ以外の調査研究,の3種類に分けられるが,それぞれに属する代表的なものとして,以下のようなものが挙げられる.

　①については,昭和24年(1949)には「船の回転中に於る見掛け慣性能率について」,「Sailing Yachtの帆に関する空気力学的考察」,昭和25年(1950)には「船舶の横強力と有効幅について——貨客船4500屯」,「溶接される板の温度分布に関する研究」,「Differential Analyzerによる船の横動揺

の解析」，「船体構造に於ける熔接歪と残留応力の緩和法について」，「薄肉円筒の横対称荷重に於ける変形について」，「造波抵抗の側壁影響」，そして昭和26年（1951）には「軽合金による舩体上部構造の設計」，「船舶試験水槽に於ける造波装置に依る波の研究」，「溶接される板の温度分布に関する研究」などがある．②については，昭和25年（1950）には「塗料に依る境界層剥離実験について」，「旋回初期運動に関する実験的研究」，昭和26年（1951）には「半板の水面衝撃実験」などがある．③については，昭和25年（1950）には，「船級協舎の発達」，「曳船のTowing Hookに就いて」，「往昔の河沼船と現代の関東地方の河沼船について」，昭和26年（1951）には「初期施廻に就いての考察」などがある．

(iv) 航空原動機学科

　航空原動機学科，航空機体学科は，いずれも昭和19年（1944），昭和20年（1945）にそれぞれ30数名の卒業生を送り出している．彼らの卒業論文題目を見ると，特に航空原動機学科の場合に軍事的研究と思えるような研究課題を扱っている．たとえば昭和19年（1944）の航空原動機学科では「爆撃機用発動機の設計」，「戦闘機用発動機の設計」，「双発戦闘機用発動機の設計」といった卒業論文があるし，また昭和20年（1945）には「空冷二重星型一八気筩高々度局地戰闘機用発動機ノ設計」，「液冷倒立V型一二気筩二八〇〇馬力高々度戰闘機用発動機ノ設計」，「空冷星型18気筩2000馬力艦上戰闘機用発動機ノ設計」，「液冷H型24気筩高々度戰闘機用発動機ノ設計」，「空冷二重星型18気筩高々度長距離爆撃機用発動機ノ設計」，「高々度爆撃機用排気タービン過給機ノ設計」，「空冷二重星型一八気筩長距離戰闘機用発動機ノ設計」のような研究もなされている．

　また昭和20年（1945）には，航空原動機学科において，タービン，ヂーゼル機関に関する設計解析として，「航空用ガスタービンノ設計」，「自動車用ヂーゼル機関の設計」，「貨物自動車用ヂーゼル機関ノ設計」などが見られる．

(v) 航空機体学科

　航空機体学科では，航空機体に関するより広範な一般的研究課題にも取り組んでおり，たとえば昭和19年（1944）には空気流解析に関するものとし

て「乱流境界層の剝離」,「地上附近の気流に関する研究」,「乱流境界層ノ実験ニ就テ」,「超音速に於ける境界層」などがあり,航空機翼型に関するものとして「翼振れの空気力」,「高速に於ける翼型の抗力」,「翼の周りの圧縮性流」などがある.

昭和 20 年（1945）には,航空機体学科においては材料の強度試験解析などに関する研究が増え,たとえば「積層材保釘力試験」,「捩り作用ヲ受ケル箱型梁ノ応力分布及ビ剛性」,「振動ニ依ル繰返荷重試験法ニ就テ」,「木製桁ノ強度ニ就イテ」,「プロペラ軸ノ強度ニ就イテ」,「薄鋼鈑ノ圧縮強度」,「飛行機ノ着陸ニ於ケル負荷ニツイテ」,「木製構造ノ強度ニ関スル研究」などがある.

昭和 21 年（1946）3 月以降の卒業生については,学科名が物理工学科に変更となった.昭和 21 年（1946）の航空機体学科卒業生の論文題目としては,気体,流体,鋼体すべてに関する論文,さらには電気的な特性を分析したものも見られ,かなり広範な研究課題に取り組んでいるのがわかる.たとえば力学的分析に属するものとして「板金加工の塑性学的研究」,「渦ノ安定ニツイテ」,「乱流の研究」,「圧縮流の近似解法」,「二つの円孔を有する平板の剪断力に依る応力集中に就て」,「層流境界層の近似解法」,「流体中に於ける粗面抵抗に就て」,「容量型振動測定に関する実験」,「剪断剛性を考慮せる挫屈理論」,「正方形孔を有する板の剪断力に依る応力集中」などがある.電気特性の解析例としては,「光電管を用いたピックアップの研究」,「三極放電管の起動特性に就て」,「聯立一次方程式電気的求解機の研究」などがある.

(vi) 造兵学科

造兵学科では,昭和 19 年（1944）,昭和 20 年（1945）のいずれも 30 数名の卒業生を出しているが,学科の特性でもあるせいか,卒業論文としては軍事兵器の設計,性能解析などの軍事的研究と思えるものがかなり多い.

昭和 19 年（1944）には「四十糎砲塔の設計」,「魚雷の設計」,「ロケット弾の性能に関する研究」,「火砲の腔桟の抵抗に就いて」,「戦車の走行装置の設計」,「砲塔砲架の設計」,「エンヂンを主とする魚雷の設計」,「高射砲の設計」,「双眼望遠鏡の設計」,「戦車砲及び砲塔の設計」,「六〇トン戦車エンヂンの設計」,「12 糎高射砲の設計」などがある.

昭和 20 年（1945）には「砲身ノ腔綫ニ関スル研究」,「20 粍砲駐退機及復座機ノ設計」,「有翼火薬ロケット彈彈道研究」,「火砲設計ノ基礎的考察」,「航空機搭載用四十粍機銃ノ銃身設計」,「60 竓ロケット爆彈ノ設計」,「爆撃彈道ノ実験的研究ニ就テ」,「砲身ノ施條ニ関スル研究」,「高空ニ於ケル高射砲彈丸ノ有効半径算定ニ就テ」,「空用機銃銃身ノ設計」,「噴進彈ノ設計」,「15 粍（60 口径）高角砲砲架基本計劃」,「魚雷ノ従舵及横舵ニ就イテ」,「水圧プレスノ設計」,「駐退機及復座機ノ設計」などがある.

一方では，一般的な工学的研究として,「研磨機用自動三点接触」,「ダイヤルゲージの摩耗試験」,「切削液の表面張力仕上面の粗度に及ぼす影響」,「振動計の設計」,「「ジャンネーギヤー」ノ設計」,「眞空法ニ依ル「シュミットプレート」ノ製作ニ就テ」,「腔綫抵抗力ニ依ル「エネルギイ」ノ損失ニ就テ」なども見られる.

(vii) 電気工学科

電気工学科についても，昭和 19 年（1944），昭和 20 年（1945）にはいずれも 30 数名の卒業論文を出している．卒業論文題目としては電気計測器あるいは素子に関する研究が多く，昭和 19 年（1944），昭和 20 年（1945）のいずれも「安定周波数発振器」,「ブラウン管制御方式」,「クリスタルフィルター」,「導波管」,「電機用刷子」,「航空機用自動電圧調整器」,「増幅発電機」,「眞空管ノ非直線不正ニ就テ」,「水晶振動子の回路常数」などを扱ったものが主である．また各種測定，回路計算，電磁波，自動制御等に関する研究も多く見られる．昭和 19 年（1944）には「衝撃電流伝播」,「周波数可変なる減速電解型速度変調管に就いて」,「非常型回路の問題」などがあり，また昭和 20 年（1945）には「位相ノ精密測定」,「増幅回路ノ計算」,「超高周波ニ於ケルインピータンスノ測定」,「導電性媒質ニ於ケル電磁波ノ傳播」,「超短波ノ近距離傳播ニ関スル研究」,「ボロメーター用ニッケル箔ノ性質」,「電磁石ノ動作特性」などがある.

昭和 24 年（1949）には 9 名，昭和 25 年（1950）には 28 名，昭和 26 年（1951）には 28 名が卒業論文を提出している．電気工学科の卒業論文課題は，実験計測的なものから論理的解析に至るまで，かなり広範囲にわたっている．毎年何人かの学生が課題として選ぶのは，何らかの電気計測機器に関する研

究で,昭和24年(1949)には気式捻れ動力計,インパルス型速度計,昭和25年(1950)には対数圧縮電圧計,選択性低周波増幅器,そして昭和26年(1951)には超音波厚味計,電子管微分解析機,CR発振器の同期,短波水晶発振器,同軸型クライストロン発振器などが研究対象である.電気回路解析あるいは各種現象解析に属する研究課題としては,昭和24年(1949)には「廣帯域結合回路」,「螢光電放電燈に於ける補助電極の集電効果について」,昭和25年(1950)には「安定化直流電源に関する研究」,「振動型自動制御に関する研究」,「電線路の絶縁事故の予知検出の基礎研究」,「長距離送電線の不減衰電気振動」,「ビニロンの高周波処理に関する研究」,「高周波加熱装置の遮蔽に関する研究」,「開閉サージのオシログラフ測定」,「継電器の異常電圧直流に対する特性」,「真空管酸化物陰極の研究」,「電弧溶接機の安定に関する研究」,そして昭和26年(1951)には「カーボランダムの熱的特性」,「遮断器の消弧に関する研究(直流)」,「真空管のグリッド・エミッション」,「酸化物陰極の特性特に接触電位差について」,「電路開閉への非線性抵抗体の応用の研究」,「微小容量変化検出装置の特性」などがある.また論理解析的なものとしては,論理数学の応用といった研究課題はほぼ毎年選ばれている.

(viii) 建築学科

建築学科では,昭和19年(1944),昭和20年(1945)にはいずれも30数名の卒業論文が出されている.卒業論文の研究テーマは,昭和19年(1944)には「爆弾の殺傷威力に関する研究」,「工場の防空的配置に関する研究」,「灯火管制の基礎理論の研究」,そして昭和20年(1945)には「空襲ニヨル出火ノ想定ニ関スル研究」,「航空施設ノ配置ニ関スル研究」のような当時の軍事的状況を反映したものがある.

一方で,日本建築あるいは都市計画といったより広く社会的な課題を扱ったものとして,昭和19年(1944)には「日本建築意匠の史的研究」,「史的に見たる日本都市形態に関する研究」,「南方住居を対象とした室内自然換気に関する研究」,「大都市改造に関する研究」,「病院建築論」,「古文書による日本住宅の研究」,「映画館設計」,「アメリカ建築史」など,そして昭和20年(1945)には「公共劇場設計——建築の本質についての一考察」,「大都市

ニ於ケル中小工業地域ノ研究」,「工場模型ニヨル自然換気ノ実験的研究」,「寒地建築ノ文献的研究」,「國内資源ノ利用開発ニ関スル調査」,「小学校中心一住宅ノ設計——住建築の基礎的考察」などがある.

建築学科特有の構造物に関する力学的問題を扱った論文も各種見られ, 昭和 19 年 (1944) には「木構造における挫屈問題の研究」,「構造物の振動特性に就いて」,「窓面積の最小化に関する研究」,「筒形殼理論」,「煉瓦構造特に壁体の力学的特性に関する研究」,「立体骨組の研究 (大広間用立体架構)」,「木造接手の実験的研究」,そして昭和 20 年 (1945) には「不静定ラーメン解法並ビニラーメン方程式ノ性状ニ就イテノ研究」,「弛緩法ニヨル立体トラスノ解法」などがある.

昭和 24 年 (1949) に 4 名, 昭和 25 年 (1950) に 36 名, 昭和 26 年 (1951) に 35 名が卒業論文を提出している. 建築学科では実際の公共的建物の建築設計を対象とするものがほとんどで, それらの現実の建物設計の中で各種建築理論を応用している. 昭和 24 年 (1949) には「児童文化館・建築色彩計画に関する科学的研究」,「銀座改造計画・市街地の密度的研究」,「觀光会館・壁体のアーチ作用に関する研究」,「サナトリウム・近代建築思想史及び明治大正建築史」, 昭和 25 年 (1950) には「鉄筋コンクリート構造——停車場」,「塑性振動建物 Rockey——十年の町」,「鉄筋コンクリート構造——科学博物館」,「コンクリートの部分圧縮に関する研究——週末ホテル」,「甲府市都市計画 (高層住宅) ——住宅地の共同施設」,「停車場——耐震度測定モデル実験」,「消費組合中央会館——市街地の土地問題」,「音楽堂——日本の建築芸術」,「居住様式に関する研究」,「映画館——都市の形態的研究」,「甲府市都市計画 (中央病院) 寒地建築の研究」,「ミュージックセンター——建築音響」,「労働会館及厚生施設——建築音響」,「綜合大学——曲面版理論」,「国立銀行——壁体に関する構造力学的研究」,「海水浴場計画——平面版理論」,「養老院——挫屈理論」,「商店建築計画——ショッピングセンター」,「ミュージックセンター——市街地の土地問題」,「労働会館及労働施設——アメリカ住宅計画に関する文献的研究」,「甲府市都市計画——建築に於ける熱経済に関する研究」など広範囲にわたる実務的, 応用的な研究が数多く実施されている. そして昭和 26 年 (1951) には「軽金属住宅の室内気候

──世界労連日本支部会館」,「防火材料の研究──綜合病院」,「壁体を含むラーメンの一解法──世界連邦教育文化本部」,「型枠にかかる側圧に関する研究──放送局」,「耐震度測定模型試験──生産技術研究所」,「外国に於ける都市計画の研究──不燃街区」,「光弾性実験に依る二次元応力解析──スタヂオ」,「壁体の材料学的研究──アートセンター」,「薄肉構造の研究（平面曲面薄板構造)──ホテル」,「抵抗線型歪計の製作──綜合大学」,「近代生活文明に於ける機械化の発達過程──美術博物館」,「建築音響──音楽会館」,「日本における近代建築の発達（主として鉄筋鉄骨コンクリート構造とデザインの近代史)──四日市駅の計画」,「鉄筋コンクリートのポンドに関する研究──保健所」,「構造計画（特に平面計画への構造制限及び新構造法の検討)──学校」などがある．

(ix) 応用化学科

応用化学科は，昭和 19 年（1944），昭和 20 年（1945）には，それぞれ 40 名近い卒業生を出している．応用化学科においては，卒業論文題目はほとんどが化学反応，各種物質の化学特性分析，化学装置等に関するものである．

昭和 19 年（1944）は「ポリヴィニル，カーバゾールの熱分解」,「アルファ，オレフィンに関する研究」,「酸化鉛と珪素鉄との反應に関する研究」,「石油分解装置に関する研究」,「トルオールの酸化に関する研究」,「エチル・カーバゾルノ新合成」,「マグネシウム電池に関する研究」,「金属カルシウムの製法」,「ガス発生爐の基礎研究」,「ベンゾールの新合成」,「セメントの再熱処理に関する研究」,「アルミニウムと塩素の反応速度」,「赤外線写真材料の感光度及び保存性の増加」,「椰子油の有臭成分に関する研究」,「高分子炭化水素に関する研究」,「水晶石とアルミニウムとの反応」,「潤滑油酸化機構に関する研究」などがある．

また昭和 20 年（1945）には「分子蒸溜ニ関スル基礎研究」,「薄膜状流動ニ関スル研究」,「松根油ノ接觸分解ニ関スル研究」,「過酸化水素ニ関スル研究」,「岩石カリノ水溶化機構」,「アルコール定量の比較研究」,「天然ゴムノ利用ニ関スル研究」,「カルシウムノ大量生産ニ関スル研究」,「不飽和炭化水素ニ関スル研究」,「鉛蓄電池の容量に及ぼすコバルト影響」,「糖類ヨリグリセリンノ製造ニ関スル研究」,「螢光分析ニ関スル研究」,「ブタノール醱酵ニ

関スル研究」,「ベンゾールノ直接酸化ニ関スル研究」,「サイクロン脱産ノ研究」,「イソパラフィンノ合成」などがある．

　昭和24年（1949）に8名，昭和25年（1950）に39名，昭和26年（1951）に23名の卒業論文が提出されている．応用化学科の卒業論文は大部分が①化学物質に関する合成特性分析，あるいは②各種反応に関する特性解析，の2種類に分けられる．

　①に属するものとして，昭和24年（1949）には「電解還元によるヂエチルパラミンの調整」,「パラクレゾールの過酸酸化」, そして昭和25年（1950）には「硫化ソーダによる蛋白質の分散」,「電解還元によるアミドールの調製」,「糖類のクロマトグラフィーに関する研究」,「ヘミセルローズに関する研究」,「澱粉酸糖化醱酵残滓の研究」,「ジアリルフタレートの重合に関する研究」, そして昭和26年（1951）には「樹脂用染料について」,「多價アルコールを使用した塗料用アルキッド樹脂」,「人絹パルプに関する研究」,「アセナフテン誘導体の合成」,「ヴィニル樹脂可塑剤の合成」,「天然色写真に関する研究」,「ピレン誘導体の合成」,「アンスラセンのクロル誘導体について」,「カーボンブラックに関する研究」,「液中麴に関する研究」,「塩化ビニルの乳化重合に関する研究」,「有機化合物の電解還元に関する研究」などがある．

　また②に属するものとして，昭和24年（1949）には「ピリヂンの反應性に関する研究」,「固体氣体反應速度の研究」, 昭和25年（1950）には「湿板の感光機構」,「活性炭製造法の研究」,「クラフトパルプの漂白に関する研究」,「アルコール類の酸化に関する研究」,「有機化合物の紫外線吸収による分光分析法の研究」, 昭和26年（1951）には「亜硫酸パルプ廃液の利用に関する研究」,「摺込澱粉の利用に関する研究」,「イオン交換の研究」などがある．

（x）冶金学科

　冶金学科は，昭和19年（1944），昭和20年（1945）のいずれも30数名の卒業生を出しているが，卒業論文のほとんどが金属，合金に関する特性分析，あるいは製錬等の処理に関する研究である．

　前者に属するものとしては，昭和19年（1944）には「アルミニウム合金

の金属組織学的研究」,「金属材料の放射線的研究」,「マグネシウム合金の「ダイカスト」に関する研究」,「マグネシウム合金の溶解に関する研究」などがあり,また昭和20年（1945）には「アルミニウム銅二元合金ノX線的研究」,「カーボニル法ニヨル純金属製造ノ研究」,「耐熱軽合金ニ関スル研究」などがある.

また後者に属するものとしては,昭和19年（1944）には「マグネシウム製錬に関する研究」,「電気冶金に関する研究」,「金属の拡散に関する研究」,「純鉄の研究」,「鋼熱処理に関する研究」,「熔鉄の緩流式吹精法の研究」,また昭和20年（1945）には「勤労動員工場ニ於ケル冶金技術的一考察」,「焼入歪ニ関スル研究」,「土窯ニヨル海綿銑製ニ関スル研究」,「高炉の装入に就いて」,「純ニッケルノ加工性ニ関スル研究」,「マグネシウム製錬ニ関スル研究」,「ニッケル製錬ニ関スル研究」などがある.

昭和24年（1949）に3名,昭和25年（1950）に29名,昭和26年（1951）に23名の卒業論文が提出されている.冶金学科の卒業論文は大きく①各種金属合金に関する特性分析と②金属化学反応を対象とするものとに分けられる.

①に属するものとして,昭和24年（1949）には「スラッグの塩基度に関する研究」,「熔融スラブックの物理化学的研究」,昭和25年（1950）には「組合せ金属に関する研究」,「鉛合金に関する研究」,「アルミニウムの深絞性と表面処理の影響」,「乾式電解冶金に関する研究」,「金属粉末の焼結機構に関する研究」,「鉄の単結晶による塑性加工の研究」,「スラッグの色調と成分の関連性について」,「低熔融合金に於ける問題」,そして昭和26年（1951）には「熔鉱炉炉底吹精に関する一考察——酸素富化の効果について」,「溶融スラッグの電解並に塩基の強さに関する研究」,「金属の真空熔解に関する研究」,「アルミニウム合金と異種金属との接触腐蝕に関する研究」,「金属の腐蝕及防蝕に関する研究」などがある.

②に属するものとしては,昭和25年（1950）には「熔融スラッグの電導性に関する研究」,「X線応力測定法の研究」,「加工及再結晶に関する研究」,昭和26年（1951）には「電解による鉄粉製造に関する研究」,「Al-Mg-Si三元合金の研究」,「金属の塑性加工に関する研究」などがある.

4.2 二工の研究指導体制の態様

わが国の科学技術新体制と二工の研究指導体制の態様

　昭和14年（1939）には科学振興調査会の建議によって文部省科学研究費交付金制度が創設され，当初の奨励金は年額7万3,000円であった．しかしながら昭和16年度（1941）から500万円，18年度（1943）は570万円，19年度（1944）は1,870万円と急激に増加している．さらに昭和17年（1942）1月には科学技術政策を担当する行政機関として「技術院」が創設された．そして昭和17年（1942）12月末には科学技術の最高国策に関する重要事項を調査審議する「科学技術審議会」が発足することになった．このようにしてわが国の科学技術新体制が確立したといえよう．

　太平洋戦争の戦局の推移が激化するとともに，大学における研究活動もその影響をまともに受けることになり，戦争遂行のためという大義名分のもとに組織化され，多くの人員が動員されるようになった．そこで大学関係の研究を全面的に動員体制に繰り入れることを目的として，科学技術審議会の答申を得て，昭和18年（1943）8月20日に「科学研究ノ緊急整備方策要領」が閣議決定された．これは学術研究会議に研究動員委員会を設置し，各大学に学術研究会議との連絡委員会を置いて，一切の研究を戦争目的のために組織化しようとするものであった．

　さらに昭和18年（1943）10月1日には「科学技術動員綜合方策確立ニ関スル件」が閣議決定された．これは研究動員会議で重要研究課題を決定し，戦時研究員制度によって政府が任命した戦時研究員による研究を遂行しようとするものであった．この閣議決定に基づいて昭和19年（1944）1月に閣令七号で規定が定められ，3月には第一次戦時研究員66名が任命された．

　そして昭和19年（1944）7月には「科学技術者動員計画設定要綱」が閣議決定され，理科系学校卒業者の配置・科学技術者短期養成・理科系技術者再配置などが具体的な計画の対象となった．それに基づいて7帝国大学などに6カ月の研究補助技術員養成所が設立され，昭和19年（1944）10月より男女を問わず募集を開始することになり，科学技術者に対する動員要請が具体化されることになった．

写真 4.1　学徒出陣 [生産技術研究所資料より]

『東京大学百年史』[1]によると，東京帝国大学の入隊による休学者は288名と記され，その大部分が学徒出陣によるものと述べられている（写真4.1）．理科系学生は徴兵検査を受け，徴集はされるものの入隊は延期され，工学部学生の場合は延期期間は最大3年とされた．瀬藤象二教授に関する著書[2]には，瀬藤教授が，研究の上で陸軍の技術本部，科学研究所，そして陸海軍の技術運用委員会委員など，陸海軍とかなり密接な交流があったこともあって，東大工学部学生の兵役については軍部とかなり強硬な交渉を繰り返したと述べられている．日本の将来にとっても戦場に学生を送ることは大きな損失となるはずであるという信念のせいであったかも知れないが，工学部学生は工場に動員されることはあったものの，学徒出陣に駆り出されることはなかったとされている．

勤労動員から終戦へ

　二工における研究指導体制は，前章の教育体制の紹介のところでも学生の意見として述べたように，教官と学生との結びつき，交流が強く，ほとんど

---

[1]　東京大学百年史編集委員会編『東京大学百年史』，昭和63年（1988）3月，東京大学出版会．
[2]　瀬藤象二先生追憶記念出版会（代表，大山松次郎）『瀬藤象二先生の業績と追憶』，電気情報社，1979．

の教官は親身になって学生の教育，研究，生活の指導にあたっていたといえる．しかしながら二工存続時というのは，まさに戦時中で戦局情勢が激化をたどっていく渦中であり，学生の研究指導を実施するには並々ならぬ苦労と努力があったはずである．

昭和18年（1943）にはすでに戦局がわが国にとって不利に展開していたため，学生達には教練，体錬，農耕作業等が課されることになり，学業にも支障をきたすようになっていた．しかしながら昭和18年（1943）10月には第3回生が入学したため，第1学年から第3学年まで合計約1,260名が揃うことになった．またこの年は大学院特別研究生7名も入学し，二工は最も賑やかな時期となるのである．

第1回生は翌昭和19年（1944）に卒業を迎えることになり，修学期間の6カ月短縮によって5月には卒業論文を提出することになった．昭和19年（1944）は戦局情勢の激化とともに軍事教練も強化され，学生による農耕作業，勤労動員も増え，学業が妨げられることが頻発した時期である．この年は7月初を学年末として，夏期休暇を廃止し，9月まで授業を続けたようである．

理工系学生7,500名を動員して，第五陸軍航空研究所から依頼された天測航法用図表作成を5日間フルにかけて実施したのも，この昭和19年（1944）である．二工学生は延べ3,300人が動員されたといわれている．表4.1に昭和19年（1944）における二工学生の勤労動員状況を示す．

昭和19年（1944）5月の第3学年による勤労動員については，彼らが5月に卒業論文を提出後，就職予定先に勤労動員されたことを示している．昭和19年（1944）5月のデータによると，第3学年は約半数，第2学年はほぼ全員が勤労動員されたことを示している．また昭和19年（1944）12月には，全体のほぼ半数が勤労動員となっている．その内訳に関しては，すべての学科においてそれほど大差はないことがわかるが，勤労動員の行先を見ると，たとえば全体では，陸海軍とその研究所への動員がほぼ半数を占めていること，大学研究所が約1割強程度であること，土木では特に昭和19年（1944）5月第3学年において官公庁が多いこと，そして船舶，電気，応化などでは業種がそれぞれ造船，電機，化学というようにかなり限定的である

表 4.1　二工学生の勤労動員状況（昭和 19 年（1944））

対象	土木	機械	船舶	航機	航原	造兵	電気	建築	応化	冶金	合計
昭和 19 年 5 月 第 3 学年	23	32	25	28	15	11	24	14	22	23	217
	5	1					1	2			9
昭和 19 年 5 月 第 2 学年	36	58	40	39	39	41	39	38	38	31	399
昭和 19 年 12 月 第 2, 3 学年	38 (3)	73 (2, 3)	64 (2, 3)	39 (3)	38 (3)	44 (3)	38 (3)	14 (3)	38 (3)	33 (3)	419

表中昭和 19 年（1944）5 月第 3 学年の下欄は満州への勤労動員数を表す．また昭和 19 年 12 月第 2, 3 学年の（　）内数字は当該学科の学年を示す．
（東京大学生産技術研究所編『東京大学第二工学部史：開学 25 周年記念』，昭和 43 年（1968）11 月より作成）

のに対して，機械は割と広範に分散していること，などが特徴として見られる．また，表 4.1 の昭和 19 年（1944）5 月第 3 学年の中で満州国あるいは満鉄に行った者が 9 名おり，そのうち 5 名は土木学生であったということも付記しておこう．

昭和 19 年（1944）9 月頃からはじまった本格的な本土爆撃によって，多くの都市が罹災した．第二工学部では，昭和 20 年（1945）2 月には米軍艦上機による東京千葉方面への攻撃，そして同年 7 月 6 日夜焼夷弾投下があり，二工構内では航空機体学科，航空原動機学科，冶金学科，船舶工学科などが建物の全部または一部を焼失した．教職員，学生の中にも罹災する者がかなり出た．

戦時中の食糧難は深刻であったが，第二工学部は農村地帯に近く，海産物もふんだんにあり，比較的に恵まれていた．大学構内における食糧増産は昭和 19 年（1944）から始まり，甘藷，馬鈴薯，タマネギを主に生産した．

昭和 20 年（1945）になると，食糧危機に対処するため学生の援農動員が行われ，農繁期の農家の人手不足を補うことになった．二工においても，前述の勤労動員者を含めて，重要研究要員に指定された者，病気の者などを除く 570 名（全体 862 名中）が動員されることになった．

二工における研究活動の中で大学院特別研究生制度が大きな貢献をしたことは間違いない．すなわち大学院特別研究生は，毎年，本制度が適用される

12大学全体で第1期生500名，第2期生250名程度が選ばれたが，学資として月額90円以上を受け取り，指導教授の指導を受けつつ研究するという制度で，徴兵猶予の特典も与えられていた．一方，科学技術研究補助職にあたる技術員養成も行われ，製図，実験などを補助するための技術要員として二工では，昭和19年（1944）10月入所の第1回生として85名が採用され，6カ月の教育訓練と実習を経て，各研究室に配属された．しかしながらこの制度は終戦により廃止された．大学院特別研究生制度および科学技術研究補助技術員養成制度は，二工における研究の実施，推進に大いに役立ったといえる．

昭和18年（1943）から制度化された大学院特別研究生の研究テーマについては，昭和18年（1943）10月入学の大学院特別研究生の研究課題としては研究生数が少なかったこともあって，7課題中1つだけが「防空偽装ニ関スル研究」として軍事研究的色彩のタイトルとなっており，他は金属の特性，船体の強度，振動に関する研究となっている．戦局の激化とともに二工における研究課題が軍事色を強めていくという傾向は，翌昭和19年（1944）の入学者になるとより顕著に見られることになる．昭和19年（1944）10月入学者分としては，電気工学科における「電波兵器ニ関スル研究」，建築工学科における「軍用及生産設備ノ防空的形態ニ関スル研究」，「軍用並ニ特殊工場ニ於ケル戦時下ノ生産作業能率ニ関スル建築計画的研究」あるいは共通教室においても「耐弾格納庫及地下軍用構造物ニ関スル殻構造法ノ研究」といったタイトルから伺えるように多くの軍事的研究課題が見られる．実際の研究課題がタイトルとして軍事的表現になっていなかったとしても，内容的に軍事研究の一端を担っていたものは上記以外にもかなりあったのではなかろうか．

昭和17年（1942）の二工開設後の教授総会において，瀬藤象二学部長は陸軍次官から外部の科学技術研究者の協力を積極的に行ってほしい旨，要望されたことを報告している．それ以来，二工学内に国防に関する研究受託組織を考える懇談会も設置され，軍に対する研究協力が高まっていったことは事実である．昭和19年（1944）には，文部省科学局長からも二工教官の研究課題調査依頼があり，科学研究費による研究課題選定資料とされた．この

ような流れを経て，昭和19年（1944）秋には，開設当初から二工各学科，共通教室に所属していた教授，助教授の教官の中からも，それぞれ10名程度が戦時研究員の辞令を受け取っている．このようにして昭和19年（1944）末から終戦にかけては，二工教官のみに限らず，多くの外部研究者の協力，そして大学院特別研究生，学生などの協力も得つつ，研究遂行を強力に進めていたようである．二工学内においても多くの軍事的重要研究が実施されていたと思われるが，関係書類は終戦時にすべて焼却処分されたため，詳細不明とのことである[3]．

研究所として存続する二工

昭和20年（1945）8月15日をもってわが国は終戦を迎えたわけであるが，二工学生にとっても終戦は大きなできごとであった．学生の中には日本の将来，工学あるいは工学研究の将来，そして二工の将来に不安を感じ，悲観視する者もかなり現れ，食糧事情の悪化も伴って大学を去って帰郷する者もかなり出たようである．当時の井口学部長は帰郷学生に対して帰学勧奨を行った結果，同年9月には情勢は落ち着いたものの，二工にとっては戦争関連学科の改廃の問題，二工自体の存続の問題など，多事多難な時期を迎えることになった．

昭和20年（1945）10月には，連合国総司令部から日本政府に対して「日本教育制度に対する管理政策」という覚書が出され，終戦後のわが国の新しい教育の方向が決められた．ここではわが国の教育が軍国主義的，極端な国家主義的イデオロギーの普及を禁止し，議会政治，国際平和，そして個人の人権，思想及集会，言論，宗教の自由といった基本的人権の重視に沿った教育を実践することが奨励された．さらに大学における教育，研究においても軍事的色彩，軍国主義を排除する措置がとられ，ここにわが国の新しい大学の発足の基礎が築かれたといえる．

翌昭和21年（1946）になると，マッカーサー元帥によって招かれた米国

---

[3] 東京大学生産技術研究所編『東京大学第二工学部史：開学25周年記念』，昭和43年（1968）11月，pp. 71-72．

教育使節団が報告書を出し，わが国の高等教育に関して，これまでの大学教育があまりに専門的で職業的色彩が強いことを批判し，自由な思考を可能とすべくより広く人文的態度を養成すべきであると指摘した．この報告書に基づいてこれまでの大学令が廃止され，翌昭和 22 年（1947）3 月にわが国の教育基本法と学校教育法が制定・公布された．これによってわが国の教育体系の基本である六・三・三・四制が確立することとなった．

　一方，終戦後の二工の将来に関しては，教授総会，評議会等で学科の再編成に関してかなり長時間をかけての議論がなされた．二工内部でも学制改革委員会，その後の学制審議会において福田武雄委員長，井口常雄学部長，そして瀬藤象二，竹中規雄両評議員らの下で検討が行われた．二工関係委員は二工存続の必要性を強く主張し，また理工系の教育施設の活用を図るべきことを述べた理科系の委員もいた．しかしながら，当時の本郷第一工学部長の亀山直人委員は一工と二工を独立しておく考えはなく，一工の大学院の施設とするか，理科系の研究所にしてはどうかという考えであった．

　次章で詳述するように，昭和 21 年（1946）2 月に，勅令第 7，8 号をもって第二工学部航空機体学 5 講座，航空原動機学 5 講座は廃止され，物理工学 5 講座，内燃機械学 5 講座が新設されることになった．このようにして，当面，土木，機械，船舶，電気，建築，応用化学，冶金の 7 学科体制となった．その後同年 6 月には内燃機械学は機械工学科と合併し，物理工学と精密工学が学科として新設されることになった．結局，昭和 22 年（1947）12 月 4 日の新大学制実施準備委員会において，種々の可能性を検討した上で，やむなく二工は廃止となり，最終的には理科系研究所に転換することが決定された．

　二工が完全に廃止された後に，消滅することなく，いかなる形にせよ理科系研究所として存続できたということは，朗報であったかも知れない．しかしながら，わが国の戦後を考えたとき，工科分野の人材を養成することは重要かつ必須であり，そのためにも工学の教育，研究活動をより一層充実させるべきであるというのが，二工側をはじめとする工科系分野の委員の主張であった．そしてまたわが国の経済は，その後昭和 30 年（1955）頃から昭和 40 年（1965）代半ばにかけて，まさに高度経済成長期を迎えることになり，二工を卒業した当時の学生達は，わが国の各種製造業の中心的人材として活

躍をし，当時の瀬藤教授をはじめとする二工側の主張は実証されるのである．二工廃止の後，何らかの形で二工の実績と業績を東京大学の中でもう少し積極的に生かす形をとれたのではないだろうかと残念にも思われる．

　二工における研究活動に限らず，大学の講義を受けることも，学生生活を送ることもすべて，徴兵検査を半ば強制的に受けさせられながら学徒出陣への不安を抱えつつであったことが，彼らの研究活動にどのような影響を及ぼしていたかについては知る由もないが，少なくとも現代の学生生活からは想像もつかない，まったく異なるものであることは確かであろう．そのような状況の中でも，彼らが友人あるいは教官との人間的交流を積極的に行い，勉学に研究に励んだことは確実であろう．このような「特異な」時代の「特別な」環境の中での学生生活が彼らの将来の人生に大きく影響していること，しかもそれをすべて彼らの人生にプラス方向にかつ前向きにとらえ，それぞれのその後の人生に生かしているということが，後に紹介する卒業生諸氏とのインタビューから感じられるのである．

第5章 閉校への経緯

　第二工学部は昭和23年（1948）4月に入学した学生達が昭和26年（1951）3月に卒業したのを最後に，閉学に至った．第一工学部と第二工学部は統合して本郷に新たな工学部を設置し，千葉には生産技術研究所を設置することになったが，ここに至る経緯を政府，東京大学第一・第二工学部，そして同大学他学部に代表される各機関がどのように主張し，行動したかという観点から眺め，整理する．

5.1　教育研究体制の変革

米国教育使節団報告と六・三・三・四制

　ミッドウェイ海戦を転機として，米軍の反攻が始まった結果，日本軍の戦力は極度に低下した．昭和20年（1945）2月には米機動部隊の艦載機による攻撃で，第二工学部の校舎と学生宿舎も機銃攻撃を受け，さらに同年7月6日夜にはB29の空襲によって第二工学部の校舎（航空機体学科教室および航空原動機学科教室の全体，冶金学教室，船舶工学教室の一部）を焼失するに至った．こうして昭和20年（1945）8月15日に終戦となり，同年10月22日，連合国総司令部（General Headquarters, GHQ）から政府に「日本教育制度ニ対スル管理政策」が発せられ，新しい教育方針が示され，わが国の終戦後の新しい教育の方向が決定された．

　新しい教育方針の中では，教育内容として軍国主義的および極端な国家主義的イデオロギーの普及の禁止と，議会政治，国際平和，個人の権威，思想および集会・言論・信教の自由といった基本的人権思想に合致する諸概念の

教授および実践の確立とが奨励されることになった．これを契機に，大学教員の適格審査，航空工学の教育等の禁止など，軍国主義の排除，禁止措置がとられた．

　昭和 21 年（1946）3 月にジョージ・ストッダード博士[1]を団長とする 27 名のアメリカの教育視察団は，1 カ月の視察，調査の結果をマッカーサー元帥に宛て米国教育使節団報告書として提出している．それによると，報告書の第 6 章（高等教育）の中で，わが国の戦前の大学教育はあまりに専門的で職業的色彩が強いことが批判され，「より自由な思考に対するいっそう多くの背景と職業的訓練の基礎となるべきいっそうすぐれた基礎を与えるために，より広い人文的態度を養成すべきである」と結論付けられた．それに伴って昭和 21 年（1946）8 月 10 日に内閣の中に「教育刷新委員会」が設置され，そこで教育の理念および教育基本法に関すること，そして学制に関することが建議された．

　それに基づいて，日本政府は六・三・三制教育体系を制定し，「高等学校に続く学校は，4 年の大学を原則とする」ことを加えて，いわゆる六・三・三・四の新教育制度への大改革に踏み切ることになり，昭和 22 年（1947）3 月 29 日に教育基本法と学校教育法が公布された．それによって「大学ハ国家ニ須要ナル学術ノ理論及応用ヲ教授シ並其ノ蘊奥ヲ攻究スルヲ以テ目的トシ兼テ人格ノ陶冶及国家思想ノ涵養ニ留意スヘキモノ」とされた大学令・学位令は廃止され，「大学は，学術の中心として，広く知識を授けるとともに，深く専門の学芸を教授研究し，知的，道徳的および応用的能力を展開させることを目的とする」という新たな大学像が描かれ，大学は一部の特権階級のための大学から一般市民階級のための大学へと改められたのである．

---

[1] George Stoddard. マッカーサー元帥（Douglas MacArthur）の招きによって，昭和 21 年（1946）3 月に当時ニューヨーク州教育長であったジョージ・ストッダード博士を団長とする 27 名からなる第一次教育使節団がアメリカから来日し，約 1 カ月間滞在した．彼らは敗戦後の日本の教育制度を立て直して，教育の民主化を図ることをその使命としており，当時のわが国の教育機関の視察，資料収集を行った．調査にあたっては，教員養成，教育内容と教授法，教育行政および高等教育の 4 つの専門委員会を組織し，日本側の教育者委員や各種職域の代表者とも協議し，教育再建の勧告意見書を連合国最高司令官に提出した．

二工の戦後処理

　終戦後，GHQ はただちに日本における航空学の研究と航空機の製作の一切を禁止し，その施設を凍結した．その結果，昭和20年（1945）12月に航空機体と航空原動機の2学科教室は解消し，翌昭和21年（1946）3月物理工学科，内燃機関学科が新しく設けられた．より具体的には，昭和21年（1946）1月9日勅令第7号によって，第二工学部航空機体学5講座，航空原動機学5講座が廃止され，勅令第8号によって，物理工学5講座，内燃機関学5講座が新設された．昭和21年（1946）2月の教授総会において，物理工学科（旧航空機体），内燃機関学科，精密工学科は当分の間存置するものとして，一応新学科制度案から除き，土木，機械，船舶，電気，建築，応化，冶金の7学科構成とすること，応用力学3講座はそれぞれ専門の学科に分属させること，応用電気工学講座は電気工学科に属させること，放射線工学講座は冶金学科に属させること，などが決定された．こうして昭和21年（1946）3月の東京帝国大学講座改正において，第二工学部に物理工学4講座，内燃機関学3講座が増設されることになった．これらの変革に伴い，昭和21年（1946）6月の教授会では，内燃機関学科は機械工学科に合併することが決定され，造兵学科は精密工学科に改編された．そして，東大付置の航空研究所は廃止を命ぜられ，昭和21年（1946）3月理工学研究所が改めて創設された．

　廃止された学科に在籍した第1，2学年の学生は，新設の学科に進むか，または他の学科に転科することになった．新学科への進学あるいは転科にあたっては，志望者の多い学科については試験を行って選抜したりもしたが，各学科でできるだけ多くの学生を受け入れ，残った学生はその次の学年に編入させるという処置がとられた．転科にあたっては，当時の2年生のほとんど全員が航空機体は物理工学科，航空原動機は機械工学科，造兵は精密工学科へと進学したようである．一方，1年生の場合には，進学先は大部分は前述のとおりであるものの，かなり分散し，航空機体は電気，建築へ，航空原動機は建築，土木へ進学する者も出てきたようである．さらに昭和24年（1949）3月卒業組では大部分が電気で卒業しており，その他機械，建築，応用化学などが数名いる状況となった．

外地の大学（京城・台北両帝国大学，旅順工科大学等）からの引き揚げ学生については，彼らのこれまでの履修状況を考慮して相当する学年に編入となった．引き揚げ学生に関しては，引き揚げの時期がまちまちで編入された学年も異なったため，卒業時期もばらばらになったが，最も早く昭和24年（1949）3月卒業となった者もいたようである．

　軍関係の学校の学生の入学は，入学させることへの賛否両論があり，彼らの学力を問題とするものもいたが，昭和21年（1946）2月22日の文部省学校教育局長通達により，総数の10%以内を目処に学力試験により入学させることになった．軍関係出身の学生は実数30名であったが，彼らは昭和21年（1946）5月に入学し，昭和24年（1949）3月に卒業した．卒業生総数は13名であったので，昭和24年（1949）3月卒業者全体130名の中の10%を占めていたことになる．しかしながら彼らによる心配された思想的影響はまったくなく，全般的に質実剛健で，性格もよく，他の学生達の評判もよかったようである．

　第二工学部は，昭和17年（1942）4月開学以来9年間において，8回の卒業生を出し，その総数は2,562名を数える．また昭和24年度（1949）以来，旧制の大学院に関しては第1期の特別研究生96名，第2期の特別研究生59名が修了し，他に大学院に在籍した者も62名にのぼった．昭和43年（1968）現在，これらの卒業生は，官界，産業界等において将来を期待される有能な中堅指導者として，また一部は母校に留まって学問の研鑽に，それぞれめざましい活躍をしていると記されている[2]．

5.2　学制改革と再編成

新大学制委員会と二工の将来問題

　昭和20年（1945）8月の日本の敗戦の直後から，東京大学において，第二工学部の存否に関する議論が行われるようになった．第二工学部は戦時下

---

[2]　東京大学生産技術研究所編『東京大学第二工学部史：開学25周年記念』，昭和43年（1968）11月，p.93.

に軍の意向を受けて設立され，戦争に協力したものであるから，この際廃止し，その講座は文系部局を中心に，東京大学の増強・整備にあてようという主張が唱えられたのである．

前述のとおり，昭和22年（1947）3月に教育基本法と学校教育法が公布され，六・三・三・四制の新制度に移行することになり，同時にこれまでの大学令，学位令も廃止されることになった．東京大学には，新制度移行のため，昭和22年（1947）6月に，当時の南原繁総長を会長とする新大学制実施準備委員会が置かれ，第二工学部を廃止後にどのようにするかについて審議が行われることになった．南原会長の他には，第二工学部からは井口常雄学部長，瀬藤象二教授，山内恭彦教授，関野克助教授の4名が委員として参加した．

昭和22年（1947）6月30日に行われた第1回の会合では，教養学部の問題，大学院拡充の問題，学科の編成と内容，そして学部・研究所の再検討の問題等，東京大学に関する根本的，基本的な問題が議論された．この委員会は昭和23年（1948）3月まで定期的に開催され，慎重な議論，審議がなされたが，大学全体に関する問題がこれほど自主的かつ民主的に行われたことはこれまでになかったのではないかといわれている．

第1回の会合における審議の中では，社会科学系学部の委員による「二工は戦時中の必要性から生まれたものであるから，終戦，戦後となった現在ではこれを廃止して，その定員分は他の学部に振り分けるべきである」という主張が公然となされていた．一方では，一工と二工を合併した上で学部と大学院を本郷と千葉に適宜分担させるという一工・二工合併案が当初から議論された．またさらに，千葉にある二工は本郷の東大とは別に，別の学部として存続させるべきであるという千葉学部案，あるいはまた別の学部としてではなく，別の技術大学として存続させるべきであるという千葉大学案も議論された．一工・二工合併案は新大学制実施準備委員会の中で合意を得られず，最終的には消えることになったが，委員達は千葉学部案，千葉大学案についても，本郷の東大との分担，調整をどうするかということについて合意することはなかったようである．そのような中で浮上してきたのが，千葉の二工を東大の中の理科系の研究所として存続させるという，いわゆる理科系研究

所案であった．

　昭和22年（1947）9月30日，帝国大学は国立総合大学に改められ，東京帝国大学は東京大学と改称された．そして同年10月以降は新大学制委員会を設けて，第二工学部の将来に関する，前述の (i) 第一・第二工学部合併案，(ii) 工学を中心として理学・農学を加えた理科系研究所案，(iii) 第二工学部を解消し，その講座と人員は工学部以外の自然科学，人文科学に向ける案，(iv) 単科大学として独立する案，などが審議されたが，最後の案は東京大学として取り上げられなかった．

　一方，昭和22年（1947）10月に二工内にも新大学制委員会が設けられ，二工の将来問題を検討することになったが，当初は主要な案としては全学委員会と同じように，一工・二工合併案，千葉学部案，千葉大学案，理科系研究所案などについて議論がなされた．最後の理科系研究所案は初期の段階では前記3案の検討が活発になされていたために隠れていたが，全学的な議論の中で一工・二工合併案が消えるとともに浮上することになった．

　昭和22年（1947）10月20日の委員会では教養学部（ジュニアコース）構想がまとまった．さらに学部の問題に移り，法学・経済学の両学部の問題と一工・二工の両学部の問題が提起され，これらの問題がその後の委員会の主要議題となった．

　昭和22年（1947）12月1日の委員会では南原繁委員長（総長）から，第二工学部の続行は困難で，第一・第二関係両学部を全学の問題として審議する旨の提案がなされた．これに対して経済学部教授の大内兵衛委員をはじめ法・経関係の委員から廃止案が述べられ，同年6月に行われた第1回委員会の時と同様の趣旨の「二工の成立は戦時中の必要からであった．現在の産業界は多くの工科方面の技術者を消化できない．したがって二工を廃止してその余裕を他にふりむけるべきである」という意見が述べられた．二工関係委員が存続の必要性を主張し，理工系の教育施設の活用を図るべきことを述べた理科系の委員もあったが，第一工学部長の亀山直人委員は一工と二工を独立しておく考えはなく，一工の大学院の施設とするか，理科系の研究所にしてはどうかという案を述べた．そこで大内委員はさらに「大学として二工のすべてを失うことを決心して議事を進めるのが順序である」と主張し，さら

に「そのために二工の人材が無駄になってもやむを得ない」旨の意見まで述べられた．

結局，昭和22年（1947）12月4日の委員会においては，種々の可能性を検討した上で，やむなく理科系研究所に転換することが決定された[3]．

昭和22年（1947）12月8日の委員会では，井口常雄第二工学部長から，一工二工学部合同協議会の結論として，将来の工学教育の充実の必要性から，第二工学部の60講座に関し，約20講座を第一工学部に移管，残り40講座で大学院を中心とする総合研究機関とする旨提案があった．これに対して大内委員は，再び第二工学部を廃止して新しい学問の講座に振り向けるべきであると主張した．次に12月15日の委員会では，大内委員は，第二工学部の講座活用による経済学部拡充を訴えた．大内委員の二工廃止論の根底・背景には，当初からこの考えがあったものと推察される．

昭和23年（1948）1月19日の委員会に至り，総合研究所案と全学部拡充案とを比較検討するために設けられていた全学的な特別委員会報告として，工学関係の研究所に転換し，第二工学部の現有講座（60講座）は，研究所（35講座）と工学部充実および全学への還元に使うことが説明された．なお，この委員会において一高の東大合併が決定されたことを付記しておく．さらに昭和23年（1948）2月9日の委員会において，新しい研究所は5部門とし，二工の約60講座のうち35講座を工学を中心とした学部と研究所に与え，工学を除く自然科学関係学部に5〜8講座，そして文科系（経，文，社研）に15〜20講座を渡すという結論が述べられ，第二工学部の瀬藤象二委員（初代学部長）は「本学の平和のために本案を甘受する」旨言明した[4]．瀬藤第二工学部長のこの一言に，2年余りも続いたこれまでの学内「講座獲得」闘争の激しさが凝縮されていると思われるのである．

二工廃止およびその後のあり方をめぐる議論の中で，社会科学系学部委員による主張として，工科系技術系学生をわが国の産業界は吸収できないので大幅に削減すべきであるという意見が出された．それに対して，わが国の将

---

[3] 前出本章脚注2，pp. 79-80.
[4] 前出本章脚注2，p. 81.

来を考えるとき，工科分野の人材を養成することは重要かつ必須であり，そのためにも工学教育をより一層充実させるべきであるというのが，二工側をはじめとする工科系分野の委員の主張であった．

わが国の経済は，その後昭和30年（1955）ごろからオイルショックに見舞われる昭和40年（1965）代半ばにかけて，高度経済成長期を迎えることになった．この期間にはわが国の国民総生産（GNP）は年平均10％以上の成長率を達成し，昭和43年（1968）にはわが国のGNPは西ドイツを抜き，米国に次いで世界第2位となった．世界各国から，まさに「日本の奇跡（Japanese miracle）」あるいは「ジャパン・アズ・ナンバーワン（Japan as No.1）」などともてはやされた．

このような高度経済成長を中心的に支えたのは，まさに製造業を中心とする第二次産業部門の急速な発展であった．特に重化学工業を中心とする産業の成長は顕著で，昭和30年（1955）ごろから昭和30年代半ばにかけての鉱工業生産の伸びは年率13.9％を達成し，製造業の中に占める鉱工業生産の割合も，生産額で昭和30年（1955）に44.1％であったのが，昭和45年（1970）には66.1％まで増加するという状況であった．このような製造業の成長に最も貢献したのが，工学部出身の技術者たちであったといえる．上記の社会科学系学部委員による主張に対抗して，工科分野の人材を養成することの重要性を主張する議論がなされたということは，その後のわが国産業としての製造業の発展を見れば，十分価値があったし，またこのような工科分野の人材養成見通しはまさに正しかったといえるだろう．

第二工学部の開設は，確かに軍の要請と支援を受けた側面があったであろうことは否めないであろう．しかしながら，その開設に深く関与された先生方は，軍に協力するという意識より，第一工学部の単なるコピーではない，特色ある学生を送り出すという理想と情熱を持って，教育にあたっておられたのは確かである．このことは後述の二工卒業生達との懇談，インタビューからも十分に感じられる．戦後の日本の復興には技術立国こそが必要かつ重要であって，それこそが将来の日本の進むべき道であり，そのためには第二工学部の人材と機能を活用すべきであると考えておられた先生方にとって，「産業界は多くの工科系技術者を吸収できない」あるいは「二工の人材をす

べて失うことになってもやむを得ない」といった主張は，さぞ心外なものであったに違いない．

　わが国の大学においては，大学人の誰もが同じような経験を一度はどこかで体験することとはいえ，学問を追究し，真理を探求することを主要な目的，任務とすべき大学という学問の最高府において，人生の大半を自らの専門とする学問の達成に捧げてきた研究者，教育者がこのような「闘争」に明け暮れた時期があったことは，東京大学の外部にいる本書編者の一人にとっては，同じ大学人として少し嘆かわしい気になる．第二工学部の廃止を含めた存続の議論が大学の「新大学制実施準備委員会」とか「特別委員会」といった二工の一般教職員にとってほとんど「見えないところ」で行われ，結論として存続は認められたものの，60講座がほぼ半減ということを聞いた時，暗たんたる気持ちになるのは誰も避けられなかったのではなかろうか．教員，学生，職員，卒業生を含めたすべての二工関係者にとってこのような経験は，彼らの将来の人生にも大きく影響したはずである．そしてそれは，彼らにとって，むしろ苦難をはね返すバネともいうべき力となったのかもしれない．

　何がわが国の学問の発展やわが国の将来にとって重要であるのか，またさらに何がわが国の将来の人材育成にとって必要かつ有益なのかをもっと議論すべきであったのではなかろうか．そこから大学にとって重要かつ必要なことを見出し，合意をはかるといった道筋をたどれなかったのかと残念に思う．

二工廃止と新研究所案

　澤井善三郎東京大学名誉教授は，瀬藤象二先生追憶記念出版会 (1979)[5] の中で，「昭和22年 (1947) 12月に第二工学部を東大内の研究所にする案がまとまったとき，瀬藤先生は，われわれは従来の学部で実施し得なかったことを，これからの研究所で果たすよう努力すべきであるとして，教官一同の奮起をうながされた」と述べている．このことからも，どのような状況下にあっても瀬藤教授の常に前向きな姿勢がうかがわれる．

---

[5] 瀬藤象二先生追憶記念出版会（代表 大山松次郎）『瀬藤象二先生の業績と追憶』，電気情報社，1979, p. 73.

当時の二工廃止の東京大学内における議論について，生産技術研究所の第14代所長を務めた尾上守夫氏（電気，昭和22年（1947）卒）は尾上（1999）[6]の中でも次のように述べている．

　「戦争が終わって少し世の中が落ち着いてきますと，いろいろな再編成がありました．東京大学の場合には，戦時中工学関係の学部は非常に膨張したけれども，その分，法文系は割を食っていたという意識がありました．戦争が終わったので，戦争のためにつくった第二工学部は廃止して，その講座を全部法文系にまわしてくれという話が出てきました．これは学内だけに大変難しい会議がいくつも続いたようです．瀬藤先生が公式の会議の席上で，「戦後の復興のために優秀な工学者をたくさん出さなければいけない」と言われたのに対して，「そういうお題目は壁に向かって言え」とまで言われたということを伺っております．」

　さらに尾上守夫氏は，ご自身が退任後にリコー㈱（もともと理化学研究所から生まれた会社で，感光紙株式会社という名称であった）に勤めていたこと，さらに瀬藤先生が当時理化学研究所にも研究室を持っておられ，アルマイトの研究をしておられたことを述べた上で，理化学研究所，生産技術研究所，そして二工のことを次のように述べている．

　「理化学研究所というのは宮田親平氏の本[7]にも出ていますけれども，研究者たちは自由な雰囲気を享受しながら優れた成果を上げていきました．しかも大河内先生[8]の頃にはそれの実用化も進みました．リコーだけではなくて，理研から生まれて現在も続いている会社がいくつもあります．そういうふうに研究成果の上がった原因の一つは，主任研究員制度にあると思います．優秀な人を主任研究員にして，研究室の運営を自由に任せた．定年などで主任研究者が交代するときは，新しい研究テーマを自由に選べた．これは私見ですけれども，瀬藤先生がつくられた第二工学部や生産技術研究所には，そういう雰囲気が伝わって来ているように思います．」

---

6) 尾上守夫「生研半世紀の回顧と展望」，『生産研究』，51巻10号，1999, pp. 692-701.
7) 宮田親平『科学者たちの自由な楽園――栄光の理化学研究所』，文藝春秋，1983.
8) 大河内正敏．明治11年（1878）-昭和27年（1952）．物理学者であり，実業家．子爵．理化学研究所（理研）の3代目所長，貴族院議員．大正10年（1921）に山川健次郎東大総長の推薦により，理化学研究所の所長に登用される．理研に主任研究員に自由をもたせる研究室制度を導入するとともに，研究成果の事業化を進め，理研を国際的な研究機関にまで育て上げた．

尾上守夫氏は瀬藤象二教授のことを,「第二工学部を作られた当時は50歳と若かったが,人望もあり,皆を引っ張っていく指導力があった」と評している.瀬藤教授にはそのような人間的魅力に加えて,大学教育,そして研究に対する基本的な姿勢が,ご自身のいろいろな新たな環境の中での経験と相まって,蓄積,養成され,そしてそれらが次々と実を結び,実現されていったといえるのではないだろうか.

　第二工学部の廃止に関しては,二工卒業生による懇談会,インタビューの中でも「二工は廃止すべきではなかった」としてそれを惜しむ声が数多く聞かれた.尾上守夫氏が懇談会の中で語っているように,「二工を廃止する行動というのは理解できないし,「短見」といわざるを得ない」とか「戦時中という特殊な時期に生活をともにし,境遇を共有し,そして二工自体が9年間で廃止という特殊な「運命」をたどったということが,同窓会仲間意識をより強固なものにしている」といった意見は,二工の卒業生諸氏がほとんど全員口にしていたことである.

　連合国総司令部(GHQ)でも,経済科学局が二工問題には関心を持っており,当初は,ハリー・ケリー博士[9]が中心となって,航空研究所の後身である理工学研究所との統合の意向であった(6.1節に詳述).第二工学部の瀬藤象二学部長は,新研究所は生産現場の技術向上を目的としており,理工学研究所とは使命が異なることを自ら力説し,最終的に昭和24年(1949)7月になって連合国総司令部も了解した.この瀬藤学部長とケリー博士とのやりとりは相当激しかったようで,尾上氏も,尾上(1999)[6]の中で,「GHQの中でも経済科学局長のケリー博士は,今で言えば総理大臣より権限があるという中で,わが国の教育研究関連組織の再編成に采配を振るっていた.その中でケリー博士は航空研究所が廃止となって理工学研究所として駒場にあったので,二工はそこと統合すべきであるという主張だった.それに対して瀬

---

[9] Harry C. Kelly. 1908-1976. 米国ペンシルバニア州生まれ.リーハイ大学(Lehigh University)卒,物理学者でGHQ経済科学局科学技術部長.マッカーサー元帥の下で科学顧問として,日本の戦後の旧体制を刷新し,日本学術会議の創設にも尽力した.わが国の代表的物理学者仁科芳雄博士とも親しく,彼の墓石にはケリー博士の名前が刻まれている.

藤学部長は「歴史も違うし，どちらかというと航空研究所というのはサイエンス・オリエンテッドで，工学を主体とする生研とはミッションが違うのだ」ということをケリー博士に粘り強く説得に行かれた．先生は後年の追悼録[5]に「渋々承諾してくれた」と書いておられます．先生の熱弁のおかげで，生産技術研究所は当初の構想どおりにできたわけです」と書いている．さらに尾上氏は，「当時は大学院生で，ケリー博士が第二工学部を視察に来た日のことをよく覚えている」と述べた上で，「瀬藤学部長が下痢と高熱で難儀をされる中，自ら先頭に立って構内の隅々までケリー博士を案内されたのを見て，指導者というものはああいうものかと深い感銘を受けた」とも述べている．

生産技術研究所第10代所長の鈴木弘教授は『生産技術研究所20周年誌』[10]の中で，第二工学部を廃止してその転換を検討する方針が決定されたことに対して，「大きな理想を掲げて創設された第二工学部がわずか5年余の短時日で廃止へと180度の変針が行われたのである．その後の工学部卒業生の増加のために払われた全国的規模の大きな努力を思うと，敗戦の大変革の際とはいえ，この変針は誠に残念な決定であった」と述べている．

生産技術研究所第8代所長の菊池真一教授も『生産技術研究所30周年誌』[11]の中で，次のように述べている．

「GHQの指令で東京大学第二工学部が廃止になると聞いた時は失望の念を禁じ得なかった．第二工学部が発足して間もなく戦争が激烈になり，敗戦とともに一時消沈していたのが再び教育に研究に立ち直ろうとしていた時だけに，その気持は第二工学部の皆にあったと思う．しかしながら初代の生産技術研究所所長である瀬藤教授や井口第二工学部長などの必死の努力で，東京大学の中で生産技術研究所として生き残れることになったのはまことに幸いであった．幸いというのは当時第二工学部にいたわれわれのためばかりでなく，その後30年間の生産技術研究所の輝かしい業績を思うと，日本のために幸いであったと言いたい．瀬藤先生は，GHQが指摘した東京大学の中の2つの研究所としての理

---

[10] 『生産研究』, 21巻5号, 1969, pp.173-179.
[11] 『生産研究』, 31巻5号, 1979, p.257.

工学研究所と生産技術研究所の重複性に関して，両研究所の目的をスペクトルにたとえ，生産技術研究所は理学からより工学への重点を持っていると教授総会で説明されたことを覚えている．学部から研究所への移行，とくに60講座から35講座への縮小の過程における移行は，決して小さい困難ではなかった．」

　昭和22年（1947）6月に東京大学の中に全学的委員会として設置された新大学制実施準備委員会における「第二工学部が戦争協力学部であって，すべてを廃止して，東京大学の他の人文，社会学部に講座，定員を振り向けるべきである」といった議論は，正当な根拠のない極端な議論であったとしても，わが国の最高教育研究機関としての東京大学においてこそ，第二工学部の教育方式，研究成果，卒業学生の将来等を少しでも考慮し，綿密に検証した上で，科学技術面における高等教育，人材育成の重要性，必要性を鑑み，わが国の将来のあり方を洞察するような議論ができなかったものかと悔やまれる．新大学制実施準備委員会においては，第二工学部はおそらくは俎板の上の鯉といった立場に置かれていたことは十分に予想される．同じ学問的専門分野を有する本郷の第一工学部において二工の存続のあり方を支持する声が上がったのであろうか．学生の教育，研究指導を同じように行ってきたであろう教員仲間の間で二工の業績，貢献を検証しつつ，その存続について論議がなされたであろうか．それらがあまり見えていないことを非常に残念に思う．第二工学部が新たに東京大学附置研究所の生産技術研究所として再編され，「二工像」，「二工スピリット」を受け継ぎながら，その後に輝かしい発展を遂げたことは誰もが認める喜ぶべき事実であるとしても，二工廃止にあたって，より前向きの二工の検証，評価がなされ，わが国の将来を見据えた議論をした上で，最終決定ができなかったものかということが悔やまれる．

　本節の最後に，東京大学・文部省宇宙科学研究所名誉教授で芝浦工業大学教授であった野村民也氏（電気，昭和20年（1945）卒）が星合正治先生追憶記念会（1988）[12]の中で，「星合先生と宇宙研究」と題して，以下のように述べていることを付け加えておこう．

---

[12]　星合正治先生追憶記念会編『星合正治先生の思い出』，コロナ社，1988．

「生研所長時代の或る日，先生は，当時の矢内原総長を秋田実験場に案内された．その時総長は，「第二工学部を廃止したのは早計であったかも知れない」と漏らしたそうである．第二工学部の設立，そしてその廃止から生研の設立にかけて御苦労の多かった星合先生にとって，この言葉には感無量のものがあったのであろう．このことを話された時の先生の嬉しそうなお顔は，今でも忘れられない．」

二工の廃止を巡ってあれだけ激しい議論をし，結局講座数をほぼ半減して社会科学系の学科に振り分けるという決着を見たのち，このような会話がなされたとしたら，二工の存続の必要性をわが国の将来における人材育成の観点から強く主張してきた瀬藤学部長をはじめとする当時の二工教官達にとって，上記の矢内原総長の言葉はまさに感無量の「救いの言葉」となるのではなかろうか．

5.3　第二工学部の閉学

二工の閉学と瀬藤象二先生の退官

　第二工学部は，昭和23年（1948）4月入学の8期生を最後に募集を打ち切った．終戦後から8期生までの入・卒業の状況は表5.1のとおりである．

　第二工学部の閉学式は，昭和26年（1951）3月28日に第二工学部講堂で挙行された．第二工学部は開学以来9年，総勢2,562名の卒業生を出して役割を終え，その歴史を閉じたわけである．閉学式は通常の式次第に従って，瀬藤第二工学部長の式辞と来賓挨拶，そして卒業生代表挨拶とが行われた．

　第二工学部の創立から閉学に至るまでの9年間，最も激しい戦時中という激動の中，並々ならぬ努力を重ね，苦労と苦難をともにし，それに耐えてきた先生方，そして学生達がどのような気持ちで閉学式を迎えたか，そしてまた彼らの故郷ともいうべき「母校学部」がなくなることに直面していることを思うと，閉学式は感極まる一瞬だったのではないか．

　そして閉学式の3日後の昭和26年（1951）3月31日に，瀬藤第二工学部長の手で第二工学部の標札が下ろされ（写真5.1），一同は「蛍の光」を斉唱し，第二工学部は終了した．奇しくもその日は瀬藤象二教授が定年退官さ

表 5.1 二工学生の入学・卒業の状況

期生	入　学	卒　業
6	昭和 21 年 4 月	昭和 24 年 3 月
7	昭和 22 年 4 月	昭和 25 年 3 月
8	昭和 23 年 4 月	昭和 26 年 3 月

写真 5.1 第二工学部の標札が瀬藤第二工学部長の手で下ろされる（昭和 26 年（1951）3 月）［生産技術研究所資料より］

れる日となった．第二工学部の設立から終了まで関与され，そのために粉骨砕身された，まさに第二工学部とともに歩んでこられた瀬藤先生の大学教授人生を象徴しているのではなかろうか．

　国立大学は昭和 25 年度（1950）を最後に旧制大学の学生募集を打ち切った．旧制高等学校卒業生で昭和 25 年度（1950）までに進学できなかった，いわゆる白線浪人を救済する必要が生じたために，文部省は昭和 26 年度（1951）臨時増募学生の募集を計画した．昭和 26 年（1951）2 月 20 日の評議会議決によって，工学部分校設置規則が制定された．これを受けて，生産技術研究所に新制工学部分校が設置され，新制度による教育が行われることになった．分校生達の卒業は，昭和 29 年（1954）3 月で，8 学科 206 名であった．

　昭和 26 年（1951）3 月をもって第二工学部は短い歴史の幕を降ろしたが，

皮肉にも，新大学制実施準備委員会において井口常雄第二工学部長が主張したとおり，その後の日本の産業経済の復興と拡大は著しく，理工系の人材への需要が急増した．政府は昭和32年（1957）12月に新長期経済計画を閣議決定し，8,000人の理工系学部の入学定員増を決定した．さらに，昭和35年（1960）12月には，国民所得倍増計画を閣議決定し，2万人の入学定員増を目標に掲げた．この計画は昭和38年度（1963）にようやく達成されることになった．

第一工学部と第二工学部は統合して本郷に新たな工学部を設置し，千葉には生産技術研究所を設置することになった．この再編に関する国立学校設置法は，昭和24年（1949）5月31日から施行された．さかのぼれば二工の将来をほぼ決定することになった，昭和22年（1947）12月8日に行われた新大学制実施準備委員会において，当時の井口常雄第二工学部長は，「工学教育は日本の将来のために縮小どころか拡充しなければならない分野であるので，現在の二工の施設と人員は将来の工業の中心として利用すること，そして大部分の講座では総合的な研究所に転換し，教育面では大学院生を主体として，中間工場的機能を発揮すること」を，提案している．このことに対しては，昭和24年（1949）2月の合同特別委員会で結論が出され，瀬藤委員長から南原総長に対して，以下のような内容を含む報告がなされた（6.1節に詳述）．すなわち報告書では，(i) 研究組織における専門分野は7部門63分野（表5.2参照）とすること，(ii) 研究課題はわが国の生産技術の向上に貢献すべき具体的実際的問題の解決を目標として，慎重審議の上決定すること，ということが主体となっていた．ここで表5.2の第六部（資源），第七部（経営）は将来計画とされていたが，これらを除く53専攻分野としても，当時考えられている35講座では教授，助教授数の合計がほぼ70となるため，教官1人だけが担当する分野がかなり多くなることが不安として述べられている．

第二工学部の60講座が35講座に縮小されることになったとき，本郷の第一工学部は82講座を有していた．したがってこれらを合わせた117講座で工学部と研究所を作ることとなった．このような中，昭和24年（1949）5月の国立学校設置法による生産技術研究所の附置とともに，瀬藤象二学部長

表 5.2 生産技術研究所部門別専門分野案

部門	専門分野	部門	専門分野	
第一部 (基礎)	1. 応用数学 2. 応用光学 3. 音響工学 4. 固態材料学 5. 応用気態学 6. 電子機械学 7. 高分子材料学 8. 材料力学 9. 応用弾性学	第四部 (化学及冶金)	5. 有機工業化学第一 6. 同　　　　第二 7. 同　　　　第三 8. 化学装置学 9. 化学機械学 10. 鉄鋼製錬工学 11. 非鉄金属製錬工学 12. 金属加工学 13. 金属材料学 14. 材料検査学	
第二部 (機械及船舶)	1. 機械力学 2. 機構学 3. 流体機械学 4. 熱原動機学 5. 伝熱工学 6. 切削工作学 7. 非切削工作学 8. 精密加工学 9. 板金構造工作学 10. 熔接構造学 11. 船体構造学 12. 船体運動学	第五部 (構築)	1. 土質工学 2. 爆破学 3. 土木構造学 4. 交通路工学 5. 水工学 6. 測量学 7. 建築構造学 8. 環境工学 9. 建築装備学 10. 建築生産学 11. 建築配置及機能学	
第三部 (電気)	1. 電気回路学 2. 電力機器学 3. 高電圧工学 4. 発送電工学 5. 電力制御学 6. 電子管工学 7. 高周波工学	第六部 (資源)	1. エネルギー経済 2. 探鉱学（地中探査） 3. 採鉱学 4. 選鉱学	将来 計画
第四部	1. 無機工業分析学 2. 有機工業分析学 3. 無機工業化学 4. 工業電気化学及工業光化学	第七部 (経営)	1. 生産技術史 2. 熱管理 3. 品質管理 4. 量産管理 5. 作業管理 6. 統計工学	
		専門分野数　63		

が新たな生産技術研究所の初代所長を兼任することになった．

生産技術研究所に向けて

　瀬藤象二教授は第二工学部設立に際しても初代学部長として，そしてまた電気工学科の教授として星合正治教授，福田節雄教授らとともに二工の充実

と発展に心血を注がれた．瀬藤教授ご自身はアルマイト研究を専門とする研究者であったが，管理者としての実力，能力も抜群に高かったこともあって，第二工学部長を2度も任され，さらに二工廃止後の生産技術研究所の初代所長も務められることになるのである．瀬藤教授は講義としては学部の1, 2, 3年生向けの主軸科目である「電気機器学第一」，「電気機器学第二」，「電気機器学特論」などを担当しておられたが，澤井善三郎東京大学名誉教授は，瀬藤象二先生追憶記念出版会 (1979)[5] の中で，「先生の講義はよく整理された内容で，実際の電気機器に直接触れる機会の少ない学生にとっては難解だったようである．しかしながら当代一流の教授の講義を受けたという満足感は，学生達にとってもきわめて貴重なものだった」と述べている．

　生産技術研究所の任務は「生産に関する技術的諸問題の科学的総合研究並びに研究成果の実用化試験」とされており，この構想は，前述の昭和22年 (1947) 12月の新大学制実施準備委員会における井口第二工学部長の提案に沿ったものであることがわかる．生産技術研究所では運営機構小委員会（第二工学部教授会の下に設けられた）において研究組織の検討を行い，表5.2に示した7部門63分野案をわずかに改訂し，7部門60分野とした．改訂点は第三部電気部門において電力機器学，高電圧工学，発送電工学を電力工学としてまとめ，新たに通信機器学を加え，高周波工学を超短波工学と変更し，さらに第四部化学及冶金部門において化学装置学，化学機械学をまとめて化学工学とし，材料検査学を削除したものである．第二工学部が講座制を採用していたのに対して，研究所では教授，助教授が講座にしばられることなく自由な専門分野を生かすという原則にしたというのが主要な変更点であったといえる．

第6章 第二工学部から生産技術研究所へ

　第二工学部は昭和26年（1951）3月に閉学を迎えた．そして生産技術研究所（以下，生研と略記することもある）として新たな再出発を果たした．その過程と経緯の中で，受け継がれたもの，失われたもの，意図的に捨て去ったもの，捨て去らざるを得なかったもの，といったものをいろいろな観点から眺めてみよう．本章では，上記の経緯の紹介と，さまざまな見方とともに考察を加える．

6.1　生産技術研究所の発足

研究所案の決定

　昭和22年（1947）2月10日，GHQ科学顧問としてわが国に赴任していたハリー・ケリー博士（前掲，5.2節参照）は第二工学部を視察し，翌月3月10日に今回新設されるべき研究所は駒場に移し，理工学研究所の土地と施設とを有効に利用するために合併すべきであると申し入れてきた．しかし瀬藤象二教授の考えはすでに定まっており，不動であった．新設されるべき研究所はあくまでも別個の研究所として千葉の既存の施設を有効に利用し，かつ両者の性格はその出発点において工学およびその基礎である理学を主要専門分野として包含しているから，その研究手段においてもまた同じか，あるいは近いものがあるが，その主目的と性格とを異にするものがあることを明らかにした．一方，両研究所の使命は相互に密接に関連するものであるから，研究上も相互に連携し運営すべきものであるとも述べている．

　前章でも述べたように，二工を東大の理科系研究所として存続させるとい

う研究所案が決定したとはいえ，それを具体的に東大の中でどのように位置づけ，体制を整備し，運営していくかということに関しては，委員会としての合意を得ることは容易ではなく，かなり長い時間をかけて激しい議論が行われたようである．

　第二工学部を研究所に転換するとの方針決定がなされた直後の昭和23年（1948）3月31日に，井口常雄第二工学部長の任期が満了した．そして同年4月からは教授総会からの強い要請で，瀬藤教授が再度第二工学部長に任ぜられることになった．ケリー博士との交渉は昭和24年（1949）7月16日に瀬藤，兼重寛九郎両教授によって行われたが，GHQ側と粘り強く交渉した結果，ケリー博士も大学側の案を了承することとなった．すなわち新たに設立される研究所は，特に生産現場における技術向上を目標としたまったく異なった研究を行うものとして，ついに本学案を承知させるに至ったのである．澤井善三郎東京大学名誉教授は，瀬藤象二先生追憶記念出版会（1979）[1]の中で，「瀬藤教授が兼重教授とともにGHQと粘り強く交渉し，ついに本学案を承知させるに至ったのは，その後の生産技術研究所の運命を支配したとも言える重要なことで，瀬藤先生も折に触れて当時の努力の思い出を語られていた」と述べている．

生産技術研究所の発足

　生産技術研究所の発足にあたっては，工学関係新制度実施準備委員会に亀山直人第一工学部長とともに瀬藤第二工学部長も副会長として参加し，瀬藤第二工学部長が生産技術研究所の設立の準備のための審議を行う第2特別委員会委員長として研究所の名称，組織，性格，運営等に関するとりまとめを行った．瀬藤特別委員会委員長から新大学制実施準備委員会の委員長である南原繁総長に，昭和24年（1949）2月21日に報告が正式になされたのが基本となっている．すなわち，その報告書においては，新たに設立される研究所の性格として，以下のような項目が掲げられている．

---

[1] 瀬藤象二先生追憶記念出版会（代表　大山松次郎）『瀬藤象二先生の業績と追憶』，電気情報社，1979．

(i) 研究所は東京大学付置研究所として総長直属とすること．

(ii) 研究所の研究は工学を中心とするが，工学に限定せず，将来各学部の研究者が参加できる総合研究所の形態をとるものとすること．

(iii) 試作部門を強化して中間工場的機能を発揮せしむること．

(iv) 新工学部とは常に連携を保ち，人事交流，研究，授業等の相互援助を密接に図ること．

(v) 大学院学生は本学卒業生に限らず，広く全国の大学学部卒業者を収容し得るものとすること．

なおまた報告書においては，下記のような事項が特徴的なこととして記載されている．

(i) 研究課題はわが国の生産技術の向上に貢献すべき具体的実際的問題の解決を目標として，慎重審議の上決定する．

(ii) 専門分野は7部門，63分野とする．第六部，第七部の専門分野（表5.2参照）は現在の二工の人員では実施不可能であるので，委員会として近い将来，着手する．

(iii) 取り上げた研究課題については，関係の専門分野が集まり，研究班を作って解決していく仕組みとする．専門分野は組織であるから，経糸の如き使用を有し，取上げる問題は緯糸の如く，必要なる専門分野を求める．

(iv) 専門分野と講座については，仮に35講座とすると，合計70人の教授，助教授を定員とするから，専門分野を講座と同じにしたいが，現状はそこまでいかない．53分野への配置にあたっては，教授もしくは助教授1人が1分野を担当する場合が相当多くなる．したがって，53分野を1.5で除した講座数で運営するということになる．

(v) 専門分野の運営は融通性のある運営にする．

新大学制実施準備委員会と並行して，上記第2特別委員会は工学部自身の制度を審議する第1特別委員会とも合同審議を行った結果として，上記報告案の完成に至った．工学部あるいは生産技術研究所の人事を審議する第3特別委員会から理工学研究所についての審議を行う第7特別委員会まで，第一，第二工学部教授陣は2年近くの年月をかけて数十回にも及ぶ会合を持ったといわれている．新大学制実施準備委員会発足以来，いかに熱心な議論が民主

的に行われてきたかは想像するにあまりある．

　新しい研究所の名称については，生産科学研究所とする第1案と生産技術研究所とする第2案が第2特別委員会の成案として提出された．昭和24年（1949）2月に瀬藤特別委員会委員長から南原総長に提出された報告書にもあったように，新しい研究所は総長直属の東京大学付置研究所として，工学を中心とする研究を行い，将来は各学部の研究者が参加し，総合研究所としての任務を果たすことが求められた．さらに新たな研究所の任務として，試作部門の強化，中間工場的機能の発揮，そして工学部との相互援助，大学院生の受け入れなども求められることとなった．

　以上のような経緯をふまえ，東京大学としては慎重熟慮の結果，第一・第二両工学部は合併して本郷に新工学部を置き，生産技術研究所を千葉に設置することを決定した．学部と研究所とは，約2年間並立したが，これは物理的にも，精神的にも新しい体制に切換えるための準備期間として有効であったようである．

　昭和24年（1949）5月31日公布の国立学校設置法によって，東京大学内に生産技術研究所が設立されることになった．初代所長として瀬藤第二工学部長が兼任した．名称も東京大学生産技術研究所と確定して，英文名はInstitute of Industrial Scienceとすることになった．昭和24年（1949）6月10日，瀬藤学部長は，教職員学生に対して「生産技術研究所の発足に際して」と題する告辞を行ったが，その中で瀬藤教授は以下のように述べている．

　「領土狭少，天然資源貧弱のわが国で工業生産の増強を図るには，高度に工業技術を活用せねばならない．しかるに日本の工学と工業とは，別々に発達し，互に密接に提携したものは少ない．工学と工業との実際の結び付きを行うことを生産技術研究所の使命として取り上げたのは，この欠陥を是正するために最も緊要と考えたからであって，技術の実際問題を取り上げ，これを総合的に研究し，その結果を実用化試験によって確認して世間に周知せしめることを目的としているのである．生産技術研究所においては，実際問題の解決にあたって各専門知識を総合して広い視野に立って行うことができること，大学院制度や研究生制度を実施し優秀な人材を世の中に送り出すこと，などを特色としている．」

写真 6.1 生産技術研究所開所式［生産技術研究所資料より］
昭和 24 年（1949）11 月.
壇上に立たれているのは南原 繁・東京大学総長.

　瀬藤教授の当時の認識として，わが国においては工学と工業の連携が不十分なために生産現場における技術が遅れがちであること，そしてそのことがわが国の産業の復興を妨げていること，それを是正することが現在最も必要であること，等が強調されているが，このことは当時から60余年も経た現在においても通じる主張ではなかろうか．さらに瀬藤教授は人材養成の重要性も強調され，全国の各大学から優秀な人材を集め，当研究所において大学院学生として育成することを予定している旨言明しておられる．

　生産技術研究所の開所式（写真6.1）は，昭和24年（1949）11月12日，13日の両日に，南原繁総長はじめ平島良一文部政務次官，GHQ経済科学局ハリー・ケリー博士，亀山直人日本学術会議会長，石川一郎経済団体連合会会長，井上春成工業技術庁長官などの来賓を迎えて行われた．研究所員による研究成果なども展示された．生産技術研究所の創設とともに，第二工学部同窓会が作られ，昭和26年（1951）8月第二工学部同窓会員名簿が調製され，全同窓生に発送された．在学中の学生がいたので，その卒業までは第二工学部と生産技術研究所とが併設され，初代の研究所長である瀬藤象二教授は第

二工学部長を兼ねた.

 5.2 節でも述べたように，昭和26年（1951）3月28日に最後の卒業生（第8回卒業生にあたる）を送り出して，第二工学部の閉学式が行われ，生産技術研究所の完全な独立が実現した．そして同年3月31日には第二工学部物故職員の慰霊と終業式が行われた．終業式は，瀬藤学部長が東京大学を去る最後の勤めとしてさぞかし感懐深いものがあったと推測される．

 昭和26年（1951）4月1日，第2代生産技術研究所長として兼重寛九郎教授が就任した．同年（1951）4月，文部省要請により特別措置として新制工学部分校を研究所構内に設置し，旧制高等学校理科卒業者216名を臨時増募学生として入学させ，3カ年の教育を行った．昭和29年（1954）4月1日から昭和32年（1957）3月末日までの3年間は，星合正治教授が第3代所長として就任した．生産技術研究所の所長は初代の瀬藤象二，2代目の兼重寛九郎，そして3代目の星合正治と引き継がれたが，初代瀬藤教授の時は第二工学部との併設であり，2代目の兼重教授の時は生研の機能を活かした工学部分校が置かれていた．星合教授の時に生産技術研究所は名実ともに研究所一本の姿になったといえるのではなかろうか．

6.2　生産技術研究所の教育研究体制

大講座制と特別研究費制度

 生産技術研究所の設立に際しては，当時の日本にそれまで存在しなかった新しいタイプの研究所を設立するための慎重な検討が重ねられたので，多くの新しい制度が採用されることになった．たとえば，講座制を廃止して10人から20人の教授と助教授で構成される研究部を単位として教授・助教授の人事計画を行い，また予算の配分を行う制度を採用した．これは講座単位による運営の強い閉鎖性を打破する効果があり，20年後の大学改革のために採用すべしと強く叫ばれている，いわゆる「大講座制」に合致し，しかもそれを先行したものである．

 生産技術研究所の研究部の組織としては，第一部基礎，第二部機械・船舶，第三部電力・通信，第四部化学・冶金，第五部土木・建築からなる5つの研

究部が置かれていた．設立当初は53の専門分野の外に，将来増設されるものとして第六部資源・第七部経営があり，計10専門分野の構想があった．部門と呼ばれる研究所の組織の単位があり，設立時には35部門で発足したが，10年後には43部門になっている．研究部の研究分野の単位と構成がいわば二重構造を採っているのは，第二工学部当時は69講座あり，それに応じた専門の教授，助教授が在職していて研究が行われていたが，その後生産技術研究所として発足する際には35部門に圧縮され，当初は計画と現実との間に多少のずれが生じる可能性があったことが一つの原因であるといわれている．

重要問題に関する意思決定機関は教授，助教授全員で構成された教授総会であるが，すべてが教授総会において審議されるわけではなかった．各種の委員会を置いて研究所の運営の方針を審議し，あるいは執行の具体案を定めるのが生産技術研究所の特徴であったようである．また研究所の運営のために常置運営関係委員会（特別研究審議，出版，図書，写真，営繕，施設，厚生など）と臨時委員会（予算，整備，行事など）からなる多数の委員会が置かれて，活発に活動した．各種委員会による行政は，現在の大学の部局の意思決定と執行能力の弱点を補う方法としてはすぐれた運営方法であるとして学内で評価され，あるいは再認識されているものと一致していて，生研では創立時から行政委員会の制度を採用し，その後も有効に活用しているものである．また研究費を積極的に運用し，有効活用をはかるための特別研究費制度を立案採用したことも，当時としては斬新な企画と見なされたようである．

生産技術研究所の20年

生産技術研究所第10代所長の鈴木弘教授は，『生産技術研究所20周年誌』[2]の中で生産技術研究所の創立以来の約20年間を，表6.1の生産技術研究所の成立経緯に示すように，4つの期に分けている．

鈴木弘教授は4つの期間のそれぞれに対して，以下のように述べている．

---

[2] 鈴木 弘「生産技術研究所10年間の歩み」，『生産研究』，21巻5号，1969, pp.173-179．

表 6.1 生産技術研究所の成立経緯

期	期　間	特　徴
1	昭和 24 年 6 月–昭和 26 年 3 月	二工と生産技術研究所の併設期
2	昭和 26 年 4 月–昭和 30 年 3 月	生産技術研究所構築期
3	昭和 30 年 4 月–昭和 40 年 3 月	ロケット時代
4	昭和 40 年 4 月–昭和 45 年	麻布時代

第 1 期の昭和 24 年（1949）6 月から昭和 26 年（1951）3 月の間は二工と生研とが併設された時期であって，二工時代の 60 講座が生研となって 35 部門に縮小され，教授，助教授の定員も減らされるという苦難の時期であり，教授，助教授全員の意気込みが並々ならぬものであったことが想像される．第 2 期は昭和 26 年（1951）4 月に始まる生研が一本立ちに向かって努力を傾注した時期である．分校の学生は昭和 26 年（1951）4 月入学の 1 学年 216 名の学生のみであって，1 学年の学生数としても二工時代の半数で，しかも 1 学級のみの教育であったから，教官にとっての負担はいうに足りないものであった．

第 3 期は第 2 期の後半昭和 30 年ごろからの時代，すなわちロケット時代ともいうべき時代で，これが昭和 40 年（1965）3 月ごろまで続いた．生研の研究成果の中から実際の工業技術として結実するものも多く現れたが，その代表的なものが，いわゆる生研ロケットと呼ばれるロケットの研究といえる．昭和 29 年度（1954）には，星合正治所長のもとで生研に総合研究組織の一つとして，ロケット推進を用いる超高速輸送手段の開発を夢見た「航空電子工学及び超音速航空工学連合研究班」が発足し，活発な活動を開始した．糸川英夫教授を中心として，昭和 30 年（1955）4 月には早くもペンシルロケットを飛ばせている．今日世界的な成果を挙げるに至っているわが国の宇宙科学研究のスタートは，星合所長によってその基礎が作られたといえるのではなかろうか．昭和 33 年（1958）秋から翌昭和 34 年（1959）春にかけて，合計 17 機のロケットで高度 60 km に達する超高層観測を達成している．

昭和 37 年（1962）3 月には生研が千葉市から現在の東京都港区麻布に移転したので，それ以後の昭和 40 年（1965）ごろからを第 4 期として麻布時代と呼んでいる．ロケット研究は生研の麻布移転の後，しばらくして昭和

40年（1965）4月以降は宇宙航空研究所に移された．このようにして，いわゆる生研ロケットの時代は終るのであるが，生研としては，大型研究推進に伴う諸困難は身をもって体験し，あわせてその解決策を体得したことも大きな成果であったといえよう．

6.3 第二工学部，生産技術研究所と瀬藤象二教授

二工と一工の違いはなぜ生じたか

　第二工学部の組織，施設，教育体制，研究指導体制等についてこれまで述べてきたが，二工の創設，運営，維持にあたって常に先頭に立ち，支えとなり，指導的役割を果たしてきたのが瀬藤象二教授であったことは明らかである．さらにまた二工が閉校となり，新たな東京大学生産技術研究所が発足するにあたっても，瀬藤象二教授抜きには語れないといっても過言ではない．本節では，二工創設以来，生産技術研究所創設に至るまでの間に瀬藤象二教授が果たしてきた役割について振り返ることにする．

　東京帝国大学第二工学部の創設においては，当初，本郷キャンパスにあった既存の工学部と質量ともにまったく同じものをつくるということが眼目であった．しかしながら，現実にでき上がり，その後9年間にわたって存続した第二工学部は，本郷にあった第一工学部とはやや異なったものとなった．その理由は何であろうかということについて考えてみよう．

　一工と二工の施設，教育環境が大きく違っていたことは当然として，学部の構成は，学科，教官，学生の数はほぼ同じである．学生の質も均等になるように学生の意思とは無関係に決定された．当初においては，形態的には同等であって，二つの学部はクローン組織に近いものになるはずであった．教官においても，当初現状を二分割して，それぞれの学部に割り当て，結果として足りなくなる分を外部から実務界，産業界を含めて補充し，定足数とする予定であった．しかしながら，結果的には，各学科において異なってはいるものの，一工に残る教官の方が多くなり，しかも二工には相対的に若い教官が移るケースが多くなった．その結果，不足する教官を実務界から多く採用することになったのである．

こうして二工においては実務界出身の教官の下での教育が増えることになり，二工における工学教育は単に理論のみでなく，産業界の実情，動向も伝えられるような形でなされることになった．この傾向は二工の教育を特徴づけるものとなり，以後，二工が閉校となり，講座数が半減されたものの，東京大学生産技術研究所へとその理念と特質は継承されたのである．こうして工学関連分野における研究を産業界の動きと連係して進めることは，現在の生研の大きな特徴となっている．このような二工の特徴を決定づけた一連の流れは，戦中戦後の歴史の中で，あたかも偶然的に達成された感がなきにしもあらずだが，実際には，その流れを主体的に形作っていく上で，大きな役割を果たしたキーパーソンとしての瀬藤象二教授の存在を抜きには語れない．

　昭和16年（1941）4月には，新学部を翌昭和17年（1942）4月に創設するという計画が，平賀譲総長と丹羽重光工学部長の下で進められていた．その実行の課題を突きつけられたのは，第二工学部設立準備専門委員会の副委員長であった瀬藤象二教授であった．彼は二工学部長を予定されており，わずか1年間で新学部を作り上げるというすさまじい難題を達成せざるをえなかったのである．実際，刻苦奮闘の末，校内施設は一部未完成ながらも教育環境を整え，開校を実現させた．わが国が第二次大戦に突入するさなか，欠乏する物資の調達にも困難が生じており，新校舎の建設，設備の充足は大変な苦労が伴うものであったはずである．不足する建築資材を入手するために，彼自ら奔走せざるを得なかった．当初，資材供給を約束した軍部に直談判で理詰めで交渉することもままあったという．たまりかねた担当者が音を上げて文部省の事務部長に「学部長自らくることだけは止めてほしい」との申し入れがあったともいわれている．

瀬藤象二教授の構想

　新学部創設に伴う建築・設備・環境整備等のハードの面での構築の困難さに加えて，新学部の教育現場，いわばソフトの面をいかに構成するかということも大問題であった．当初，二工新学部は一工旧学部とまったく同じ内容のものが想定されており，新規なものを作るということは期待されていなかった．しかし，実際に二つの学部を作るということは，教官数も2倍必要で

ある．それに伴い，新たな学部をこれまでとは異なった新たな内容のあるものにしたいとの意欲は，瀬藤教授なりの構想の中にあったはずである．そのため当初，教授，助教授陣もきれいに二つに分けて，足りない部分は，他の大学，実務界からの人間を呼び寄せるつもりであった．丹羽工学部長も教授陣に「自分が率先して二工に行くという姿勢で割り振ってほしい」といっていた．瀬藤教授の所属する電気工学科は率先垂範できれいに二分したが，他の学科では，長老的な教授らは動こうとはしなかったようで，主に若手が二工へと向かった．

瀬藤教授がその当時抱いていた学部構成の構想について考えてみよう．まず，瀬藤教授の工学部教授としての足跡をたどってみると，大正4年（1915）に東京帝国大学工科大学電気工学科を卒業すると同時に講師，大正7年（1918）に助教授，そして同12年（1923）から14年（1925）までの2年間のドイツ留学を経て，同14年（1925）に東京帝国大学教授となっている．それとともに，大正15年（1926）に財団法人理化学研究所の主任研究員をも兼ねている．そこでの共同研究成果として，アルマイトを発明し世に広く普及させたことはよく知られている．今は理研として知られている理化学研究所での研究環境を，彼は学理と産業との連係がうまくいっているものとして高く評価している．

特にこの主任研究員制度は当時の大河内正敏所長[3]が採用したもので，主任研究員に研究テーマ，予算，人事の裁量権を持たせるが，大学のように固定化されたものでなく，任期が終われば解散する．瀬藤教授によれば，「この制度はその頃の学術界としては画期的処置であり，各主任研究員は自分の責任で研究題目を選定して研究に勤しみ，その成果については全責任を負うという考えになるものである」[4]として，二工ないしその後の生研の組織作りにも参考にしたのではないかと思われる．

また，昭和14年（1939），日本学術振興会での「電子顕微鏡の開発のための特別委員会」の委員長を長岡半太郎氏より要請された．当初，瀬藤教授は

---

[3] 5.2節，脚注8参照．
[4] 瀬藤象二「鯨井研とアルマイト」，『自然』，中央公論社，1978年12月号，p.72.

専門外であるとして固辞されたようであるが,再三の依頼で引き受け,以後,各分野から人を集め,学際的研究のリーダーとして見事に基礎研究を築き上げた.この成果は戦後になって,また今に至るも世界トップの製品として日本産業に大きく貢献している.彼自身この実績で後に文化勲章を受章している.このように,異分野の人々をまとめあげ,何らかの成果を生み出すという組織行政においての卓越した手腕,そのリーダーシップについては誰からも称賛されており,その実績は各方面にわたっている.

瀬藤教授は工学研究を工業界,産業界との連係の中でとらえており,工学と工業との連係を常に意識していたといえる.二工創設においても,このような瀬藤教授の工学教育についての構想があったはずである.実際に学部の教官を二つの学部で分けるとなると,半分ずつに分けなくてはいけなくなり,足りなくなる教官を実務界から補えばよいとの発想であり,彼が所属していた電気工学科においては,教授・助教授を一工,二工に半々に分けて,二工においてはその足りなくなった分を実務界から補充したのである.ただ他の学科においては,学科自治の下で教官分割比率の上では濃淡があり,一工側に残ることを希望する教官が多くなってしまったので,その分,二工では外部から教官招請を積極的に行ったことは当然の成り行きである.第二工学部設立準備専門委員会は,工学部の教授12名の協力で進められたが,学科を構成する教職員は全国の大学,企業各社,官庁にわたる広い視野から,有能で個性をもった人材を求めることに努力するとともに,講座の選定にあたっては教授の一人一人と膝つき合わせて話しあい,意見を調整した上で決めたという[5].

瀬藤教授は,専門の電気工学の分野だけでなく,たとえば機械工学科に「非切削工作学」というまったく前例のない新講座を設置した.新分野への挑戦であり,その後実りの多いものとなった.これらをこなしていくのが新学部長の責務とはいえ,短期間にこなさざるを得ないのは大変な重責であったろう.頑健を誇っていた彼の体力は限界近くにまで至っていた.過労でいかにも憔悴した彼が,文部省の高い石段を,学部開設に関する大きな荷物を

---

[5] 前出本章脚注1, p. 34.

抱えてとぼとぼと上っていく後姿を見て，胸を痛めた人も何人かいたとのことである[5]．

工学と工業の連携

　瀬藤教授の持論である「工学と工業の連携」を求める姿勢は，他の教官の中でも共感を持って迎えられたものと思われる．実際に，土木工学科では，本郷からは若い福田武雄助教授のみが教授となって二工に移り，主任教授として現場の第一線から現役の技術者を教師として招聘した．福田教授は「二工では，明治の工部大学校の精神を取り戻そう．本郷では本当のエンジニア教育はなされていない」と息巻いていた．実務と学理の分離が進んでしまった土木教育のあり方を憂え，二工土木に実践を重視した技術者教育を復活させようとしたのである．

　福田門下で二工での教育を経験すると同時に後に一工の教官をも経験し，両者の教育スタイルを知りえた高橋裕東大名誉教授は，その違いに驚いていた．

　　「二工では土木の卒業論文の過半はケーススタディなのに，一工ではほとんど理論的もしくは実験に基づく研究テーマなのだ．二工ではよく実務界出身の先生について河川や関連の現場を歩いたものです．またそのような先生の実際に現場で起こった失敗話や経験談は実に面白くためになった．」

　このような実務界の経験を教える課程は，昨今では少しずつ推進されつつあるとはいえ，現在の工学部教育においてもぜひ必要なものであろう．

　二工でのユニークな活動として，輪講会があった．教官の研究成果の発表の場を設け，定期的に毎週1回，2人ずつ報告するのである．瀬藤教授は輪講会の目的を次のように述べている．

　　「工学の発達は分化，専門化によって促進せられたことは申すまでもない．しかしながら分化が極端に進むと他の分野における進歩発達を知らず，かえってそれぞれの専門学を真に発達せしむることに支障を生ずる．研究の総合化を必要とするはこの意味であると思う．我が第二工学部は開学早々の時期で何かにつけ不如意，不自由を忍びつつ教育と研究とに精進しなければならぬ現状にあ

るが，これらの不自由を忍びつつも，先ず第一に輪講会を開くことにしたのは，之によって相互に他の専門において現在問題となっている所を知り，その解決にいかなる手法を用いているかを知り，自分たちの専門ではかかる問題をこうして解決しているとか互いに胸襟を開いて話し合うことを目的とする．学生に対しても学問の総合化の必要を体得せしめたい．それには教官自身がまず実行，実践しなければならぬと思う．」[6]

　二工の校舎も順次完成し，新入生も4期生を迎え，順調に軌道に乗りはじめた教育体制も，昭和20年（1945）8月の敗戦の結果，大きく変貌せざるをえなくなった．戦時体制からの脱却による学科・講座の再編成等は学内行政として早急にとりかからざるをえない課題であったが，それ以上に大きな問題は二工存廃への大きな論議にいかに対応するかであった．この間の経緯は『東京大学第二工学部史』に詳しいし，本書の各章でも述べられている．二工学部長は昭和20年（1945）4月より井口常雄教授に代わっていたが，瀬藤教授も各委員会のメンバーには名を連ねて積極的な役割を果たしている．二工がそのままの形で存続できず，半減されて研究所の形で残らざるを得ないという事態を，断腸の思いで受け入れたのではあろうが，「われわれは従来の学部で工学という枠の中で果たし得なかったことをこれからの研究所において果たすべく努力すべきである」と力説して教官一同の奮起を促している[7]．

　二工廃止と新研究所への移行というこの重大時期は，二工の学部長の交代期であったが，昭和23年（1948）4月，瀬藤教授が学部長に再選された．その時の情景を同じく二工の教官であった岡本舜三教授が次のように述べている．

　「その頃先生は健康を害され憔悴しておられた．その先生に終戦後の最も困難な時期に再び学部長としてご指導を仰ぎたいというのであるから，今にして思えば随分申し訳ないお願いであった．しかし先生は一身を犠牲にされる気持ち

---

[6] 東京大学生産技術研究所編『東京大学第二工学部史：開学25周年記念』，昭和43年（1968）11月，p.60.
[7] 同上，p.80.

で引き受けてくださったのであった．その受託のご挨拶には悲壮な御心情が滲み出て切々胸を打つものがあった．研究所をどのような内容のものにするのかは大問題であるが，昭和23年（1948）2月10日，当時絶大な力をもっていたGHQのケリー博士が，新研究所は駒場に移転して理工学研究所（航空研究所が改名）と合併し，強力なスタッフで出発すべきとの申し入れをしたのに対して，瀬藤教授は「理工学研究所はどちらかというとサイエンス・オリエンテッドで，二工とは歴史も違うし，工学を主体とする生研とはミッションが違う」ということを主張し，ケリー博士を説得している．こうして最後はケリー博士が承諾し，生産技術研究所は当初の構想どおりにできたのである．」[8]

当時の瀬藤教授の唱えた工学と工業との連係について，他の工学部ないしは工学研究者はどのように見ていたのであろうか．岡本舜三氏は次のように述べている．

「工学研究は基礎的，原論的部分と先端的，応用的部分に大別出来ると思う．前者は技術者を育てるためには不可欠の知識であり，後者は産業を発展させ，国民を富ませるためには必要な知識である．工学が正しく発展するためには両者は並列して進展されるべきであるのに，輸入学問に運命づけられたわが国では，両派学者が互いに反発し，排撃し合い，当時においては，前者が後者を圧服し，学問は象牙の塔の中で行うべきものとする考え方が多数を占めていた．……生産部門を軽視ないし蔑視すらする傾向もあった．」[9]

このような中，孤軍奮闘さながら瀬藤教授らは工学の理念を追求し，それにふさわしい組織の構築に邁進したのである．上記岡本教授の言は，瀬藤教授の唱えた工学と工業の連係につながるものである．現代に生きるわれわれにとっても十分に再認識，再確認すべき重要な課題といえよう．

昭和24年（1949）11月の生産技術研究所の開所式における瀬藤初代所長の式辞の中に，彼の思いが込められている．それは二工創設およびそこでの教育理念の根本を端的に述べたものであるが，それを受け継ぐ生研に託した

---

[8] 岡本舜三「第二工学部創立の苦衷」，『瀬藤象二先生の業績と追憶』，1979，pp. 169-171.
[9] 岡本舜三「生研五十周年を祝して」，『生産研究』，51巻5号，1999年5月，p. 211.

思いでもあったに違いない．抜粋すると次のようになる．

「産業技術の発達を主要任務とする工学は，それぞれの国の産業が最も緊急に解決しなければならない問題を対象として，進められるべきであります．即ち，工学と工業との密接な連係が必要なのであります．この連係が不十分でありますと，「工学は進歩した．しかし工業の技術は低い水準を低迷している」というような，一見不可思議なともいうべき状態を呈するのであります．我が国の過去及び現在の状態では，遺憾ながらこの工学と工業との連係が不十分でありまして，そのために生産の現場における技術は遅れ勝ちであり，これが現在最も必要とせられている，我が国の産業の復興を妨げているのであると思います．……生産現場の問題というのは，一見卑近なもので大学の研究として，取り上げる価値がないのではないかと思われるのでありますが，之を子細に検討していくと，既存の知見のみでは，片付かないのが甚だ多いのでありまして，この本当の解決のためには，多くの新しい研究を必要とするのであります．しこうして研究が，上述の意味での工学の進歩に，貢献することになるのです．」[10]

二工の終焉と瀬藤象二教授

昭和 26 年（1951）3 月 31 日に二工は終焉を迎えるが，その日は奇しくも瀬藤教授の東大での定年退官の日でもあった．自分で作り上げた二工を自分で壊さざるを得なかった時勢の動きに大きく慨嘆することはあったであろうが，状況の厳しさに打ち砕かれることなく，果敢に次の使命に挑戦するのが瀬藤教授の真骨頂であったといえる．

生研についても，その組織構想において，「研究のインフラ」を築くために瀬藤教授らは工夫を随所にこらしたようである．工学部の通弊としての学科の厚い壁を生研では取り払って 5 つの部に編成した．いわゆる小講座制を廃し，教授，助教授の壁をなくして，研究者がそれぞれ独立の研究チームを持つようにした．これは理研（理化学研究所）の主任研究員制度とよく似たものであった．専門分野も時代に合わせて自由に変えられる．研究成果の公開は発足当初から取り入れられ，産業界の理解と支持を得ようとした．また，おそらくどこの大学でもないことだろうが，研究費の一人あたりの配分のう

---

10) 前出本章脚注 6，pp. 89-90.

ち，その4分の1を初めから天引きしてプールし，所内研究申請を評価して，これを良いものに配分するという制度を作った[11]．さらに，生産技術研究奨励会を作り，定年後自ら理事長を務め，産業界からの委託研究，研究補助を募り，国からの予算の制約を超えて，生研の自由な研究活動の幅を広げることができるようにしたのである．

東大を退官し，大学を離れた瀬藤氏は早速東芝から迎えられることになり，専務取締役として，技術全般に責任を持つことになった．さらに昭和33年（1958），三井系統40社を集めた日本原子力事業株式会社（NAIG）の社長となり，原子力の導入と開発に全力を投入している．原子力の問題性，その廃棄物処理処分の問題については，晩年まで気にかけていたとのことである．昭和52年（1977）10月20日，86歳にて永眠．

当時の瀬藤教授の二工設立前後の奮闘ぶり，お人柄，当時の雰囲気，エピソードなどは，『瀬藤象二先生の業績と追憶』（昭和54年（1979））[1)]に詳細に描かれている．類い稀なリーダーシップ，学者としての真摯かつ誠実な人柄，納得するまでとことん突き詰める探求心の強さと抜群の行動力，そして私心なく穏和な包容力の深さ，どれをとっても人を敬服させてやまない人間像であった．

尾上守夫氏も，瀬藤先生のことを「彼は戦後の「国乱れて忠臣現る」の吉田茂のような，まず二度と現れない時代が生んだリーダーであって，後になって考えれば考えるほど偉い人だった．二工創設，生研創設にとっての極めて貴重な逸材であった」と語っている．瀬藤教授の理念に沿って二工の特徴が形成されるにあたっては，戦時下の非常時においては，多くの困難があったことは確かではあろうが，また一方，今では考えられないほどの大きな権限が彼に与えられていたという事実もある．それによって自分の思い通りに二工を設定できたということもあろう．そのような権限を発揮できたということは，彼の性格がそれを可能にしたかもしれないし，また，彼を支え協力した周囲の人たちとのつながりもあったかもしれない．新組織の形成と構築

---

11) 尾上守夫「生研半世紀の回顧と展望」，『生産研究』, 51巻10号, 1999, pp. 692-701.

ということで，新規なものへの挑戦の意欲，高揚感，それらが大きな流れとなって，ムードを盛り上げていったという面もあったと思われる．そのようないろいろな要因が積み重なった上で，一工とは多少異なった二工の特徴が形成されることになったのではなかろうか．いずれにしても二工の特徴を語る上で，瀬藤教授の貢献が偉大であったこと，そして瀬藤教授の存在なくしては二工の特徴の形成も二工卒業生による産業界，社会への貢献も，ひいては二工の存在もあり得なかったといえるのではなかろうか．

瀬藤教授は定年退職時に東大第二工学部で決別講義を行った．今に至る工学教育の問題性と課題を指摘しているとも思えるので，その一節を紹介しよう．

「外国では初め種々の現象を物理学者が発見し研究していた時代が長く続き，必要に応じてこれを製品に作り上げる技術が起こった．そして実際に利用してみて困ったことが生じると，そこで再び研究するというように，学者と実際家とは非常に密接な関係の下で発展してきたのである．しかるに日本においては，事業家は一日も早く生産を始め，できるだけ早くこれを増大するため技師とともに機械を輸入したのである．このようにして工業は工業家同志で外国との間に橋がかかった．一方工学は工部大学校におけるように外国教師により日本に持ち込まれ，教育されたが，最初は研究は行われなかったのである．このように日本では工学と工業とは別の部門から入り，別々のところで行われ，この状態が相当続いてきた．工学は大学で体系としてよく発展し，工業も外国のものをよくここまで取り入れてきたといえる．けれども工学は発達するが，工業技術が遅れているようでは何にもならない．日本ではその発達史上とかくそうなりやすい．近代工業は全部外国で"develop"されたものを輸入したため，それに何かを加えるのは非常な努力を要する．そのためには工学と工業とがもっと密接に連絡されねばならぬ．この考えの下に行動せねば日本の工業はこの大使命に堪え得ないのではないかと考える．」12)

現代の工学教育に対する問題点の指摘として，あるいはまた将来のあるべき工学教育の姿に対する示唆として，現在にも十分に通用する貴重な意見であろう．

---

12) 瀬藤象二「工学と工業」，『生産研究』，3巻4号，1951年4月，pp. 114-116.

第7章 わが国の高等教育と生産技術研究所

　前章までに工部大学校等にはじまるわが国の工学教育の一つの流れが，東京帝国大学第二工学部に引き継がれ，さらにはその精神ともいうべきものが連綿と後の生産技術研究所にまで生きていることを述べた．本章では最初に幕末維新期からのわが国の工学教育を概観し，それがその後のわが国の高等教育にどのように影響してきたか，そしてそれが現在の生産技術研究所の中でどのように生きているかを考察する．

7.1　幕末維新期からのわが国の高等教育

蕃書調所と昌平坂学問所

　200年にもわたった鎖国時代が終わる江戸時代末期から現代に至るまで，わが国がどのようにして産業立国，工業立国，そして経済立国をはかり，その活動の中心となった人材をどのようにして養成，育成してきたかを振り返ることは，わが国の高等教育を考える上で重要かつ価値のあることであろう．特に鎖国によって西欧諸国に産業，科学技術，経済，そして教育等のあらゆる面で大きく遅れをとった日本が，どのようにしてその遅れを取り戻したのか，われわれの先輩がどのような努力をしてきたかを探ることは，現代に生きるわれわれの責務ではないかと考える．

　徳川幕府が滅び，新たな近代国家政府としての明治政府に移行するという，まさに時代の変革期に起きた戊辰戦争[1]は，わが国のその後を決定する歴史

---
[1] 慶応4年（1868）- 明治2年（1869）

的な内乱であったといえる．この戦争については，天皇家の家紋である菊と徳川家の家紋である葵に関して，「菊は栄える，葵は枯れる」という表現がその帰趨をうまくいい表しているといわれている．内乱に敗れた徳川幕府最後の将軍徳川慶喜は，静岡に蟄居させられることになる．こうして日本は，幕藩体制国家から近代天皇制国家へと，大きな転換を遂げることになるが，戊辰戦争の敗者となった旧幕臣のメンバーに，榎本武揚，大鳥圭介，渋沢栄一，田口卯吉らがいた．彼らは徳川幕府の終焉とともに時代の舞台から消えたわけではなく，それぞれがしばらくの間収監されるといった経験をも踏み台として，むしろ後の新しい近代日本の構築に際して重要な役割を演じることになるのである．

徳川時代末期から明治維新にかけてのわが国高等教育の経緯を眺めてみよう．徳川幕府末期の安政4年（1857）に設立された蕃書調所は，その主要任務として洋書文献の翻訳と洋学教育の二つを有していた．当時わが国唯一の洋学研究教育機関として重要な役割を果たしたが，万延元年（1860）から慶応3年（1867）まで教授方を務めた加藤弘之[2]は「すべて教官と云ふものは大抵は唯翻訳をすることが主であって，教授すると云ふ方は翻訳の片手間にすると云ふくらゐのことであった」と述べ，洋書の翻訳の重要性を強調している．西洋に遅れを取った当時のわが国の教育，研究の実情を示唆しているといえるであろう．

蕃書調所は設立後6年経った文久2年（1862）に洋書調所に改組され，そして翌年，開成所と名称を変えることになる．特に万延元年（1860）以降はこれまでオランダ語文献（蘭書）が主であったのを，英語，フランス語，ドイツ語，そして科学技術関連学問として，精錬，器械，画学，物産学，化学，数学などの専門学科が開設されることになった．以下に述べる昌平坂学問所，昌平黌を前身とする昌平学校が儒学を中心とする教育を行っていたのに対して，開成所では西洋言語の語学，科学技術関連科目の教育を中心とする教育

---

[2]「蕃書調所に就て」，『史学雑誌』，20編7号，明治14年（1881）p.88,（東京大学百年史，通史，p.20）．蕃書調所の教官には，他にも津田真道，西周，神田孝平，箕作秋坪，寺島宗則，川本幸民，大村益次郎らの名前が見られる．

を行っていたのが対照的である．

　開成所は徳川幕府の崩壊とともに慶応4年（1868），医学所と併せて明治新政府の管轄下に入ることになる．明治初期の当時のわが国の文化的リーダーとして，西周，加藤弘之，神田孝平，津田真道，箕作秋坪，大村益次郎など開成所教官が活躍したことは，開成所の当時の学問水準の高さと洋学導入に伴う先駆的役割を物語っているといえよう．

　徳川幕府末期の一つの高等教育研究の流れとして，幕府の官吏養成機関として寛政12年（1800）に設立された昌平坂学問所と呼ばれる組織があった．昌平坂学問所は，徳川幕府の寛永7年（1630）に儒学者林羅山が私塾として上野忍岡に創立した半官半民の聖堂にその源を有するものであるが，五代将軍徳川綱吉の時に湯島に孔子廟（聖堂）を学生のための学寮とともに新築し，儒学の教育，教授にあたったものである．儒学の衰退とともに昌平坂学問所は勢力を失うことになるが，それでも老中松平定信による寛政改革の一環としての，朱子学以外をすべて禁じるという「寛政異学の禁」が寛政2年（1790）に発せられたのを契機として再び勢いを得て，徳川幕府の旗本，御家人のための官立学校として存続することになる．

　慶応3年（1867）に徳川慶喜が大政奉還を行い，約260年間続いた徳川幕府が崩壊，岩倉具視らによる王政復古の大号令とともに政権は京都の朝廷に移る．学問もこれまでの儒学中心主義が国学主義へ移ることになる．国学主義の中心は平田派学者としての平田鉄胤，玉松操（真弘）らであったが，一方，京都では漢学中心の学問所としての学習院も復興され，両グループの対立が生ずることになる．

　このような中で明治新政府はただちに旧幕府の教育機関としての昌平坂学問所，そして開成所，種痘所[3]に発する医学所（文久3年（1863）に改称）をすべてその管轄下に置いたのである．それとともにこれらをそれぞれ昌平学校，開成学校，医学校と改称したが，これらがすべて明治10年（1877）東京大学創立へとつながることになる．しかしながら，この流れは，それぞ

---

[3] 伊東玄朴，箕作阮甫，大槻俊斎らの西洋医学者らが種痘法の普及のために神田お玉が池に安政5年（1858）に設立した．

れの学問分野における学者間の対立，抗争等もあって，それほど容易ではなかったようである．詳細については『東京大学百年史』[4]などを参照されたい．東京大学創立の源となった3つの学校は，昌平学校（明治2年（1869）より大学校と改称）は国学を中心とし，漢学を兼学とする研究機関として大学（本校）と呼ばれ，医学校，開成学校はそれらの分局として医学校は医学・薬学・病院治療にあたる大学東校として，そして開成学校は各種の専門学問の研究教育を行う大学南校として，それぞれ明治維新期のわが国の高等教育を担うことになった．

しかしながら，明治新政府によるこのような「総合的な高等教育機関としての大学校」を作ろうという構想の実現は容易ではなかった．国学者と漢学者の対立，あるいはまた開成大学校系の西洋の学問を専門とする学者と漢学者との対立など，学者間の対立がただちに生じることになった．このような中で明治政府は明治3年（1870）には湯島の大学本校を閉鎖し，その機能をすべて明治4年（1871）設立の文部省に移管した．明治初期のこの時期は，工部省における明治4年（1871）の工学寮（のちの工部大学校）設立，司法省における同年の明法寮（のちの法学校）設立，内務省における明治7年（1874）の農事修学場（のちの駒場農学校）など多くの教育機関が設置された「教育機関誕生期」といえようが，これらの機関はすべて後の明治10年（1877）に文部省管轄となり，その後東京大学に統合されることになるのである．

江戸幕府による海外留学生派遣

明治4年（1871）から明治6年（1873）にかけて欧米諸国を訪問した岩倉使節団については後述するが，それ以前の江戸末期に江戸幕府によっても欧米諸国への海外留学生派遣が行われている．詳細については石附実による著書（1992）[5]などを参照されたいが，それによると，「江戸幕府による海外留学生派遣は文久2年（1862）に行われ，それ以降，多くの公費，私費留学生

---

[4] 東京大学百年史編集委員会『東京大学百年史』，通史一，第二章概説，pp. 81-92.
[5] 石附 実『近代日本の海外留学史』，中公文庫，1992.

がアメリカやヨーロッパに渡っている．そのような日本の留学生は総じて立派な志士であった．幕末期，アメリカのニューブランズウィックで多くの日本人留学生を見て来たグリフィスは，「当時米国に留学している日本学生は，いずれも立派な武士気質に富んだ青年ばかりで，人格高潔，克く好んで学問に精進し，将来優位の人物たらんとしていた．私はかれらに心からの敬意を払った……常に大日本国をして列国の間に伍して大ならしめんと志しつつ……知識を探求し学問の蘊奥を究めんがため，没頭して，恰も火焔のうちにある燃料の如くであった」と語った」と記している．

一方，当時の江戸幕府の海外留学政策に関しては，1.1 節で長崎海軍伝習所について述べたように，軍艦咸臨丸の発注以来，次々と新たな軍艦を購入，入手するのに伴って，幕府は航海測量術や蒸気機関運用術をマスターした人材が数多く必要となったため，小野友五郎，肥田浜五郎に続く人材を養成する必要に迫られていた．当時の新たな留学生の中には，このような目的を有するものもかなりいたことが考えられる．

志村（1999）[6]では，トロイア遺跡の発掘で有名なハインリヒ・シュリーマンが著書[7]の中で，幕末の 1865 年に日本の横浜，江戸，八王子を訪れた際の裏話として，日本の税関行政官にチップを渡そうとした際に断固拒まれた話を紹介している．

「日本男子たるもの，心づけにつられて義務をないがしろにするのは尊厳にもとる，というのである．おかげで私は荷物を開けなければならなかったが，彼らは言いがかりをつけるどころか，ほんの上辺だけの検査で満足してくれた．一言で言えば，大変好意的で親切な対応だった．」

また，シュリーマンは，自分たちを警護してくれる役人達の精勤ぶりに驚かされ，「彼らに対する最大の侮辱は，たとえ感謝の気持ちからでも，現金

---

[6] 志村史夫『いま『武士道』を読む──21世紀の日本人へ』，丸善ライブラリー，1999．

[7] 『シュリーマン旅行記──清国・日本』，講談社学術文庫，1998（原書は "La Chine et le Japon au temps présent", 1869）．シュリーマン（Heinrich Julius Schliemann, 1822-1890）はドイツの考古学者で実業家．ギリシア神話ホメーロスの『イーリアス』に出てくる伝説の都市トロイアが実在することを遺跡の発掘によって証明した．

を贈ることであり，また彼らのほうも現金を受け取るくらいなら「切腹」を選ぶのである」とも記している．これらは，百数十年前の折り目正しい日本の行政官，そして日本人の矜持，また道徳の一例であるといえよう．当時の日本人がこのような折り目正しい態度を西欧人に対して示すことによって，日本人あるいは人間としての矜持と道徳を有し，十分に正しい徳目を備えていたということが彼ら西欧人にも伝わったことは事実であろう．

　新渡戸稲造[8]は，彼の武士道の本"Bushido"[9]を書く契機となった，ベルギー人教授のド・ラブレー氏との会話「日本では宗教がないとしたら，どのようにして道徳教育を授けるのですか？」という問いに対する答えとして，当時の日本では「武士道」が宗教教育，そして道徳教育の役割を果たしていたことの検証を試みたといえる．このような江戸幕府末期の日本人の態度と姿勢と行動の特性が，武士道のみによって形成されたか否かは別としても，武士道がその大きな役割を果たしたことは疑いのない事実であろう．そのような日本人の特性がその後の明治維新当時の欧米使節団にも受け継がれることになり，ひいてはそれが日本人の勤勉さ，真面目さ，規律正しさと相まって，日本の近代化をできるだけ速やかに達成するという国家の大目的にとっても，大いに有効であったといえるのではないだろうか．

岩倉使節団とお雇い外国人

　明治維新は日本が西欧諸国と肩を並べるために，当時のわが国指導者層が必死になって工業立国，殖産興業という国家目標に向かって邁進した時代である．岩倉使節団と呼ばれている，岩倉具視を特命全権大使とする欧米視察団は，明治4年（1871）11月に横浜を出発し，明治6年（1873）9月に帰国するまで，約2年間をかけて西欧社会を訪れた．そこで彼らが見聞したものは，彼らにとっては想像を絶するくらいに経済，産業の発展した近代国家だった．岩倉使節団は，わが国明治政府の首脳陣，留学生など総勢約100名を

---

[8] 1862-1933．武士道の本"Bushido-The Soul of Japan"の著者．札幌農学校卒業後，帝国大学に入学するが，米国ジョンズ・ホプキンス大学に私費留学．後に札幌農学校教授，京都帝国大学教授，東京帝国大学教授，国際連盟事務次長などを歴任．
[9] "Bushido-The Soul of Japan", The Leeds and Biddle Company, 1899.

含む大使節団だったが，その中心メンバーであった木戸孝允，伊藤博文，大久保利通などは，皆その後の日本の発展の中枢的役割を担い，わが国の政治運営，経済発展，産業振興に大きく寄与した人物達である．彼らが驚嘆の眼で見聞した近代的西欧国家と肩を並べるようになるには，技術者の養成，教育が解決すべき必須の課題だったはずである．そのような中で，長崎海軍伝習所におけるオランダ人教師の果たした役割と貢献は大きい．それと同時に，われわれが忘れてならないのは，当時のわが国の特に教育，学問の発展に大きな貢献をした「お雇い外国人」の存在である．

安政2年（1855）にオランダ政府から派遣され，長崎海軍伝習所で当時の若い有能な日本人達に航海術，運用術，造船学，砲術，測量学，数学，工学等の指導を行った海兵指揮役・第一等尉官のペルス・レイケン[10]あたりが幕府の「お雇い教師」としての最初であろう．安政6年（1859）2月，長崎海軍伝習所は閉鎖となり，オランダ人教官は一部を除いて帰国した後，安政7年（1860）の初めを契機として蘭学がすたれて，新しく英語を中心とする洋学の研究が始められるようになった．江戸末期から明治初期にかけて，わが国で当時の若い日本人の指導にあたったお雇い外国人のことを考える時，忘れてならないのはギド・フルベッキ[11]とウイリアム・グリフィス[12]の2人である．

幕末に熊本藩出身の政治家で，幕政改革，公武合体などを推進する明治新政府の参与として活躍した儒学者である横井小楠が，長崎で師事したアメリカの宣教師フルベッキに彼の甥2人のアメリカ行きを頼んだことがきっかけとなり，福井藩からお雇い教師の招聘申し込みのことがフルベッキを通じて米国側に伝えられ，グリフィスが選ばれ，明治3年（1870）末に来日することになったのである．

フルベッキはオランダ系アメリカ人で，長崎海軍伝習所の後身である済美館と佐賀藩が長崎に設けた致遠館に招かれて，英語，政治，経済，理学などを教えたが，この当時の長崎における門下生の中から，大隈重信，副島種臣，

---

[10] Pels Rijcken, 1810-1889.
[11] Guido Herman Fridolin Verbeck, 1830-1898.
[12] William Elliot Griffis, 1843-1928.

工藤新平，大木喬任，伊藤博文，大久保利通，加藤弘之，横井小楠ら，後年，明治新政府の高官，指導的人物となる人々を輩出したのである．フルベッキは明治2年（1869）4月から開成学校（のち大学南校）の語学，学術の教師となり，その後，わが国明治政府の最高顧問として近代化政策推進にあたっている．フルベッキはあらゆる施策に関与したが，特に大きな功績は欧米への遣外使節派遣であろう．明治2年（1869）6月，彼は大隈重信（当時会計官副知事）あてに欧米遣外使節を進言し，その旅程，人員，目的，調査方法についての建白書を提出している．また大学南校の教師であったフルベッキの貢献として忘れてならないのは，明治新政府が近代的富国策とともに文明開化政策をとる中で，近代市民を育成するため近代的教育政策を重要視したことによって，明治5年（1872）の「邑ニ不学ノ戸ナク家ニ不学ノ人ナカラシメン事ヲ期ス」と宣言した学制の制定に対する彼の貢献である．学制の制定に際しては，フルベッキが政府の教育顧問として学校制度改革の諮問に応じ，明治の近代化政策を軌道に乗せる役割を果したのである．

　一方，もう一人の貢献者であるグリフィスは，明治3年（1870）アメリカから来日して福井藩で教育に携わり，ついで明治5年（1872）から明治7年（1874）に帰国するまでの間，明治新政府に雇われて東京大学の前身である南校で理学，化学などを教えた．さらに帰国後，その生涯を閉じるまでの五十余年間，日本研究の第一人者として，著述，講演など多彩で精力的な活動を続け，アメリカにおける日本への関心，認識を深める上で大きな貢献をした．梅溪（2007）[13]は，次のように記述している．

> 「著者が米国を訪れた際に，グリフィスが"YATOI"（お雇い外国人）関係の資料を作成するために，「1858年から1900年に至る間，日本政府に奉仕した"YATOI"またはその子孫，親戚，友人たちへ」と題するアンケート調査用葉書をニューヨーク州イサカ（Ithaca，コーネル大学のある町）から各国に発送したのを発見し，さらには「日本の外国人助力者たち」（Japan's Foreign Helpers）と題する草稿などを目の当たりに見て，「お雇い外国人」研究のパイオニアとしてのグリフィスの，生涯をかけてのたゆみない努力に深い感銘を覚えた．」

---

[13] 梅溪　昇『お雇い外国人――明治日本の脇役たち』，講談社学術文庫，2007．

開国したばかりの日本，そして彼らにとってはまったく未知の国であったであろう日本に突然やってきた彼ら宣教師達が，わが国の若い人々の教育，中央政府への惜しみない協力，そしてわが国の社会，産業の発展のためにここまで真剣に取り組んだこと，そしてまた彼らの存在感がいかに大きかったかということに対しては，頭の下がる思いとともに，ある種の尊敬の念を禁じ得ない．そして彼ら当時のお雇い外国人の献身的努力と多くの貢献があってこそ，その後の日本の発展の基礎が築かれたといっても過言ではないのではなかろうか．

　明治初期に活躍したお雇い外国人には，われわれにもなじみのある多くの名前がある．大森貝塚の発見者である動物学者のエドワード・モース[14]，日本の美術を高く評価したアーネスト・F・フェノロサ[15]，「少年よ，大志を抱け（Boys, be ambitious）」の言葉で有名な，札幌農学校の教頭であったウイリアム・S・クラーク[16]などである．そしてまた，前述の工学寮の設立のきっかけを作った鉄道技師エドモンド・モレル，さらにわが国の工学教育，工部大学校の設立に貢献したヘンリー・ダイアー，あるいは東京国立博物館や鹿鳴館を設計し，辰野金吾らの明治期のわが国の代表的な建築家を育てた建築家のジョサイヤ・コンドル（1.1節，1章脚注10参照）なども同じくお雇い外国人である．

　これらのお雇い外国人達は，西欧諸国に対してかなり遅れをとったことを認識した当時の明治日本の，近代国家に向かって必死になって邁進する若者達に，はるばる遠い外国からやってきて，それぞれの専門分野で熱心かつ適切な教育指導をするとともに，当時のわが国の若者達に未来への指針と夢と希望とを与えることに全力を注いだ熱心な教師達であった．

---

[14] Edward S. Morse, 1838-1925.
[15] Ernest F. Fenollosa, 1853-1908.
[16] William S. Clark, 1826-1886. 米国マサチューセッツ農科大学第3代学長，札幌農学校初代教頭として植物学，自然科学全般を教え，そしてキリスト教について講じた．「少年よ，大志を抱け」（"Boys, be ambitious"）の有名な言葉は，離日時の第一期生との別れの時に述べられたといわれている．クラーク博士は開拓使長官の黒田清隆（のちに内閣総理大臣となる）に対して「この学校に校則はいらない．"Be gentleman"の一言があれば十分である」と述べたともいわれている．

札幌農学校と駒場農学校

　明治4年（1871）に工部省が「工部ニ奉職スル，工業士官ヲ教育スル学校」として工学寮の設立を構想し，それが明治6年（1873）に工学校として開校したことは前述したが，このころまでの明治初期当時に，わが国政府がお雇い外国人に英語で専門分野の教育を依頼した，いわゆる専門学校がいくつか誕生している．開拓使が設立した札幌農学校と，内務省勧業寮の農事修学場を前身とする駒場農学校である．

　前者は明治5年（1872）に東京芝の増上寺に開設された開拓使仮学校を前身とするが，明治8年（1875）から札幌に移転し，札幌学校と改称された．その後，翌明治9年（1876）には農業技術者養成を目的として札幌農学校と再び改称され，そこで専門教育を行った．教頭（実質的には校長）として赴任したウイリアム・S・クラークは，アメリカのマサチューセッツ農科大学学長を務めた人物で，札幌にはわずか8カ月という短い滞在であったにもかかわらず，本学の在校生にかなり大きな影響を及ぼすことになった．ここからの卒業生として，後に北海道帝国大学の初代総長となる佐藤章介（一期生），札幌農学校講師で後に実業家として活躍する渡瀬寅次郎（一期生），教育者で『武士道』の著者として有名な新渡戸稲造（二期生），キリスト教思想家で『余は如何にして基督信徒となりし乎』（"How I Became a Christian"）の著者として有名な内村鑑三（二期生），土木工学の広井勇（二期生），植物学者の宮部金吾（二期生），国粋主義者の志賀重昂（四期生）など多くの著名な学者が輩出された．

　後者の駒場農学校も札幌農学校と同様に，農業技術者養成を目的として設立された学校である．これらの専門学校はいずれも後にわが国の帝国大学へと昇格するが，いずれも文部省管轄ではなく，それぞれの役所（札幌農学校の場合は開拓使，駒場農学校の場合は内務省）の官僚を養成することを目的としていたという共通点を有している．また一方では，札幌農学校の場合，英語のみで教育を行ったのに対して，駒場農学校では通訳を通じて教育を行った点が異なる．札幌農学校からは，わが国の学界，官界，政界において多くの業績を残した多くの著名学者が輩出したのに対して，駒場農学校からはそのような著名な学者は輩出しておらず，当時においてすら駒場農学校にお

いては，イギリスからのお雇い外国人教師の成果が上がっていないとされ，明治13年（1880）にはドイツ人教師に切り替えられることになった[17]というのは興味深い事実である．

開拓使長官であった黒田清隆に招かれて，札幌農学校の初代校長としてクラーク博士が赴任したのは明治9年（1876）であった．当時マサチューセッツ農科大学学長であった彼は，大学から1年間の「休暇（sabbatical）」を得ていた．しかしながら，わずか8カ月という短い滞在にもかかわらず，当時の学生達にはかりがたいほどの影響を与え，その影響がその後の卒業生にまで及んだのはなぜなのかと考えるとき，どうしても明確な説明が得られないのである．クラーク博士から直接の薫陶を受けたのは，少なくとも札幌農学校の一期生16名だけである．したがって新渡戸稲造，内村鑑三，宮部金吾らその後の日本に多大な影響を与えた代表的知識人は，すべて二期生であるので，彼ら二期生は一期生との交流を通じてのみ，クラーク博士の影響，感化を受けたことになる．このことは一期生16名が全員，クラーク博士の帰国時にキリスト教プロテスタントの誓約（Covenant of Believers in Jesus）に署名し，ほとんどが武士階級の家庭に育ったにもかかわらず洗礼を受け，キリスト教徒となったことからもわかる．クラーク博士の専門は植物学であったが，彼のプロテスタントとしての人間性が，若い学生達の人格形成に大きな影響を与えたと考えられる．クラーク博士の影響が札幌農学校にとどまらず，現在の北海道大学に至るまで及んでいることを思う時，クラーク博士の教育者としての偉大さと同時に，何か言葉で説明しきれないものがあったのではないかと思わざるを得ない．

志村（1999）[6]は，クラーク博士の教育者としての偉大さを認めつつ，吉田松陰[18]の松下村塾における教育と対照させて，以下のように教育の「質」の重要さを強調して述べている．

「余談ながら，ここで私が思い起こすのは，吉田松陰のことである．周知のように，吉田松陰は幕末の志士たちの「師」であり，彼の松下村塾からは伊藤博文，

---

17) 天野郁夫『大学の誕生（上）──帝国大学の時代』，中公新書，2004，p. 36.
18) 1830-1859.

木戸孝允（桂小五郎），久坂玄瑞，前原一誠，品川弥二郎，高杉晋作，山県有朋ら近代日本に大きな影響を及ぼした錚々たる人材が輩出している．ところが，松陰は，松下村塾開塾の安政4年（1857）11月からおよそ1年後には，「安政の大獄」で投獄されてしまうので，松陰の直接的な教育期間は実質的にはわずか一年である．クラーク博士や吉田松陰の直接的な「教育期間」の短さと，その影響力の大きさを考えるとき，私は（特に教育者の端くれとして），教育の「質」の重要さを思わずにはいられない．」

　教育の「質」の重要さはもちろんのこと，教育を与える側と与えられる側という教授と学生の間の人間的関係が，お互いの尊敬と信頼という太い糸で結ばれていることが基盤となっていると思われるのである．当時の札幌農学校が少数選抜された優秀な熱意のある向学心に燃えた学生を有していたことが，このような人材を育てる何よりの必要条件であることは事実であろうが，現在のように高等教育が大衆化した中で，当時のクラーク博士と札幌農学校の学生の間のような師弟関係を求めることは，もはや現実的ではないのかもしれない．

ヘンリー・ダイアーの工学観

　明治初期から東京帝国大学ができる明治30年（1897）ごろまでのわが国の工学教育を中心とする高等教育の成立過程は，図7.1の東京大学工学部誕生の経緯に見られるように，大きく二つの流れがあったことは，1.1節に東京大学工学部の源流として述べたとおりである．その一つは開成学校，大学南校，南校，あるいは大学東校，東校を経て明治10年（1877）の東京大学創立，そして東京大学工芸学部へ至る流れである．この流れはいわば文部省管轄下にあった高等教育の主流である．それに対して，もう一つの流れは，明治4年（1871）設立の工部省工学寮が母体となって，明治10年（1877）に日本最初の工業教育機関である工部大学校の開校を経て，明治18年（1885）に東京大学工芸学部に合併されるという，いわば工部省管轄下にあったものが，工部省廃止とともに文部省管轄下に入るという高等教育の流れである．

　工部大学校はイギリスのグラスゴー大学出身の機械工学者であったお雇い

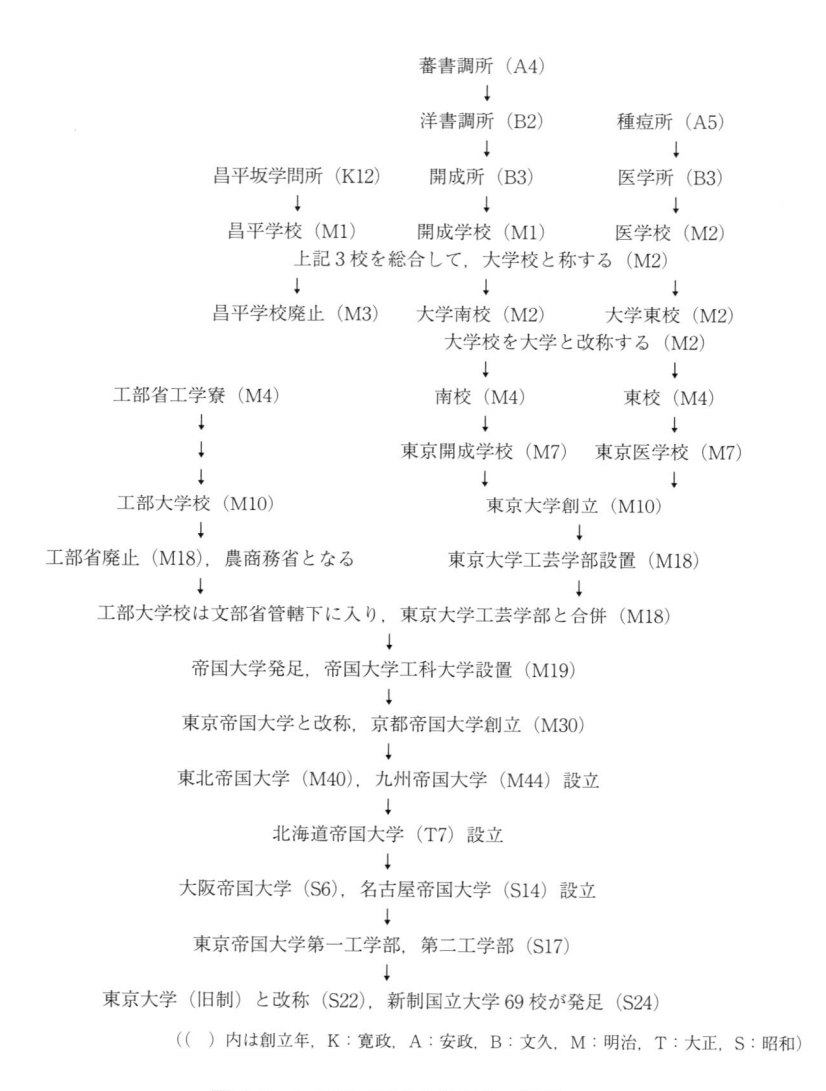

```
                                蕃書調所（A4）
                                    ↓
                                洋書調所（B2）        種痘所（A5）
                                    ↓                   ↓
            昌平坂学問所（K12）   開成所（B3）        医学所（B3）
                    ↓               ↓                   ↓
            昌平学校（M1）       開成学校（M1）      医学校（M2）
                    上記3校を総合して，大学校と称する（M2）
                    ↓
            昌平学校廃止（M3）   大学南校（M2）      大学東校（M2）
                                大学校を大学と改称する（M2）
                                    ↓                   ↓
    工部省工学寮（M4）           南校（M4）          東校（M4）
            ↓
            ↓                   東京開成学校（M7）  東京医学校（M7）
            ↓                           ↓
    工部大学校（M10）                東京大学創立（M10）
            ↓                           ↓
    工部省廃止（M18），農商務省となる   東京大学工芸学部設置（M18）
            ↓
        工部大学校は文部省管轄下に入り，東京大学工芸学部と合併（M18）
                                ↓
                    帝国大学発足，帝国大学工科大学設置（M19）
                                ↓
                    東京帝国大学と改称，京都帝国大学創立（M30）
                                ↓
                    東北帝国大学（M40），九州帝国大学（M44）設立
                                ↓
                        北海道帝国大学（T7）設立
                                ↓
                    大阪帝国大学（S6），名古屋帝国大学（S14）設立
                                ↓
                    東京帝国大学第一工学部，第二工学部（S17）
                                ↓
            東京大学（旧制）と改称（S22），新制国立大学69校が発足（S24）

        （（　）内は創立年，K：寛政，A：安政，B：文久，M：明治，T：大正，S：昭和）
```

図7.1　わが国の国立大学誕生の経緯

外国人教師のヘンリー・ダイアーが，新しい工学観をもってその設立に深く関与した．それによって工部大学校は近代的なイギリス流の工学教育を取り入れてスタートしたといえる．それに対して開成学校の流れをくむ大学南校

は旧幕府の洋学教育機関の流れを汲んでいることから，オランダ，フランス，ドイツといったヨーロッパ大陸側の影響を大きく受けていたといえる．

ダイアーは，工部大学校の第1回卒業式（明治12年（1879））のときに都検（教頭）として卒業生への送辞の中で次のように述べている．

> 「学校は学問の仕方を教えるところである．諸君のライフワークスタディはこれからである．そして卒業は業が卒わることではなく，業がはじまるということである．日本工業の建設は諸君の双肩にかかっている．技術を磨くことも必要であるが，人格の優れた人物になってもらいたい．」[19]

米国では卒業式をCommencement Dayとして，新たな人生がはじまる日として位置づけていることが，このことを物語っているといえよう．お雇い外国人としてわが国の工学教育の基礎を築いたとされるダイアーは，工部大学校における教育体制を作るにあたって，イギリスの実学教育を模範にしたといわれている．わが国の高等教育はこの頃にその礎が作られたといえるのではなかろうか．

三好（1983）[20]は，この時代のわが国の積極的な教育に基づく人材育成の動きを「江戸時代の藩校や私塾の教育を通して，とくに武士階級の中に蓄えられてきた知的なエネルギーは，この工業化の課題に向かって一気に爆発した．サムライたちは，政府の提供する教育の機会を利用して，工業エリートに変身した」と述べている．さらに三好（1983）[21]は，ダイアーの建議に基づいてできた工部大学校の教育経営は「教育実験の名に値するものである」と述べているが，ダイアーが目指した工学教育は，西洋の特定の教育モデルの移植をはかることではなく，イギリス人の実務的実践の訓練を重視する教育観を基礎にして，ヨーロッパ大陸諸国の実践を教えることより理論を教えることを重視するという教育制度を取捨選択しつつ，いわば統合的な教育モデルを提示し，実現することであった．

---

[19] 茅原　健『工手学校――旧幕臣たちの技術者教育』，中公新書，2007，p.122.
[20] 三好信治『明治のエンジニア教育――日本とイギリスの違い』，中公新書，1983，p.13.
[21] 同上脚注20，p.20.

工業技術官僚の養成学校として設立された工部省工学寮が母体となって，日本最初の工業教育機関である工部大学校が創立されたわけであるが，工部大学校は，以下に述べるような「成功要因」の効果もあって，明治12年（1879）には，第1回卒業生を送り出すという成果を上げ，前述のように他にも多くの著名な卒業生を多く輩出している．三好（1983）[22]は工部大学校の成功要因として以下の5つの項目を挙げている．

　第1には，このような工業教育の試みがそれまでになされたことはなかったため，既存の勢力，権益と衝突することもなく，維新期のまったく白紙の状態から出発しなければならなかったことが，かえって新たな挑戦，試みとしてやりやすかったという点である．第2には，明治政府が工部省を中心として全面的，好意的な支援をするという政治条件があったということである．たとえば工部大学校の事実上の校長ともいうべきダイアーには，絶大な権限も与えられていた．第3には，工部大学校にはダイアーの理想とする，イギリス人の教育思想と大陸諸国の教育制度との「統合モデル」実現に向かっての壮大な計画がきっちりできていたということである．第4には，工部大学校のイギリス人教師達が非常に教育熱心であったということ，そして第5には，工部大学校の学生達の勤勉さと高い知性があったということである．

　このような工部大学校の成功要因を踏まえた「教育実験」の成功と日本の発展を見て，ダイアーはイギリスに帰国後，明治37年（1904）に『大日本―東洋のイギリス―国家発展の研究』，そして明治42年（1909）に『世界政治の中の日本』の二つの著書を刊行している．ダイアーはこれらの著書の中で，最初は日本が東洋のイギリスになるべきことを渇望し，次いでなり得ることを保証し，最後はそのようになり得たことを称賛している．このようなダイアーの貢献に対して，日本政府は勲三等旭日章を贈り，「本邦ニ於ケル工学技芸今日ノ進歩発達ヲ見ルニ至ラシメタル同人ノ遺績等本邦ノ高等教育上其功労顕著ノ者トス」と記している．

　エンジニアの教育については，フランスやドイツのように学校を作って学理，理論を重視して教える方式と，イギリスのように生産現場における見習

---

[22] 前出本章脚注20, pp.36-38.

訓練を重視する方式の大きく二つの方式があるとされていた．このような中でダイアーは，「成功的なエンジニアになり得るような人材を養成するためには，これら二つの方式の懸命な結合が必要である」という信念のもとに，これが「統合モデル」の基本となった．この信念こそ，この「統合モデル」の考え方こそ，まさに東京大学第二工学部の創立精神と共通しているといえるのではなかろうか．ダイアーがエンジニアとしての使命感を強調しつつ，「講義室における時間と少なくとも同じ時間を実習にあてるべきである」と主張し，イギリスの経験主義の教育学説を紹介しつつ，「万事を書物から学ぶことに慣れ，それよりはるかに重要な実際の観察とか経験とかを無視しがちな日本人」には特に実地経験が必要であると考えたことは，そのまま東京大学第二工学部の教育方針に受け継がれていると思われる．

7.2 東京大学の創立と明治期の高等教育

東京大学の創立

東京大学工学部誕生の経緯には大きく二つの流れがあったと 1.1 節に述べた．その一つは明治 6 年（1873）に工部省工学寮が開学し，明治 10 年（1877）に改称した日本最初の工業教育機関である工部大学校であり，それが工部省の廃止とともに工部大学校が文部省の管轄下に入り，東京大学工芸学部と合併して，帝国大学工科大学，そして東京帝国大学を経て，現在の東京大学工学部に至る流れである．もう一つの流れは，明治 10 年（1877）の東京大学創立を経て，明治 18 年（1885）の東京大学工芸学部誕生から上記の工部大学校と東京大学工芸学部の合併，そして帝国大学工科大学，東京帝国大学を経て，現在の東京大学工学部に至る流れである．

上記後者の東京大学創立への源となっている流れも二つある．その一つは徳川幕府が設立した洋学教育機関としての蕃書調所，洋書調所を文久 3 年（1863）に開成所と改め，明治元年（1868）に開成学校，明治 2 年（1869）に大学南校，そして明治 7 年（1874）に東京開成学校となった流れである．もう一つの流れは，安政 5 年（1858）に創立された種痘所を前身とし，医学所（文久 3 年（1863）に改称）が明治 2 年（1869）設立の医学校と改称し，

医学教育を行う大学東校，そして明治7年（1874）設立の東京医学校となるという流れである．これらの二つの流れが合併して，現在の東京大学の前身である法学，文学，理学をもった欧米型総合大学の誕生に至り，それが東京大学工芸学部誕生となるのである．

徳川時代末期から明治維新を経て，明治19年（1886）に帝国大学が創立され，明治30年（1897）には東京帝国大学，京都帝国大学ができ，戦後の昭和22年（1947）の東京大学（旧制），そして昭和24年（1949）に一斉に60校近くの新制国立大学ができるころまでのわが国の高等教育の成立過程の概略は，図7.1（図1.1を追加修正して再掲）に示したとおりである．

わが国初めての欧米型大学（University）として東京大学が創立されたのは明治10年（1877）であって，このこと自体はわが国教育市場でも画期的なできごとではあったものの，東京大学が真の意味での総合大学となるにはその後また10年以上を要することになる．明治初期はわが国にとって殖産興業，産業立国，そして文明開化という目標に向かって邁進した時期であるが，政治の中心となり，主導的役割を演じつつ，積極的にそれを推進したのは，幕末から明治初期にかけて欧米先進国を見聞きし，その産業，経済，科学技術文明の先進的水準の高さを十分に認識した若者達であった．当時イギリスを訪れた伊藤俊介（博文），志道聞多（井上馨），野村弥吉（井上勝），山尾庸三らは村田蔵六（後の大村益次郎），木戸孝允らとともに明治新政府の中でそれぞれ活躍することになったが，新政府の中心で実権を握っていたのは，岩倉具視，木戸孝允らを中心とする薩長両藩の出身者達であった．彼らは西洋の諸制度，科学技術等に関する知識を持った封建武士階級での少数の知識人ともいうべき「行政官僚」グループであったが，代表的なのは長州藩出身の伊藤博文，井上馨，山尾庸三，そして薩摩藩出身の五代友厚，上野景範，佐賀藩出身の大隈重信らであった．そして彼らに旧幕臣としての渋沢栄一，前島密らが加わったのである．

東京大学の高等教育行政

明治10年（1877）に東京大学が創立された当時，わが国の初めての高等教育機関としての総合大学である東京大学の高等教育行政に共同して携わっ

た2人として，文部省顧問のデビッド・マレー[23)]と文部大輔の田中不二麻呂の名前を挙げることができる．彼らはアメリカの教育制度の基本である分権性を高く評価し，高等教育行政においても私学の自由な高等教育普及への参入を認めるべきであると主張し，官立が主体で中心であるべきとする佐野常民や山口尚芳らと対立した．マレーと田中らの主張は官立大学の存在を否定するものではなかったが，大学の設置に関しては「人民の自為に任せるべきもの」として，政府の干渉を努めて廃し，保護育成に努めるべきであるというものであった．彼らの主張は，高等教育機関に対して，その自治，自由を積極的に認めた上で官学，私学を総合的に高等教育体制の中に組み入れていこうという点で，わが国のその後の高等教育行政原理の基礎になったといえる．

明治10年（1877）に東京大学が創設されたとき，法学部，理学部，文学部，医学部の4学部であったのが，明治18年（1885）に当時の文部卿大木喬任によって東京大学に工芸学部と法政学部を設置する旨の通達が出されたが，これは翌明治19年（1886）3月に帝国大学令が制定され，分科大学制度が採用されたため，実質的にはこの体制は3カ月あまりしか続かなかったことになる．ここで，工芸学部は，理学部においてこれまで「純正の学術」を主体としていたのに対して「実業，応用」の学芸部門を分離独立させることを目指していた．そして法政学部は，法律学が主体であったために，文学部の中にあった政治学科を組み込むことによって法学部を改称することを目指すものであった．

明治19年（1886）年3月に出された勅令「帝国大学令」の第1条には「帝国大学ハ国家ノ須要ニ応スル学術技芸ヲ教授シ及其蘊奥ヲ攷究スルヲ以テ目的トス」という有名な一節があるが，その第2条には「帝国大学ハ大学院及分科大学ヲ以テ構成ス大学院ハ学術技芸ノ蘊奥ヲ攷究シ分科大学ハ学術技芸ノ理論及応用ヲ教授スル所トス」とある．わが国に新たな高等教育機関

[23)] David Murray，彼は明治10年（1877）6月に当時の文部省の田中不二麻呂宛に"A Superintendent's Draft Revision of the Japanese Code of Education (Gakkan Koan Nihon Kyoikuho)"を提出し，日本の教育改革を訴えた．彼は翌明治11年（1878）12月に日本を去って米国に帰国した．

として大学院を置くことによってそれぞれの研究分野の研究者，大学教員を養成することがはじめて宣言されたのが，この帝国大学令であったといえよう．ちなみに当時の大学院は Graduate School ではなくて，University Hall と英訳されていたことをつけ加えておこう．

　一方，1章でも述べたように，明治10年（1877）に工部大学校と改称されるが，わが国の産業育成のための高度技術者の教育と養成が開始された．わが国の工業教育，工学教育を国家による技術者の養成という観点から眺めると，実質的には，その4年前の明治6年（1873）に開学した工部省工学寮からはじまった．工部省工学寮には土木，機械，造家，通信，舎密（化学），冶金，鉱山などの学科が設置された．いずれにしても明治10年（1877）前後が，わが国の高等工業教育，高等工学教育の揺籃期といえる．工学教育の基礎を築いた工学寮は，お雇い外国人である鉄道技師エドモンド・モレル（1.1節，7.1節参照）による指摘，ヘンリー・ダイアーの構想に基づいて，主にイギリスの実学教育を規範にしつつ，初代工部卿の伊藤博文と協議した山尾庸三が建白したことによって設立されることになったものであった．それ以前の徳川幕府末期には，安政2年（1855）に長崎海軍伝習所でオランダ海軍の指導の下でわが国の海軍軍艦乗組員養成のための教育が行われ，それがわが国の技術者の養成と工学教育の向上につながり，やがて近代におけるわが国の工業発展，産業発展にもかなり貢献したことは前述のとおりである．

専門技術者養成としての工手学校

　わが国の工学教育の基礎を築いたのは工部省工学寮といえるであろうが，工学寮工学校はもともと工業技術官僚の養成学校であった．山尾庸三は，ダイアーの構想の中にあった高度な工業技術者を育成する教育機関の実現をめざし，工学寮を改称して，明治10年（1877）に工部大学校を開校した．工部大学校は明治18年（1885）に東京大学工芸学部と合併し，翌明治19年（1886）に帝国大学が創立されると，帝国大学工科大学として発足することになる（図1.1，図7.1参照）．

　帝国大学では，行政官僚であった渡邊洪基が，38歳の若さで初代総長となった．渡邊洪基は福井藩の医者の長男として生まれるが，福沢諭吉に師事

して慶應義塾を卒業し，20歳の時に戊辰戦争において幕府側に加わっている．したがって渡邊洪基も戊辰戦争の敗者側であるが，明治4年（1871）に岩倉使節団に随行して欧米を視察後，明治新政府のために働くことになる．渡邊洪基は東京帝国大学初代総長となった翌明治20年（1887）に，工手学校（現在の工学院大学の前身）を築地に設立する．工手学校は，当時の日本にとって中堅工業技術者（専門技術者を補助する「工手」）を養成する学校が必要であること，それなしには日本の工業の進歩と発展はあり得ない，という意識のもとに，新たな中堅技術者の教育機関として設立されたものである．工手学校を設立するに際しては，渡邊洪基は，帝国大学工科大学の建築学科教授の辰野金吾とともに尽力することになった．

日本には高度な専門教育を行う機関はあるが，そのための専門技術者の補助をする助手，いわゆる「工手」を養成，教育する学校を作らなければならない，わが国が工業立国，そして技術立国として発展するためには工業学校を設立し，将来の有能なエンジニアを育成することが必須である，という渡邊洪基の使命感，情熱は日本の将来を正しく見据えた，しかも現代においても，国際的に通用する技術系人材育成の基本をわきまえていたといえるのではなかろうか．

工手学校には明治維新以降にわが国の政官学界を動かす主導的役割を演じた旧幕臣を含めた多くの人々が関係している．工手学校の初代の管理長は渡邊洪基（開成所出身）であったが，第2代管理長は古市公威[24]であった．古市公威は東京開成学校（大学南校）の諸芸学科で学び，その後明治8年（1875）にフランスに留学したが，そこでも"Polytechnique"（日本語では諸芸学と訳されている）を専攻している．諸芸学は，社会の中で指導的役割を果たすべく，算術，幾何，歴史，文学という広範な知識，そして技術をも修得するための学問であるといえる．古市公威は帰国後内務省土木局に土木技師として勤めつつ，東京大学講師をも兼任し，内務官僚と大学教官の両職を兼ねることになる．

---

[24] 1854-1934.

工手学校の開校式には，明治10年（1877）に工部大学校が設立された時に初代校長となり，当時，技術者として最高の地位の工部技監を勤めた大鳥圭介が祝辞を述べている．彼は祝辞の中で，「日本人は性急にして忍耐力にとぼしい傾向がある」と指摘した上で，「校友諸君は学校設立の時の気持ちを忘れることなく，不足不満があったとしても屈することなく努力して，学業を修めるように」と述べている．ここで興味あることは，工手学校設立に大きな貢献をしたというだけでなく，日本の近代工業教育を推進したと考えられる渡邊洪基，大鳥圭介らはいずれも旧幕臣達であって，しかも幕府側について戊辰戦争を戦い，敗北した側の人間達であったということである．彼ら旧幕臣達はわが国の内乱ともいうべき戦争で敗北を経験したという点では，前述の榎本武揚，渋沢栄一，田口卯吉らと同様である．敗北経験によって，何かを学び，あるいはまた何か新たな認識を得て，それがわが国の技術教育立国へ向かう基礎を築くことに貢献したといえるのではなかろうか．

　工手学校が中堅技術者養成を目的として作られた学校であることは前述のとおりであるが，「工手学校における精神教育には伝統がある」といってよいかも知れない．というのは，初代管理長を務めた渡邊洪基が戊辰戦争の負け組から立ち上り，岩倉使節団として欧米を視察した後に，明治新政府のために働くという経験の豊富さを有していたこと，当時として国際的視野の広さを有していたこと，そしてまた第2代管理長を務めた古市公威はフランス留学によって国際性を身につけ，諸芸学という理系，文系両方の広範な知識を有していたこと，などによるものである．このようなことは工手学校の校風ともいうべきものを築くのに大きく貢献し，また当時の学生達にも少なからぬ影響を与えたはずである．

　さらにまた第4代管理長を務めた石橋絢彦は沼津兵学校[25]の卒業であるが，生徒の道徳教育にも強い関心を持っていたようである．石橋管理長は生

---

[25] 江戸を退いて静岡に移り住んだ徳川家が設立した学校で，明治元年（1868）から明治5年（1872）にかけて，当時のわが国最高の数学教授を行っていたといわれている．当時の数学教師としては，長崎とオランダで航海術を学んだ赤松則良と長崎海軍伝習所で学んだ塚本明毅がいた．

徒への「注意書」の中で，儒教精神に基づく「五常・五倫」の訓えを紹介し，五常とは仁，義，礼，智，信のこと，そして五倫とは君臣の義，父子の親，夫婦の別，長幼の序，朋友の信のことであると述べ，生徒はこれらを重視すべきことを強調している．さらに石橋は「現在の工業社会を見ると，道徳上の欠点が多く，とくに最近はその傾向が強くなっている．これは，上は技師から下は職工に至るまで，その気風を改めねばならない．しかし，社会全体を一挙に改善することは困難なことであるから，まず，それぞれの工業学校で学んでいる生徒の気風に注意して，工業道徳を徹底してもらいたい」と述べている．「工業道徳の徹底」は石橋の造語であろうが，もの作りに際しての安全と安心の徹底，コンプライアンスの遵守，モラールの向上といったことが叫ばれる今日においても十分に通用し，かつしっかりと生きている重要な提言ではないだろうか．

　茅原（2007）[19)]によれば，工手学校が明治開明期のわが国の高等教育の中で，興味ある，しかも重要な位置を占め，役割を果たしていたことが指摘されている．すなわち彼は，当時のわが国の高等教育について，前述の大きく二つの流れがあるという中で，工手学校について，「工手学校の人事配置においては，学校の管理運営面は「大学南校」に，教学面は「工部大学校」という仕組みになっているようにみえる」[26)]と述べている．彼のいう工手学校の人事配置の仕組みとは，管理長に関して初代渡邊洪基（開成所）に続いて，第2代古市公威，第3代石黒五十二，第4代高松豊吉とすべて大学南校出身者が占めていること，そして教学面の責任者としての校長については，初代中村貞吉，第2代中澤岩太，第3代三好晋六郎，第4代石橋絢彦，第5代的場中と，第2代の中澤が大学南校出身である以外は，すべて工部大学校出身者が占めていることを指している．蕃書調所の系譜を引く洋学の源流としての大学南校がわが国の当時の高等工業教育の管理運営に責任を持ち，教育教学面については工部大学校に任せるという仕組みが明らかになっているといえよう．

[26)] 前出本章脚注19．p.51．

新渡戸稲造と諸芸学

　新渡戸稲造は文久2年（1862）の生まれであるが，明治14年（1881）に札幌農学校を卒業し，翌明治15年（1882）からは札幌農学校で教鞭をとることになった．その翌年の明治16年（1883）には彼は東京大学に入学し，英文学，理財学，統計学を学ぶことになる．新渡戸稲造の有名な言葉とされる「われ太平洋の橋とならん」は，彼が東京大学文学部に入学するときの面接の中で，外山正一教授に対して，「経済，統計，政治学，そして最終的には農政学をやりたいが，ついでに英文学もやりたい」という意思表示とともに述べられたとされている．理系，文系と明確に分類あるいは分離される現代からは想像できない意思表示であろうが，東京帝国大学工科大学の初代学長で工手学校第2代管理長を務めた古市公威がフランスで学んだ「ポリテクニク（諸芸学，Polytechnique）」を連想させる表現である．このようないろいろな学問分野を横断的に学ぶということは，現代のように学問分野が細分化され，それぞれ深化されている中では容易ではないかも知れない．しかしながら，われわれの人間社会に対して影響を及ぼす知識人，政治家，リーダーたるものとして必須のものであろう．あるいはそれに限らず研究者の場合にも，瀬藤象二教授が東大第二工学部長として主張されたものの中にそれが伺われる．異なる分野の学問にもそれを受け入れ興味を持ち，学ぶことが重要であるということがまさにこれにあたるといえる．明治初期のように，日本が科学技術分野において西欧にかなり遅れをとっていることが明白になり，多くの知識人が西欧に追いつこうとしている中，新渡戸稲造，三浦梅園，南方熊楠といった多くの博学多才な人材が輩出されたのは，ある意味で必然だったのかも知れない．

　一方で新渡戸稲造は，彼の代表的著書"Bushido—the Soul of Japan"の中で以下のように述べている．

　　「孔子を知的に知っているに過ぎざる者をば「論語読みの論語知らず」と嘲る俚諺がある．典型的なる「一人の武士」は，文学の物識をば書物の蠹と呼んだ．また「或る人」は学問を臭き菜に喩え，「学問は臭き菜のようなり，能く能く臭みを去らざれば用いがたし．少し書を読めば少し学者臭し，余計書を読めば余計学者臭し，こまりものなり」と言った．その意味するところは，知識はこれ

を学ぶ者の心に同化せられ，その品性に現われる時においてのみ，真に知識となる，と言うにある．知的専門家は機械であると考えられた．知識そのものは道徳的感情に従属するものと考えられた．人間ならびに宇宙は等しく霊的かつ道徳的であると思惟せられた．宇宙の進行は道徳性を有せずとなすハックスレーの断定を，武士道は容認するをえなかったのである．武士道はかかる種類の知識を軽んじ，知識はそれ自体を目的として求むべきではなく，叡智獲得の手段として求むべきであるとなした.」

上文の中の「一人の武士」，「或る人」については，矢内原忠雄訳の中でそれぞれ西郷南洲，三浦梅園であると補遺がつけられている．新渡戸稲造の意図としては，上記後半にあるように，当時の日本の知識人にとって，「叡智獲得のために努力する一つの形態」として，当時すでにわが国よりはるかに進んでいるとされた欧米のいろいろな学問分野を学び，チャレンジすることとなって現れたといえる．

工手学校スピリットと負けじ魂
　茅原（2007）[19]は工手学校スピリットは七転び八起きの根性であるとして，ひたむきに生きることが工手学校スピリットの実践であると述べている．さらに彼は夏目漱石の日記（明治34年（1901）3月21日）の文章が，工手スピリットの実像を上手に示していると思えるとして，「未来は如何にあるべきか．自ら得意になる勿れ．自ら棄つる勿れ．黙々として牛の如くせよ．孜々として鶏の如くせよ．内を虚にして大呼する勿れ．真面目に考へよ．誠実に語れ．摯実に行へ．汝の現今に播く種はやがて汝の収むべき未来となって現るべし」を引用している．夏目漱石の日記については，この文章がイギリス，フランス，ドイツといったヨーロッパ諸国が過去に世界の強国であったという歴史的事実を踏まえ，ローマ，ギリシアといった帝国が滅亡したという過去の歴史を忘れてはならないこと，一方，過去において，そしてまた当時現在においても比較的満足な歴史を有しているわが国に対する警告として述べられたものであることをつけ加えておこう．

　明治21年（1888）9月に工手学校が開校して以来，巣立っていった卒業生は，8,000名を超える．彼らは明治近代日本の工業社会化の有力な担い手

となった．現在の工学院大学の前身である工手学校のスピリットとして，茅原（2007）[19]は「工手学校スピリットは七転び八起き，負けじ魂，負けるものか，といった精神で表されているが，工手学校の校歌にも「見よ先輩の蛍雪は工業日本を築きたり」，「誠実努力撓みなく」とあるように，明治21年（1888）の開校以来25年間に8000名もの卒業生を送り出している．彼らは，まさに明治時代における近代日本の工業化の有力な担い手であったと言えるのではないだろうか」と述べている．

このような「負けるものか精神」に基づく強靱な精神力については，まさに二工卒業生の根底にある「二工スピリット」に通じるものが感じられる．二工卒業生の方々の話を聞いている中で，「本郷に負けるものか」といった気持ちがあったということは，第9章に示す二工卒業生とのインタビューの中でも何人かが述べている．このような負けじ魂，負けるもんか精神は，現代でもわれわれすべての人生に通じる，そして必要とされるものである．

明治10年（1877）代のこのころには，工手学校以外にも多くの教育機関が創立された．東京理科大学の前身である東京物理学講習所が明治14年（1881）創立で翌明治15年（1882）に開学，そして現在の東京工業大学の前身である東京職工学校が工業の発達に最も必要とされた職工長を育成するための学校として明治14年（1881）に創立，などである．明治10年（1877）代というのは，わが国のその後の高等教育，特に理系の理学，工学を中心とする人材育成の基礎が築かれた時期といえるであろう．

激動の明治維新と科学教育

明治維新はわが国にとって革命期ともいうべき激動の時期であった．一方では，明治維新期は，わが国が文明開化，富国強兵，殖産興業といった大目標を掲げて走り続け，明治10年（1877）代に入って高等教育の普及といった面から国策としての教育の普及，充実をはかった時代である．当時のわが国の科学教育政策に関して，数学史を専門とする小倉金之助（1979）[27]は，「われ科学者たるを恥づ」と題して，以下のような評価を与えている．

27）小倉金之助『近代日本の数学』，講談社学術文庫，1979，237p.（原書は新樹社，1956，272p.）

「自らはげしい恥辱を感じることなしに，明治以来，日本の科学は非常な進歩をとげたなどと書くことができない．……明治維新のとき，日本の中心課題となったものは，西洋諸国から植民地化される危機をさけて，日本の独立を守っていくということであった．そのためには，西洋の進んだ自然科学や技術を学んで移植するより外に，取るべき道がなかった．それはもとより当然のことである．問題は，日本の独立を守るために，これまでの封建社会から近代的市民社会へという，そういった変革の方向には向かわないで，これまでの封建主義から，一足飛びに，西洋の帝国主義に追いつこうとした点にある．従って，西洋の科学・技術を急速に移植しようとしたのも，それは近代市民文化として受入れるのではなく，富国強兵のための文明開化であったのだ．」(脚注 27, p. 148)

さらに小倉は，福沢諭吉，神田孝平をはじめとする洋学者達が啓蒙努力をした結果として，イギリス，フランス風の民主的自由思想がようやくわが国に輸入され，近代科学思想の立場から，封建主義思想などに対する批判なども行われるようになり，やがてその間から自由民権運動が生まれてきたとして，明治 11 年（1878）から明治 18 年（1885）にかけての自由民権運動の時期は，短い期間であったにもかかわらず，科学史の上でも，きわめて注目すべき時機であったと結論づけている．

小倉（1979）[27]は，さらに次のように述べている．

「近代的市民社会をもつ先進諸国では，民主主義を戦いとることによって科学も科学教育も進展してきたが，わが日本では，科学および科学教育は，既成品として上から与えられた．しかも近代的市民社会を建設するための科学・教育としてではなく，むしろ反対に，絶対主義専制による富国強兵の一環として文明開化といった，きわめて表面的な，底の浅い形で……科学的精神を抜き去った，ただ科学の成果ばかりが，温室的に，官権の保護のもとに与えられた．……自由民権運動を挫折させた官権が急速な攻勢をとりはじめた結果として，明治 18 年（1885）に絶対主義内閣が成立し，明治 19 年（1886）には帝国大学令，そして明治 22 年（1889）には帝国憲法が制定され，さらにその翌年に教育勅語ができ，絶対主義専制への国民的再編成が基礎づけられた．このようにしてほとんどすべての科学者は強権に抑えつけられ，「帝国大学ハ国ノ須要ニ応スル学術技芸ヲ教授シ，及其蘊奥ヲ研究スルヲ以テ目的トス」と宣言した，文相森有礼の政策に迎合し，官僚的科学者の全盛を誇る時代がやって来た．」(脚注 27, pp. 158-159)

上記のように小倉（1979）[27]が述べる側面があったとしても，幕末から明治維新にかけて，当時の優秀な若者達が欧米諸国を2年もかけて綿密に視察した結果，わが国の将来を真剣に考え，憂えた上で，欧米西洋諸国の科学技術を身につける必要性を痛感し，それに向かって並々ならぬ努力をしたこと，そして得られた成果は，幕末以前からわが国の若者が外国人教師達に真剣に学んだ努力に基づいていること，さらに多くの当時の優秀な日本人若者達の努力と犠牲も加わって，その後のわが国の発展と成功に至ったこと，これらの事実を否定するものであってはならないはずである．また明治初期のわが国が短い期間に西欧文明に追いつく手段として，官中心，官主導の政策が採られたことは事実であるが，それが最善であったか否かは別としても，それなりの成果を上げたことを否定することは難しいはずである．

　明治10年（1877）代というこの時期は，わが国においてはじめていくつかの学会が創設された時期である．たとえば，明治10年（1877）には数学者を集めた専門の学会「東京数学会社」が創立され，初代会長には神田孝平が就任し，学会の目的を一般公衆に数学を「開進」することであると宣言している．そして明治12年（1879）には工部大学校の卒業生が集まって「工学会」が工学者による最初の学会として結成された．その後，明治19年（1886）には，帝国大学工科大学教授であった辰野金吾を中心とした「造家学会」（のちの建築学会），そして明治21年（1888）には同じ帝国大学工科大学教授の志田林三郎らによる「電気学会」が設立された．このような経緯からすると，小倉（1979）[27]のいう一般市民の側から築かれた科学技術を中心とする近代文化の普及の動きは，自由民権運動が契機となって当時の科学者達が自らの意志に従って努力をした結果であるといえるかもしれない．

　明治10年（1877）に東京大学が設立され，明治19年（1886）には帝国大学令の第1条にある「国家の須要」に応ずることを大学の目的とするべく最初の帝国大学が設立された．明治30年（1897）になってようやく第2の帝国大学として京都帝国大学が設置され，続いて明治40年代（1907）の初めに東北と九州に帝国大学が作られた．その後，大正7年（1918）には北海道帝国大学が設立され，昭和6年（1931）大阪に，昭和14年（1939）名古屋に最後の帝国大学が作られ，わが国の7帝国大学が完成することになる．明

治10年（1877）の東京大学の設立から多額の国費投入を要しつつ，7帝国大学が完成するまでに70年近くかかったことになる（図7.1参照）．わが国の高等教育の中心的役割を担ってきたのは国立大学であると考えると，明治以来の日本の近代化のために国家主導で大学や高等教育の制度作りをしてきたといえるであろう．

　新たな帝国大学設立の動きと並行して，大正から昭和初期にかけて，医科大学，商科大学などの単科大学，あるいは私立大学の設立が相次いだ．大正7年（1918）の大学令の交付の後，たとえば大正9年（1920）には官立単科大学として東京商科大学が設立され，また私立大学として慶應義塾大学，早稲田大学，そして明治，法政，中央，日本の各大学が設立され，現在の名称となった．その後，現在の多くの私立大学の前身である高等専門学校が大正時代に設立されるが，官立では新潟，岡山，千葉，金沢，長崎などの医科大学が，大正11年（1922）から大正12年（1923）にかけて設立された．その後は昭和4年（1929）になって東京高等工業学校は東京工業大学と改名され，そして東京，広島に高等師範学校として文理科大学が設立されたのである．

7.3　戦後における国立大学政策——大学改革と評価

わが国の高等教育機関

　わが国の高等教育機関は，第二次大戦以前には，総合大学である帝国大学を初めとして，各種官立大学，旧制高等学校，そして大学予科，専門学校，高等師範学校とさまざまな形が存在していたが，いずれも単科の高等教育機関，つまり単機能の高等教育機関であった．それが戦後になって，戦前期の制度的に多様に分化した官立単科の高等教育機関を再編・統合して，昭和24年（1949）には69校の国立大学が一斉に4年制の新制国立大学として発足することになった．機能的に分化し，多元化した戦前期の官立高等教育システムをベースにして，新しい4年制の大学のみからなる単一の国立大学制度が発足したが，これらは全国の各ブロックの文教の中心になる旧帝国大学からなる「国立総合大学」と，1県1大学原則に基づいて各県に1校ずつ作られた地方国立大学を中心とする「国立複合大学」と呼ばれるものと，大き

く二つのタイプに分かれていた．戦後の混乱期の中では，戦前期以来のそれぞれの高等教育機関が大きな違いを有したまま発足をしたこともあって，大学間，学部間に大きな格差感と強い不平等感があったといわれている（天野，2008)[28]．

　天野（2008）によると，講座制と学科目制という二つの異なる教育・研究の基本的な組織があったことが，これらの大学間差異をもたらしたと述べられている．すなわち講座制が，教育に加えて研究機能を持つ旧制の大学，中でも帝国大学に固有の組織原理であったのに対して，学科目制は，研究機能を期待されないそれ以外の高等教育機関，そして旧制の高等学校，専門学校のすべてに適用されるものであったという差異である．研究機能と研究者養成機能を有する大学院研究科（博士課程）の設置は，講座制をとる大学・学部のみに認められたため，講座制は大学院，研究大学，旧制帝国大学を含む旧制大学・学部の基礎であり，また学科目制は地方国立大学のほとんどの学部，教育大学の基礎という状況であった．これ以後，現在に至るまでといってもよいかもしれないが，少なくとも厳密には平成16年（2004）4月に国立大学法人化が実施されるまでは，国立大学は国立学校特別会計という制度のもとに，文部省の統制と庇護のもとに，「護送船団方式」に基づいて維持・運営されることになるのである．

大学の種別化と大学教育の改善

　昭和31年（1956）に大学設置基準が制定されると，講座制と学科目制の違いに基づく，一種の種別化がはじまった．すなわち大学設置基準の規定によると，講座制は「教育研究」上必要な専攻分野を定めてその教育研究に必要な教員を置くとしているのに対して，学科目制は「教育」上必要な学科目を定めるとのみ記されていた．講座制は大学院研究科の設置基礎とされたことによって講座制・大学院重視の研究大学が一つのカテゴリーになり，それ以外の大学は学科目制，学部中心の教育大学というわけである．積算校費と

---

[28]　天野郁夫『国立大学・法人化の行方——自立と格差のはざまで』，東信堂，2008，p. 9.

呼ばれる予算の単価も講座制を1.0とすると，学科目制はほぼ0.3から0.4と定められて，教員の配置数等も異なっていた．

昭和38年（1963）に中央教育審議会が「大学教育の改善について」という，通称「三八答申」とも呼ばれる答申を出した．この答申の中では，高度の学術研究と専門職業教育を行う機関で原則として総合大学が対象となる大学院大学と，専門職業教育を主目的とするが，必要に応じて修士課程の大学院を置くことのできる機関としての大学という2種類に分類するという，一種の大学種別化構想が明示された．

昭和44年（1969）1月の東大安田講堂陥落によってほぼ収束をみた大学紛争であったが，この頃，中央教育審議会（中教審）では大学種別化構想を発展させるべく審議が行われ，昭和46年（1971）には，いわゆる「四六答申」が出された．この答申は国立大学全体を研究院，大学院，大学の3つのタイプに分類するというものであった．ここで研究院は高度の学術研究を行い博士学位を授与する機関，大学院は特定専門分野の教育を行い社会人の再教育等も行う機関，残りを総合領域型，専門体系型，目的専修型のいずれかの機能を有する大学と定義づけている．四六答申のモデル的な大学として新構想に基づく筑波大学の設置が決定された．答申では研究者養成のための研究院と，専門職業人養成の大学院が完全に分離されているのが特徴であるが，四六答申の内容に沿った方針で既存の国立大学を種別化の方向で大幅に改革することがなされたとはいえないであろう．しかしながら後に平成16年（2004）になって実施された国立大学法人化への動きが，この答申にある方針に沿ったものであるということはいえるであろう．

昭和59年（1984）に中曽根内閣のもとで臨時教育審議会（臨教審）が設置され，昭和62年（1987）にかけて内閣直属の審議会として，わが国の高等教育を担う中心的組織としての大学のあり方についての審議を行った結果，高等教育政策に関して積極的な教育改革の提案がなされた．この臨教審提言が画期的であったことは，大学改革の遂行に関しては大学審議会（昭和62年（1987）-平成11年（1999））に委ねるとし，それに基づいた大学審議会答申がその後の大学改革につながったことからも認められる．昭和62年（1987）に大学審議会が発足し，国立大学の重点化政策が採られることにな

った．重点化政策は，具体的には大学の予算額が 1.5 倍ほどに増えるという，大学にとって重大な変化をもたらしただけでなく，教授の職名が大学教授から大学院教授に変わることにもなった．このような動きは東京大学のすべての学部が大学院重点化・部局化したことにはじまって，他の旧帝国大学系の大学にもまたたく間にその動きが広がっていくことになった．

大学改革と評価

わが国の高等教育政策としての大学改革に関する提案の中で，平成 3 年（1991）の大学審議会答申「大学教育の改善」において，はじめて自己評価という表現が用いられた．すなわち，大学院制度の弾力化という中で，カリキュラム構成を大学の自主性に任せるといった教育に関する自主性の導入と同時に，自己評価と情報公開といった形で，大学に対して自己責任をとらせるというものである．学部課程，大学院の両者において自己点検，評価を実施するという評価システムの導入は画期的なものである．大学院の構造を柔軟にすることによって，大学の多様化が進む中でいかにして教育の質を維持するかといった方向に沿ったものである．このような方向性が平成 10 年（1998）の大学審議会答申に引き継がれることになる．

平成 10 年（1998）の大学審議会の答申は「21 世紀の大学像と今後の改革方策について」という題目の下に，各大学はそれぞれの理念・目標に基づいて，総合的な教養教育の提供を重視する大学，専門的な職業能力の育成に力点を置く大学，学部中心の大学，大学院中心の大学，等に多様化・個性化していくことが重要だと述べられ，国立大学を全体として大学院重視の方向に向かわせることを明示したといえる．この大学審議会答申においては，多元的評価システムの確立，自己評価に基づく資源配分，規制緩和に対するアカウンタビリティーに基づく評価の必要性といった点が強調されているものの，ここで強調されているような評価システムが確立されているとはいえないのが現状である．このように大学評価は自己点検，自己評価から第三者評価に強調点が移行し，またアカウンタビリティー，そして資源配分へのフィードバックといった方向性が目指されてきている．さらにはすべての大学を競争的環境の中に置いた上で，各大学がそれぞれの個性を発揮すべきであるとさ

れている．多元的評価システムの概念をより明確にし，その具体像を明らかにした上で，それに基づく評価結果をどのような形で公表すれば，アカウンタビリティーを高め，社会的容認を得るのに貢献しうるかを詳細に検討し，大学関係者，高等教育政策担当者，そして社会的にも合意形成が得られるかを真剣に検討すべき時期にきているといえる．

　わが国の高等教育の中心的役割を担っている大学の形態，運営に関しては，平成 11 年（1999）の中央教育審議会の答申で，新世紀の大学像として，「競争的な環境の中で個性輝く大学」という提言がなされ，同年 4 月，有馬朗人文部大臣の時に，国立大学を法人化することが閣議決定された．平成 13 年（2001）に「大学（国立大学）の構造改革の方針」，いわゆる遠山プランが大学審の審議や答申には関係ないものとして出された．そこでは国立大学に対して，再編・統合を大胆に進めること，民間的経営の手法を導入すること，第三者評価による競争原理を導入すること，といった国立大学法人化に向けての方針が示された．平成 15 年（2003）8 月には国立大学法人法が成立し，同年 10 月に施行，そしてこれまでの国立大学は平成 16 年（2004）4 月からは「国立大学法人」として運営されることになった．

　国立大学法人の創設によって，国立大学は非公務員型組織の法人格を持ち，会計上の規制も緩和されたため，国立大学法人はそれぞれ特色を出して，良質の教育，研究をする上でのさまざまな創意工夫ができるようになった．国立大学法人の特徴としてまず挙げられることは，重点的な予算配分が可能になり，これまでの単年度会計方式から複数年度にまたがった予算活用も可能になり，より弾力的な運営ができるようになったことである．大学は管理運営にあたって中長期的視点を持つべく，6 年間を対象とした中期目標，中期計画といった，各大学の個性や特色を踏まえた教育研究の基本理念や長期ビジョンを自ら策定しなければならない．また中期目標の策定にあたっても，各大学の原案を公表するとともに，それらの実施進捗状況については学内外からの客観的評価を受けなければならないというのが主要な特徴である．

　平成 17 年（2005）の大学審議会答申では「高等教育の将来像」という表題のもとに，大学の機能分化を強調し，大学について総合的教養教育，幅広い職業人育成，高度専門職業人教育，世界的研究・教育拠点など 7 つの機能

を想定し，各大学はそのどれかに特化するか，さまざまな組合せを選ぶことが提言としてなされた．すなわち大学自身による選択的な多様化や個性化を推進することが必要であるとされたわけである．

　以上の大学改革の経緯をまとめたのが表 7.1 である．本節に述べてきたように，日本の高等教育機関として中心的役割を演じてきた国立大学を高等教育システム全体の中でどう位置づけ，方向づけをはかるのかという問題は，われわれが考えなければならない重要な課題である．終戦後一挙に多くの国立大学ができた時にわが国の担当行政機関である文部省が採用を試みたのは，これらの多くの大学を「種別化」しようとするものであった．その後，平成 10 年（1998）の大学審議会の答申あたりからそれが「多様化」路線に転換されることになり，現在は「個性化」といういい方がされている．平成 16 年（2004）4 月から「国立大学法人」として運営されることになった国立大学が，今後どのようにして各大学の個性や特色を踏まえた教育研究の基本理念や長期ビジョンを自ら策定し，実現していくかが問われている．国立大学法人化の本来の趣旨と目的は正しく望ましいものであるとしても，それをどのようにして実現するかは，われわれ高等教育に携わる人間が考えねばならない重要課題である．

大学評価システム

　昭和 59 年（1984）以降のわが国の高等教育政策としての大学教育改革の主たる方向性は，すべての大学を競争的環境の中に置いた上で，各大学がそれぞれの個性を発揮すべきであることとされた．昭和 62 年（1987）以降は大学審議会答申が大学改革の主導的役割を果たすことになった．平成 3 年（1991）の大学審議会答申「大学教育の改善」において，大学自身による自己評価と大学院制度の弾力化がはかられることになり，教育の質を維持し高めるべく大学の多様化が進むことになった．各大学は学部課程，大学院の両者において自己点検，評価を実施するための評価システムの導入を試みた．その後，平成 10 年（1998）の大学審議会答申「21 世紀の大学像と今後の改革方策について」によって，多元的評価システムの確立，評価に基づく資源配分が強調されることになった．

表7.1　わが国の大学改革の経緯

年	会議名・答申	主要な答申内容
昭和38年(1963)	中央教育審議会 三八答申：「大学教育の改善について」	高度の学術研究と専門職業教育を行う機関で原則として総合大学が対象となる大学院大学と，専門職業教育を主目的として必要に応じて修士課程の大学院を置くことのできる機関としての大学という2種類に分類するという一種の大学種別化構想を明示．
昭和46年(1971)	中央教育審議会 四六答申：「今後における学校教育の総合的な拡充整備のための基本的施策について」	国立大学全体を研究院，大学院，大学の3つのタイプに分類する． 研究院は高度の学術研究を行い博士学位を授与する機関，大学院は特定専門分野の教育を行い社会人の再教育等も行う機関，残りを総合領域型，専門体系型，目的専修型のいずれかの機能を有する大学．
昭和59年(1984)	臨時教育審議会 「21世紀を目指す教育改革」	大学改革の遂行に関しては大学審議会（昭和62年(1987)-平成11年(1999)）に委ねる． 大学の予算額が1.5倍ほどに増える．教授の職名が大学院教授に変わる．大学院重点化・部局化．
平成3年(1991)	大学審議会 「大学教育の改善」	大学院制度の弾力化とカリキュラム構成を大学の自主性に任せるといった教育に関する自主性の導入，自己評価と情報公開によって大学に対して自己責任をとらせる．
平成10年(1998)	大学審議会 「21世紀の大学像と今後の改革方策について—競争的な環境の中で個性輝く大学」	それぞれの理念・目標に基づいて，総合的な教養教育を重視する大学，専門的な職業能力育成に力点を置く大学，学部中心の大学，大学院中心の大学，等に，多様化・個性化していくことが重要． 多元的評価システムの確立，評価に基く資源配分，規制緩和に対するアカウンタビリティーに基く評価の必要性といった点を強調．
平成13年(2001)	遠山プラン：「大学（国立大学）の構造改革の方針」	大学間の再編・統合を大胆に進めること，民間的経営の手法を導入すること，第三者評価による競争原理を導入すること，といった国立大学法人化に向けての方針．
平成17年(2005)	大学審議会 「高等教育の将来像」	大学の機能分化を強調し，総合的教養教育，幅広い職業人育成，高度専門職業人教育，世界的研究・教育拠点など7つの機能を想定．各大学はそのどれかに特化するか，さまざまな組み合わせを選ぶことを提言．大学自身による選択的な多様化や個性化を推進．

大学評価に関しては，第3者評価に強調点が移行し，さらにはアカウンタビリティー，資源配分へのフィードバックといった方向性が目指されてきているものの，ここで強調されているような評価システムを確立するのは容易ではない．多元的評価システムとはいうものの，その具体像を描くのも決し

て容易ではない．多元的評価システムを統一的に描くことは不可能であろう．まず多元的評価システムとはどのようなものかの概念をそれぞれの大学が明確にした上で，それに基づく評価結果をどのような形で公表すればアカウンタビリティーを高め，社会的容認を得るのに貢献しうるかを各大学が詳細に検討する必要がある．

　大学あるいは大学院の多様化については，各学部，研究科は異なる教育目的を有していることから，目標とするところは異なるはずである．そのことから，まずは各々の目標設定が妥当か否かを含めて問われなければならない．これらの目標を踏まえた上で各々の学部，研究科の目標到達のための手段を評価の対象とすべきである．一方では，すべての大学は教員構成も異なることから，各々の機関を構成する教員のキャリア，能力を生かした上で有効利用すべく，それぞれの学部，研究科は各種の方策，手段，戦略を創意工夫し，考えるべきである．そのような各大学，学部，研究科の創意工夫に基づく意思決定，戦略を認めることが大学の多様性を認めることになるはずである．平成10年（1998）における大学審議会答申にある大学院教育に対する「競争的環境の中で多様な発展を促す」というのは，評価対象に対して共通な画一的な評価方式，評価基準をあてはめることではなく，各々の大学，学部，研究科が有する形態，ミッションに対して異なる評価方式，評価基準を設定した上で行われることによって初めて達成されるものだからである．しかしながら，ここで重要なことは，特に大学院の多様化を強調することが，大学院の教育水準，研究水準の低下につながらないよう注意を払う必要があるということである．

　昨今あちこちの大学院でいわれているように，大学院の大衆化が大学院生の研究能力低下になってはならないということである．特に大学の多様化を標榜し，大号令の下で，たとえば，専門職大学院といった形で各種の専門職を対象とする大学院が設置され，短期間で即実務に役立つ教育をすることが強調，推奨されるあまり，大学院本来の教育研究水準の低下に至ってはならないということである．その意味でも大学の多様化については，さらに何らかの検討，議論，共通合意が必要かもしれない．

大学評価の目的と大学ランキング

　大学評価の目的としては，(i) 教育研究の改善 (evaluation)，(ii) 質の保証 (accreditation)，(iii) 説明責任 (accountability) の3つが考えられる．まず (i) は，大学を評価し，その結果をそれぞれの大学の教育研究活動等の改善に役立てようということである．(ii) は，大学を評価基準に基づいて定期的に評価することによって，大学の教育研究活動等の質を保証することである．(iii) は，大学の教育研究活動等の状況を社会に公開することによって，大学が公共的な機関として設置・運営されていることについて，広く国民に対する説明責任を果たそうということである．

　わが国における大学評価は，自己評価と認証評価という大きく2種類からなる．自己評価は，各大学が教育研究活動，組織運営，施設設備状況，等について自ら点検および評価を行い，その結果を公表するものである．一方，認証評価とは，各大学が自己評価に加えて，当該大学の教育研究等の総合的な状況について，7年以内ごとに，認証評価機関による評価を受けるものである．

　大学評価の目的の一つとして「質の保証」，いわゆるアクレディテーション (accreditation) が重要な側面であることは事実である．これまでアクレディテーションというときには，研究面というよりもむしろ各大学における教育面の評価が重要視されてきたといえよう．多くの国において同年齢層の約半数が大学に進学するというように大学の大衆化が進む中では，教育を中心とした「客観的な」評価システムによって教育の質を保証するというアクレディテーションが必要であることは事実である．しかしながら，教育の質を保証するといっても，何を，どのように評価すればよいかとなると，誰もが合意することはきわめて困難，というより不可能であろう．わが国においては，これまで教育評価というと，それぞれの大学に所属する教員の研究業績の評価に基づく自己点検評価が基本であった．米国においては，アクレディテーションは州あるいは州を越えた地域機関によるのが基本であるが，それぞれ認定方式，基準が異なるため，一部の組織が容易かつ安易に学士，修士，博士等の学位を発行するという，いわゆるディプロマミル，ディグリーミルの問題も生じることになる．

一方では，ピアレビューチームによる外部評価が行われ，評価の多様性も存在するという点は，米国の大学の特徴ともいえるであろう．これに対してヨーロッパにおいては，平成2年（1990）ごろから大学の質の向上，アカウンタビリティーを目指した動きが活発化し，アクレディテーションの考え方に基づく各種評価機関が設置され，特に国際的なネットワークを構築しようとしている点が特徴的である．このような教育評価，アクレディテーションにおける国際協力は平成10年（1998）のソルボンヌ宣言，平成11年（1999）のボローニャ宣言に基づくものであるが，特にボローニャ宣言において平成22年（2010）までに欧州高等教育圏を設立するという構想に基づいた動きが基本となっている．ボローニャ宣言はヨーロッパにおいて大学学士課程と大学院課程を統一化し，単位互換を実施し，各国間で学生，教職員の流動化を促進しようとするものである．ボローニャ宣言が各国間の連携協力を目指したのに対して，EUでは，エラスムス（ERASMUS）計画（短期留学制度，昭和62年（1987）），ECTS（European Credit Transfer System，平成3年（1991））の導入，ソクラテス（SOCRATES）計画（平成7年（1995），平成12年（2000））に基づく普通教育，高等教育の枠組み統合を推進している．

　一方，OECDにおいても1990年代から高等教育機関に対するアクレディテーションに取り組んでおり，EDPC（Education Policy Committee）下にあるIMHE（Institutional Management for Higher Education）プログラムなどの活動がきっかけとなり，平成15年（2003）にはCERI（Center for Educational Research and Innovation）が創設され，各国の専門家による国際研究プロジェクトとして高等教育機関に対する質の保証，アクレディテーションの問題を中心に扱っている．またヨーロッパでは，INQAAHE（International Network for Quality Assurance Agency for Higher Education）と呼ばれる国際的な質保証機関ネットワークにほとんどすべての国が参加し，ENQA（European Association for Quality Assurance）としてアクレディテーションの相互認定を目的としたプロジェクト型ネットワークを構築している．

　ヨーロッパの中でも，イギリスのように従来からの高等教育質保証機構

(QAA)が分野別機関別オーディットを実施しているという特徴を有する国もあるものの，全般的には米国型アクレディテーションが国内における機関に対して多様な教育評価を中心に行っている．それに対して，ヨーロッパ大陸諸国では高等教育機関に対するアクレディテーションを国際的に行う質保証機関ネットワークを構築する点に重点を置いているというのが相違点であるといえよう．

　米国の大学進学率は平成12年（2000）時点で47.7%，社会人等によるパートタイム学生まで加えると60.4%，またイギリスにおいては平成13年（2001）時点で64.8%，パートタイム学生まで加えると実に106.7%もの人々が大学で学んでいる．フランス，ドイツでも大学進学率はそれぞれ41%，33%となっている．国によって多少の相異はあるものの，ほとんどの欧米諸国において同年齢層の半数前後の人々が大学で学んでいるのが現状である．このような中で大学評価は国によってまちまちで各国それぞれ工夫をしている．

　米国における大学評価の一例として大学のランキングがあり，たとえばU.S. News & World Report（www.usnews.com）などにおいて，米国のすべての公立，私立大学の評価が大学のランキングとともに示されている．そこでは，米国のすべての大学を対象として，カーネギー財団による分類法に基づく分野ごとの評価が行われ，"Best National Universities"として最上位の大学50校の総合順位が示される．なお200位以下についての順位は示されない．評価に際しては，分野ごとに学術的指標として，卒業者／中退者比率に関する順位，入学者／中退者比率，入学者／卒業者比率に対する予測値と実績値の格差，教員集団順位，20人以下のクラス比率，50人以上のクラス比率，学生／教員比率，専任教員比率，選抜比率，25-75%位のSAT/ACTスコア（米国における入学者選抜に用いられる全国統一試験），入学者の中の高校のトップ10%以上の割合，志願者に対する合格者割合，財務内容順位，同窓生寄付順位，同窓生寄付割合などの15個の指標が設定され，これらの評価値に基づいて，5.0を最高点とするスコアが与えられ，それらに基づいて米国全体の大学（1,400校以上）に対する総合順位，公立大学に対する順位，教養学部（Liberal Arts College）に対する順位，ビジネスス

クール (MBA) に対する順位など，分野別，地域別に詳細に与えられている．たとえばビジネススクールのベストプログラムに対しては，会計学，起業プログラム，財務，マーケティング，経営，経営情報システム，サプライチェーンなど12個のプログラムの各々に対して最上位5校までの順位が与えられている．

望ましい大学評価

　高等教育に関する政策評価と大学評価については，望ましい評価とはどのようなものかを明らかにする必要があろう．一つは「インプットよりはアウトプットで評価すべきである」ということ，そしてもう一つは「プロセスよりは結果で評価すべきである」ということである．

　前者については，日本の大学は入るのは非常に難しく，卒業は容易であるのに対して，欧米の大学は逆である，すなわち大学への入学はさほど困難ではないものの，特に厳しい大学においては卒業はかなり難しいといわれる．入学定員に対する実際の入学者数の比率，あるいはそれぞれの学部あるいは大学院研究科が有する定足数に対する実際の在籍者数の比率によって大学を評価するという現在の評価制度では，入口を厳しくこと，すなわち一定のレベルあるいは質を保持しながら大学や大学院の入学者を決定することすら危うくなるのである．少なくとも，それぞれの大学あるいは大学院が入学者に対して中途退学者を多く出すことなく毎年どれだけ卒業生を出しているか，学位を出しているかをチェックすべきであろう．

　後者については，重要なことは途中の段階で学生が何人在籍しているか，あるいは定員数に対してどれだけ不足あるいは超過して在籍しているかといった途中のプロセスではなく，卒業した学生，あるいは学位を授与された学生がその後どうなっているかといった結果をも見るべきであるということである．それぞれの大学あるいは大学院を卒業した学生が，産業界，官界，学界といった世界でどのように活躍しているかを見ることが重要である．教育成果が現れるには時間がかかるが，それを実現することが教育の大きな，しかも重要な目的のはずである．教育の入口あるいは途中のプロセスのみを重視すると，本来の目的であるはずの「能力のある学生に対してよい教育を施

すことによって，卒業後に各界で活躍できるような人材を育成する」ということが忘れられてしまうことにもなるのである．

　評価とは本来，多面的，多角的，動態的でなければならないと考える．すなわち，評価に際しては，ある一面のみをとらえるのでなく，多くの側面（多面的）から，しかもいろいろな角度（多角的）から対象をチェックする必要があり，さらには一時点のみを見るのではなく，定期的に繰り返し，多くの時点で見た上でダイナミックに（動態的）とらえるべきである．したがって「評価は本来，総合評価でなければならない」ということである．大学の活動を大きく教育，研究，運営という3つの側面から眺める場合でも，それぞれの側面における本来の目的と照らし合わせた上で，どのような側面をどのように把握するか（大きくとらえるのか，細分化するのか）を考慮した上で何を，どのような角度からどのように（定量的と定性的，絶対的と相対的）とらえるかを考えることが必要である．わが国の大学をすべて統一的に同一基準で評価する必要はなく，同様の形態，目的を有する大学間で「相対的に評価してもよい」はずである．この点で現在までのところ，わが国の大学評価が所期の目的を達成しているとはいえない．

　評価をどのように用いるかという評価結果のフィードバックという重要な問題もある．すなわち大学評価の目的は，各大学がそれぞれの評価結果から得られた情報を参考にしつつ，それらを各大学の運営改善にフィードバックさせることによって各大学がレベルアップし，より良い大学を作っていくことであるはずである．そのためには評価結果を大学における予算配分，大学運営，人事評価といった面にどのように反映，利用するかは重要である．また，わが国においては，評価自体がそれほど普及しているとはいえないこともあって，評価自体を評価すること，評価技術の向上，改善を図るべく評価者を養成することもほとんど行われていないが，これらもよりよい評価システムを構築していく上で重要である．完全な評価はあり得ないとはいうものの，よりよい評価を求め，改善を繰り返すことは必要なはずである．国立大学法人は一段と透明性を求められ，社会の評価にさらされ，より効率的な業務運営を求められている．評価結果報告の中にも，「評定などを重視しすぎるのは危険で，社会の側も多様な評価尺度を持つ必要がある」と述べられて

いるが，まさにそのとおりである．いろいろな大学評価が試みられる中から，よりよい，望ましい大学評価が得られていくことを期待したい．

7.4 高等教育政策と生産技術研究所

大学・大学院進学率の経緯

　図7.1に示したように，工部大学校は明治18年（1885）の工部省廃止に伴って文部省管轄となり，東京大学工芸学部と合併することになった．したがってその後はわが国の高等教育行政は文部省，そして平成13年（2001）の中央省庁再編を経た後の文部科学省によって高等教育行政が実施されることになる．本節では最初にわが国の政府による高等教育政策の概要について述べ，さらに政府による高等教育政策関連予算の側面から，わが国の高等教育政策について国際比較を試みる．

　教育政策が公共政策の一つとして位置づけられている中で，高等教育政策は高等教育機関に関する中央政府の政策である．したがって学校教育としての初等中等教育政策，生涯学習政策とともに，わが国の将来を担う人材をどのように育てていくかという重要な課題を抱える政策分野である．高等教育政策は人材育成的側面に加えて，わが国の学術研究，科学技術のレベルを国際的最高水準にまで高めることを目的とする学術政策，科学技術政策とも密接な関係を有するものである．

　昭和38年（1963）の中教審答申（いわゆる三八答申）では高等教育機関を（i）大学院，（ii）大学，（iii）短期大学，（iv）専修学校および各種学校，（v）芸術大学，の5種類に分類している．戦後日本の高等教育政策は政府レベルの政策提言としては，中央教育審議会（中教審，昭和36年（1961），昭和46年（1971）），臨時教育審議会（臨教審，昭和59年（1984）-昭和62年（1987）），大学審議会（大学審，昭和62年（1987）-平成11年（1999））に依存してきたという意味で，もっぱら審議会方式が基盤になっているといえよう．大学審議会は，高等教育の高度化，個性化，活性化をキーワードに，平成13年（2001）に中央教育審議会に統合・再編されるまでの間に28の答申・報告を取りまとめている．その意味では近年における高等教育改革，特

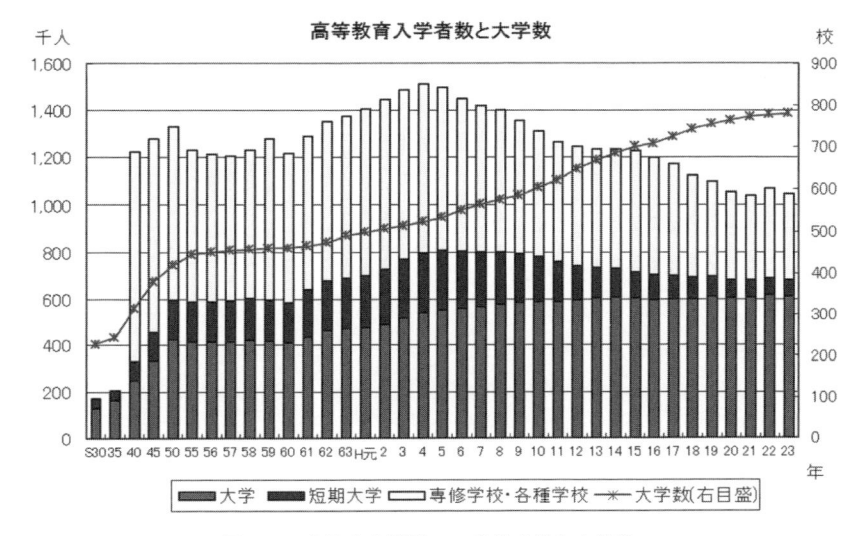

図 7.2 高等教育機関への進学者数と大学数
（出典：文部科学省「学校基本調査報告書」（平成 22 年）より作成）

に大学改革の中核としての役割を果たしたのは大学審議会であるといえる．

図 7.2 は昭和 30 年（1955）から平成 3 年（2011）にかけてのわが国の高等教育機関である大学，短大，専門学校への進学者数と大学数を示したものである．図からもわかるように，大学への進学者数は昭和 30 年（1955）には約 17 万人程度であったのが，平成 5 年（1993）にかけて年率 4.2% 程度で増加し，年間約 81 万人程度（短大含む）に到達し，その後は年率約 1% 程度で減少傾向をたどり，平成 23 年（2011）に年間約 60 万人程度となっている．また短大への進学者数は平成 4 年（1992）の年間約 25 万人をピークにその後は減少傾向をたどり，平成 23 年（2011）には年間約 6 万人という状況である．

一方，上記のような大学進学者数の状況に対して，高等学校卒業者数は平成 2 年（1990）に約 177 万人であったのが，その後ずっと年 2.5% 程度の減少を続け，平成 17 年（2005）には 120 万人，そして平成 25 年（2013）には 108 万人となっている．したがって，大学進学率は昭和 30 年（1955）には 10% 程度であったのが，昭和 48 年（1973）には 30% を越え，平成 5 年

(1993) には 40% を，平成 17 年 (2005) には 50% を越えることになる．その後平成 20 年 (2008) 以降は 55% 程度にとどまっている．また大学数は昭和 30 年 (1955) には 228 校であったのが，平成 17 年 (2005) にかけての全期間を通じて年率 2.4% 程度で増加し続け，この間に約 3.2 倍にも増加した．平成 23 年 (2011) 以降はわが国の大学数は 780 校程度となっている．高等学校卒業者数が減少し，大学進学率がほぼ安定している中で，大学数が増加するという状況が昨今の定員割れ大学の増加をもたらしているといえよう．

　昭和 50 年 (1975) 以降高等教育機関への進学率の伸びは大学，短大への進学率の伸びよりも大きく，その差は現在まで拡大傾向にある．これは各種専門学校，専修学校への進学率の増加によるものである．平成 2 年 (1990) 以降に大学卒業者の就職率が急激に低下し，高等教育機関への進学率と就職率を加えた割合がほぼ一定となっていること，そして大学進学率が昭和 50 年 (1975) から平成 2 年 (1990) にかけて，そしてまた平成 11 年 (1999) 以降とほぼ一定であることから，これまで高等学校を卒業後に就職していた学生の多くが各種専門学校，専修学校へ進学し，さらには就職しながら大学院に進学している学生（いわゆる社会人学生）がかなりいることもわかる．18 歳人口が減少しているという昨今の状況の中で大学進学率が上昇し，各種専門学校を加えた高等教育機関へ進学率もさらに上昇しているということは，いわゆる「高等教育の大衆化」が進行したことに加え，さらに「多様化」が進行していることの表れといってよいであろう．高等教育政策を考えるに際しては，このような進学者層の多様化を踏まえた上で議論する必要があろう．

　一方，大学進学者の中でさらに大学院への進学者が増加しているということも最近の顕著な特徴である．昭和 35 年 (1960) には 4% に満たなかった大学院進学率が年々上昇を続け，平成 17 年 (2005) には 12% と 45 年間で 3 倍に達している．大学院整備を対象とする高等教育行政は，これまでの大学審議会答申において「最低水準を確保しつつ量的整備を図る」（平成 3 年 (1991)）ことから，「大学院の教育研究の質的向上を図る」（平成 8 年 (1996)），そして「競争的環境の中で多様な発展を促す」（平成 10 年 (1998)）ことへとその軸足を移してきたといえる．大学院においても大衆化，

多様化が進行する中,今後,わが国の大学院の教育水準,研究水準をいかにして高めつつ国際的最高水準に持っていくか,そしてそのために高等教育政策としてはどのような方向づけをすべきかは,われわれが考えるべき,解決すべき非常に重要な課題である.このような状況の中でわが国の高等教育政策を評価すること,特に大学評価をどのように実施し,それをどのようにして政策策定にフィードバックすべきかは解決すべき非常に重要な問題であるといえよう.

高等教育関連予算の概要

平成 25 年度(2013)のわが国の文部科学省の予算は 5 兆 4128 億円に達し,政府の一般会計予算の 6.0% を占めている.一般会計予算総額が 20 兆 8370 億円(昭和 50 年(1975))から 92 兆 4116 億円(平成 23 年(2011))に年平均増加率 4.2% で増加しているのに対して,文部科学省の予算は 2 兆 6980 億円(昭和 50 年(1975))から 5 兆 5428 億円(平成 23 年(2011))に増加するという同様の傾向を示しているが,年平均増加率は 2.0% であり,国家予算の一般会計の総額の増加率と比較してかなり小さいのがわかる.この 36 年間を通して,文部科学省に配分される国家予算の一般会計総額に占める割合が 12.9% から 6.0% と減少傾向を示しているのがわかる.このような文部科学省予算の減少は私立大学に配分される政府予算としての補助金に影響することになる.

文部科学省の予算は,教育改革,科学技術,スポーツ,文化,私学助成,等に配分されている.これらの中で教育部門における支出は,(i) 学校教育,(ii) 社会教育,(iii) 教育行政の 3 つのカテゴリーに分類できる.昭和 30 年(1955)から平成 13 年(2001)にかけて,教育関連総支出の約 90% は学校教育支出に費やされている.残りは社会教育と教育行政(雑費を含む)に配分されるが,平成 7 年(1995)以後は,社会教育と教育行政は以前よりも次第に大きなシェアを受け,総費用の約 13% から 17% がこの部門に配分されている.文部科学省の管轄する教育は,幼稚園から高等学校までを対象とする初等中等教育と大学(4 年),短期大学(2 年),専門学校を対象とする高等教育という二つの教育レベルに分類できる.学校教育の経費全体のほぼ

75%が初等中等教育のために使われている．

　高等教育レベルの学生1人あたりの学校教育支出の推移を見ると，国立大学の学生1人あたり支出は約4.36百万円でほぼ米国並みであるのに対して，私立大学学生1人に対する支出は約1.74百万円で半分以下である．公的資金の大部分が国公立，特に国立大学に向けられている．このように私立の高等教育の学生1人あたりの学校教育支出は，国立や地方の公立学校の学生1人あたりに費やされる学校教育支出よりも少なく，約半分である．概して，私立の高等教育は，学校教育の支出全体のわずか20%未満しか受け取っておらず，残りは国立や地方の公立の高等教育に配分される．私立学校に配分される経費が比較的少ないことは，私立の学生の大部分は社会科学や人文科学を勉強しているので，工学や自然科学のプログラムに重点的に取り組む学校よりも相対的に少ない経費で済むということによるものである．

　高等教育の1機関あたりの学校教育支出の推移を見ると，近年，公立と私立がほぼ70億円であるのに対して，国立機関は約4倍の学校教育支出を得ているのがわかる．国立機関1機関あたりの学校教育支出は，昭和45年（1970）から平成7年（1995）にかけて年率約8%で増加しているのが特徴的である．これは特に国立大学への支出の増加によるものである．一方，高等教育の教員1人あたりの学校教育支出を見ると，国公立，私立の間にあまり差がなく，むしろ私立の方がわずかに高いのが見られる．これは私立大学が教職員人件費を多くしていることによるものである．

　OECD主要国における最近の教育支出（公財政支出と私費負担の合計）の状況を見ると，日本の国内総生産（GDP）に占める教育支出の比率は，平成12年（2000）から平成21年（2009）にかけて5.0%から5.9%に増加しているもののOECD加盟国平均6.2%よりは低い．中でも公財政教育支出については，わが国のGDPに占める比率は3.6%であって，OECD加盟国平均5.4%よりかなり低く，この状況は最近の傾向としてさほど改善は見られていない．私費負担の割合については，平成21年（2009）で31.9%とチリ，韓国に次いで3番目に高い状況である．ちなみに私費負担の割合のOECD加盟国平均は16%である．

　わが国の高等教育への支出のGDPに対する割合は平成12年（2000），平

成17年（2005）に1.4%，平成22年（2010）に1.5%であって，OECD各国平均，ヨーロッパ諸国とほぼ同水準である．この傾向は過去10年間にわたってほぼ同様である．高等教育への民間支出分は公共支出分よりほぼ2倍と高いのがわが国の特徴である．ちなみに高等教育の支出のGDP割合が高いのは米国と韓国であって，平成22年（2010）にはそれぞれ2.8%，2.6%である．これらの国においては，高等教育に限らず，特に私費負担割合がかなり高いのが特徴である．

　教育支出に関する最近のわが国の傾向として，初等中等教育への支出の割合は減少し，高等教育への支出は入学者数が増加した結果，増加している．昭和30年（1955）には約2.8%の学生しか高等教育に在籍しなかったのが，昭和55年（1980）には9.3%，そして平成25年（2013）には18.2%まで増加している．このことは小，中，高，短大，大学のすべての教育レベルの学生総数のほぼ5人に1人近くが高等教育に在籍していることを意味している．高等教育の入学者のうち約80%は私立の高等教育機関に在籍している．わが国の教育関連予算が初等中等教育へ過剰に集中しているため，日本の高等教育への公的支出の割合は平成22年（2010）において34.4%とOECD各国平均68.4%，EU各国の平均77.3%と比較してかなり低い．OECD諸国のうちで，日本は高いGDPを有することを考えると，わが国の高等教育への公的教育資金支出は不十分であるといわざるを得ない．高等教育への支出の割合のさらなる大幅な増加が期待される．

生産技術研究所と瀬藤先生の理念

　東京大学第二工学部が廃止，終了を迎えたとき，新大学制実施準備委員会の下に生産技術研究所の設立の準備のための審議を行う第2特別委員会が設けられたが，瀬藤象二第二工学部長はその委員長として研究所の名称，組織，性格，運営等に関するとりまとめを行った（6.1節参照）．瀬藤委員長が当時の南原繁総長に昭和24年（1949）2月に提出した報告書の中には，生産技術研究所が有すべき特性として，以下のような趣旨の項目が含まれている．

　(i) 研究は工学を中心とするものの，将来各学部の研究者が参加できる総合研究所の形態をとり，新たな工学部とは常に連携を保つ．

(ii) 具体的実際的問題の解決をはかるべく，研究課題を決定し，その解決にあたっては，関連専門分野の研究者からなる研究班を作って解決する．

　生産技術研究所の発足にあたって，瀬藤教授が掲げた理念は以下のとおりである．すなわち，過去の日本においては，大学における工学と産業界における工業の間には乖離があった．新研究所では工学の基礎研究の成果が工業に結びつくことを目標とする．そのためには，学理の探究のみを以て良しとせず，さらに一歩を進めて中間試作研究を行い，工業への移転が円滑に行われることにまで踏み込む．それとともに，工学のほとんどの専門分野を有する生研の特色を活かして，異なる専門分野にまたがるような総合的な研究を奨励する．ここで「異なる専門分野にまたがるような総合的な研究」というのは，今日の言葉でいえば学際的研究であり，その先見性は素晴らしい．後述のように，わが国の宇宙研究は生研ではじまるといってよいが，その端緒になったのも，この方針による総合研究であった．瀬藤教授が掲げた理念は，上記報告書に述べられている生産技術研究所の有すべき特性に十分合致するものであることがわかる．

　6.1節にも述べたように，昭和24年（1949）6月に瀬藤学部長は，教職員学生に対して「生産技術研究所の発足に際して」と題する告辞の中で，生産技術研究所においては技術の実際問題を取り上げ，これを総合的に研究し，その結果を実用化試験によって確認して世間に周知せしめることを目的としていることを強調している．このことは，わが国の高等教育政策としての各種審議会による答申，提言と目指す方向を共有するものである．

高等教育政策と生産技術研究所

　生産技術研究所の設立に際しては，それ以前のわが国には存在しなかったような新しいタイプの研究所を設立すべく，多くの新しい制度が採用されることになった．講座制の廃止，教授と助教授で構成される研究部単位による人事計画，予算配分などが新たな制度の根幹をなすものである．このような当時としては類を見なかった制度は，20年後の現在の大学改革のために採用された「大講座制」に合致し，しかもそれを先行したものである．また研究所運営のための各種委員会による行政実施方式は，現在の大学の部局の意

思決定と執行の効率性を高める方法としてはすぐれた運営方法である．生産技術研究所では創立時から行政委員会制度を採用し，その後もそれを有効に活用している点は研究所運営の効率化という点において先見の明を有していたといえよう．

　以上述べた，生産技術研究所が設立にあたって目指した方向は，わが国の高等教育政策として臨時教育審議会あるいは大学審議会が大学の目指す将来像としてそれぞれの答申の中で描いた大学像に合致するものである．中央教育審議会による，いわゆる三八答申においては，生産技術研究所はまさに高度の学術研究と専門職業教育を行う機関の大学院大学として，大学種別化構想に対応した．その上で，昭和40年代の大学紛争時，東大のすべての学部がストライキ，授業放棄等で教育，研究がほとんど停止あるいは停滞する中，当時としてはほぼ唯一であったといってよいであろうが，卒論研究，学術研究を通常通りに進めた機関である．またその後のいわゆる四六答申においては，生産技術研究所の場合，答申にある研究院，大学院の両方の機能を備えた機関として存在感を示したといえよう．特に高度の学術研究を行い，博士学位を授与する機関としての生産技術研究所の貢献は大である．昭和62年（1987）から平成11年（1999）にかけての大学審議会が目指した大学院重点化については，これこそがまさに生産技術研究所が設立当初から理想とした目標であったといえよう．生産技術研究所のミッションは「生産に関する技術的問題の科学的総合研究並びに研究成果の実用化試験」であって，設立当初から生産，製造という実務，実業を重視する産業界との密接な結びつき，そして連携，協力を実施してきたことは，まさに大学審議会が目指す大学の「個性化」の意図するところである．

第8章 卒業生の活躍状況

　本章では二工卒業生が卒業後に産業界，官界，学界等においてどのような活躍をしたかを紹介し，彼らがどのような特徴，特性を有していたか，そしてその原因，理由，根拠は何なのか，といった点について検証する．二工卒業生の就職状況，その後の活躍状況について，その特徴と傾向は一工卒業生とどのように異なるか，あるいはまた工学部の学科によってそれらがどのように異なるかについても可能な限りの検討を加える．

8.1　第二工学部の卒業生

二工卒業生の年次別学科別分布

　第二工学部卒業生は昭和19年（1944）9月卒業の1期生から昭和26年（1951）3月卒業の8期生までが総勢2,562名，さらに昭和26年（1951）4月から昭和29年（1954）3月にかけて生産技術研究所に設置された工学部分校の卒業生が206名で，合計2,768名といわれている．卒業生数の内訳は，表8.1に示すとおりである．二工の卒業生の中にはわが国の産業界で活躍した人が多いというのは，一つの大きな特徴であるといえる．

　なお以下に紹介する分析は，すべて『東京大学第二工学部史：開学25周年記念』（pp. 93-96）に基づく分析であるため，昭和43年（1968）9月現在のデータに基づいている．

　表8.1からもわかるように，昭和19年（1944）9月に最初の卒業生が出てから，終戦の昭和20年（1945）4月の入学生が昭和23年（1948）3月に卒業するまでの1期生から5期生については，昭和17年（1942）10月入学

表 8.1 第二工学部年次別卒業生数

入学（昭和年月）	卒業（昭和年月）	人数
昭和 17 年 4 月	昭和 19 年 9 月	377
昭和 17 年 10 月	昭和 20 年 9 月	412
昭和 18 年 10 月	昭和 21 年 9 月	393
昭和 19 年 10 月	昭和 22 年 9 月	340
昭和 20 年 4 月	昭和 23 年 3 月	368
昭和 21 年 5 月	昭和 24 年 3 月	130
昭和 22 年 4 月	昭和 25 年 3 月	291
昭和 23 年 4 月	昭和 26 年 3 月	251
卒業生総数		2,562
工学部分校卒業生総数（昭和 26 年 - 29 年 3 月）		206

で昭和 20 年（1945）9 月卒業の 2 期生 412 名を最高に，毎年 400 名弱の卒業生を出していた．しかしながら，終戦後の入学者が，航空機体，航空原動機，造兵の 3 学科の廃止，そして学制改革による旧制高校の延長，二工の改革議論，等に伴って激減したために，昭和 24 年（1949）3 月卒業が 130 名と最も少なく，昭和 25 年（1950），26 年（1951）にかけて卒業生数はそれぞれ 291 名，251 名とかなり少なくなっている．

表 8.2 は二工卒業生の年次別学科別の分布状況を示したものである．なお昭和 21 年（1946）5 月入学者は物理工学科，内燃機関学，そして精密工学科からの転科学生が主で，これらに陸海軍学校その他からの転入者を加えて，7 学科 130 名となっている．また陸海軍学校その他からの転入者については，その半数近くが海軍兵学校卒である（人数の内訳の詳細については，1.2 節を参照）．

学科別卒業生数を見ると，収容定員は機械のみが 60 名であって，他学科はすべて 40 名であることから，機械学科卒業生数は全体の 16.1 % を占めている．他は終戦後に航空機体，航空原動機，造兵の 3 学科が廃止されたこともあって，終戦後に少なくなっていること，さらにまた船舶も戦後学生数を減少させていること以外は，卒業生の数はほぼ同様の傾向を示している．

表 8.2 年次別学科別の二工卒業者の分布（昭和 43 年（1968）9 月現在）

卒業年月	土木	機械	船舶	航機・物工	航原・内燃	造兵・精密	電気	建築	応化	冶金	合計(%)
昭 19.9	35	55	38	31	38	36	37	33	38	36	377 (13.6)
昭 20.9	42	58	41	37	38	43	37	42	37	37	412 (14.9)
昭 21.9	38	53	33	37	38	37	39	40	38	40	393 (14.2)
昭 22.9	35	61	39	29	—	26	38	34	37	41	340 (12.3)
昭 23.3	46	65	34	24	—	35	44	43	40	37	368 (13.3)
昭 24.3	17	23	10	—	—	—	34	16	23	7	130 (4.7)
昭 25.3	35	59	25	14	—	20	30	39	40	29	291 (10.5)
昭 26.3	39	41	13	20	—	13	38	37	27	23	251 (9.1)
分校(昭 29.3)	29	29	—	29	—	14	26	27	27	25	206 (7.4)
合計(%)	316 (11.4)	444 (16.0)	233 (8.4)	221 (8.0)	114 (4.1)	224 (8.1)	323 (11.7)	311 (11.2)	307 (11.1)	275 (9.9)	2,768 (100)

8.2 二工卒業生の活躍状況

二工卒業生の産業界における活躍

　二工卒業生は，産業界，官界，学界等において，目覚ましい活躍をしている．二工卒業生の活躍ぶりがはじめて注目を浴びたのは，今から約 30 年前の週刊誌『サンデー毎日』（昭和 56 年（1981）7 月 19 日号，pp. 156-159）に「「東大夜間部出身なの？」と錯覚される日立・富士通新社長の学歴――東大第二工学部」という見出しの記事が出たときであるといえよう．総合電機メーカーの雄としての日立製作所社長に二工昭和 24 年（1949）電気工学科卒の三田勝茂氏，そして当時の日本一のコンピュータメーカーの富士通社長に三田氏と同じ学科で学んだ「同期の桜」の山本卓眞氏が就任したのを契機に，東大第二工学部ががぜん世間の注目と脚光を浴びたのである．この記事では

「第二」工学部という名称のために卒業生が夜間学部の卒業生と思われることがあると軽妙に書かれている．二工が廃止されて30年が経つ昭和56年（1981）まで東大第二工学部が世間的にあまり知られていなかったのが，たまたまこの年の春の人事異動シーズンにトップ企業の二人が東大第二工学部出身であったことがきっかけとなって，二工が注目を浴びることになったのである．

『サンデー毎日』の記事によると，二工卒業生の産業界における活躍の原因として土木工学科卒業生の言が紹介され，「千葉は本郷と比べて施設，設備も貧弱でとてもアカデミックな大学と呼べる雰囲気ではなかったが，そのような環境の中で，なにくそ本郷に負けてたまるか，といった強い気持ちが彼らOBの活躍の原動力となった」と述べている．また，二工は昭和23年（1948）3月の入学者を最後に学生募集が打ち切られ，閉学となり，その後生産技術研究所へと発展的に解消されることになったため，本郷とは異なり卒業生の「帰る場所」のない，いわば祖国なしの「無国籍」な集団となったことが，かえって卒業生達の社会における大活躍の原動力になっているのではないかとも述べている．国全体が太平洋戦争という大きな苦難，苦境にある中，そしてまた本郷キャンパスと比べてもはるかに質素な粗末な環境の中，青春時代の一時をともに苦労した仲間達は貴重な人生体験を積んだであろうし，また大切な師弟関係，友人関係も築き，団結感，一体感，仲間意識も芽生えたはずである．このようないろいろな体験，経験の蓄積，絡み合いが彼らの活躍の源泉となったに違いない．

二工の卒業生は，昭和19年（1944）から昭和26年（1951）までのほぼ8年間にわたって総勢2,562名が卒業していることは前述のとおりである．彼らが企業人としてまさに働き盛りを迎える40歳代の後半から50歳代に入るのは，昭和45年（1970）ごろからのほぼ10年間といってよいであろう．このころはまさにわが国経済が第一次，第二次のオイルショックを経験する大変な時期と重なっている．電気通信，コンピュータ，建設などわが国製造業が経済，産業界の牽引者的役割を果たす中で，二工卒業生として企業の社長あるいは副社長として各企業の責任を担ったのは，以下のような人々をはじめとして数多くいる．

産業界においては，NTT の山口開生社長（電気，昭和23年（1948）卒），富士通㈱の山本卓眞社長（電気，昭和24年（1949）卒），日立製作所㈱の三田勝茂社長（電気，昭和24年（1949）卒），鹿島建設㈱の石川六郎会長（土木，昭和23年（1948）卒），日産自動車㈱の久米豊社長（航空原動機，昭和19年（1944）卒），同・細川泰嗣副社長（冶金，昭和20年（1945）卒），マツダ㈱の渡辺守之会長（航空原動機，昭和20年（1945）卒），ファナック㈱の稲葉清右衛門社長（精密，昭和21年（1946）卒），ソニー㈱の森園正彦副社長（電気，昭和24年（1949）卒），三菱電機㈱の潮恒郎副社長（電気，昭和21年（1946）卒，院，昭和23年（1948）卒），三菱商事㈱の近藤健男社長（航空機体，昭和19年（1944）卒），アラビア石油㈱の宮崎仁社長（電気，昭和19年（1944）卒），三井建設㈱の町田良治社長（建築，昭和20年（1945）卒），小松製作所㈱の能川昭二社長（機械，昭和25年（1950）卒），ダイキン工業㈱の山田稔社長（航空原動機，昭和19年（1944）卒）など，煌星のごとく並んでいる（順不同．肩書は昭和61年（1986）当時）．戦時中という激動の時代を学生として過ごし，ほぼ同時期にそれぞれの企業人としてわが国の経済，産業の発展のために心血を注いだであろう彼らは，お互い同士がそれぞれ親交を保ち，切磋琢磨しつつ，それぞれの企業の成長，発展のために努力したといえる．

二工の教育環境の特色

　対米戦争遂行のために誕生したともいわれた東大第二工学部であったが，今度はその卒業生たちが「日米経済貿易戦争を担った」と指摘する声もあるくらいである．第二工学部が対米開戦時期に工学部増強政策の結果として創設されたのに対して，二工卒業生が卒業後20数年を経て再び日米経済貿易戦争に巻き込まれ，米国と「激しい戦いの交渉役」を担ったというのは皮肉である．

　東京大学生産技術研究所第14代所長の尾上守夫氏は，尾上（1999）[1]の中で二工の特色を人的資源，組織的側面，物的資源という異なる側面から以下のように述べている．

---

1) 尾上守夫「生研半世紀の回顧と展望」，『生産研究』，51巻10号，1999，pp. 692-701.

「一つは，東京大学という伝統に，外部からの革新を非常にうまく織り込んでいる．学科によってやり方は違ったようですけれども，電気は瀬藤先生のご出身ということで，モデルになった．教授の年齢順位をもとに上から第一，第二と完全に二分して，学生も入学試験の順番で交互に配ってしまう．細胞分裂，今で言うクローンに似ています．全く同じものをもう一つ作るときに，これが一番いい．そうすると先生の数が半分になりますから，あとの半分は主として産業界から人材を入れました．最近は産業界から大学に入られる方も多くなりましたが，当時としては画期的だったわけです．工学というのは生産の現場から切り離せない．そういうことをよく知った先生方が来て下さって，産業にも目を配った教育が受けられたのは幸せだったと思っております．それから，新しくつくるわけですから，講座も旧来の分類にかかわらず非常に斬新な配分をされた．第二工学部の建物は，戦時中のことですから，みんな木造の二階建てでそれがずらっと並んでいました．戦争がすぐ始まりましたから資材など全部軍に押さえられて入ってこない．瀬藤先生は，そういう困難があると，ますます張り切ってやられるような方で，大蔵省でも，陸・海軍でも，ご自分で乗り込んで行って正論で説得される．向こうの担当官から，学部長が先頭に立ってくるのだけはやめてもらえないかと事務のほうに申し入れがあったと言われています．そのおかげで，数十棟の建物が一年くらいで建ちました．」

尾上守夫氏の上記コメントから得られる示唆として，同様のミッションを有するもう一つの組織を新たに作る際には，人的資源はまったく平等に「分割」すると，新たな組織は外部から新たな血を入れる必要に迫られる．その場合には，これまでと異なる血を導入することによって，彼らにいわゆる「既存勢力」との対抗意識，競争意識が芽生えることがよい方に働くということではないだろうか．特に上記のように，二工が本郷第一工学部と比較して「劣悪な環境」の中で教官，職員，学生全員が一丸となって学部運営に努力したということは，二工学生の卒業後の努力のバネになったであろうし，また彼らの誇りの支えとなったといえるのではなかろうか．

　第一工学部と第二工学部とでは入学した時点での資質は同等であったが，その置かれた環境や条件が第一工学部にはない独特のカラーを形成したようである．その点を整理すると，以下のようになるのではなかろうか．
（ⅰ）新設学部であったこと，すなわち本郷から離れた千葉の畑の中からの

出発であり，挑戦的，開拓精神や創意工夫，進取の気性が養われた．

(ii) キャンパスの環境として千葉郊外に置かれたために，周囲はほとんど畑や原野に囲まれており，野生的で自由奔放な雰囲気があった．

(iii) 実務家出身教員ともいうべき産業界出身の教員が多くいたために，もの作りの面での実践的な工学教育が大きく花開いていた．

(iv) 教育課程に関しては，専門の工学教育にとどまらず，広く人文・社会科学の講義も開講されたことが当時の学生にとってもかなり新鮮だった．たとえば法哲学の尾高朝雄教授は，「付和雷同せず幅広く学び深く考えよ」と訓示され，当時の学生達に大きな影響を与えている．

(v) 二工学生は学生寮に住む者が多くいたために，旧制高校の寮生活の延長で，仲間意識が強く，「バンカラ気質」が引き継がれた．

二工各学科の卒業生の活躍状況

第二工学部各学科の卒業生の活躍ぶりについて，順を追って紹介しよう．
(i) 土木工学科

3.3 節の二工卒業生の就職状況のところでも述べたように，土木工学科の卒業生には他学科と比較して官庁，公共部門に就職した者が多いのが特徴である．これは，3.1 節の教育内容と教育体制のところでも述べたように，実務経験豊富な教授陣が，若い学生達の社会的貢献への意欲とそれを実践的に遂行するためのノウハウを植えつけたことによるのであろう．第一工学部や他大学も含め土木工学科の特色として多くの人材が官界へ入る中，第二工学部卒業生は数多く土木関係部門のトップを務めてきたのである．地方官庁を中心とする官庁就職者が多いのが特徴であるが，中央官庁勤務者もそれに匹敵する程度にいる．公社団体への就職者も他学科と比較するとかなり多いが，約半数は国鉄である．民間会社関係としては約半数が建設会社で，約3分の1が電力会社あるいは私鉄関連会社となっている．

二工土木工学科の卒業生で中央官庁の運輸省に入り，昭和 40 年（1965）代から昭和 50 年（1975）代にかけてわが国の道路，港湾，鉄道などの国土基盤インフラの整備充実化に尽力した人々も多くいる．港湾局長であった岡部保氏（土木，昭和 19 年（1944）卒），竹内良夫氏（土木，昭和 21 年（1946）

卒），建設局長であった半谷哲夫氏（土木，昭和24年（1949）卒），施設局長であった菅原操氏（土木，昭和24年（1949）卒），新幹線建設局長を務めた吉村恆氏（土木，昭和24年（1949）卒）はすべて第二工学部卒業である．中でも吉村新幹線建設局長はトンネルの権威と呼ばれ，皆から尊敬され，高く評価されていたようである．また建設省に入り，わが国の道路，河川を中心とする建設行政に尽力した人々も多くいる．道路局長，技監を務めた菊池三男氏（土木，昭和20年（1945）卒），土木研究所長であった中澤式仁氏（土木，昭和24年（1949）卒），坂上義次郎氏（土木，昭和25年（1950）卒），そして道路局長を務めた山根孟氏（土木，昭和25年（1950）卒），河川局長，技監を務めた小坂忠氏（土木，昭和26年（1951）卒）などである．

二工土木工学科の卒業生の中には，特に地方の土木部長等の役職を担ったものが多いといわれている．前出の山根孟氏は，本州四国連絡橋公団総裁を経て東京電力㈱顧問となっているが，第二工学部当時を振り返って，座談会の中で次のように述べている．

「大学（university）という感じよりもむしろ単科大学（college）みたいな感じ，あるいは旧制高校の延長みたいな感じだった．そこには未知の問題，未確定なことに挑戦する精神に満ちあふれている感じがして，先生にも熱意があって，それが学生にもよく伝わった．「全体をよく見て技術をどう生かしたか」を考えるスピリットが身についたし，また，あらかじめ仕組まれた体系の話というよりは作り上げていくプロセスを大事にしたという印象を持っている．非常にまじめな先生が多く，非常に紳士的であったというのが記憶に残っている．」

運輸省の港湾局長であった竹内良夫氏は，後に関西空港社長として航空行政の発展に尽力しているが，二工当時を次のように振り返っている．

「本郷一工はどちらかというと象牙の塔の中でアカデミックなものに非常に力を入れているという印象を持っており，それに対して二工はより実践的な生徒，学生を育てる方針だったのではないだろうか．したがって二工学生は一工学生と比較して育ちが「粗野」というか，「ラフ」で野性的だったような気がする．二工学生当時，地元農家，漁家とのトラブルを先生が謝りに行って解決してくれたこともいい思い出として残っている．東大土木学生はトータルでシステム的に物を考えるべきであるということを教わったが，最も大切なことであると

今でも思っている．シビルエンジニアは要素と要素をうまく積み上げることによってトータルシステムをパーフェクトに機能させることが重要であることを学んだ．」

菅原操氏は運輸省勤務の後，国鉄常務理事を務め，その間に東京工業大学社会工学科教授を4年間務めているが，以下のように語っている．

「健康で能力のある人は皆陸軍か海軍の試験を受けたようである．山根氏は陸軍，半谷氏は海軍，吉村氏は陸軍というように皆そのような経歴を持っている．一方，自分は藤井松太郎氏（鉄道総裁）に言われた「技術者は基礎の幅があっていろいろ知っている中で自分の専門も持っていなければいけない」というのを技術者として座右の銘としている．」

各自が広い基礎知識の上に専門を持たねばならない，そしてまた専門というのは広い基礎知識があってはじめて得られるものである，というのは，技術者に限らず，学者，研究者を含めたすべての職業人にあてはまることであろう．菅原氏は，昭和18年（1943）に予科に入り，それから豊岡の航空士官学校で航空機などを使った訓練を受け，終戦後の昭和21年（1946）に大学に入ったために工学部を受験したというが，彼の著書[2])の中で大学受験に際して工学部を選んだ理由と二工時代について，次のように述べている．

「陸軍航空士官学校で工学的な授業を受けていた影響もあったし，また終戦時に日本の国土が相当荒廃したということもあって，大学に入る際には工学部土木工学科を選択した．道路もなければ鉄道も不便，切符を買うのも大変で，みな窓から列車に乗り込んでいた．舗装した道路は少なかったし，高速道路ももちろん無い．下水も十分ではなく，生活基盤がとにかく悪かった．焼けた家も多かったし，インフラを整備しなくてはいけないという考え方はその頃からあった．工学部の中での当時の花形は応用化学だったが，応用化学は競争率が激しかったので，土木というのは地味だが，これからもずっと続くであろうと考え，土木工学科を選んだ．」
「第二工学部には，学校育ちだけでなく実務経験者で教授になった方が，第一

[2)] 菅原　操『懸け橋』，交通新聞社，2005.

工学部よりも多くおられました．いちばんの大先輩が関門トンネルを掘った釘宮磐先生（元国鉄工事事務所長）で，トンネル工学を教えていただきました．鉄道技術研究所の所長を経て東大の教授，その後に第二工学部に来られた沼田先生は，私たちの指導教官でした．また，地震工学のトップになられた久保慶三郎先生．測量学，リモートセンシングの専門である丸安隆和先生は，京城帝国大学から帰ってこられました．その他多くの先生からご指導を受けることができました．第二工学部は後に，生産技術研究所になったりしていますが，そういう意味で産学一体の感じがしました．それともうひとつは，大学のキャンパスもグラウンドも全部畑になっていましたから，私達もさとうきびとかトウモロコシ，落花生や甘薯など，ずいぶんたくさん作ったりしました．グラウンドも広くいい雰囲気でした．」

(ii) 機械工学科

二工の 10 学科の中で卒業生数が最も多く，分校卒業生分を入れると総勢 444 名であった．機械工学科の卒業生は全体としては民間企業，私企業がほぼ 80％ と圧倒的に多いが，民間企業の中でも広く工業の分野で活躍しているというのが特徴である．昭和 23 年（1948）3 月卒業あたりまでは学校，官庁・公社団体も合わせて 10 名前後いたようであるが，その後はこれらの分野への就職はごくわずかとなった．特に昭和 24 年（1949）3 月以降の卒業生はわが国の繊維工業の復活とともにその分野への就職者が増加したようである．

内藤明人氏（機械，昭和 23 年（1948）卒）は，父親である内藤秀次郎と彼の名古屋ガス（現・東邦ガス）時代の同僚である林健吉とが 2 人の姓の頭文字をとって起こした林内商会（現・リンナイ）を引き継ぎ，戦災でほとんど壊滅状態にあった会社を後に世界トップのガス器具・暖房器具メーカーに築き上げている．内藤氏は本郷で行われた入学式で，自分の行き先が第二工学部で，キャンパスも本郷ではなく西千葉だと聞かされた時のことを次のように述べている[3]．

---

[3] 第二工学部記念誌編集委員会編『未来に語り継ぐメッセージ――工学の曙を支えた技術者達』，東京大学生産技術研究所，一般財団法人生産技術研究奨励会，2012．

「第二と聞いて夜間部と勘違いした者もいたほどでした．入学式の後に何人かで安田講堂の学長の部屋に団体交渉に行きましたが，学長は「単純に成績順で交互に振り分けただけで，君らがそうなるのもめぐり合わせだ．まあ，辛抱してくれ」というようなことを聞かされた覚えがあります．しかし結果的に第二工学部が良かった．良いめぐり合わせだったと思っています.」

さらに内藤氏は二工時代の学生生活の中で本郷キャンパスと違って落ち着いて勉強をすることができたこと，地方出身者が皆寮生活だったため，全国から集まった俊英と24時間一緒に過ごし，お互いに刺激し合う生活ができたこと，そして週末には一流音楽家の演奏（戦災で発表の場を失っていた諏訪根自子，巌本真理など），オペラ，オーケストラ，歌舞伎役者など一流の人々に触れることができたこと，等を二工時代の懐かしいよい思い出として語っている．

二工卒業後，家業を引き継ぎ，林内製作所をスタートさせた内藤氏は，二工時代に友人に刺激されて学んだドイツ語の知識を生かし，当時の世界的ガス事業者，機器メーカーであるドイツの企業とのパイプを作り，彼らとの技術提携をもとに，林内製作所を世界のメーカーに飛躍させている．また国内的にも，東大の機械工学科の先輩である大隈孝一氏の大隈鉄工（現・オークマ）と直接交渉し，工作機械のNC（数値制御）化をはかることによって，自らの企業の飛躍に生かしている．与えられた環境に直面した上で，それを積極的かつ前向きに生かすすべを考え，それに向かって努力する．そしてそのためにいろいろな人との結びつき，協調を積極的に築いていくというのは，まさに二工魂あるいは二工スピリットとでもいうべきもの（9.4節に詳述）であるといえよう．

内藤氏は上記文献[3)]の中で，自分はこれまで「人間のみが熱を使う動物である」という基本的な考えの下にすべての仕事をやってきたが，自らの過去を振り返って，「運です．運が良かったんです」とのみ述べている．内藤氏のいう運は，たゆまぬ努力と積極性から得られ，導かれた運であろう．最後に，内藤氏は次のように述べている．

「八高時代には弊衣破帽で寮歌を歌い，東大では全国からの俊英に刺激を受け，

大学を卒業して会社を継ぐときには『世界のトップのガス器具屋になってやろう』と，偉そうなことを言ったものです．でも，あの時代の旧制高校や大学を出た者は，皆そんなことを考えていましたよ．」

混乱の戦時中という時代背景の中では，大学を卒業して会社を継いだとしても，明るい将来が保障されることはなかったであろう．そのような中で大きな夢を描き，それを実際に実現するというのは，まさに二工スピリットの有言実行姿勢を表しているのではなかろうか．

石丸典生氏（機械，昭和 26 年（1951）卒）は，二工の学生と教官の特徴について，以下のように述べている[4]．

「第二工学部は戦争体制の一環として，紀元 2600 年を機に計画され，昭和 17 年（1942）4 月に開学されております．初代工学部長は電気の瀬藤象二教授，機械教室主任は後に日本学術会議の設立に奔走された兼重寛九郎教授でした．受験の時には，どちらの工学部へ編入されるかは，自分では全然選択の余地はありませんでした．私は第二工学部でした．負け惜しみかどうかわかりませんが，第二工学部のほうが優秀だったという人もいます．第二工学部創設の際，若手の優秀で，意欲にとんだ先生がたくさん配属されたから，第二工学部の教育レベルが高く，多くの立派な人材を輩出したといわれています．私は大学でもそう勤勉ではありませんでしたし，そのような噂には無頓着でしたからよく分かりません．でも，「栄光の第二工学部」なんて雑誌にデカデカと記事が載って，富士通の山本社長とか，航空機の黒田さんとか，第二工学部にはわりに有名な人が大勢います．第二工学部は学校の近くに寮が有って，幸い入寮もできましたから，結果的には良かったと思います．大学の出席率もあまり良くありませんでした．寮では夜になると必ず静高の同窓生 10 人ほどが集まって，一緒にお米を炊いて，おかずはいつもカレー汁です．そのころは米も買えるようになっていました．寮を一歩出れば一面の田畑が広がり，人家と言えば京成電鉄黒砂駅の前に一軒の雑貨屋があったきりです．ですから寮にいるときは一にマージャン，二にピンポン，三に下手なピアノといった生活で，お金もありませんから浅草の姉のお店に行く以外はほとんど外出しませんでした．」

---

[4] 松島　茂・尾高煌之助編『石丸典生オーラルヒストリー』，法政大学イノベーション・マネジメント研究センター，No. 20，2006.

さらに石丸典生氏は，上記同書[4]の中で，二工の学生時代の卒論研究と就職について，以下のように語っている．

「卒論研究では平尾収先生の研究室に入りました．内燃機関の先生です．私たちの頃の卒業試験は，何かの設計図を描くか，実験をして論文を書くかのどちらかでした．私は実験と論文の方を選びました．卒論のテーマは先生のご指示で「エンジンの摩擦抵抗の研究」でした．昭和26年（1951）3月に卒業はしましたが，卒業直前に肺結核を発病し，3年半の療養生活を経て，昭和29年（1954）9月に友達の父が実務を取り仕切っている松田製作所という切削専門工場に，体慣らしを兼ねて働き始めました．松田製作所は日本重機，ブラザーなど日本国内大手ミシン会社の，クランク軸の切削をすべて手掛けている専門工場でした．昭和30年（1955）3月に，平尾先生に今後の方針について相談をしたところ，学校へきたらどうだというので，4月1日から東京大学生産技術研究所へ行きました．第二工学部はなくなっていまして，生産技術研究所ということになっていたわけです．

生産技術研究所ではディーゼルエンジンの燃焼シミュレーションをするような研究がぽつぽつ動き出した頃かもしれません．ロケットで有名な糸川英夫さんが生研にいて，地下に長さ10mほどの穴を掘り，その中でペンシルロケットという直径1.8cm，長さ23cmのロケットの実験をしておりました．昭和31年（1956）10月，日本内燃機株式会社に紹介していただきました．「くろがね号」というオート三輪を製造販売していた会社です．私はどこへ転職しても生来楽天家なのか，順応性がいいと言うのか分かりませんが，あまり苦にしませんでした．条件がそう悪くなるわけでもないし，どちらかと言えば少しずつ大きい会社へ移っていくということも幸いだったと思います．東京周辺で移るのはたいしたことではありませんでした．昭和33年（1958）に日本内燃機が破綻して二輪車メーカーのトーハツへ移った時は，住所も変わりませんから簡単でした．しかし，トーハツからデンソーへの転職は，本当のところちょっと大変でした．」

(iii) 船舶工学科

船舶工学科の卒業生については，機械工学科の卒業生の場合と同様に，昭和23年（1948）3月までは学校，官庁・公社団体へ就職する者も数名から10名程度いたが，その後はこれらの分野への就職は少ない．昭和25年（1950）3月卒業組の中に学校，官庁・公社団体への就職者が数名見られる程度で，全体としては民間企業への就職が圧倒的に多く，ほとんどが造船関

係会社である．

　小金芳弘氏は，昭和25年（1950）3月の船舶工学科卒であるが，卒業後，当時の郵政省である逓信省に入り，運輸省船舶局，経済審議庁計画部などを経て，昭和48年（1973）には経済企画庁経済研究所次長，昭和51年（1976）にはOECD事務局INTERFUTURESプロジェクト次長，さらには経済企画庁国民生活局長，昭和57年（1982）には㈱日興リサーチセンター理事，そして平成4年（1992）には東洋学園大学教授を歴任されている．まさに工学と経済学の2つの分野をまたにかけつつ広範に活躍をしてきたといえよう．

　小金氏は昭和13年（1938）13歳で府立一中に入学して以来現在に至るまで80数年間にわたって毎日日記を書き，それが彼のホームページ[5]で公開され，著書（小金，2010）[6]にもなっている．彼はその日記の中で，昭和24年（1949）12月30日には，「来年はいよいよ社会に乗り出すことになるわけであるが，相変わらずエンジニアはいやでたまらぬ」と書き，翌31日に卒論にとりかかったとある．またその日に人事院から900何人中800何番かで二次試験に合格したという通知がきたとも書いている．そして昭和25年（1950）12月31日の日記には，この年が大学卒業，就職，結婚，転職（郵政省入省で造船と縁を切ったはずが，また運輸省船舶局勤務で船とつき合うことになったこと）と激変の年だったと結んでいる．

　郵政省入省以来，運輸省，海外留学，経済企画庁などとそれぞれの場所で実にエネルギッシュかつ積極的に，そして常に前向きに人生を送っておられる小金氏の生き方の根底には，戦時中の二工時代の苦労がその支えとなり，どのような境遇の中でも人生を生き抜く「知恵」と「たくましさ」が宿っているように思える．

(iv) 航空機体・物理工学科

　航空機体学科が終戦とともに廃止され，日本の航空機製造が禁止されたこともあって，就職はかなり困難だったようである．学校，大学，官庁，研究

---

[5] http://www.geocities.jp/ryuryuiso/index.html
[6] 小金芳弘『小金芳弘・戦後日記』，東海大学出版会，2010．

機関への就職が多いのはそのような状況が影響していると思われる．特に約20%が学校関係におり，官庁，研究機関と合わせると30%近くになる．全体としては約7割が民間企業に就職しているが，物理工学になってから電気関係の会社への就職が増えている．

昭和19年（1944）に航空機体学科に入学した山野正登氏（物理，昭和22年（1947）卒）については，文献3)の中に以下のような記述がある．

「官僚に理系の人間が少ないことが，日本で科学技術が冷遇される理由であるとしばしば言われる．今でこそ行政府に理系出身者が増えてきたものの，長い間，官僚の多くは文系，特に法科系出身者が占めていた．そんな行政府の世界に飛び込んだ男が山野正登だ．」

山野氏は文献3)の中で自ら「技術系でありながら行政府に入るような馬鹿はほとんどいませんでしたね」と笑って語っている．さらに山野氏については，以下のようにも述べられている．

「山野は二工で培われた「野武士精神」を発揮．「逞しい競争をするため強くなろう」と自己研鑽，自助努力を重ねた．通商産業省では航空機産業の育成や振興を支え，科学技術庁では原子力や宇宙開発を推進．宇宙開発委員会や宇宙開発事業団の創設業務を行い，ついにキャリア最高のポストである科学技術事務次官に上り詰めた．退官後は宇宙開発事業団（現在の宇宙航空研究開発機構）理事長に就任する．（中略）日本が優れた技術を持っていても，その技術を生かす枠組みや国の方針がなければ，技術は日の目をみることがない．技術者と同じ目線でその重要性を理解し，学究を育む役割が必要だ．そうしたテクノクラート（高級技術官僚）の先駆者が，山野だったのだ．（中略）三十四年間にわたり行政官として新技術開発を引っ張り，その後は宇宙開発事業団理事長として開発業務を担当できたことは幸運であり「悔いはない」と山野はいう．そんな山野が後輩に贈る言葉として力を込めたのが「野武士的な精神を大事にして語り継いで行こう」．二工では都会の喧噪から離れた静かな環境で，逞しく，挑戦的な野武士的な精神が育まれた．」

山野氏のいう「野武士精神」は，まさに9.4節に述べる二工スピリットに通じるものといえるであろう．一方で山野氏は同文献3)の中で，「失敗の重

要性」についても次のように述べている．

　「失敗するからこそ，原因を追究し技術を学ぶことができる．失敗がなかったら重大なところを見逃してしまう．失敗を繰り返しても自分は将来の技術開発に役立つためにやっているんだと自覚することが大事ですね」

　失敗が重要であるというのは，もちろん逆説的である．失敗は望ましくないし，許されないことであるが，一方では，失敗することによってはじめて技術は進歩し，人間は成長することも事実である．技術者，行政官は山野氏の言のような考え方を頭に留めておくことが必要であろう．
　渡辺 亮（あきら）氏は，昭和20年（1945）4月航空原動機学科入学，昭和24年（1949）3月電気学科卒業である．渡辺氏は昭和57年（1982）から芝浦製作所㈱社長を務めたが，二工時代のほとんどを千葉キャンパス寮で過ごした組で，現在も仲間たちが検見川寮友会として集まっていると述べている．また彼の二工時代の印象として，当時の学生の中には陸士，海兵卒で優秀な者がかなりいたとのことである．（山本卓眞氏などのことを述べている．）
　また渡辺氏は，電気工学科の入学者が優秀でその後産業界で活躍しているというのはまさに偶然で，「運が良い」だけであるとも述べている．現に三田勝茂氏は公務員試験に失敗し，主任教授が彼の友人に職を頼んだこともあったし，また三田，渡辺両氏は東芝鶴見工場で設計の実習をした仲間であると述べ，第二工学部だから苦労をしたというわけでない．二工ということで本郷に対する「ひがみ根性」はあったかもしれないが，戦後の暮らしが苦しかったのは皆同じである．二工卒業生だけが努力して苦労して社会で活躍するようになったわけではないと述べている．本郷一工に対する「遠慮がちな対抗心」と「控えめな自信」といったものが感じられた．

(v) 航空原動機・内燃機関学科

　航空原動機学科は終戦とともに廃止となり，内燃機関学科となったが，昭和21年（1946）9月に卒業生が出てからは機械工学科に編入された．したがって航空原動機学科としては3期にわたって卒業生を送り出したことになるが，6割強は民間企業にいるようである．学校と官庁・公社団体をあわせて2割程度となっている．わが国航空機産業の壊滅によって最も大きな打撃

を受けた学科といえるのではなかろうか．

　昭和60年（1985）から平成4年（1992）にかけて日産自動車㈱の社長を務めた久米豊氏は，昭和19年（1944）の航空原動機学科卒業である．久米豊氏は彼のエッセー集[7]の中で，二工学生時代について貧しかった学生生活は正味2カ年そこそこ，まことに充実感に乏しい一時期だったと述べている（3.2節参照）．久米氏は昨今のわが国の学生の理科離れ，製造業離れの傾向について，エッセー「二階の居候」[8]の中で，以下のように苦言を呈しつつ，その対策と提言を述べている．

　「技術系大卒の製造業離れと大学受験志望者の理工系離れの傾向は，もう何年も前から指摘されている．若い人の勤労観が変わってきて，最近は会社などの組織への帰属を重視するよりも仕事本位の方に意識が移ってきたといわれるが，そのこと自体はゆとりや心の豊かさを求める「会社人間からの脱皮」ではないかと理解している．しかし技術系の大学卒が，その進路は様々だとはいえ，給与だけの理由で専門外の分野に就職したなどと聞くと，自ら選んだはずの学問とは何だったのか，人生の価値や目標をどこに求めるのかといった割り切れないものを感じる．一方で製造業や技術教育はそんなに魅力を失ったのかという思いにも悩まされる．それには大学や産業界の側にも多くの原因があろう．

　一国の繁栄はその国の優れた工業生産力にかかっており，製造業が空洞化すると経済力が衰退することは，多くの事例の示すところである．そしてこれまでの日本の製造業の強さは，中堅技術者の層の厚さ，現場の作業員の質の高さ，協力中小企業の能力の高さによってもたらされたといわれる．前述のような若者の傾向は，とりもなおさずわが国の経済力の衰微を暗示するものであって，見過ごすことはできない．変革と創造の時代にあって物づくりによって日本が生きてゆくためには，当然新しい産業，新しい技術が求められる．これまで弱いといわれていた基盤技術の研究開発を充実させ，独自の技術を創造して世界に寄与していかなければならない．現実は基礎研究の比重は民間企業に大きいが，これからは大学や大学院，公的研究機関の強化と産学協同の実質的な視点が望まれる．産業界も今日の製品開発だけでなく，明日のための研究に投資することを忘れてはならない．革新的な技術が革新的な経営に結びつき，真に物づくりを愛する人々によって支えられるとき，日本の将来は明るい．」

---

　7) 久米 豊『回想――人と生活と』，同人，1997．
　8) 久米 豊『二階の居候』，同人，1996，p.78-80．

わが国における技術系大卒の製造業離れと大学受験志望者の理工科系離れの傾向については，久米氏が将来を憂えて以来15年以上にもなるが，本稿最終節の10.2節にも述べているように，解決がかなり困難な問題となっている．本書の主要テーマでもあるわが国高等教育のあり方に関する議論の活発化とともに，われわれが常に真剣に考えていかねばならない課題であるといえよう．
　さらに久米豊氏は，わが国の将来について，わが国独自の文化にも触れつつ，次のように述べている．

　「私は日本の将来は技術と文化と教育で決まると信じている．これからの日本にとって大切なことは，第一に産業における革新，特に技術革新，第二に新しい日本文化の創造と主体性の確立，そして第三に教育の変革と充実とによる必要な人材の育成である．新しい技術の創造が立国の柱であるという認識のもとに，研究開発の活性化を図って，進んだ技術を水準の高い労働力と革新的な経営に統合させなければならない．産業の空洞化を防ぐ方策は，基本的には国内産業間の生産性格差を構造的に縮小させて，コストの国際競争力を回復することであるが，産業進化の結果として不可避的に生ずる国際分業に対応して国内産業の活力を維持するためには，新技術・新産業の創出と労働力の再配置が必要である．日本文化の創造とは，いわば真の「日本らしさ」の確立である．規制緩和をはじめとする構造改革とは，政治・行政・経済・社会の基本的な枠組みを変えてゆくことであって，それはこれまで馴染んできた風土を変革し，その上に新しい文化を創造することである．政治や経済の中に示される国家としての理念や行動が国際的に通用し，かつ第一級のレベルにあること，そしてそれが国民すべてに共有され，支持されていて，独特の「日本らしさ」として態度や行動にあらわれていることが大切である．それが国としての風格というものであろう．教育の変革と充実の重要性は明らかである．日本にとって真に望ましい人材を育成するために，知識習得に偏した今の学校教育を見直すとともに，家庭での教育や企業の人事行政なども反省すべきである．日本はもっと高い志と深い哲学とを抱き，主体性を持って行動すべきであると考える．それは政治や外交においても，経済界についても，そして教育の場にあっても言えることである．科学基本法が成立し，これから政府によって基本計画が策定される．日本全体の研究開発費の80％は民間の拠出であるが，これでは日本の将来にとって重要な基礎研究が，景気によって左右される恐れがある．それを支えるの

が大学や公共の研究機関であるが，劣悪な研究環境や乏しい研究予算では，多くを望めないのが現状である．産学協同の必要性を認めながら，なかなか研究目的を絞り込んで成果を上げることができなかった理由として，大学の研究環境の不備，制度上の制約，産学の給与格差などによる人材交流の阻害などのほかに，産学相互の考え方の違いがあげられている．」

　久米氏の指摘については，10.2 節にも再度述べられるが，高等教育政策に関して，政府，民間産業界に限らず，われわれ大学人の責任，そして果たすべき役割は大きいといわざるを得ない．

　ダイキン工業㈱の社長となった山田稔氏は，航空原動機学科の昭和 19 年（1944）卒業であるが，たとえば，鹿島建設㈱の石川六郎会長（土木，昭和 23 年（1948）卒）は「山田稔さんを偲んで」（石川，1989）[9]として，「東大第二工学部の先輩であった山田さんとは，ダイキン工業と鹿島建設との仕事を通じてのお付き合いと，同じく青年会議所を原点とする若い頃からの財界活動を通じての長い交友関係があり，よき先輩としてご指導を受けた」と述べているし，また，上述の日産自動車㈱の久米豊社長も「剛速球の山田君」として「東京帝国大学第二工学部は戦時下の要請から昭和 17 年（1942）4 月 1 日に開学，山田君や私はその第一回生であった．その日，第二工学部に振り分けられていた私達は，本郷の大講堂で入学宣誓式を終えた後，新しい学舎で学部長の訓示を受けるために千葉に移動した」と千葉キャンパスでの二工時代を懐かしく語っている．二工卒業生の間の結びつきが学生時代から企業人としての活躍につながり，ひいては彼らの人生の友人としての繋がりに至っているのがわかる．

　一色尚次氏は，昭和 20 年（1945）二工航空原動機学科の卒業である．一色氏は日本機械学会会長，日本船用機関学会副会長などの各学会の要職を務め，東京工業大学や日本大学で教壇に立ち，学生らと研究活動に勤しむなど長年学術分野で尽した人物である．彼は「若き日の研究回想録」としての著書[10]を刊行するにあたって，「戦争中，生きるか死ぬかを賭けた戦いの中で，

---

9) 石川六郎「山田稔さんを偲んで」，『山田稔追想録』，ダイキン工業，1989.
10) 一式尚次『B29 より高く飛べ！』，原書房，2010.

苦心惨憺，文字通り昼夜なく寝食を忘れて，陸軍の毛布に包（くる）まって実験室に寝泊まりしながら，動員航空学生として実用研究活動に没頭したときのことが，昨今生き生きと価値あるものとして想い出され，また当時のことは情報としての記録価値もあると思われたからである」と述べている．彼は67年間にわたる研究活動を振りかえって，以下のように述べている．

「何事にも誠意を尽して取組むことですね．私はキリスト教徒ですが，宗教的なことにまで見込めば，神への信仰と祈りをもって何事にも怖れず取組むこととも言えます．東大第二工学部の航空学科の学生は，ほとんどが陸海軍の航空技術研究所（航空技研）に動員された．エンジン系を専攻していた私は，昭和19年（1944）7月，立川の陸軍航空技研へ約15人の学友と共に動員された．」

一色氏が動員された陸軍航空技術研究所で研究スローガンになっていたのが，著書名になった『B29より高く飛べ！』であって，それは日本の上空1万メートルを飛んでくる米B29に対抗するために，これを超える高度に上がる制御機能を備えた戦闘機の開発が急務であったことを意味していたとされている．

(vi) 造兵・精密工学科

造兵学科も終戦とともに廃止されたため，精密工学科に転科して卒業した者も就職先は広範囲，多岐にわたっている．機械関係民間企業が多いが，電機関係，あるいはまた特に昭和23年（1948）3月卒業までの就職先は学校，官庁なども多く，広く分散しているのが特徴的である．

二工精密工学科の卒業生の中には，わが国自動機械界のリード役を務めている代表的産業人として，稲葉清右衛門氏（昭和18年（1943）造兵学科入学，昭和21年（1946）9月精密工学科卒業）がいる．稲葉氏は山本卓眞氏と同様に二工卒業後に当時の富士通信機製造に入社しているが，昭和47年（1972）にNC（数値制御）装置部内を富士通から独立させ，ファナックを設立し，後にファナック社長となっている．当時の富士通には，後に富士通社長となる二工電気学科卒の山本卓眞氏もいたのであるから，その後のわが国のコンピュータ業界のリーダーとなる第二工学部卒の二人がいたことになる．稲葉氏はファナックの「天皇」とも呼ばれた人であり，わが国製造業の自動化，

ロボット化の実用化を最初に実現したと高く評価されている．次章に本書編著者の前田正史が平成 19 年（2007）12 月にファナック本社名誉会長応接室にて稲葉清右衛門氏に面談した折りのことを述べるが，そこで稲葉氏は二工時代を思い出して，強く印象に残っている平田森三教授のことを，もっとも強く感化された大学生活であったとして熱く語っている．恩師平田森三教授をはじめとする第二工学部時代の先生との交流が稲葉氏の後の人生に大きく影響しているといえる．

稲葉清右衛門氏は彼の著書[11]の中で次のように述べている．

「私自身の来し方を振り返ってみても，戦争が終わって，造兵工学出身の技術者など見向きもされなくなった時代に，私はたまたま富士通（当時の富士通信機製造）に入れてもらうことができたのである．そしてまた，NC（数値制御）の開発にかかわることができたのも，まったく「思いがけない」ことであった．さらに，偶然にも牧野常蔵氏（牧野フライス製作所現会長）から NC フライス盤の開発協力の要請を受け，この開発をきっかけとしてわれわれは機電一体化の手法を学び，技術的な礎を築いてきたと言っていい．もちろん私が富士通の役員に任命されたのも，同時にファナックの経営を任されるようになったのも，まったく思いもかけないことであった．私はいかにも経営の名手のごとく言われたものだが，最初からこんな低利で発行（ファナックは昭和 53 年（1978）から昭和 56 年（1981）にかけてドイツマルク，ユーロダラーの転換社債を発行したが，いずれもタイミングよく低利で発行された）しようなど考えていたのでは毛頭ない．「たまたま」そういう時期に直面しただけのことである．

「運」というものは，確かに万人に平等に与えられているチャンスであるといえるかもしれない．そして，そのチャンスを強いものにするか弱いものにするかは，各人の努力次第であるという見方にも納得できるところがある．しかし，以上に紹介したような「思いもよらない事実」の根拠を考えてみると，どうも努力だけでは説明しえないものがある．私がもし，生まれながらにして強い運を持っていたとするならば，それを生かしてくれたもの，すなわち私の運の強さをはっきり実証できるものは，私が多くの優れた先輩に恵まれたということだと思う．年を経るにしたがって，私はそれを痛切に感ずるようになった．」

---

[11] 稲葉清右衛門『ロボット時代を拓く』，PHP 出版，1982.

造兵学科に入学しながら，敗戦，終戦に伴う学科の改廃によって精密工学科を卒業することになり，さらに敗戦の混乱の中，製造業にNC（数値制御）による自動化という「技術の新風」を吹き込み，ファナックを世界のトップ企業に築き上げた稲葉清右衛門氏ならではの言といえるであろう．
　ファナックは昭和56年（1981）9月に日本経済新聞が発表した「日経優良企業ランキング」で松下電器，京セラ，トヨタなどの超優良企業を引き離して第一位になったためわが国産業界の注目を浴びることになる．企業カラーとして黄色を用いているため，「黄色い王国」ファナックともいわれているが，その「黄色い王国」の首領である稲葉清右衛門氏は，田原（1986）[12]の中で次のように語っている．

　　「明治時代から東大工学部内に造兵学科というのがあって，日本の陸海軍の兵器開発の中軸的存在だった．造兵工学というのは，実に発想が柔軟でかつ広い学問です．たとえば弾丸をいかなる環境でも確実に標的に当てる，そういう兵器，装置をつくるためには，それこそ機械工学からエレクトロニクス，化学とあらゆる学問技術を動員して組み合せなければならない．現在でいえばシステム工学……，いや，もっと広い．徹底した目的達成型の技術で，その造兵工学的血統，体質がぼく自身の「武器」にもなっているのでしょうね．」

　さらに稲葉氏は，「こうした造兵工学的発想に裏打ちされた戦前，戦中の兵器技術が，戦後さまざまな産業分野に展開されて開花し，それが日本を世界の経済大国に押し上げた原動力になっている」と熱っぽく語っている．稲葉氏はさらに，「造兵工学というのは，徹底的な機能追求型で，あらゆる学際的，業際的技術を動員しなきゃならないわけで，これこそが造兵工学の特徴であり魅力でもある」と述べているが，このことについては，黒田彰一氏も同様のことを田原（1986）[12]の中で次のように述べている．

　　「技術屋，特に造兵学科の人間たちは「機能追求型」なので，状況の変化に対して柔軟に，というよりクールに対応する体質がある．造兵工学というのは，専門がないような学科ですから，逆に化学であれ，エレクトロニクスであれ，

---

[12] 田原総一朗「「兵器屋」たちの「発想の転換」の戦後史」，『新潮45』，Vol. 5, No. 6, 1986, pp. 128-152.

何にでも抵抗なしに入って行けるのですよ．液体みたいにね．」

　田原（1986）[12]では，「米国の週刊誌ビジネス・ウィーク（Business Week）の著名な編集者ブルース・ナスハパームは日本の企業の強さを表現するのに」「ホット・ミックス，ホット・タブ（熱い風呂）」という言葉を使っている．いずれも目的達成のために企業のあらゆる部門の人材，技術が総がかりになり，ワイワイやりながらしかも巧みに折り合いをつけるという意味だがホット・ミックス，ホット・タブのルーツは造兵工学だと言えよう」と述べている．

　田原（1986）[12]はさらに，「稲葉氏が二工に入学したのは昭和18年（1943）で，最も時代の脚光を浴びているエリート学科だったのですが，卒業は昭和21年（1946）9月で「戦犯学科」です．敗戦直後で経済がムチャクチャの時期に「戦犯学科」の卒業生が就職口を探すのは，それこそ至難の業，「戦犯学科」の発想，技術が戦後の日本産業の凄まじい発展の原動力になった」とも述べている．

　黒田精工㈱の社長を務めた黒田彰一氏も，稲葉氏と同様に造兵学科が廃止，再編成となったために二工精密工学科の卒業である（昭和18年（1943）造兵学科入学，昭和21年（1946）9月精密工学科卒業）．黒田氏は卒業後の経験を以下のように述べている[13]．

　　「日本で最初のゲージメーカーである黒田挟範製作所の創業者の長男として生まれたが，昭和16年（1941）8月の父の死によって，後を継ぐことになった．会社は当時軍需会社であったため生産停止に追い込まれていたが，やがて経済の復興とともにゲージの需要も出てきたため，昭和24年（1949）には再建会社が発足し，翌年の朝鮮事変の勃発とともに日本の機械工業の本格的復興が始まった．」

　その後黒田氏はエジソンねじの改良，装飾用豆ランプのゲージ製作，水道カランの改良など次々と技術改良を重ねている．機械試験所の機械部長であ

---

13) 黒田彰一「私の歩んできた道」（第1回 − 第3回），精密工学会誌，No.5, p. 459, No.6, p. 576, No.7, p. 704, 2008.

った朝永良夫氏らの協力もあって，ブロックゲージ規格判定委員会委員として昭和33年（1958）には精密測定機器生産性チームを構成して，米国のNBS（National Bureau of Standards），イギリスのNPL（National Physical Laboratory），フランスの国際度量衡検定所などを訪問し，精密測定分野における国際的活動を続けることになる．

　黒田氏はファナックの稲葉清右衛門氏とも級友であって，ファナック製品のNCサーボ用電気油圧パルスモータ開発にも協力している．黒田氏は黒田精工㈱社長の傍ら，わが国の戦後復興期において，測定機器，金型の業界の組織化，規格判定活動にも尽力した．その結果，アジア金型工業連合会の初代会長，さらには国際金型工業会（International Special Tooling & Machining Association）の会長（2003-2006）も務めている．金型産業は世界中で産業従事者100万人，販売高7-8兆円の産業を有しているが，黒田氏はわが国の金型産業の中心的産業人として，技術革新による業界の発展と国際化に大いに貢献したといえるであろう．

(vii) 電気工学科

　瀬藤象二第二工学部長のもとで電気工学科の主任教授を務めた星合正治先生の思い出をつづった追想録[14]の中には，以下のように書かれている．

　「星合先生は，第二工学部の開学時，電気工学科の主任教授を勤められ，学生の士気を鼓舞する教育環境を整えるのに尽瘁された．当時の学生達は，「厳父のような瀬藤先生，慈母のような星合先生」と云う言葉を良く口にする．瀬藤先生は，豪毅な意志力を顕にして学生を引っ張っていかれ，星合先生は，温かく，柔らかく学生に接せられた．教室で先生に初めて接してそのお人柄に打たれ，前途に光明を見出だした学生は，少なくなかった．第二工学部からは多くの人材が育った．戦後の一時期，産業界は疲弊して新規採用を控える中，特に二工の卒業生をと名指して，推薦を求めた企業もあった．第二工学部の育成に心を砕かれた先生にとっては，内心，報われた思いを味わわれたに違いない．」

　二工の電気工学科をまとめていく上で，星合教授の貢献はかなり大きなも

---

[14] 星合正治先生追憶記念会編『星合正治先生の思い出』，コロナ社，1988．

のであったことがわかる．上記書[14]の中では，「卒業後30数年を経て，第二工学部に対する評価が高まっているのは，これらの卒業生達が努力して，大いに社会に貢献したことによるものであろうが，その教育の礎を築かれたのが星合先生であった」と述べられている．

電気工学科の卒業生は323人であるが，そのうち3分の2は民間企業に就職している．そして約30%が学校，官庁・公社などで働いている．民間企業で働いている者は半分以上の6割近くが電気，電子，通信の分野で働いている．特に日立，東芝といった大手電機メーカーでは二工卒業生の中の20%以上が就職しており，また東京電力，三菱電機，日本電気などでも10数名いるという状況である．現業部門，研究部門のいずれの部門でも活躍している卒業生が多く，二工卒業生が際立って目立っている分野である．電信電話公社，日本放送協会，国鉄などでは数名から10数名の卒業生が研究部門で活躍している．

山本卓眞氏（電気，昭和24年（1949）卒）は，昭和56年（1981）から平成2年（1990）にかけての9年間にわたってわが国の代表的コンピュータメーカーである富士通㈱の社長を務めた．山本氏は第二工学部卒業生同士の親睦を深める同窓会の運営を積極的に行った．山本氏は日本のコンピュータの黎明期からハード，ソフトの開発に携わり，日本最大のコンピュータ企業富士通の躍進に多大な貢献をしているが，彼の著書[15]の冒頭のところで，「陸軍士官学校卒業後満州赴任をし，一度も戦火を交えることなく帰国したが，そのときの島田部隊長の訓話として「生きて帰り，祖国の再建に力を尽くせ」と言われたのがその後の人生にずっと生き続けている」と述べている．

山本氏は満州から帰国して第二工学部に入学しているが，同期には航空士官学校同期の岡崎久，三田勝茂（日立製作所元社長），森園正彦（ソニー元副社長），田代和（近畿日本鉄道元社長）などがいる．二工在学中の印象深い思い出として，山本氏は「尾高朝雄教授が「法律学概論」の中で「君たちはこれからいろいろな意見を聞くであろうが，真理を見極めることは簡単で

---

[15] 山本卓眞『志を高く――私の履歴書』，日本経済新聞社，1999．

はない．付和雷同することなく，じっくりと自分の頭で物を考えなさい」と言われたことにいたく感銘を受けた」と述べている．さらに尾高先生の講義からは，「真理の探求は生易しくない」という大切なことを学び，また先生がご存命ならば，左翼が荒れることはなかっただろうとも山本氏は述べている．また山本氏は上記著書[15]の中で「将校になるものは矜持を持て，誇りを忘れるな」とも述べ，教育はビジネスにも役立つとして，「戦わずして勝て」という孫子の兵法を示し，戦術の基本は一に方向づけ，二に方策，三に態勢であると述べている．山本氏の人生訓，経営訓が二工時代の学生生活と密接につながっているのは興味深いことである．

電気通信分野の卒業生として後にソニー㈱の副社長を務めた森園正彦氏（電気，昭和24年（1949）卒）がいるが，森園氏は技術者特有の謙虚さを持った人といわれている．全般に二工出身者には「アクの強い人」があまりいないといわれている，と今岡和彦氏の著書[16]にも書かれている．二工出身者でわが国産業界の中核で責任ある役割を果たしている人々は，技術者としてもかなり優秀であることから，技術的な壁を乗り越える経験を何回となくしているはずである．したがって彼らはブレークスルーの難しさ，人間の能力の限界を熟知しているはずである．このことが彼らが謙虚に見えることの原因なのではなかろうか．

電力業界で積極的に新規事業にチャレンジし，活躍した中に，東京電力㈱副社長を務めた豊田正敏氏（電気，昭和20年（1945）卒）がいる．豊田氏は原子力発電が未だ技術的にも確立しておらず，またわが国において社会的な認知，関心も得ていないころ，原子力発電担当として，その技術開発に果敢にチャレンジしている．豊田氏は後になって「原子力がどのようなものかも分かっていなかったから，何とかモノにしてみようと思った．このように社会に出てから新たな技術に取り組むようになったのは二工時代に培われた実践的チャレンジ精神だった」と述べている．

電信電話分野では，日本電信電話公社（NTT）社長を務めた山口開生氏

---

16) 今岡和彦『東京大学第二工学部』，講談社，1987．

（電気，昭和23年（1948）卒）が彼の著書[17]の中で，就職した当時を振り返って，以下のように述べている．

「いろいろ大変なこともあったが，同時代の人たちに比べ，私が特に多く苦労したということもないだろう．戦中，戦後は誰もが大変な苦労をしている．身体が健康だったこと，運が良かったためもある．真藤さん（社長）には，「お前は打たれ強い」と言われたこともあるが，そういうこともあるかもしれない．そして何よりも，上司，同僚，部下，社外の皆さんに助けていただいたことが大きい．このことには大変感謝している．世界はいま，あらゆる分野でグローバル化が進んでおり，社会の情報化も急速に進展している．それを背後で支えているのが通信の発展である．それだけに，通信の発展は極めて重要であり，通信事業者（キャリア）の社会的責任は重い．」

二工卒業生の中には，本郷の第一工学部と比較すると割合は少ないものの，大学退任後に就職して官界あるいは産業界で活躍された人もかなりいる．尾上守夫氏（電気，昭和22年（1947）卒，後に第14代東京大学生産技術研究所長）は，退任後にリコー㈱（理研光学工業㈱が改名）に移ったが，二工時代を振り返りつつ，「高校も短縮され，大学の友人には戦争で命を落とした者もいる．自分たちが非常に特殊な時代に通学に毎日2時間半も時間をかけながら青春時代を過ごしたという認識を持っている」と語っている．また，生産技術研究所の第14代所長（昭和58年（1983）-61年（1986））であった尾上氏は，生産技術研究所創立50周年記念講演の内容を尾上（1999）[1]にまとめている．

「約束どおり昭和17年（1942）4月には第1回生421名が入学しています．ところが昭和20年（1945）にはすでに戦争は終わってしまう．ですから第1回生だけはその寸前に卒業しました．第2回生以後は卒業は全部戦後なのです．第二工学部というのは戦争のためにつくった学部だとよく言われるのですが，実際は戦後の復興のためにつくった学部といってもよいのではないかと思います．しかし残念なことに，あとで申し上げるような経緯で廃止になった．実は，廃

---

17) 山口開生『NTTにかけた夢』，東洋経済新報社，1992．

止になった時の学部長も瀬藤先生，その後身としてつくられた生産技術研究所の初代所長も瀬藤先生でした．第二工学部は昭和26年（1951）に閉学になって，そのあと工学部の分校という格好で2年ぐらい続いたと思いますが，全部で2,768名の卒業生を出した．それが先ほど申し上げたように，戦後の日本の工業の復興，発展のために非常な力になったというのは，身贔屓な言い方ではないと思います.」

さらに尾上氏は二工がある意味では「戦争目的」の下に作られた組織でありながらも，戦争にはかかわらず，役に立つことなく，結局は卒業生が各自社会あるいは産業界で能力を発揮し，成果を上げることによって日本の経済復興，経済発展に貢献したと言えるのではないかと評価している．さらに尾上氏は，本書作成の趣旨を説明したときに，米国ではIEEE（国際電気通信学会 The Institute of Electrical and Electronic Engineers）などでも「歴史」担当の専門家がいて，ラトガス（Rutgers）大学を拠点に活動しているのに対して，日本ではアカデミックな組織や活動を歴史に残すことの重要性があまり理解されていない．二工には瀬藤先生（学部長）をはじめ多くのずば抜けた優秀な先生方がおられ，また民間出身の実務家教官も多く，非常に熱心な教育が行われていたのを評価した上で記録として後世に残し，教育研究活動の「連続性」を維持することが重要であると強調されたことを付記しておこう．

前述の週刊誌『サンデー毎日』の記事には，三田勝茂，山本卓眞両氏と同期の昭和24年（1949）二工電気工学科卒業の32名（2名物故者）の現職が出ているが，大手電気メーカーの社長，常務，部長職など要職にある者が14名，電力会社あるいはその研究所の所長，支社長他，要職にある者が6名，そして鉄道会社（阪急，近鉄など）部長が2名，土木，化学，コンサル等の会社で要職にある者が4名，そして大学教授が3名，というようにほとんどの卒業生が社会，産業界の中で錚々たる地位を占め，責任を果たしているのであるから，二工が注目を浴びたのもある意味では当然かも知れない．ここでは電気工学科の卒業生のみに注目しているが，他学科卒業生も含めればまさに二工卒業生ここにありといった雰囲気，状況であったのだろう．

二工卒業生の中で変り種の1人として，能見正比古氏（電気，昭和22年

(1947) 卒) がいる．能見氏は血液型による性格判断などの著書を数多く出している評論家であるが，彼は電気工学科を卒業後に法学部に再入学し，本郷と千葉の両方での学生生活を体験しているという変り種である．法学部再入学の理由は，前述の『サンデー毎日』の記事によると，二工には教授に面白い人がいなかったとのことである．

　二工卒業生の中でも最後の年に卒業した石井善昭氏（電気，昭和26年(1951) 卒）は，日本電気副社長を務めた後の平成3年（1991）に計測器メーカー，アンリツの会長になっている．彼は情報処理事業を担当してきた日本電気時代について，彼自身病気をしたり左遷されたりしつつも小林宏治氏（当時会長，後に名誉会長），小池明氏（当時常務，後に副社長）らの協力を得て日本電気の売上と利益を最大にしたといわれている．彼は事業運営の本質について，文献3)の中で次のように語っている．

　「事業運営の基本は『モチベーションとオリエンテーション』，すなわち動機付けと方向付けだと，若い頃からそう思ってやってきた．指導する人間がそれをしっかりやれば，一見不可能と思えるようなプロジェクトでも実現可能なんです．それを私は自分の経験を語りながら，若い社員に言って聞かせてきました．そして何より大事なのが事業の本質，事業の性格を知ることです．とりわけ新規事業の場合その重要性は大きくなる．事実を踏まえてしっかりと考え抜き，そのうえで正しいと思ったことなら，信念を持って推し進めることです．ときには上司と意見が合わず，極端な場合は左遷されたりすることもあるかもしれない．左遷されても我慢するか，飛び出して起業するか，短期的にはいろいろ手があるだろうけれども，その会社がいい会社ならば，ちゃんと日が当たるときがやって来ます．」

　彼は上記文献の中で二工時代を振り返って，「入学してすぐのころは「二工に追いやられた」と言って嘆いていた者も2年，3年と経つと落ち着いてきた．自分は二工で良かったと思っているし，特に学寮生活は印象深い」と述べている．

(viii) 建築学科

　建築学科卒業生は就職先に関しては，民間企業の割合が低く，学校，官庁・公社の割合がやや高いという，土木工学科卒業生とほぼ同様の傾向を示

している．学校，官庁・公社の割合を土木工学科と比較すると，学校では建築学科の方が高く，官庁・公社では土木工学科の方がかなり高いという特徴が見られる．建築学科卒業生の就職先の大きな特徴は，設計事務所勤務あるいは個人的な建築事務所を開設している卒業生が多いということである．

わが国では建築学科は建築工学として工学部の中に入っている場合が多いが，米国ではアーキテクチュア（architecture）とストラクチュア（structure）というように，前者がデザイン，設計中心のアーツ的内容の色彩が強く，たとえば教養学部などに所属しているのに対して，後者は構造計算，材料力学といった工学的内容が中心で工学部に所属していることが普通である．このような違いから，わが国の工学部建築学科の卒業生は上記両者の能力が要求され，それを備えているからであろうか，他学科卒業生と比較して多方面で活躍しているという特徴があるようである．

齋藤竹生氏（建築，昭和20年（1945）卒）は石本建築事務所，スカイ設計工房等に勤務した建築家である．齋藤氏は，「二工建築学科の特徴は，村松貞次郎先生が『内田祥三先生作品集』という大著の中で書いておられるように，一言で言うと「自由闊達」ということで，先生方の中にも初代の教室主任を務められた小野薫先生のリベラルな気性と教室教官全体のヒューマンな雰囲気が全体に満ちていた」と述べている．齋藤氏は二工卒業後に内務省に入り，戦災復興院[18]，そして建設省を経た経歴を持っているが，当時の二工の建築学科の様子を以下のように述べている．

「二工の建築学科においては，先生方については内田祥三先生が中心になってお決めになり，本郷一工から，あるいはまた大陸科学院[19]におられた先生方を集められたようである．岸田日出刀，藤島亥治郎の両先生は本郷一工に残ったものの，大陸科学院から来られた小野薫，建築史の関野克，浜田稔，建築計画

---

[18] 昭和20年（1945）に設置され昭和23年（1948）には建設院，昭和24年（1949）に建設省となる．

[19] 1935年に満州国に設置された研究機関．初代と第3代の院長は明治時代の技術官僚として有名な土木技術，都市計画が専門の直木倫太郎が務めた．第2代院長は鈴木梅太郎，そして理化学研究所長の大河内正敏が顧問を務めたことからもわかるように，理化学研究所との関係が深かった．

原論の渡辺要,勝田高司,前川國男[20]（非常勤講師），都市計画，防災の高山英華，東京芸大から来られた石川滋彦，内田祥三先生のご長男の内田祥文らの特徴ある，個性ある，そして多彩な先生方が二工におられた．内田祥三先生は建築の研究，組織作り，スタッフ作り，教授作りと何でもできる先生で，二工建築の中心的存在であったが，二工が廃止となった後も東大の大学運営には引き続きかかわっておられ，東大総長（昭和18年（1943）-昭和20年（1945））も務めておられる．また東大安田講堂の設計も内田祥三，岸田日出刀の両先生が中心となって担当されたものである．これらの先生方は，時あたかも太平洋戦争末期の中，軍からの要請もあり，いつもお忙しい思いで教壇に立っておられたのを記憶している．」

　齋藤氏によると，二工建築学科には特徴ある個性的な先生がかなり多かったとのことである．特に小野薫教授などは大陸科学院にも行っておられた経歴を持つが，とても学生思いの先生で学生の人気も抜群に高かったようで，若くして亡くなられた先生の追悼集には多くの先生を惜しむ声が寄せられたとのことである．また小野先生は，二工が廃止になり生産技術研究所に移ることが決まったときに，それを拒否され，日本大学に行かれたとのことである．

　小野先生の他にも，二工建築には，空襲の出火想定研究からはじまって都市計画を専門にしておられた高山英華先生，曲面構造の権威で代々木体育館を丹下健三先生と共同で設計し，世界一を自負しておられた坪井善勝先生，寒冷地建築の研究ということで当時外国からもかなり注目されていた渡辺要先生（齋藤氏は渡辺先生の下で同分野の卒業研究をしており，寒冷地建築に関する渡辺，齋藤両先生による共著もある），法隆寺再建，非再建の論争で非再建側に立った関野貞先生のご子息の関野克先生などをはじめとして，多くの個性あふれる有能かつ優秀な先生方がおられた．一方，このような先生方の影響を受けたと思われる学生の方にも，『数寄屋』と言う立派な本を出

---

[20] 1905-1986. 昭和3年（1928）東京帝国大学工学部建築学科卒業，近代建築の祖とも呼ばれるル・コルビュジェのアトリエに留学，帰国後建築設計事務所を設立し，日本の戦後の建築界をリードした．前川設計事務所からは丹下健三，木村俊彦らが出ている．日本相互銀行本店，東京上野の東京文化会館，国立西洋美術館新館の設計者としても有名である．

し，後に工学院大学の学長までされた伊藤鄭爾（ていじ）先生（建築，昭和20年（1945）卒）など，自由闊達な雰囲気の環境の中で教育を受けた建築学科卒業生が多方面で活躍した．

後藤滋氏（建築，昭和25年（1950）卒）も建築学科在学当時，渡辺要教授の下で寒冷地建築の卒業研究をしている．後藤氏は日本育英会の特別奨学生（旧制大学院）を得て大学に残り，その後助手となり11年間東大生産研に在職し，横浜国立大学教授となった．後藤滋氏は次のように述べている．

「第二工学部建築学科（略称「二工の建築」）の設立準備は昭和16年（1941）から始まり，設立準備事務取扱として渡辺要先生，そして建築学科の主任として小野薫先生が準備に当たった．渡辺先生はそれまで名古屋高等工業に，小野先生は旧満州帝国の大陸科学院に勤務していた．両先生は大学卒業がそれぞれ大正14年（1925）と15年（1926）である．当時は関東大震災の後で，東大ではロックフェラー財団からの寄附があり図書館建設の仕事で，渡辺先生は大学図書館建築部技師として，大学院のような研究と設計の仕事をされていたようである．すなわち，中庭の採光等の日照採光の問題の研究に着手した．また小野先生も卒業と同時に大学営繕課に勤務された．昭和2年（1927）には日本大学高等工学校に，また同4年（1929）には日本大学工学部に建築学科が出来，お二人とも日大に関わっていた．昭和初期から昭和20年（1945）頃まで，内田祥三先生（建築，明治40年（1907）卒）は東京帝国大学建築学科の重鎮として，大学キャンパスの復興のために力を注いだ．

二工建築の人事の特徴の一つは，第一に先生方の年齢が若かったことである．教授クラスは卒業年次が昭和6年（1931）の星野昌一（設計意匠），昭和7年（1932）の坪井善勝（曲面構造を追う建築構造），昭和8年（1933）の関野克（まさる）（建築史），昭和9年（1934）の高山英華（都市計画）等である．それに加えて，大正14年（1925）卒の渡辺要（建築環境工学）と大正15年（1926）卒の小野薫（建築構造）であった．助教授・講師クラスとしては，設計意匠の内田祥文（内田祥三の長男，終戦直後に亡くなる），昭和15年（1940）卒の勝田高司（建築環境工学），昭和17年（1942）卒の池辺陽（設計意匠），田中一彦（建築材料），昭和13年（1938）卒の浜口隆一（建築史・建築ジャーナリズム）等であった．上記の教授クラスの先生方は終戦直後には30代後半から40代前半であった．したがって助教授・講師クラスの方々とは数年から10年程度と少ししか違わなかった．そのようなわけで戦後の新しい時代に新しい建築学の教育をしようと

する雰囲気が学科全体に満ち満ちていた.」

　昭和24年（1949）建築学科卒の建築ジャーナリストで建築評論家の宮内嘉久氏は，その著書[21]の中で以下のように述べている．

　「二工の建築は，本郷の構造学派主流（剛構造一辺倒）から体よく追い出された小野薫（柳に風の柔構造追求）が軸となって組織され，昭和17年（1942）戦時体制下の出発にもかかわらず，小野の人格・識見によって，本郷の建築教室とは対照的に，自由な雰囲気を持つ，たとえば「先生」ではなく「さん」で通すといった学風が育っていた．敗戦後，それは見事に開化し，建築史の関野克，意匠・設計の内田祥文，池辺陽，都市計画の高山英華，そして構造学にも小野と共に新進の「シェル構造を追う」坪井善勝といった気鋭の顔触れが，各研究室の壁を越えて，建築アカデミーの刷新を目指す活発な動きを見せていた．前川國男は小野薫と図って，その場に，もともと建築学の創造的再構築を目指した浜口隆一を送り込んだのである．そして自らも昭和22年（1947）に設計製図の非常勤講師として二工に顔を出し，いくつかの見学会も実施された．二工のそうした学風から，後にそれぞれ建築ジャーナリズムの分野で活躍する，神代（こうじろ）雄一郎（昭和19年（1944）卒），伊藤鄭爾（ていじ）（建築，昭和20年（1945）卒），山本学治（昭和20年（1945）卒），村松貞次郎（昭和23年（1948）卒）等々の人材が育ち，また前川門下としては，河原一郎（昭和22年（1947）卒），大高正人（昭和22年（1947）卒），そして木村俊彦（構造計画，昭和25年（1950）卒）らが加わる機縁ともなった．」

　また，後藤氏によると，二工の建築学科卒業生の中からは戦後の大学教育に関わった人が特に多いとのことである．昭和19年（1944）卒業では河合正一（法政大学，横浜国立大学），神代雄一郎（明治大学），徳永勇雄（明治大学），昭和20年（1945）卒業では伊藤鄭爾（工学院大学長），長谷川房雄（建築環境工学，東北大学，東北工業大学），山本学治（建築史，東京芸術大学），昭和21年（1946）卒業では田中尚（構造学，東大生産研，日大生産工学部），若林実（構造学，建築防災，京都大学），昭和22年（1947）卒業では石井聖光（建築音響学，東大生産研），河原一郎（設計・意匠，法政大学），

21）宮内嘉久『前川國男 "賊軍の将"』，晶文社，2005．

佐治泰次（建築材料，九州大学，大分高専校長），古川修（建築生産，京都大学），昭和23年（1948）卒業では岩下秀夫（設計意匠，法政大学），富井政英（構造学，九州大学），峰岸泰夫（設計意匠，芝浦工業大学），村松貞次郎（建築史，技術史，東大生産研，法政大学），吉田秀雄（設計意匠，芝浦工業大学），昭和24年（1949）卒業では飯田喜四郎（建築史〈フランス〉，名古屋大学，愛知工業大学，博物館明治村），堀内清治（建築史〈古代およびローマ時代〉，熊本大学），昭和25年（1950）卒業では桐敷真次郎（建築史〈イギリス・イタリア〉，東京都立大学），三輪雅久（都市計画，大阪市立大学），光吉健次（都市計画，設計意匠，九州大学），昭和26年（1951）卒業では青木繁（構造学，法政大学），城谷豊（建築環境工学，福井大学），長友宗重（建築環境工学，鹿島技研，東北大学）などがいる．

(ix) 応用化学科

8期生すべてにおいて応用化学科卒業生の75％以上は民間企業に就職しているが，昭和19年（1944）卒あるいは昭和20年（1945）卒のほとんどは兵役に服したり，あるいは終戦のために就職が不可能となった人が多い．敗戦下で化学工業の復興が遅れたために貿易商社など，従来の応用化学出身者が行かなかったところに就職することになった有能な人間も多くいたようである．学校関係就職者が1割程度，さらに昭和20年（1945）9月卒業から昭和24年（1949），昭和25年（1950）卒業にかけては官庁就職者が出たのも，このような敗戦の影響が出ているのではなかろうか．学内にそのまま留まり，食糧難の中，研究を続けた人もいたようである．

(x) 冶金学科

冶金学科の卒業生の70％以上を占める約200名近くが民間企業に就職している．これらの民間企業の内訳を見ると，鉄鋼関連がほぼ半分を占め，残りは非鉄関係が約18％，造船・自動車関係が約20％，そして電気・化学関係が12％，と，鉄鋼関係への集中度が高いことがわかる．民間企業以外では学校として大学関係者が1割程度，そして公社関係としては大部分が原子力分野関係の仕事をしている．

山田嘉昭氏（機械，昭和20年（1945）卒）によると，二工時代の友人の小野進（冶金，昭和19年（1944）卒）は東京製綱㈱社長を務めたが，彼自身が

んばり屋で，68歳にして京都大学から「ワイヤロープの微分幾何学による解析」という論文で工学博士の学位を与えられていると述べている．

8.3　産業界を担った二工と一工の卒業生

二工出身の経営者

　東京大学第二工学部出身の経営者が世間の耳目を集めたのは，前述のように，日本の代表的大企業である日立製作所の三田勝茂新社長と富士通の山本卓眞新社長がそろって社長になるという，昭和56年（1981）に財界のトップ人事が話題になったころである．二人とも東大第二工学部の電気学科出身であり，しかも同期であった．そのほかにも財界での東大二工出身者の活躍ぶりが話題になっていたが，東大ではあっても耳慣れない「第二工学部」出身者であったことに世間は驚き，そして首を傾げた．この話題は当時の週刊誌の特集記事ともなったが，その見出しは「『東大夜間部出身なの？』と錯覚される…」であったことは前述のとおりである[22]．わが国の敗戦直後の昭和22年（1947）ごろから二工の廃止，改組とその将来の処理，対応の扱いをめぐって東大の中で激論が戦わされたことも前述の通りである（5.2節，5.3節参照）．二工の廃止とその有する学生定員の学内各学部への配分をめぐって，戦犯学部のレッテルを貼り，将来の日本の経済，産業の発展にとってもはや工学部学生という人材養成は不要であると主張した人々は，このような話題のニュースをどのような気持ちで眺め，聞き，それに反応したのであろうか．

　二工出身の社長経験者は三田氏，山本氏以外にも，そうそうたる顔ぶれがそろっている．これらの二工出身のトップ経営者のリストは，後掲の表8.4，8.5に一工出身経営者との対比の形で示されている．それぞれ大企業のトップとして遜色ない活躍を示しているように見えるが，わが国の産業界，経済界，社会全般に及ぼした影響の大きさを考えるとき，二工出身経営者のユニークな幅広い活躍ぶりがきわだっていたことを評価する声は強い．

[22) 『サンデー毎日』，昭和56年（1981）7月19日号，pp.156-159.

二工出身経営者はどのような特色を持っていたのであろうか，あるいはまたどのような結果をもたらし，そして当時のわが国の産業界においてどのような意味をもっていたのかを検証する必要があろう．さらにはそのような経営者を生み出すのに，当時の二工の教育システム，教育環境がどのように貢献していたのかを検証する必要もあろう．これらを評価，検証する上では多方面からの視点が必要であろうし，客観的な指標では表しきれない側面を多くもつことも否定できない．

　当時産業界で著名であった多くの経営者を別とすれば，東京大学第二工学部の実像は依然，曖昧模糊としていて，関係者のみが知るという程度であったのではなかろうか．東大工学部出身者ということで一つに括られることはあっても，「第二工学部卒業」ということで注目を浴びることはもちろんなかったであろう．また第二工学部という存在自体がそれほど極立った存在ではなかったのかも知れない．二工出身者が大活躍していることはうすうす感じられてはいても，その全体像についてはあまり取り上げられたことはなかったであろう．実際に彼らが産業界でどのような実績を挙げているのかを示すために，本節では客観的な指標の一つとして，二工出身者がどの程度，上場企業の役員として活躍していたかを用いることにする．

　昭和19年（1944）から昭和26年（1951）にかけての二工卒業者2,562名のうち，民間企業に就職したものは1,557名，卒業生全体の約61.8%である．二工卒業生はそれぞれの企業のもとで，技術者として能力を発揮するほかに，研究，企画，調査部門，さらには営業部門等においても大いに活躍したに違いない．企業人としての業務遂行の過程でいくつかの役職をこなしながら，人によっては40歳代から，また多くは50歳代以降に取締役等の役員を経験し，取締役から常務，専務となり，さらにその先には，数は絞られてはいくものの社長，会長などのトップへと登り詰めていく者も数多く見られた．また，監査役，取締役，相談役等を務めて退社していく者もおり，種々さまざまなケースがあるが，いずれも各企業でのまた産業界でのリーダー役として重責を果たしていったことは間違いない．

二工・一工出身の上場会社役員

　毎年公表されている上場会社役員の氏名リストデータを用いて，二工出身者がどれだけの数を占めているのかを調べ，二工卒業生の活動の一端を探ることにする．昭和46年（1971）から平成7年（1995）ごろにかけての各年の全上場会社の役員の状況についてのデータは，『会社職員録』（ダイヤモンド社），『役員四季報』（東洋経済新報社）の各年版を利用する．ここで上場会社として取り上げるのは東京，大阪，名古屋および地方の証券取引所での上場会社とし，また役員としては，株主総会で決定される取締役以上の役職と監査役（会長，副会長，社長，副社長，専務，常務，取締役，取締役相談役，常勤監査役，監査役）とする．したがって，取締役でない顧問，相談役などは含まれない．

　二工出身者が活躍していた当時の上場企業の役員の氏名は出身大学，学部，卒業年とともに紹介されているが，一工，二工に関しては，「東大工」（東京大学工学部）卒業と記されている場合が多い．そこで「東大工」と記されているものを一工，二工卒業生名簿と照合させてそれぞれ確定した．上記資料の『会社職員録』と『役員四季報』は当時データベース化されておらず，すべての年次版について集計することは，作業が膨大になりすぎるため困難である．そこで二工卒業生が役員適齢期を過ごしていたと思われる昭和46年（1971）から平成7年（1995）を対象として，3年ごとのデータを集計した．このような作業によって，ある程度の一工，二工の卒業生の活躍状況の輪郭を明らかにできるはずであるが，作業の対象となった全員が一工，二工の卒業生として確定されたわけではなく，所属不明のままになっている十数人のケースもあり，何人かの把握漏れもあるかもしれない．しかしながら，本集計作業は一工，二工の卒業生の活躍状況を明らかにする上で十分に信頼でき，有用な情報を提供しうるものと信ずる．

　当時の二工の卒業生は22歳か23歳以上であるので，昭和19年（1944）の最初の卒業生が企業に就職した場合，昭和46年（1971）には49歳あるいは50歳になっている．したがって，以後役員を経験していれば本調査で把握される可能性は十分に高いはずである．昭和26年（1951）の二工の最終卒業生は，本調査にある平成7年（1995）においては67歳あるいは68歳と

表 8.3　二工・一工出身者の上場会社役員数および社長数の推移

	昭和46年(1971)	昭和49年(1974)	昭和52年(1977)	昭和55年(1980)	昭和58年(1983)	昭和61年(1986)	平成元年(1989)	平成4年(1992)	平成7年(1995)	卒業生総数	民間企業就職者数
二工役員	67	148	276	378	430	357	231	141	79	2,562	1,557
一工役員	78	178	313	402	445	398	253	156	69	2,975	不明
役員数計	145	326	589	780	875	755	484	297	148	5,537	
二工社長	3	2	6	12	29	48	56	37	13		
一工社長	0	2	4	7	21	41	51	29	14		
社長数計	3	4	10	19	50	89	107	66	27		

資料:『会社職員録』(ダイヤモンド社) 各年版
『役員四季報』(東洋経済新報社) 各年版

なっており，その当時役員となっている場合には，本調査期間内に経験している可能性が高い．もちろん，対象調査期間以外に役員となっている場合もあるし，3年ごとの調査であるので，その期間内で役員になっているにもかかわらず把握されていないケースもあるに違いない．二工出身者の役員が掲載されているすべての年次にわたって状況を把握できれば，完全な情報が得られるであろう．しかしながら，それはほぼ不可能なことである．部分的な時期についての把握となることは避けられないが，それでも概略は明らかになるはずである．このような作業は，民間企業全体の中での二工出身者の活動の一端を知る上で大いに参考になると思われる．

　二工の活動の全体像を把握する試みは，当然のことながら，一工との対比によってより明らかになることもある．本来，一工と二工は同じ基準で同じ規模の学部がつくられたはずであるが，実際には，鉱山学科や石油学科など一工にしかない学科もあり，卒業生人数も一工が多くなっている．当然のことながら，一工，二工ともに合わせて，車の両輪として，戦後の日本産業の復興と発展に果たした役割をとらえることが重要である．表 8.3 に昭和 46 年（1971）から平成 7 年（1995）にかけての 3 年ごとの二工・一工出身者の上場会社役員数の推移データを示す．図 8.1 は上記期間における二工，一工

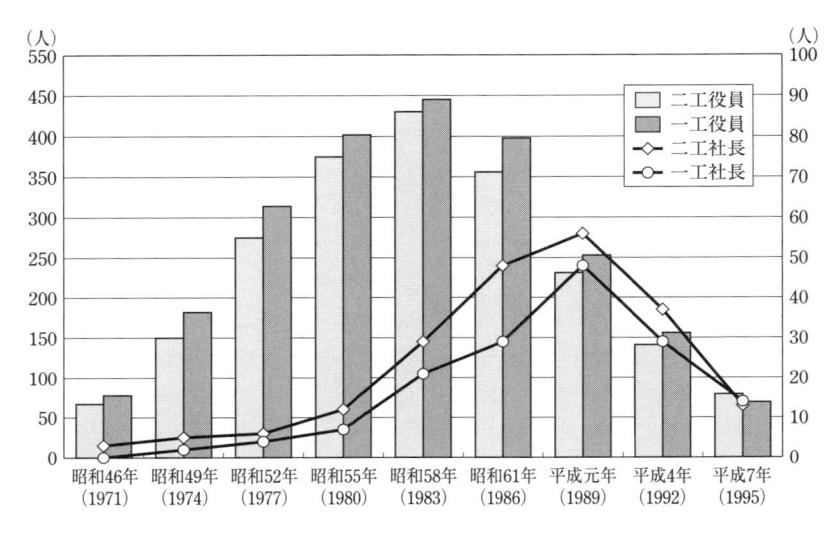

図 8.1 二工,一工出身者の役員数・社長数の推移（役員は左目盛,社長は右目盛）

出身者の役員数・社長数の推移をグラフに示したものである．二工,一工ともにほぼ同様の傾向を示しているが，ほとんどの時点においても，役員数に関しては一工の方がわずかに多く，また社長数に関しては二工の方がわずかに多いのが特徴的である．

昭和19年（1944）から昭和26年（1951）にかけての二工卒業生2,562名のうち，1,557名が民間企業に就職した．表8.3によると，その後昭和58年（1983）時点で最多の430名が役員となっている．社長数は昭和58年（1983）よりも昭和61年（1986）になって増えており，平成元年（1989）でピークとなる．図8.1のグラフからもわかるように，役員数，社長数のいずれも一工，二工ともほぼ同様の傾向を示している．両学部の役員輩出の割合に関しては，一工の場合には民間企業就職者数が不明であるので，ここでは対卒業者での比率をとることにする．それによると，二工の上記9期にわたって把握された役員総数は683名，一工の場合は739名である．対卒業者との比率をとると，二工は26.7％，一工24.8％であり，わずかながら二工の方が役員になっている比率が高いのがわかる．これは二工と比較して一工の方が教育界，官界への進出の比率が高いことによると思われる．いずれにし

ても，二工，一工ともにほぼ遜色のない実績を示しているのは事実である．一方，二工，一工学部出身者役員は兼職も多く，兼職を除いた場合の役員経験者の実数は，二工は572名，一工は620名である．この人数を同様に卒業者数で除すると，二工22.3%，一工20.8%となり，二工の方が一工に比してわずかではあるが多くなっているのがわかる．

　昭和46年（1971）から平成7年（1995）にかけての上記期間について，二工，一工出身者がどのような大企業の経営トップ（社長，会長）であったかを見てみよう．上記期間のいずれかの年に資本金150億円以上の会社のトップであった二工，一工出身者数を，それぞれ学部別に示したのが表8.4，表8.5である．

会社役員と出身大学

　二工の占める産業界での位置は，他の大学の場合と比較するとどのような違いがあるのであろうか．『役員四季報』昭和59年（1984）版には，「集計編」として，「出身校・学部別の役員ランキング」表が掲載されている．そのうち，上位15校の数値を表8.6に示す．二工出身者と対比させてみよう．

　東大全工学部出身者のうちで1,273名が役員になっており，そのうちに二工出身者は430名が含まれていることになる．昭和19年（1944）から昭和26年（1951）の8年間の卒業生だけでこれほどの数を占めているということは，他の大学出身者と比較しても，かなりの高い実績を示していることがわかる．図8.2はその比較をグラフ化したものである．わずか8年間の卒業生しか出していない学部が，工学部系の他大学学部全卒業生と遜色のない実績を示していることがわかる．

　二工出身者と一工出身者には企業の役員になった者が多く，役員輩出率においても他大学の卒業生と比較して高い．橘木ほか（1995）[23]は，役員になった者の一般的な就任理由と必要とされる資質について，上場役員からの無作為抽出アンケートを行った結果として，次のように結論づけている．

---

[23] 橘木俊詔・連合総合生活開発研究所編『「昇進」の経済学』，東洋経済新報社，1995, pp.23-24.

表 8.4　主要企業の社長および会長（二工出身者）

氏　名	卒業年	会社名	役職（在任期間）
石井　泰之助	昭和 25 年	三井造船㈱	社長（昭和 63 年 – 平成 5 年）
石川　六郎	昭和 23 年	鹿島建設㈱	社長（昭和 53 年 – 昭和 59 年） 会長（昭和 59 年 – 平成 7 年）
石丸　典生	昭和 26 年	日本電装㈱	社長（平成 3 年 – 平成 8 年）
稲葉　清右衛門	昭和 21 年	ファナック㈱	社長（昭和 50 年 – 平成 7 年） 会長（平成 7 年 – 平成 12 年）
淡河　義正	昭和 21 年	大成建設㈱	会長（平成 3 年 – 平成 7 年）
岸田　寿夫	昭和 20 年	大同特殊鋼㈱	社長（昭和 63 年 – 平成 4 年）
金馬　昭郎	昭和 26 年	京阪電気鉄道㈱	社長（平成 7 年 – 平成 13 年）
久米　豊	昭和 19 年	日産自動車㈱	社長（昭和 60 年 – 平成 4 年） 会長（平成 4 年 – 平成 8 年）
近藤　健男	昭和 19 年	三菱商事㈱	社長（昭和 61 年同年没）
権守　博	昭和 24 年	日立工機㈱	社長（昭和 62 年 – 平成 7 年） 会長（平成 7 年 – 平成 11 年）
高橋　浩二	昭和 20 年	鉄建建設㈱	社長（昭和 59 年 – 平成 8 年） 会長（平成 8 年 – 平成 10 年）
高橋　武光	昭和 24 年	大日本インキ化学工業㈱	社長（平成 6 年 – 平成 10 年）
田代　和	昭和 24 年	近畿日本鉄道㈱	社長（平成 6 年 – 平成 11 年） 会長（平成 11 年 – 平成 15 年）
能川　昭二	昭和 25 年	小松製作所㈱	社長（昭和 57 年 – 昭和 62 年）
藤田　温	昭和 22 年	クラボウ㈱	社長（昭和 62 年 – 平成 5 年） 会長（平成 5 年 – 平成 10 年）
町田　良治	昭和 20 年	三井建設㈱	社長（昭和 57 年 – 平成 2 年） 会長（平成 3 年 – 平成 5 年）
三田　勝茂	昭和 24 年	日立製作所㈱	社長（昭和 56 年 – 平成 3 年） 会長（平成 3 年 – 平成 11 年）
宮崎　明	昭和 21 年	鹿島建設㈱	社長（平成 2 年 – 平成 8 年）
宮崎　仁	昭和 19 年	アラビア石油㈱	社長（昭和 57 年 – 昭和 62 年）
村田　一	昭和 23 年	昭和電工㈱ 昭和アルミニウム㈱	社長（昭和 62 年 – 平成 9 年） 会長（平成 9 年 – 平成 12 年） 会長（平成 7 年 – 平成 12 年）
八木　直彦	昭和 22 年	日本製鋼所㈱	社長（昭和 60 年 – 平成 7 年）
山口　開生	昭和 23 年	日本電信電話公社	社長（昭和 63 年 – 平成 2 年） 会長（平成 2 年 – 平成 8 年）
山田　稔	昭和 19 年	ダイキン工業㈱	社長（昭和 47 年 – 平成 6 年） 会長（平成 6 年 – 平成 7 年没）
山本　卓眞	昭和 24 年	富士通㈱	社長（昭和 56 年 – 平成 2 年） 会長（平成 2 年 – 平成 9 年）
渡辺　守之	昭和 20 年	マツダ㈱	会長（昭和 59 年 – 昭和 62 年）

五十音順，資本金 150 億円以上（在任時）の上場企業

資料：『会社職員録』（ダイヤモンド社）各年版
『役員四季報』（東洋経済新報社）各年版

表 8.5　主要企業の社長および会長（一工出身者）

氏　名	卒業年	会社名	役職（在任期間）
相川　賢太郎	昭和 26 年	三菱重工業㈱	社長（平成元年 – 平成 7 年） 会長（平成 7 年 – 平成 11 年）
青井　舒一	昭和 23 年	東芝㈱	社長（昭和 62 年 – 平成 4 年） 会長（平成 4 年 – 平成 8 年没）
秋田　正彌	昭和 22 年	大同特殊鋼㈱	社長（昭和 57 年 – 昭和 60 年）
大屋　麗之助	昭和 21 年	西日本鉄道	社長（昭和 60 年 – 平成 3 年） 会長（平成 3 年 – 平成 9 年）
甲斐　幹	昭和 21 年	日新製鋼㈱	社長（昭和 60 年 – 平成 5 年）
加賀谷　誠一	昭和 22 年	藤倉電線㈱	社長（昭和 57 年 – 平成 4 年）
垣木　邦夫	昭和 23 年	日本ビクター㈱	社長（昭和 61 年 – 平成 2 年） 会長（平成 2 年 – 平成 4 年）
笠原　幸雄	昭和 24 年	日本鉱業㈱ ジャパンエナジー㈱	社長（昭和 58 年 – 平成元年） 会長（平成元年 – 平成 8 年）
金岡　幸二	昭和 24 年	インテック㈱	社長（昭和 45 年 – 平成 5 年）
川合　勇	昭和 20 年	富士重工業㈱	社長（平成 2 年 – 平成 8 年） 会長（平成 8 年 – 平成 12 年）
北岡　徹	昭和 21 年	日本セメント㈱	社長（昭和 57 年 – 平成 4 年） 会長（平成 8 年 – 平成 12 年）
幸田　重教	昭和 25 年	三井石油化学工業㈱	社長（平成 5 年 – 平成 9 年）
佐野　肇	昭和 19 年	中外製薬㈱	社長（昭和 62 年 – 平成 5 年）
志岐　守哉	昭和 22 年	三菱電機㈱	社長（昭和 60 年 – 平成 4 年） 会長（平成 4 年 – 平成 6 年没）
末長　一志	昭和 21 年	三井造船㈱	社長（昭和 61 年 – 昭和 63 年）
菅沢　清志	昭和 19 年	ダイキン工業㈱	会長（平成 1 年 – 平成 6 年）
世古　真臣	昭和 23 年	旭化成工業㈱	社長（昭和 60 年 – 平成元年）
田中　太郎	昭和 20 年	日本電装㈱	社長（昭和 62 年 – 平成 3 年） 会長（平成 3 年 – 平成 7 年）
中里　良彦	昭和 26 年	富士電機㈱	社長（平成 4 年 – 平成 10 年）
永野　健	昭和 20 年	三菱マテリアル㈱	社長（昭和 57 年 – 平成 2 年） 会長（平成 2 年 – 平成 7 年）
藤森　正路	昭和 19 年	住友金属鉱山㈱	社長（昭和 59 年 – 昭和 63 年） 会長（昭和 63 年 – 平成 4 年）
水沢　譲治	昭和 21 年	いすゞ自動車㈱	会長（平成 1 年 – 平成 4 年）
三好　俊吉	昭和 26 年	日本鋼管（NKK）㈱	社長（平成 4 年 – 平成 9 年）
向山　茂樹	昭和 26 年	日本軽金属㈱	社長（昭和 62 年 – 平成 6 年）
安福　眞民	昭和 25 年	富士通ゼネラル㈱	社長（平成 4 年 – 平成 7 年）
山本　健一	昭和 19 年	マツダ㈱	社長（昭和 59 年 – 昭和 62 年） 会長（昭和 62 年 – 平成 4 年）
横田　二郎	昭和 20 年	東京急行電鉄㈱	社長（昭和 62 年 – 平成 7 年）

五十音順，資本金 150 億円以上（在任時）の上場企業

資料：『会社職員録』（ダイヤモンド社）各年版
　　　『役員四季報』（東洋経済新報社）各年版

8.3　産業界を担った二工と一工の卒業生

表8.6 出身学校・各部別の役員,社長数ランキング(1983年)

順位	大学	役員数	社長数（含頭取）	出身学部別内訳							
				工学	理学	法学	経済	農学	文学	商学	他
1	東京大学	4,849	394	1,273		1,822	1,263		0	0	
2	京都大学	2,187	244	648		685	585		0	0	
3	慶應義塾大学	1,767	157	114		518	969			52	38
4	早稲田大学	1,684	108	455		228	366			37	464
5	一橋大学（東商大）	977	63								
6	東北大学	680	31	267	74	123	74		151		
7	九州大学	601	36	254		172	94	40			
8	中央大学	565	19			281	140				97
9	日本大学	504	31	258		47	100				
10	東京工業大学	483	28								
11	明治大学	451	16			64	91			208	
12	大阪大学	481	22	308	43	64	41				
13	同志社大学	376	11			77	171			64	
14	名古屋大学	337	4	177	12	41	85				
15	神戸大学	203	3	19		18	137				

資料:『役員四季報』(東洋経済新報社)1984年版
上表において,早稲田大学理工学部,政経学部はそれぞれ工学,経済に,九州大学法文学部は法学に,明治大学政経学部は経済に,大阪大学法経学部は法学に入れてある.

「業績と経験がきわめて重要であり,それに次いで努力と運ということになろうか.まず決定的に必要な条件は,社内での業績を上げて,しかも会社的な見方を養うために幅広い経験をすることである.そして良い上司に恵まれるとか,競争者がさほど存在しなかったという運があれば,なおさら役員になれる可能性が高まる.」

東京大学卒業者の場合,このような資質に加えて,東大としての特有の知名度,政界,官界,他の業界に広まっている強いネットワーク等が大きく寄与していると言えるであろう.ただ,世にいわれている程の「学歴社会」の弊害として,東大が過大に優遇されて企業内での役職序列に有利に扱われているという評価については,小池・渡辺(1979)[24]が,「日本の多くの企業では平等的・競争的側面を重視しており,有名大が過度に偏重されているという評価は虚像である」という見方もある.

---

[24] 小池和夫・渡辺行郎『学歴社会の虚像』,東洋経済新報社,1979.

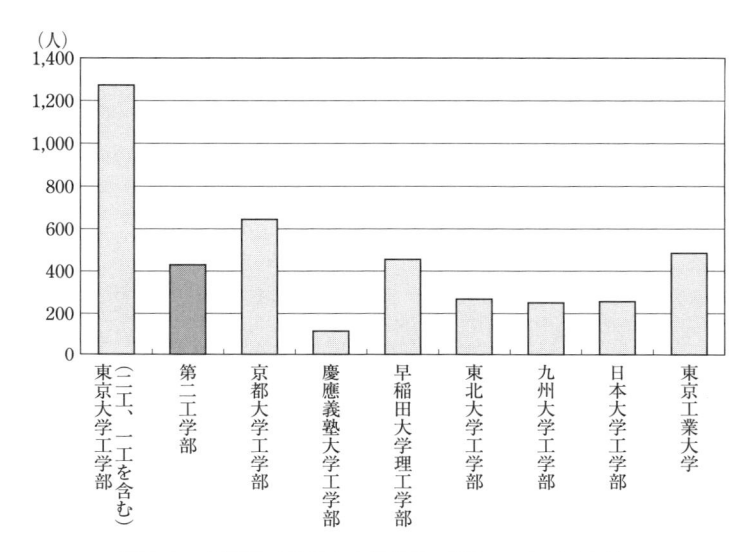

図8.2 大学別工学部出身役員数（昭和58年（1983））

会社役員と出身学部

わが国企業の役員となった大学別出身者を出身学部別に見ると，理工系学部出身と文系学部出身とに大別される．理工系と文系の役員では，以下に述べるような大きな違いがあるとされているが，1980年代の製造業全盛時代においては理工系学部出身の役員が多く，理工系役員の強みが大いに発揮されたものと思われる．製造業の現場で製品の研究開発，販売・流通拡大，等の面で，文系役員では説明しきれない技術的，専門的な知識を理工系の役員が備えていることによって，彼らの活動が企業の内外で大いに実績をあげたものと思われる．

理工系役員と文系役員を比較して，橘木ほか（1995）[25]の中で野田知彦氏は次のように述べている．

「理工系出身役員は理工系固有の部署以外，主に営業や経営企画を一度は経験しているが，これは技術開発，研究開発に従事するものに企業全体の意思決定に関わるような情報や，営業，販売などに関わる多くの情報を習得させる機会

---

[25] 本章前出脚注23, pp. 208-209.

をもたらすことになる．このことによって，企業内部で技術・研究関連部門と製造や営業，企画部門との情報の共有が可能になり，諸部門の連携が強まる．理工系出身者が理工系固有の部署以外，主に営業や経営企画の仕事を経験するのと，逆に文系出身者が技術開発・研究開発に従事する部署を経験するのを比較するとき，大部分の企業において前者の方が容易かつ有用，有効であることに起因しているのではないだろうか．」

二工卒業生が製造業を中心とする産業界において社長，副社長などの要職に就き，活躍した背景には，上記のような事情があるのかも知れない．

本調査時点の二工役員が活躍していた 1980 年代とその前後は，まさに日本経済が戦後復興から高度成長を経て製造業の全盛期を迎えている頃でもあり，工学部出身者の役員としての必要性が高く，製造業の発展に大きく貢献していたことは間違いない．なお役員の理工系・文系の比率に関しては，上場会社の社長の出身学部の統計データが『役員四季報』で昭和 61 年（1986）から現在まで掲載されている．それによると，昭和 61 年（1986），昭和 62 年（1987）は理工系の社長（頭取含む）は 28-29% であるが，以後低下して平成 18 年（2006），平成 19 年（2007）となると 19% 台となっている．世の中で「理工系離れ」がいわれているが，それを示すようなデータである．

ちなみに，東大出身者の役員数は，その後しだいに減少しており，平成 10 年（1998）には 3,848 名，平成 13 年（2001）には 2,844 名となっている．表 8.7 は昭和 52 年（1977）から平成 10 年（1998）にかけての出身大学別の役員数と社長数推移を示したものであり，図 8.3 はその推移状況を図示したものである．個人情報保護法が平成 15 年（2003）に成立しており，その年の前後から『役員四季報』などでの役員最終学歴欄が空白になっているケースも増えてきている．このことによって以前と同じ基準では集計が不可能となり，以後の趨勢は同様に把握できないことも事実である．

東大出身の経営者が近年減少した要因について，橘木氏は著書[26]の中で，日本企業の経営状況の変化や日本社会の変化と関連づけている．たとえば，

---

[26] 橘木俊詔『東京大学――エリート養成機関の盛衰』，岩波書店，2009，pp. 204-205.

表 8.7　各大学の役員数と社長数推移

役職	出身大学	昭和52年(1977)	昭和55年(1980)	昭和58年(1983)	昭和61年(1986)	平成元年(1989)	平成4年(1992)	平成7年(1995)	平成10年(1998)	平成13年(2001)	平成16年(2004)
役員	東京大学	4,633	4,738	4,849	4,930	4,770	4,444	4,180	3,848	2,844	2,340
	京都大学	2,071	2,150	2,187	2,278	2,213	2,178	2,143	1,945	1,507	1,277
	早稲田大学	1,386	1,464	1,684	2,161	2,716	3,019	3,075	3,036	2,570	2,262
	慶應義塾大学	1,526	1,627	1,767	2,062	2,530	2,940	3,339	3,651	3,164	2,643
社長	東京大学				394	422	426	405	373	315	249	210
	京都大学				244	148	158	160	155	154	122	104
	早稲田大学				108	136	141	150	174	200	194	169
	慶應義塾大学				157	168	194	225	261	307	342	312

資料：表 8.3 と同じ．

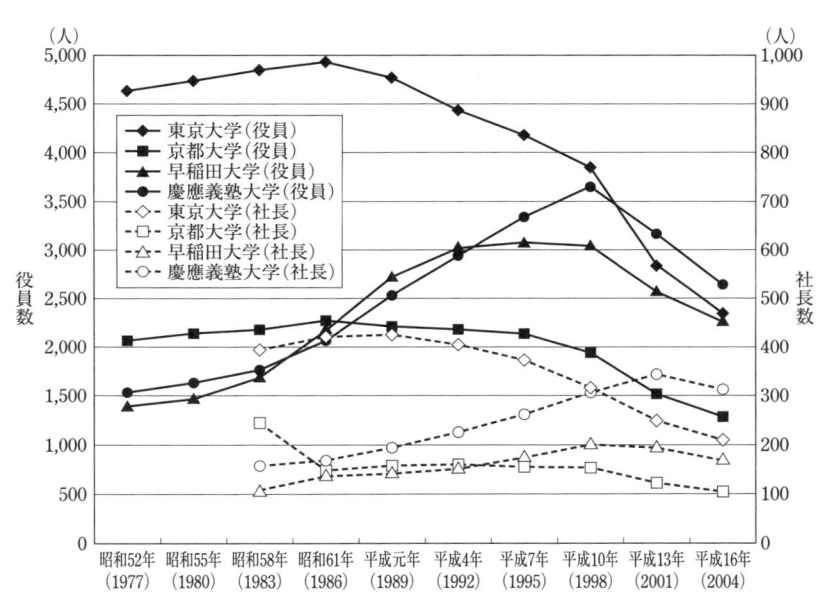

図 8.3　出身大学別役員数と社長数（昭和 52 年（1977）- 平成 16 年（2004））

企業の内外での競争が高まり，営業部門の役割が高まるにつれて，学校秀才としての東大出身者は営業職への適応性が他大学出身者に水をあけられること，また官僚規制の緩和の中で企業は役所との関係を強める必要性はなくなり，東大出身者を優遇する必要もなくなったこと，等である．永年にわたっ

て公務員行政職Ⅰ種の合格者第1位を保持している東大出身者が，昨今の政治主導の官僚支配打破の号令の下で公務員バッシングにさらされている中，公務員行政職の人気下降にどのように対処し，そして民間産業界における復権を果たし活躍の場を見つけていくかは，今後の東大出身者に限らず，わが国の高等教育のあり方，ひいては人材育成の側面，観点からも重要な課題であると思われる．

　二工出身役員の業種別卒業学科別分布は表8.8のとおりである．一工卒業生は各業種別分布の合計のみが付記されている．表8.8から，二工卒業生については役員総数683名のうち601名，すなわち約88％が製造業に属しているのがわかる．それに対して，一工卒業生については，役員総数739名のうち666名，すなわち約90％が製造業に属しており，二工の場合とほぼ同じであることがわかる．まさに日本の産業の中核にある製造業の各業種に万遍なく進出し，もの作りの現場を担い，リードしていった様子がうかがわれる．特に際だっているのは，建設業界に建築学科，土木学科の出身者が集中していること，また，鉄鋼，造船，自動車等重工業に数多く進出していることは，いわゆる「重厚長大産業」を担う役割を果たしているともいえ，当時の日本産業隆盛のその中枢に二工出身者が位置していたことが理解できる．

　以上から結論的にいえることは，東大二工卒業生の産業界での活躍において顕著なのは，卒業後の短い期間にもかかわらず，上場企業役員への輩出率が著しく高いことである．二工卒業者の61％を占める1,557名が民間企業に就職し，そのうち3分の1を超える572名が上場会社役員を経験しており，そのうちの15％の85名が社長となったのである．それは他大学工学部と比べても際だっている．その活動範囲も多岐にわたっているが，いわゆる「重厚長大企業」を中心に役員として活動し，社長として活動しているものも多いことがわかる．

　第二工学部の成果を教育投資の成果としてとらえることも重要ではなかろうか．第二工学部の設立に要した費用は，臨時費1年分308万円，総額1,270万200円の4年継続事業であって，昭和16年度（1941）追加予算として，帝国議会に提出され，同年3月に成立した．昭和16年度（1941）の国家予算は81億3,389万円，文部省予算は2億6,972万円である．総額に

表8.8 業種別卒業学科別の二工出身役員数

	卒業学科 業種	応用化学	航空原動	電気	建築	土木	機械	造兵精密	船舶	冶金	航機物工	二工合計	一工合計
製造業	鉱業	2	1	1								4	21
	建設・住宅・設計			1	49	71	1				2	124	128
	電気工事他・電線他		1	18	1	5	4				4	33	31
	食品・繊維	8	2			2	13	1				26	34
	紙・パ・化学・その他化学	30	1	1			2	2			3	39	55
	医薬・塗料	5										5	10
	石油・ゴム・ガラス	3		1		1		2	2			9	25
	セメント・その他窯業	4		1		1	1		1	3		11	24
	普通鋼・特殊鋼・他鉄鋼	1		2			9		2	39	1	54	54
	非鉄・金属製品			1		7	3	2		10	2	25	45
	機械部品・原動機・工作機・産業機械・その他機械	2	10				31	15	4	2	1	65	56
	重電			22	1		7			1	2	33	19
	通信機・家電・部品・計器・その他電気	2		30			7	4	1	3	7	55	47
	造船・車両		1			1	4	3	21	2	3	35	36
	自動車・自転車・航空機		7				17	4		9	11	48	47
	精密・その他製造	2	1	5			5	16	1		5	35	34
非製造業	商業・量販店他			3			5	1		2	2	13	13
	不動産			1		3						4	7
	鉄道	1		6	1	6	4					18	13
	海運・陸運・航空		1	2		1	2	1	8		2	17	9
	電力・ガス	4	8			1						13	19
	サービス・損保・放送他		1	6		4	1	2		1	2	17	12
	合計	64	36	100	53	102	116	53	41	78	40	683	739

合計 683 (製造業 601, 非製造業 82)　　　　　　　　　　　　資料：表8.3と同じ．

おいて文部省単年度予算の 5% 近くの費用が二工の創設に計上されたわけであるから，日米の全面戦争に向かおうとする当時にあって，それはかなり思い切った国家としての教育投資であったといえよう．もちろんそのような教育投資の意図は，国家総力戦を戦うために必要なエンジニアを養成することであった．

結果としては，最初の卒業生が昭和 19 年（1944）の戦争末期になっており，明らかに戦争遂行へは間に合わなかった．しかし，その後も続く卒業生達は戦後荒廃した国土の中で戦後復興を果たすべく各界に進出し，おのおの

独自の活動を展開していった．二工卒業生 2,562 名のうち 61% の 1,557 名が民間企業に就職し，主として製造業の現場を担っていった．その民間企業への就職者のうち 3 分の 1 を越える 548 名が上場会社役員を経験しており，彼らが製造業の中核として，産業界，ひいては日本の経済界の大躍進をリードする重要な役割を担ったことは間違いない事実といってよいであろう．

第9章 出身者懇談会と卒業生インタビュー

　東京大学第二工学部出身者との懇談会は，平成19年（2007）8月7日，平成20年（2008）8月5日，平成21年（2009）11月27日，平成22年（2010）2月4日，平成24年（2012）3月29日の5回にわたって行い，さらには平成19年（2007）12月20日に稲葉清右衛門氏（精密工学科，昭和21年（1946）卒）との面談を行った．また二工卒業生インタビューは平成21年（2009）5月から平成22年（2010）5月にかけて10名の二工卒業生と行った．懇談会，面談，インタビュー記録をもとに，本章においてまとめと整理を行う．なお本章の構成は，下記のとおりである．
（1）西千葉キャンパスでの生活
（2）個性的な教官と学生達
（3）学生の就職と同窓会
（4）二工スピリット

　懇談会とインタビューのスケジュールと参加メンバーを以下に示す．懇談会に参加した第二工学部出身者を表9.1に，政策研究大学院大学と生産技術研究所の本出版プロジェクト関係者で懇談会とインタビューに協力いただいたメンバーを表9.2に示す．

　東京大学第二工学部懇談会スケジュールは以下のとおりである（敬称略）．
（1）平成19年（2007）8月7日
　　東京大学第二工学部卒業生（以下，卒業生と略）：尾上守夫，菅原　操，山本卓眞，石原　滋，後藤　滋，杉山孝雄，山根　孟
　　東京大学生産技術研究所（以下，生研と略）：前田正史，光田好孝，中埜良昭

243

表 9.1　第二工学部出身者懇談会・インタビュー参加者名簿

氏名	卒業年	卒業学科	元勤務先
梅田　健次郎	昭和 19 年	建築学科	鹿島建設副社長
三木　五三郎	昭和 19 年	土木工学科	東京大学教授
小澤　七兵衛	昭和 20 年	機械工学科	島津製作所専務・島津メディカル社長，大阪電気通信大学顧問
齋藤　竹生	昭和 20 年	建築学科	石本建築事務所専務
山田　嘉昭	昭和 20 年	機械工学科	東京大学教授
黒田　彰一	昭和 21 年	精密工学科	黒田精工社長
尾上　守夫	昭和 22 年	電気工学科	リコー中央研究所・東京大学教授
菅原　操	昭和 24 年	土木工学科	国鉄常務理事・東京理科大学教授
高橋　靗一	昭和 24 年	建築学科	一級建築士事務所第一工房代表者（現職）
本多　健一	昭和 24 年	応用化学科	京都大学教授
山本　卓眞	昭和 24 年	電気工学科	富士通社長
石原　滋	昭和 25 年	応用化学科	三井物産役員待遇参与
小金　芳弘	昭和 25 年	船舶工学科	経済企画庁・東洋学園大学教授
後藤　滋	昭和 25 年	建築学科	横浜国立大学教授
杉山　孝雄	昭和 25 年	土木工学科	名古屋鉄道副社長兼技師長
高橋　裕	昭和 25 年	土木工学科	東京大学教授
山根　孟	昭和 25 年	土木工学科	本州四国連絡橋公団総裁
福富　禮治郎	昭和 26 年	電気工学科	電電公社総務理事・日立製作所副社長

表 9.2　政策研究大学院大学と生産技術研究所の主な協力者

政策研究大学院大学		生産技術研究所	
氏名	現職等	氏名	現職等
吉村　融	特別参議	前田　正史	理事・副学長
大山　達雄	理事・副学長	野城　智也	所長
中島　邦雄	教授	光田　好孝	副所長
橋本　久義	名誉教授	中埜　良昭	副所長
高橋　誠	元運営局長	佐沼　繁治	事務部長
竹下　典行	前々運営局長	依田　晴樹	特任専門員
栗山　雅秀	前運営局長	松本　武彦	経理課財務・監査チーム係長
磯谷　桂介	運営局長	大内　啓彰	事務係員
小川　正昭	客員研究員		
泉　知行	客員研究員		

平成 22 年 8 月現在

政策研究大学院大学（以下，政研大と略）：吉村　融，大山達雄，中島邦雄，
　　橋本久義，竹下典行
(2) 平成 20 年（2008）8 月 5 日
　　卒業生：三木五三郎，黒田彰一，尾上守夫，菅原　操，山本卓眞，本多健

一，石原　滋，後藤　滋，山根　孟
　　生研：前田正史，野城智也，光田好孝，中埜良昭
　　政研大：吉村　融，大山達雄，中島邦雄，橋本久義，竹下典行，那加野知明（政研大企画課長），泉　知行
(3) 平成21年（2009）11月27日
　　卒業生：三木五三郎，山根　孟，後藤　滋，石原　滋，菅原　操，尾上守夫，齋藤竹生，福富禮治郎，高橋靰一
　　生研：光田好孝，依田晴樹，松本武彦
　　政研大：吉村　融，大山達雄，栗山雅秀（政研大運営局長）
(4) 平成22年（2010）2月4日
　　卒業生：石原　滋，後藤　滋，菅原　操，本多健一，山根　孟，山本卓眞
　　生研：中埜良昭，依田晴樹，大内啓彰
　　政研大：吉村　融，大山達雄，磯谷桂介，小川正昭，泉　知行
(5) 平成24年（2012）3月29日
　　卒業生：石原　滋，後藤　滋，菅原　操，山根　孟，尾上守夫，齋藤竹生，福富禮治郎，高橋靰一，高橋　裕，小金芳弘，山田嘉昭，小澤七兵衛
　　生研：前田正史，野城智也，中埜良昭，光田好孝，依田晴樹，大内啓彰
　　政研大：吉村　融，大山達雄，小川正昭，泉　知行

　二工卒業生インタビュー参加者とスケジュールは以下のとおり（敬称略）．
(1) 齋藤竹生（建築学科，昭和20年（1945）卒），後藤　滋（建築学科，昭和25年（1950）卒）：平成21年（2009）5月19日
　　生研：光田好孝，中埜良昭，依田晴樹
　　政研大：大山達雄，小川正昭
(2) 福富禮治郎（電気工学科，昭和26年（1951）卒）：平成21年（2009）8月19日
　　生研：野城智也，中埜良昭，佐沼繁治，依田晴樹
　　政研大：大山達雄，岡田大士（政研大助手）
(3) 高橋靰一（建築学科，昭和24年（1949）卒），後藤　滋（前出）：平成21年（2009）11月20日

生研：野城智也，中埜良昭，依田晴樹

　　政研大：吉村　融，大山達雄，小川正昭，泉　知行

(4) 高橋　裕（土木工学科，昭和25年（1950）卒），山根　孟（土木工学科，昭和25年（1950）卒）：平成22年（2010）1月28日

　　生研：野城智也，中埜良昭，依田晴樹，大内啓彰

　　政研大：吉村　融，大山達雄，小川正昭

(5) 小金芳弘（船舶工学科，昭和25年（1950）卒）：平成22年（2010）3月17日

　　生研：依田晴樹，大内啓彰

　　政研大：吉村　融，大山達雄，小川正昭，大来洋一（政研大客員教授），岡田大士，亀田佳明（東京大学大学院工学系研究科修士課程）

(6) 梅田健次郎（建築学科，昭和19年（1944）卒），三木五三郎（土木工学科，昭和19年（1944）卒）：平成22年（2010）3月25日

　　生研：野城智也，中埜良昭，依田晴樹，大内啓彰

　　政研大：大山達雄，小川正昭，亀田佳明

(7) 山田嘉昭（機械工学科，昭和20年（1945）卒），小澤七兵衛（機械工学科，昭和20年（1945）卒）：平成22年（2010）5月7日

　　生研：野城智也，依田晴樹，大内啓彰

　　政研大：吉村　融，大山達雄，岡田大士，小川正昭，亀田佳明

9.1　西千葉キャンパスでの学生生活

埃だらけのキャンパスと食糧難

　二工設立開設時の昭和17年（1942）4月の時点において，西千葉キャンパス内に完成していた建物は木造2階建の本部棟，講堂，学生食堂，船舶棟，電気棟だけであった．二工西千葉キャンパスの不便さについては，本郷の一工とは比べものにならないものであったと，二工卒業生ほぼ全員が述べている．学生寮に住んでいたのは全体の3割程度とのことであるから，東京に住んで西千葉まで通った学生がかなり多かったようである．彼らは1時間半以上の電車通学を強いられた上，最寄りの西千葉駅からキャンパスにたどり着

くまでに，風の強い日などは埃がまき上げられるため，服が埃だらけになるといった苦情を数多く述べていた．土木工学科卒の菅原操氏，建築学科卒の齋藤竹生氏，船舶工学科卒の小金芳弘氏はそれぞれ当時の寮生活を振り返って，以下のように述べている．

菅原：二工には寮があり，グラウンドがたくさんあり，先生方も僕らも農耕をずいぶんやりました．本郷の一工と比べて，生活環境はどちらがよかったかといえば，やはり春の粉塵を含んだ風以外は，第二工学部のほうがよかったなという感じがいたします．強風が吹いて海岸の砂が飛んできて，製図するにしても机の上をホウキで払いながらやるとか，そんなことがありました．アカデミックな勉強，研究そのものは，やっぱり第一工学部がよかったと思いますが，二工では実務的なことをずいぶん教えていただいたと思っています．つまり二工で学んだこと，経験したことが現場では非常に役に立ったというふうに思っています．

齋藤：私は三高時代も寮でした．三高の寮は「自由寮」，一高の寮は「自治寮」でしたが，寮生活と教室の生活と，それぞれ半分ずつくらいの値打ちがあるような気がしております．読んでいる本は文学書や哲学書ばかりで，あとは町の中を暴れ回ったりというような生活をしておりました．三高の寮はかなり大きかったのですが，木造のぼろ建物で，下には部屋がいくつもありました．上がベッド式で，それを並べたような感じです．10人くらいの部屋があって，室長がいるのですが，そこに1年上の本当に親代わりのような，いい人がいるんです．教室へ出ないで，寮で過ごすことも多かったような時代でした．

　二工の学寮は，黒砂という駅のすぐそばにありましたが，三高とはまた違いました．二工の寮は二工の建築学科と非常に深くつながっておりまして，絶えず先生方の行き来もありました．狭い6畳くらいの部屋でしたが，学校の建築の先生方がきて，そこへ寮生が集まって楽しくやるわけです．寮歌を歌ったりしました．瀬藤先生も寮にお見えになったことが何度もあるんです．偉い先生が私の部屋をよくお使いになって，そこへ寮の建築の人も集まってきたりしてね．しゃべったり，酒を飲んだり，サツマイモを食べたりですね（笑）．お昼は二工の食堂で食べまして，朝と夜は寮に帰って食べたと思います．

　海産物はもちろんいっぱいあるんですよ．まあ，悪いことですが，夜，密かに取りに行くんですね（笑）．パンツの横に網をくくって引っ張ってくるとわからないんです．でも，絶えずこん棒を持った見回りがおりましたので，見つからないようにしていました．それと，周囲がイモ畑なものですから，夜，いただきに行くんですよ（笑）．電車が通るたびに，その照明で大きな影法師が写る

んです．次の朝，寮の部屋から見ていますと，お百姓さんがカンカンに怒ってきていましてね．

　食料難の話ですが，私も随分買い出しに行きました．親切なお百姓さんもいましたし，全然手に入らないところもありました．買い出しの対象は，たいていサツマイモと落花生ですね．そういう点でも，本郷の人が涎をたらしてうらやましがっておりました．

　三高と東大二工の寮生活は私の中で一つになった感じで，今思い出しても懐かしい気がいたします．

小金：私も学寮にいました．学寮の悪ガキでした．第二工学部の学生については，学寮の話を聞かないとダメですよ．今岡氏の『東京大学第二工学部』[1]という本にも出ていますけれども，学寮での生活は二工かたぎの典型です．私は昭和22年（1947）に入学しました．私は家は東京でしたが，通うのが面倒くさいものだから，学寮に入れてもらったんです．昭和22年（1947）の終わりごろから卒業まで，ほとんどいましたね．遊んでばかりいたんです．食べ物の話ですが，一番ひどかったのは昭和21年（1946）でした．私たちが学寮委員になったのは昭和22年（1947）の秋からだから，食べ物を調達するという話はしないで済みました．とにかく食べ物がないから，早く休みにして，みんな故郷へ帰れとか，そんなことをやりました．上の連中が寮の委員なんかやっているわけですから，そのつながりがあります．寮生活をやった旧制高校の連中は上下のつながりをずっと保っていますよ．彼らはもっと後輩の下の方まで，あるいはもっと上の方まで，先輩の筋を頼っていって，つながりがありましたね．

　キャンパス内はとにかくバラックの上の砂ぼこりがひどくて，実験室の中で実験もろくにできない，真面目に勉強してもしょうがないという感じでしたが，学生生活が面白いなと思っていたので，大学をやめるのをやめたわけです．そのうちに，寮に入ればもっと気楽にやれるということで寮に行ったら，これがまた面白くて，やめられなくなってしまって，そして卒業したわけです．

食料豊かな千葉二工キャンパス

　建築学科卒の梅田健次郎氏と土木工学科卒の三木五三郎氏は，当時のことを次のように語っている．

---

　1) 今岡和彦『東京大学第二工学部』，講談社，1987．

写真 9.1 通学状況［生産技術研究所資料より］

梅田：第二工学部ができたおかげで，実を申しますと，私どもは無試験で東大に入れたんです．それは喜びだったのですが，入学してからくじ引きで決められたという話で，お前は二工なので千葉へ行けといわれました．

三木：千葉では大学へ真っ直ぐ行く道はありませんので，線路沿いに歩きました（写真9.1）．大学に行く直前に大きな谷がありまして，そこに線路が大きな盛り土で通っているわけです．その線路の横の細いところを，盛り土の上を歩いて通るという大変危険な通学を皆さんしていました．

梅田：われわれは本郷に行った連中はうらやましいと思っていたんですが，ところが，本郷の連中は「第二工学部のやつがうらやましい」といってましたよ．というのは，本郷は食料がないんです．三木君なんかも覚えていると思いますが，本郷の連中がわれわれを頼ってきまして，千葉県の習志野だとかへ行って野菜を買ったり，闇米を買ったりしましたね．あとは千葉の海岸ではハゼが釣れるので，ハゼ釣りに行ったりしました．本郷の連中が「千葉に行ったやつらはいいな」といっていたことを覚えています．

大山：では，いやだったのは最初の頃だけですか．

梅田：最初の頃は，それはがっかりしました．しかも，われわれが行ったときは，建築学科の建物がないわけです．土木工学科で講義だけ受けて，図面だけ書きに行って，という状態でした．私が最初に書かされた図面が教室保存で残っています．今はどうなっているか知りませんけれども，昔は建築学科に入って，

最初に書かされたのはギリシアの神殿の王座でした．それが製図の第一課題だったのです．ところが，第二工学部はそうではなく，われわれが書かされたのは，なんと伊勢の皇大神宮の柱です．柱の頂部がどうなっているかというようなものも描かされたことを覚えています．それから，最初に遠くから見た建物の絵を描かされたのは桂離宮でした．

野城：当時は，美濃紙に烏口という時代ですね．失敗して，ボタッといくと，それでもうおしまい……．

大山：もともと絵を描くのもお好きだったのですか？

梅田：絵は好きでしたけれども，私が建築をねらったのは，あそこはやさしいだろうと思ったからです．

大山：やさしいというのは？

梅田：できる学生が機械や航空などに行くのに比べて，このご時世で建築学科に行くのを希望する者なんか，あまり強力な競争相手ではないだろうと思って行きました．しかもそこで突然第二工学部というのができましたから，希望者が定員より少なかったわけですね．それでわれわれは無試験で合格となったわけです．そういう大変，運のいい男でございます．

大山：でも，同学年でも「すごくできるな」という人もおられたでしょうか？

梅田：ええ，非常に優秀なのが同級生にもおりました．あとで明治大学の教授になった神代（雄一郎）とか，あるいは，お父様が日本の建築技術者の有名な，建築基準法などを生み出したような人がおりまして，その息子が同級生でした．図面が並びますと，全然違うんです．やっぱり親の教育です．

大山：見てすぐに違いがわかるわけですね．食べ物は全然苦労されなかったわけですか？

梅田：食べ物は，もちろんヤミですから，買ってはいけないんですけれども，本郷の連中が千葉に来て，千葉の連中と一緒に野菜を買ったりしましたね．米なんかもちろん闇米で，実験に使うコンクリートの袋に米を詰めて買いました．

梅田：あとは，魚が欲しければ千葉の海岸で魚も釣れますし，水郷の方へ行くと鮒も釣れました．

野城：当時は，今と海岸線の位置が違いますね．今走っている総武線の西千葉の駅でも，駅前に松林がありますが，当時はどの辺まで海岸線があったんですか．

三木：今通っている国道の海側のところが海岸線です．

梅田：ほんとうに波打ち際を国道が走っているといっていいようなもので，あの辺は全部海でした．

野城：そうすると，稲毛のほうから行って，段丘を下がるような形で坂を下ると，

そこに16号線が走っていて，そこに海がもう広がっていたのですね．

三木：それも砂浜で，アサリとかハマグリとか，そういうものが採れるわけです．黙って採るんですけどね．

梅田：食料という意味では恵まれていたと思います．

野城：キャンパスの中で畑を作られたことはあったのですか．二工の敷地の中に畑を作ったというお話も聞いたのですが．

三木：敷地が広かったですからね．校舎はポツポツしかありませんから，先生方が畑を割り当てて，先生方が自分で作っておられた（笑）．

大山：先生方もわりと近くに住んでおられたのですか．ほとんど東京ですか．

梅田：通っている先生が多かったですね．先生方は大変だったと思います．

中埜：昔の資料を見ると，たとえば，土木，機械，航空，建築棟で，白菜やタマネギをいくつ作っているとか，そういう資料が実は残っているんです（笑）．

大山：当時のご馳走というのは何だったのですか．ハマグリとかでしょうか？

梅田：そうですね，ハマグリなんかご馳走だったと思いますし，魚はハゼだけではなくて，千葉に漁港がありましたから，魚はありました．

大山：天ぷらなどにしたのですか？

梅田：家によっては天ぷらを作られる家もあったと思います．私が家庭教師とかで行った家ではよく作ってくれました．本千葉と千葉の間に長屋みたいな下宿があって，友達が相当住んでおりました．私も最後はそういうところに住みました．今日，連れてこようと思っていた友人の吉川圭二は，吹き矢が非常に上手でした．下宿の建物の構造がコの字形になっていまして，中庭みたいになっている．そこに木が植わっていまして，鳥が飛んで来ます．そうすると，吉川は吹き矢でそれをパッとやる．相当危ないんですけど，それでも彼は吹き矢でときどき鳥をとって，われわれにご馳走してくれたことを覚えています．

大山：その技術は大したものですね．ヒヨドリとか，ハトとか．

梅田：いや，ハトなんていうより，もっと小さかったですね．

電気工学科卒の福富禮治郎氏も，当時を思い出して，「今とはまったく景色が違って，総武線の船橋のあたりは全部海辺でしたね．電車はダーッと海岸べりを走っていましたよ．稲毛あたりでは，おばさんがアサリなど採れたものを道端で売っていました．ときどき買って帰りました」と語っている．

当時の学生生活を振り返って，土木工学科卒の菅原操氏，山根孟氏，杉山孝雄氏，電気工学科卒の山本卓眞氏，そして応用化学科卒の石原滋氏などは

以下のように語っている．

菅原：先輩のいい話を伺って非常にうらやましいのですが，私どもは当時は戦争に行ってまして，その後復員しました．昭和21年（1946）に東大の試験があるかないかが最初はわからなかったのです．そうしているうちに第二工学部も採用するからということで，試験を受けるチャンスが出てきたのです．みなさんがいわれたとおりなのですが，やはり第二工学部は広っぱの中に木造の校舎があって，あまり束縛されることのない，いつも野営をしているような感じで，非常に気楽に生活できたという印象がございます．

山本：千葉の寮では，サツマイモとか千葉の海岸の貝や小魚とかがふんだんにあり，たぶん東京とは違ったと思います．たとえわずかでも食料があるかないかの差って，気分や雰囲気をずいぶん変えますからね．寝ても覚めても食物のことばっかり考える状態ですと，人間おかしくなりますよ．ですから，そういうわずかな差でも大事だと思います．

前田：イモなどは，たくさん作れたのですか．

山本：私は作りました．私は一反百姓をやりました．一反というのは300坪ですから大変ですよ．農繁期には，大学に行く暇がないのですね．

前田：ご自宅で作っていたのですか．

山本：習志野の軍用地があったでしょ．それを届け出だけで無料で貸してくれたのです．そこを開墾して，米，麦，イモ，何でも作りました．サトイモ，サツマイモ，ジャガイモ，何でもです．その代わり，食物には大学1年の半ばから不自由しなくなりましたね．校庭でも野菜作りをずいぶんやっていました．

山根：近くに行って担いで帰ることも可能ですからね．これはもう非常に近場で手に入りますから．

橋本：種イモもあるしね，便利な環境の中にいました．

大山：本郷よりはそういう点ではやはり恵まれていたということでしょうね．

杉山：周辺はほとんどイモ畑ばっかりでしたから，買い出しなんかすると，相当手に入りました．

吉村：本郷の辺りでは東京の配給だから，下手すると冠水イモが配給になるのですよ．1回水に浸かっちゃったイモは，煮ても焼いてもだめなんです（笑）．

山根：朝ご飯にアサリのおつゆを作ろうと思うと，朝スッと出掛けていって採ってきて，それでパッと入れれば，それでちゃんとおかずがひとつできますからね．ですから，当番が決まっていて，朝多少早く起きて採りに行くわけです．私は津田沼の寮に住んでいまして，まだ湾岸も埋め立ててなかったですから，スッ

と出かけて行って，貝などを採ってきましたね．
前田：それは，いくらでも採れるんですか．
山根：いくらでも採れるのです．鑑札はなかったですね（笑）．
杉山：アサリよりも，ちょっと外に出ますと，大きなハマグリが採れました．
石原：稲毛というと，だいたい潮干狩の場所でしたので，東京の小学生なんかもみんな行きましたね．
菅原：第二工学部の校庭の西の裏に空き地がずいぶんありました．教官の方もそれぞれ区画を決めて，学生もこれだけ使ってよろしいというようなことで，ずいぶん作りましたね．あの土地は，サツマイモを作るには本当に適している土地で，農家の人に手伝ってもらわなくても，サツマイモは非常によくできるのです．落花生もよく育ちましたね．それから，サトウキビが非常によくできました．サトウキビは，近所の子どもがきて，刈り取っては食い散らかして行くのです．だいぶ近所の子供達にも喜ばれちゃったんです．先生方もずいぶん作っておられました．というか，あの頃はたとえば鉄道関係のところでも，食料増産部という組織を作ってそれぞれ皆，車庫の空き地利用など，食料増産をやっていたのではないでしょうか．あるいは他の機関でも，空き地があれば豆でも何でもすべて植えていました．主に，豆を植えるかサツマイモを植えるかでしたね．

二工入学と学生生活

　土木工学科卒の山根孟氏，建築学科卒の後藤滋氏，そして応用化学科卒の石原滋氏は，自身の二工入学の経緯と二工時代の学生生活を振り返って，以下のように述べている．

山根：麻布三連隊の話が出ましたが，私も実は軍隊の学校に行っておりました．そこで終戦になりまして，どうしようかと迷っておりました．やっぱり学校に行きたいなというので，私はたまたま山陰の島根県の出身で松江の中学だったものですから，松江の高等学校へ行こうと思ったわけです．昭和20年（1945）の11月か12月ごろに，「高校の採用試験をするから，希望者はこい」という話を聞きました．実は軍関係出身者は1割に制限するけれども，その範囲で希望者は選考するという話でした．それで手を挙げたら，どういうことかわかりませんけれども，「おまえは松江中学だから入れてやる」という話で入れたわけです（笑）．終戦の年の10月とか11月だったと思います．そのときはまだ高等学校は2年までということになっていました．「入れてやる」というのは，ちょうど

中学から高等学校に進学していた人と同じ学年に入れてくれたわけですから，高等学校の2年に編入してくれました．それで翌年になって，高等学校を急遽3年に延長するという話があって，実は大変救われたわけです．たった3カ月か4カ月ぐらいで卒業なのでは，これはとても大変だなと思っていました．大学を受けるにも大変だなと思っていたところが，1年延びたわけです．ですから，1割の制限があったということと，3年に延長になったこととによって，悲喜こもごもだったのかもしれませんね．

後藤：一高の校長先生だった安倍能成さんが文部大臣になってすぐに「3年に戻そう」といって，戻してくれたのですね．「しめた」と僕らは喜んだわけです，1年間ぶらぶら遊べると思って（笑）．

前田：皆さん，やっぱり勉強ができるというので，嬉しかったですか．

後藤：いやいや，遊べると思って（笑）．

山根：第二工学部の場合には，かなりの人が寮に入りましたね．寮では，いろいろな学科の方々，上級生の方々とも，いろいろな議論ができるわけです．たとえば原子力をやっておられる方々と話をすると，「俺は絶対これは平和利用にするんだ」とか，「やっぱり原子力はだめだ」とか，いろいろな議論を寮の中で皆でしていたと思います．私が申し上げたいのは，軍の学校と旧制の高校と両方で1年延びて，高等学校のときは寮には入れませんでしたので，このような議論を違う専門の人としながら生活をした経験というのは，非常に大切なのではないかということです．その点は決定的に第一工学部と違う点ではなかろうかと思いますね．ああいう苦しい，食糧事情が厳しい時に一緒に苦楽をともにして，アルバイトをやったり，勉強したり，応用化学の部屋に行って薄いアルコールを取ってきて紅茶で割って飲みみたいな，そういう生活を皆でやったことがいい思い出となっています．

橋本：電気工学科は教授陣を機械的に年齢の順に並べて第一工学部と第二工学部に振り分け，それから土木では第一工学部と第二工学部で別々に教授陣を集めたという話をお聞きしましたが，石原先生の応用化学はどうだったのですか．

石原：私の印象としては，やっぱり助教授級の方と，それからすぐ教授になられるという方と，それから企業から，私の記憶では日本セメントとか，それから工業試験所あたりにおられた方が教授で見えておられたですね．何となく私の印象としては，応用化学の場合は若手が第二工学部へ出たような，そういう印象を持っております．

二工時代の学生の特徴

　山本卓眞氏は二工時代の学生生活を懐かしく振り返って次のように述べているが，二工の生活ぶりすべてを物語っているといえよう．

山本：寮の話が出ましたけれども，私が昭和21年（1946）に入学したころ，私は千葉県の津田沼の自宅から通っていました．学寮の学生たちが学校にくるときに，わら草履を履いてるので「どうしたんだ？」っていったら，「いや，下駄がなくなったので，止むなく草履を履いてきた」というわけです．昭和21年（1946）の初めの頃は，草履で学校に行くというそういう時代で，私ども皆，洋服がないのですから，あまり恰好とか体裁なんかをかまってる雰囲気ははじめからありませんでした．着るものがありませんから，軍服を着て行かざるを得ない．皆誰も不思議とは思わなかった．そういう写真が残っていますね．二工と一工では，そういう雰囲気の差はあったんでしょうね．多くの優れた先生に恵まれたということと，学生，先生を含めてすべて学内が闊達な雰囲気というのが二工の特徴でしょうかね．

二工時代の戦争体験

　当時は戦争の真っ只中ということもあって，二工学生もいろいろな戦争体験をしたようである．自分たちの身のまわりで，あるいはまた大学で起こったことについて，応用化学科卒の石原滋氏，電気工学科卒の尾上守夫氏は以下のように語っている．

石原：応用化学の校舎は一部火事で焼けました．駅から行くと一番近いところにあったのが応用化学の建物でした．

橋本：それは，戦災ですか．

石原：私も詳しいことは知らないのですが，戦災じゃなかったみたいです．

橋本：尾上先生は，昭和20年（1945）の4月に入学されたのですか．

尾上：私のときは高校が2年半に短縮になってましたから，昭和19年（1944）9月卒業で10月入学でした．

橋本：そうしますと，まだ戦争の真っ最中ですね．爆撃の体験などはされたのですか．

尾上：はじめはなかったのですが，戦闘機がくる頃になると，ありましたね．戦闘機は東京へ行った後に銚子の方へ帰るというので，千葉がちょうど通り道なの

ですね．ほとんどの場合は爆弾をすでに落としていますから，爆弾はやられないのですが，おもしろ半分に機銃掃射をされることがありました．私も一度，寮にいたときに経験しました．ちょうど寮にいたときに，アッという間でしたが，誰かの布団の中に弾が入ってきたと聞きました．
大山：学生で亡くなった方などはいたのですか．
尾上：私の大学の仲間ではいないのですが，高校の仲間が東京の空襲で亡くなっています．
橋本：毎日，脅えて暮らすというような状態ではなかったのですか．
尾上：脅えるよりは，やっぱり毎日忙しかったです．飛行機がきても大概，爆弾などは落とさない．ただ一度，千葉がやられたときに焼夷弾が落ちて，後ろのほうの航空工学科とかの建物がいくつか焼けたことはありました．
前田：昭和20年（1945）7月6日ですね．航空と冶金と船舶の建物，それから暖房をやられたと聞きました．
尾上：でもイモ畑ですから，大部分の焼夷弾というのは発火しないで埋まっちゃうのですね．それを掘り出してずいぶん燃料として使いましたよ．
前田：危なくないですか．
尾上：まあ，中身は大したものは入ってないのですから，信管さえ取っていれば大丈夫です．火薬じゃないですからね．
前田：信管を抜くのがたいへんでは？
尾上：それはすぐ慣れちゃいます．そこはやっぱり工学部じゃないかな（笑）．
橋本：詔勅は，校庭でお聞きになったのですか
尾上：私は東京にたまたまいたので，そこで聞きました．
橋本：どんなふうに感じられたのですか．
尾上：やれやれと（笑）．まあ，正直そんな気持ちでした．今日みたいに暑い晴れた日でした．空が非常に青くて，「ああ，これで終わりか」という気がしましたね．
橋本：情けないとか残念だとか，そういう感じではなかったのですね．
尾上：そういう気持ちは，あまりなかったですね．

奨学金：特別研究生と軍依託生

　当時は学生への奨学金としては，特別研究生あるいは陸海軍の依託学生という形で供与されていた．当時の学生，大学院生の奨学金制度については，以下のような会話がなされた．

後藤：いつごろから呼び方が変わり，またいつごろまであったのかについて詳細はよくわかりませんが，戦時中から戦後にかけて，先輩の方々で大学院に5年間ぐらいいた人たちは，特研生（特別研究生）で残ったといってますね．僕らは育英会の特別奨学生という形で大学院にいました．

吉村：先生方よりもっと先輩の中には，特研生が多かったのですかね．

尾上：僕は特別研究生というので大学院生になりました．

吉村：同時に，海軍や陸軍が依託学生というのをやってましたよね．

尾上：要するに，軍からの依託学生というのが先にあって，そうすると大学の立場から見ると，優秀なのがみんな軍に行っちゃうので，大学にもいい人材をキープしなきゃいけないというので，1クラス確か2名ぐらいずつの特研生の枠をつけたのですよ．助手なみぐらいの給料が出たんじゃなかったかな．

前田：その2名は，どうやって選んだのですか．

尾上：それはもう天下りですよ．昔ですからもう，鶴の一声ですね．

吉村：特研生になると確か兵役に取られるのが延びるのですよ．その間，勉強できる．文科系でもあって，文科系は結核の人が多かった．結核で兵隊に行けない人が特研生で残って，勉学を続けている人がかなりいたんです．そういうのが，「ゴホン，ゴホン」なんてやりながら旧制の高等学校に教えにくるわけです．依託学生はどうなのでしょうか．直観的に，第一工学部に比べて第二工学部のほうが多かったですか？

尾上：僕のクラスには不思議なことに，依託学生というのはいなかったですね．

二工生のアルバイト

西千葉キャンパスで生活していた学生にとって，アルバイトは貴重な生活資金捻出の手段だったようである．山根孟氏，杉山孝雄氏，尾上守夫氏によって以下のような会話もなされた．

大山：二工の学生生活の中で，かなり先生と学生が身近というか，親近感や一体感というか，何かそういうものがあったのですか．

山根：それはもう，かなりあったと思います．当時写真測量を専門にされていた丸安隆和先生という方がおられて，とにかくみんなひもじい思いをして，誰もが皆窮屈な時代だということで，率先してアルバイトの開拓をされて，学生全員に当てがってくださいました．測量の仕事は無限にあるわけです．ですから，それぞれの力量にあったような仕事をちゃんと用意してくださって，それで仕

事をすれば，それだけ勉強にもなりました．しかも，丸安先生は主に地上写真をおやりになったのですが，航空写真についても精通しておられました．ですから，航空写真のいろいろな図化をする前に，アメリカが撮った写真をどううまく計画に使うのかというようなアルバイトもありました．そういうのは，普通の学生では得られないような高給にありつくわけですよ．ですから丸安先生には親近感以上のものを持てました．いろいろな面倒を見てくださるような先生も多くいらっしゃったですね．

杉山：山根さん，アルバイトで小田急の沿線へ行って仕事をして，帰りにお金をもらって新宿で銀シャリをぜんぶ買って，寮へ帰ってきて皆にばらまいたことがありましたね（笑）．みんな待ち構えていて，一緒に食べたことがありました．

山根：そんなことがありましたか．

杉山：ありましたよ．あなたも一緒だった（笑）．

大山：高収入を得たわけですね．寮へは，どのぐらい払っていたのですか．

杉山：どのくらいでしたか，安かったですよ．育英資金の範囲内で優にやれましたからね．

山本：それは土木工学科だけの特権ですね．電気工学科の場合は，尾上さん，何かありました？

尾上：戦後に電気相談部とかいうのを作って，ラジオの修理にかけ回っていましたが，あれはかなり盛んだったですね．

杉山：先ほど山根さんもおっしゃったけれども，丸安先生からは，写真測量のアルバイトでドイツ語の原本を渡されて，それを訳せといわれまして，苦労したことが一度ありました．それも割合にいいアルバイトでしたね．

9.2　個性的な教官と学生達

稲葉清右衛門氏の思い出

　第二工学部には個性的な教官が多く，学生との結びつきがかなり密であったということは，多くの卒業生達が述べている．学生と教官との「距離」が非常に近く，教官が学生のことを卒論，就職と親身になって面倒をみてくれ，当時の学生達はそれぞれお世話になり，感化され，そして印象に残る，尊敬すべき先生を思っていたのではないかというのが，多くのインタビューを通しての印象である．

本書の編著者である前田正史が平成19年（2007）12月に山梨県忍野村にあるファナック㈱本社名誉会長応接室にて，ファナック名誉会長の稲葉清右衛門氏（昭和18年（1943）造兵学科入学，昭和21年（1946）9月精密工学科卒業）に面談した．稲葉氏は二工時代を思い出して，強く印象に残っている平田森三先生のことを次のように語っている．

　「戦争中のことはもう思い出したくないし，記憶は遠い．あまりお話しする内容もないが，自分の第二工学部時代の恩師平田森三教授のことは例外である．平田森三先生に最も強く感化された大学生活であった．第二工学部設立の時に，当時の物理工学の少壮助教授であった平田先生が昇任された後に二工にきて，きわめて張り切っていたことを覚えている．理科系学生も招集されていたが，当時の平田研究室は全員浜名湖で陸軍の実験をしなければならなかったので，戦争に行かなかった．浜名湖で行った赤外線誘導爆弾の弾道計算と駒取り写真撮影による観測，たき火を積んだ船を仮装敵に，赤外検知誘導装置を「6C6」で組んだ話などなつかしい．時定数が遅く，とても制御が追いつかなかった．装置に使った真空管はNEC製で小林宏治さんがいた．

　平田先生は人格的に高潔な方で，とても学生を大切にしてくれた．奥様の父上が亡くなったかの事情で8月に広島に行かれた．奥様のご家族は広島郊外に疎開していたが，たまたま8月6日に先生が長男を連れて広島市内に入り，市内電車に乗っているときに被爆された．架線のスパークかと思った直後に周りの人々は血だらけになった．ご自身と長男は車内にいたのでその場は助かった．戦争後本郷の物理工学科に戻られて，60歳で定年となる後に上智大学に行かれることになっていたが，その直前に癌で亡くなられた．被爆の影響と思う．長男の方もしばらくして癌で亡くなられた．奥様とお嬢さんは疎開先で被爆しなかったと聞いている．

　戦争が終わって大学ももうないのかと思っていたら，10月1日付で全員復学せよとの手紙がきて二工に復学し，卒業して運よく富士通に入社できた．第二工学部の出身者が産業界で活躍しているとの風評は正しいと思う．理由はそれぞれ異なるが，自分の場合は若い教授になりたての平田教授の影響がきわめて大きい．当時の造兵学科は若い教授が自由にやっていた記憶がある．本郷との違いはそこだったと思う．

　富士通に入社し，下館工場で21歳の新入社員が工具を束ねなければならない時にも，きわめて実践的な知恵を平田先生が授けてくれた．生産研の山口楠雄

教授．工学部の元岡達先生にはファナックの基本技術であった電気油圧サーボ弁の基本的概念で協力してもらった．今も元生産研教授の中川威雄名誉教授に社外監査役をお願いしている．現役の生産研横井秀俊教授や精密の新井民夫教授にも共同研究でお世話になっている．」

二工の教育

電気工学科卒の尾上守夫氏は次のように述べている．

尾上：第二工学部の教育というのは，私はその後いろいろ見ていますが，当時としてはずば抜けていたような気がします．学科によって違いますが，電気の場合には創設のときの学部長は瀬藤象二先生で，その一声で今の学生の振り分けと同様に，先生についても年の順で第一，第二にパッと分けちゃったのです．そうしますと，教員の数が足りないから，その半分は民間からこられるわけです．ですから，戦後になってからかなり大学と産業との連携の重要性とかが強調されておりますけれども，当時としてはそういう意味では，二工の教育は非常に画期的だったのではないですかね．モノを作った経験のある方が先生としてこられていろいろなことを教えてくださる．その点は，今の大学でもあまりないような感じがありました．

同じく電気工学科卒の山本卓眞氏も次のように述べている．

山本：大学の先生については，電気工学科に関してしか知りませんけれども，瀬藤（象二）さん，星合（正治）さん，福田（節雄）さんという，やっぱり有名な先生方が第二工学部のほうにむしろ多かったというのは事実ですね．まわりからとやかくいわれないので，先生も学生もみんな伸び伸びとしておりまして，つまらない些細なことに気を使わないですみました．これは事実だったと思いますね．

さらに，電気工学科卒の福富禮治郎氏は，学生と先生とのコミュニケーションの例として，次のような話を紹介している．

福富：電気におもしろい先生がおられました．直接聞いたわけではないのですが，その先生が「入学者数が28というのは，完全数[2]だから，それがええ」とおっしゃったというのです．そうしたら，他の電気の先生は知らないものですから，

「完全数ってなんだね？」という会話があったようです．夜，卒論指導を受けていたときに，卒論の先生がいっておられました．

　企業の日本電気㈱からこられた森脇（義雄）先生という少し変わった先生がおられました．講義では過渡現象論を習ったのですが，その教材のプリントを，教科書の本などない時代でしたから，何ページから何ページまでというように，クラス全員にページごとの分担割当をするのです．割当をして，先生がこられると「何ページから何ページまで，何君に質問ありませんか」と聞くわけです．ところが，だれも質問しない．すると「みんな，よくできるのですね．次の人は何ページから何ページまでです．そんなに，皆さんできるのですか．それじゃ，試験でもしましょうか」なんてやられる．試験をすると，結局「できないですね」となって，それから説明を始められた（笑）．

　また卒論に関しては，3年生になって，どの先生の指導を受けるかについて，先生が研究題目を黒板に書くわけです．それを見て，自分はどれを選ぶかを決め，先生のところに行って，「それ，やりたいです」というだけでしたよ．

卒論ゼミでの先生と学生の結びつき

　船舶工学科卒の小金芳弘氏は，自身の卒論，ゼミについて，以下のように思い出を述べている．

小金：卒論も私は苦労しましたね．技術に関係ないもので書く手だてはないかと先生に相談に行ったのです．日本船級協会という，船をクラス別に格付けする協会があるのですが，その船級協会の歴史を書いた本があると教えてもらったので，私はそれを図書館かどこかで手に入れまして，日本船級協会の歴史について書いて，論文は通してもらいました．指導教官は南波松太郎先生という三菱からきた先生でした．この先生は技術屋さんなのですが，非常に理解のある人でした．私は南波さんに怒られて，おまえはもっと勉強しろといわれたくらい私の卒業設計などもひどかったのですが，もっとひどいのは，私の卒業設計を切り取って出して卒業した人がいるのです．それでも卒業できたのです（笑）．

　普通の学部ですと，ゼミの中で卒業論文書いたりするでしょう．二工の造船

[2) ある数のすべての約数（1を含む）の和がその数になるような数を完全数という．したがって，28の場合，約数は1，2，4，7，14であるので，総和は28となる．小川洋子氏の小説『博士の愛した数式』（2004，新潮社，映画化（2005）もされた）で話題になった用語である．]

学科はゼミはない代わりに，全員が製図と論文が必須なんです．ですから，それがゼミみたいなものでした．昔の東大生は，友達同士としてタメ口でつき合う仲間というのは，高等学校の仲間か，ゼミの仲間か，そういう仲間同士ですよ．それ以外の仲間と東京帝国大学というところで会って話すときは，きちっと皆が格好つけて，そういった生地を出さないで3年暮らして卒業していくわけです．

建築学科卒の梅田健次郎氏は当時の学生生活，卒論の思い出を以下のように語っている．

梅田：千葉の駅の近所も，いわゆる長屋風で学生が泊まるような下宿屋も多く，私の友達などは随分そこにおりました．私も学校が終わるころは，もう間借りをやめて，仲間がたくさんいるところに移りました．吉川圭二という男がおりまして，彼と私は「構造物のねじれ振動」というテーマで卒業論文を一緒にやったのです．吉川圭二は，その後逓信省（後の郵政省）に入って日本の郵便番号制度を作ったのです．そういう意味では有名な男です．昔から郵政省の建築というのは有名で，郵政省には建築の先輩が随分いますから，郵政省関連の建築をやるつもりだったのが，郵便番号の制度をやれと誰か先輩にいわれたのですね．

大山：梅田先生の卒論の先生はどなただったのですか？　先生の卒論指導はどんな感じだったのですか．

梅田：私どもの卒論の先生は坪井善勝先生です．私どもは，剛性の分布が少し違う模型を作りまして，どういうふうな実験台でやったらいいかというので，私はその模型を持って，吉川と二人で東京大学の地震研究所へ行きました．そのときに坪井先生からいわれたのは，「こういうものを振動台なんかに乗せたら，実験にならないよ．アトランダムな力を加えなければだめだ．いろいろ模型を作って，アトランダムに動かしてみて，そのビヘイビアを把握したらいい」ということでした．それで「先生，アトランダムな力ってどうすればいいんですか」と聞いたら，「教えてやろうか．君たち，御神輿というものを知っているだろう．御神輿を大人たちが酒を飲んで担ぐ．ああいうので初めてアトランダムな力ができるんだ．わかったか」．それしか，先生，いわないのです（笑）．

大山：では，坪井先生は建築の中では構造物の耐震の解析とか，そういうのが専門だったのですね．梅田先生はご自分でテーマを選ばれて，坪井先生のところに行かれたのですか？

梅田：そうです．二人で相談をして，やろうじゃないかと．

三木：当時は，小野薫先生が教授で，坪井先生は助教授でしたね．

野城：坪井先生が模型をたくさん作られたという話は私どもも聞いております．私や中埜さんが習った青山博之先生が学生時代に生産研に行ったら，丹下（健三）さんと坪井さんが代々木のオリンピック会場の模型を作りながら，坪井先生のほうは構造的にどうかを，丹下さんのほうは「これは美しいかどうか」を，お二人で模型を作りながら考えていらっしゃったと伺っております．

梅田：日本に超高層ビルがはじめてできたときは，武藤清先生が中心でおやりになりました．実を申しますと，日本の研究者グループが原子力の耐震設計のために英国に行って，英国側と討論をしましたが，そのとき英国側は建物だけではなくて，いろいろな配管とか機械類の共振の問題に関する研究をやっていたわけです．日本側は内藤多仲先生とか，武藤先生とか，地震研究所の所長の先生とか，有名な先生がいらっしゃって，私どもはお手伝いに行ったわけです．英国側は研究成果を発表したわけですが，こういう配管はこういう振動をするだろう，それを動的に解析したらこうなるだろうというように説明するわけです．しかも動的に解析するというのは，アメリカの耐震設計の専門家からも指導を受けてやったのだという英国側の説明がありましてね．日本の地震の波やカリフォルニアの地震の波，そういうものを仮定しているといっておりました．

　日本は英国側に静的な振動，いわゆる静的な構造設計の応力について，この部分は1.5倍にしろ，この部分は3倍にしろというような指示を出したわけです．そうしたら，英国側が，「どうしてここは3倍にしたんですか，どうしてここは1.5倍にしているんですか」というふうに説明を求めたときに，武藤先生以下が「それはディグリー・オブ・インポータンスだ」と，こういわれたのです．要するに，ここの部分は重要度が3倍だから3倍にした，ここの部分は1.5倍だと．それに対して，英国側は日本側から出たスペシフィケーションの3倍，1.5倍ということに関して，間違っていないと判断したといっていました．その判断の理由は，動的な振動がきた時に，日本側からいわれたとおりに，静的な力に直すと3倍くらいの応力で押さえたくらい動くことがわかった，われわれは日本側のスペシフィケーションは正しいと判断した，と，こういったのです．その晩と次の晩は先生方は一睡もされなかった．

　このことがあって，日本でも動的解析というものが始まったのです．私どもはその動的解析のために，今度は逆にアメリカへ勉強に行かされました．一番最初に行かされたのは，ロサンゼルスでした．

大山：それは何年ごろですか．

梅田：昭和36年（1961）くらいから東海村の実験がはじまりましたから，昭和30年（1955）代の前半に英国側が設計をはじめたわけです．

大山：霞が関ビルは昭和40年（1965）ですね．
梅田：そうです．アメリカから帰ってきてから，今度は動的設計というものをやらなければいけないというので，武藤先生が中心になられて，日本の耐震工学の先生方が建物はこういうふうに揺れるのだという前提に立って，動的解析をされました．
野城：英国の会議の場には坪井先生もいらっしゃったのですか．
梅田：おられました．日本の一番上の先生は内藤多仲先生で，その下に武藤先生，それから早く亡くなられた東大の構造の，われわれの数年先輩の野村先生です．それで，日本に帰ってから，日本の耐震工学の先生が構造物の動的解析に熱心になられました．
大山：コンピュータのプログラムはまだ初期ですね．
梅田：まだ初歩的なもので，タイガー計算機ですかね．われわれが原子力発電所の耐震設計をはじめたころ，実をいいますと，日本の国の予算で，原子力研究所の建築の方がアメリカに出張することに決まっていたのですけれども，その予算がなくなりまして，建設業者に自らの金で行ってくれといわれて，鹿島建設の私，清水建設の星野一郎君と，大林組の石井さんといいましたか，3人くらいでアメリカに行かされ，アメリカで原子力関係施設の耐震設計の勉強をしたこともありました．

建築学科の先生方の思い出

建築学科卒の齋藤竹生氏と後藤滋氏は，当時の建築学科の先生方について，以下のように語っている．

齋藤：村松貞次郎先生が『内田祥三[3)]先生作品集』の「内田先生と建築防災」に「研究組織者としての内田先生」という一文を書いておられますが，内田祥三先生が二工の建築学科の先生を開設時に選ばれたという話を聞いております．内田先生は，何でもおできになるのです．デザインもうまいし，幅が広い．以前は東大の営繕課にいらっしゃいまして，東大のキャンパスを全部設計された方ですけれども，都市計画もおやりになりますし，火災から材料，あらゆるもの

---

3) 内田祥三 1885-1972．深川の米商家の出身で大学卒業後，三菱建築所に入社し，その後東京大学大学院建築学科を卒業．関東大震災（大正12年（1923））後の東京帝国大学復旧に貢献．昭和18年（1943）-昭和20年（1945）には東京大学総長を務める．岸田日出刀とともに東京大学安田講堂の設計者として有名．

を実験研究されて,それを学問にしていく.それに建築の研究組織者,建築のスタッフづくり,教授づくり……(笑),なんというかな.内田先生は東大総長にもなられましたね.

　内田先生のご長男の祥文4)さんは私どもの二工時代には講師か助教授になっておられましてね.お父さんが大変な地位におられるわけですから非常に気が重かったのだと思いますね.ちょっと年上の学生もいたようですし,建築の学生は祥文さんをちょっとからかったこともありました.でも,祥文さんというのは非常にいい先生でした.前川さんのお宅や中央郵便局も連れていっていただきまして,見学させてもらいました.その後,日本大学の助教授になられたのです.お父さんを随分意識しておられたのだと思いますが,戦後,都市計画のコンペがあって,それに熱中して倒れられて,若くして亡くなられたのです.私どももよく内田先生のところへ祥文さんに連れて行かれて,レコードを聞かせてもらったりしました.本郷の建物とそっくりのデザインの立派なお宅でした.

齋藤:初代の教室主任の小野薫先生5)のことが村松先生の文章にも出ていますが,小野先生というのは私にとっても非常に印象深い先生です.とても学生思いの先生です.学生の人気がもう抜群なのですよ.担当は構造でした.私は,構造のほうは勉強していなかったものですから,あまりよく知らないのですが,小野先生は他の学科からも尊敬されていました.すぐ「野球をやろう」とおっしゃって,1時間やると,また「野球をやろう」とおっしゃるのです(笑).大陸的な方で,本当にスケールが大きいんです.なんと表現したらいいか,ちょっと珍しいですね.ああいう先生が建築学科にいらっしゃったというのは,ほんとに二工建築,よかったですよ.

　小野先生は,とにかく学生に教えているのが一番楽しいんだとおっしゃってました.楽しいというとおかしいのですが,「学生あっての教授だ」という感じのことをいっておられます.これは,村松先生もそういうふうにおっしゃっていますね.

後藤:小野先生はべらんめぇ口調で,そんなに早口じゃなくてわりあいゆっくりしゃべっているようですけど,ノートをとるのは結構忙しいのです.うっかりしているとノートをとりきれない,つまり同じことを二度いわないのです,絶対

---

4) 内田祥文 1913-1946,内田祥三氏の長男,日本大学助教授.
5) 小野薫 1903-1957.東京帝国大学第二工学部教授.昭和14年(1939)から満州国国立大陸科学院主任研究員.日本建築学会副会長も務めた.

に無駄がないしゃべり方でした．

齋藤：小野先生には撓角法とかいう計測手法を教えてもらいましたね．あれは本当にご自分でああいう理論を考えられたのでしょうね．ドイツ語が絶えず出てくるのです．英語とドイツ語，両方，必ずお書きになってね．その後，生産研になったときに，生産研に移ってしまうと学生を失うことになる，あるいは大学院も失うことになるということで，小野先生は確か生産研にはお入りにならなかったと思います．それで日大に行かれましたね．

後藤：50歳ちょっとで亡くなられていますね．

齋藤：建築というのは，ものすごくいろいろな分野があります．建築の歴史からはじまって，デザインとか，自在画でモデルを使って描くのがある，それから構造はもちろん，実験がある．構造の人に聞きますと，一度も本郷の設備は使わず，全部，実験は第二工学部でやったといってました．私は不勉強であまりやらなかったですけれども，あのころすでに立派な設備がありました．ですから，浜田稔先生の材料実験には行きましたけど，あとはほとんど本郷に行ったことはございません．むしろ，本郷の連中が遊びにくるというのが多かったですね．

　本郷との学生の交流もありますけど，建築はいろいろ珍しい人達が先輩にいましたからね．池辺陽先生とか前川國男先生，それに京大の西山卯三先生とか，小野薫先生，ああいう先生方を第二工学部へ引っ張ってくるわけですよ，「おいしいものがたくさんあるから」といって（笑）．喜んで私どももそういう先生のお話は聞きましたが，非常に勉強になりました．そういう時間をときどき作られていましたね．ただ，丹下健三先生は一度もこなかったです（笑）．

後藤：私どもの時は丹下先生もお見えになりましたが，お話も何かよそよそしく印象に残りませんでした．

齋藤：二工の建築で3人の先生を挙げろといえば，小野先生，渡辺要先生，それから関野克先生だと思います．関野先生は，途中で応召になって，私が卒業の時にはいらっしゃらなかったのです．関野先生もよく人の面倒を見る人でした．関野先生のお父さんは法隆寺の再建か，非再建かという論争の片方で，非再建を主張しておられました．法隆寺がほんとうに天智天皇のときに焼けたのか否かということが未だに論争が続いていますけれども，そのことを関野先生のお父さんがやられたものですから，関野先生のお話をまず聞きたいと思いましてね．焼けたと主張する方は，あの前に若草伽藍という別の伽藍があったと主張するのです．天智天皇のときに焼けた法隆寺で礎石も残っていますね．ですから，法隆寺は焼失後に再建され，聖徳太子をお祀りする方の廟が今の法隆寺だというのですね．ややこしい話で，ちょっとミステリーみたいなのですね．

齋藤：伊藤鄭爾という一番変わっている，一番有名な男がいました．『数寄屋』[6]という立派な本を出しましたが，今は名前はひらがなで「ていじ」と書くのです．東大の建築学科を出た男には，浜口隆一さんみたいに評論家になったり，伊藤鄭爾みたいな数寄屋の建築をやるとか，変わり者が多いのですね．

　日本の建築学科はエンジニアリング的な部分とアート的な部分とが同居しているのです．おそらく日本独特のものですね．日本の建築学の一番最初はイギリスのジョサイヤ・コンドル（7.1節参照）という先生ですが，東大の建築学教室の前に銅像が立っていますね．ああいう人が日本の独特の建築学を作っているのだと思います．

現場重視の二工教育

　土木工学科については，菅原操氏と山根孟氏が次のように述べている．

菅原：先ほど電気工学科では学校の先生も一工と二工の間で年齢順に交互にというように公平に分けたというようなお話がございました．土木の方はどうだったかというと，そのころはわれわれもそういうことまであまり気が回らなかったのですが，二工では福田武雄先生というのが橋梁の先生で，若くて非常に腕がよくて，外国との付き合いもあったようです．逆に本郷の東大は古くからの先生がたくさんいて，それで飛び出してきたというか，第二工学部の主任でこられて，おおいにそこで元気を出していたということがありましたね．その後は，確かに実務をやっていた人をたくさん連れてくるしかなかったということもあったと思うのです．

　その一番最たるものは，釘宮磐先生という関門トンネルのシールド工法を初めてされた，鉄道の工事局の経験者を呼ばれたことですね．その方がおられて，土木施工という講義がありました．一工の方にはそういう講義はあまりなかったと思うし，そういうことを教えられる先生は多分いなかったと思いますね．また，私どもが運がよかったのは，沼田政矩（まさのり）先生という方がおられて，この先生は本当の学者でした．先生は鉄道の設計をずっとやってこられた方で，実務にも詳しいし，運用のことも詳しいということで，そういう方がこられていたというようなことも二工土木の特徴としてありますね．沼田先生は一工と二工を兼務でやっておられたようで，沼田先生の講義は両方，差がなかったかもしれません．もちろん，第二工学部にも地震の岡本舜三先生の地震力学のような

---

[6] 伊藤鄭爾・二川幸夫・田中一光『数寄屋』，淡交新社，1967．

きわめてアカデミックな講義もありました．福田先生などがよくいっておられたのは，「実際の設計は，現場を見ないでやっていたのではだめだ」というようなことで，もともとアカデミックな方がそういうことをおっしゃってました．ですから，第二工学部の雰囲気は現場重視，実務重視ということであったと思います．

　土木はカリキュラムがだいぶ一工と二工とで違っていたと思います．最近，東大の学生で，第一工学部と第二工学部の比較を一所懸命やった人がいましてね[7]．確かにカリキュラムで第二工学部のほうが，実務に近いカリキュラムが多かったと思います．結局，教える先生にそういう先生が多かったということだと思います．

山根：土木に限られるのかもしれませんけれども，先生方はたとえば技術の倫理観，技術者倫理を講義の間に説かれることがよくありました．それからものの考え方は一体どうあるべきかというか，たとえば土木の場合ですから，「あなた方は自然環境をよく理解しなさい．同様に，社会環境をよく勉強しなさい．そういうことをよくわかった上でないと，技術はちゃんとした機能を発揮しませんよ．そこが大事だから，それをちゃんと心得てやりなさいよ」ということなど，実務に直結した，組織体を動かしたりしていくときの基本になるようなものを，それぞれの先生がそれぞれの先生なりに教えてくださったという記憶が非常に強く残っていますね．それはなぜかというと，たとえば岡本舜三先生にしても，応用弾性学だとかをおやりになるんですけれども，ちゃんと愛媛県の県庁にお勤めになったご経験があるとか，釘宮先生は菅原さんがおっしゃったように，関門鉄道トンネルのシールドを実際に担当なさったとか，発電水力の高畑政信先生は，現職のままで確か非常勤講師でお見えになったとか，それぞれ現場の経験を踏まえてのお話をなさったように思います．

　福田先生にしても，これはむしろ基本的な話ですけれども，ある公式を書いたらみんながキョトンとしている．それは大変基本的な理屈なのですが，それを教える先生は，構造力学というその一歩前の，ひずみと力の関係みたいなことについて，「なんでこんなことがわからないんだ．誰が教えているんだ」とおっしゃるわけです．「誰が教えてる？」といわれても，告げ口をするような学生はその当時はいませんが，ということは，「何とかして皆にちゃんと基本的なところも理解させたい」という気持ちに溢れていたわけですね．そういう意志が

---

[7] 泉　知行「東京大学第二工学部土木工学科における教育と環境」，東京大学工学系研究科社会基盤学専攻卒業論文，2007年3月．

ヒシヒシと伝わってくる感じが，非常に強い印象として私には残っています．また，そういう先生の話はよく覚えているんですが，アカデミックな話というのは習ってもみんな忘れちゃうので，社会に出てから逆に困った人もいるとは思いますね．確かに，実際に現場に出て役に立ったというのは，そういう実務経験でして，教科書にないようなお話をしてくださった方々がたくさんいたということですね．三木五三郎先生というのは，本学の昭和19年（1944）卒業の先生ですけれども，この方なんかは本当に実験をずいぶんやってくださいました．そういう実験をやる場所，実習をやる場所が第二工学部にはずいぶんありましたね．

京城帝国大学の助教授をやっておられた丸安隆和先生という方がおられまして，終戦で帰ってこられたのですが，測量学というのにかなり詳しかったです．先生は，測量学というものは教室で公式を聞くだけではなくて，実習で学ばなければいけないということで，実習をずいぶんやりましたね．今の新京成電車などがまだない時代で，そこの測量を引き受けてきて，それを実習でやったことがありましたね．勉強にもなるし，アルバイトにもなるというようなことで，大変よかったと思うのです．そういう実務を教える先生の割合が二工では非常に高かったように思います．前述の卒業論文[7]の学生は，そういうカリキュラムのことなどもよく調べていますけれども，ある特定の年次の群だけしかデータがないので，もっと続けたいといっております．これは土木だけに限らずやっておいた方がいいと思いますね．

一方，電気工学科卒の山本卓眞氏は，二工の現場重視教育の中でも学生達はアカデミックな雰囲気に対する憧れがあったとして，次のように述べている．

山本：学生のために弁護しておくと，量子力学を教えてくれた山内恭彦先生という有名な先生がいまして，この先生の授業だけは階段教室が満員になって，立ち見席のような感じでしたね．やっぱり学生は，そういう学問に対する憧れがなかったわけではない，おおいにあったということです（笑）．

個性的な講義

土木工学科卒の高橋裕氏は，当時を振り返って，以下のように述べている．

高橋（裕）：私の卒論指導の先生は，安芸皎一先生でした．安芸先生は経済安定本

部の中に設置された資源調査会の初代の事務局長でしたが，そちらが本務で東大はずっと併任教授でした．先生は内務省の富士川担当の所長でしたが，所長兼土木試験所に勤めておられました．富士川の前には安芸先生は鬼怒川担当の所長でした．鬼怒川と富士川をいろいろ研究されたことをもとに博士論文を書いたのです．それが著書『河相論』です．河相論は英語に訳すと"river regime"ですが，『河相論』という本をあまりちゃんと読んだ人は少ないと思います．ある程度読んだ人には，難解ということであまり評判がよくないのです（笑）．普通の工学の本のように，起承転結がはっきりしていない．大体，論理展開の順序が決まっているのが河川工学でしょう．安芸先生の河相論というのは，システマチックでも理論的でもないですね．専ら富士川の経験談です．いろいろお調べになった論理を経験で後付けした一つの説です．「河相とは河川のあるがままの姿である」というのが定義です．わからないでしょう．ついでにいいますと，安芸先生は最初，東大文学部に入られました．文学部に入って，1年でやめて土木へこられたのです．

　安芸先生は大正15年（1926）卒業ですが，安芸先生のお父さんは土木とくに港湾が専門で内務省にお勤めになっていて，明治期に新潟港と横浜港の設計をされた安芸杏一（明治29年（1896），東大土木卒）さんです．安芸一家は次男であろうが，三男であろうが，みな名前に「一」がつくのです．皎一先生の長男が敬一さん，地震工学の世界的権威です．カリフォルニア大学の地震工学研究所をつくって所長になられた．東大の地球物理学科を出て，アメリカに渡ってアメリカ国籍になってしまいました．残念ながら2005年に亡くなられました．次男が周一さん，彼は親父の跡を継いで，専門は土木工学でした．でも東大嫌いで，北大のようなああいう雰囲気がいいと，北大に行ったのです．東大は権威主義だというので，北大の土木工学科を出て，電力中央研究所技術研究所にお勤めでした．

　私は周一さんとはフランス留学のときに数カ月，向こうで一緒になっておりました．私も1959年にフランスへ留学しまして，そのときに周一さんも見えまして，グルノーブルで2カ月くらい一緒に生活しました．グルノーブルに，当時，ヨーロッパーといわれる水理学の研究所があったのです．俗称ネールピック，Laboratoire Dauphinois d'Hydrauliqueという，普通の人にわかりやすくいうには，テトラポットを発明した研究所です．テトラポットの特許権はネールピックという民間会社が持っています．日本が特許を申請しないで勝手に使ったというので，揉めていました．

大山：あれは日本の発明だと思っていました．

高橋（裕）：私が東大の第二工学部に入ったときの学部長が井口常雄先生で，井口昌平先生はその甥になります．井口常雄先生は，その後，静岡大学の学長になられました．私は出身が静岡なものですから，静岡で井口常雄先生にご馳走になったり，平賀譲先生の話とか，軍艦設計の内輪話などを雑談として伺いました．平賀先生の話になると，当然，軍艦の長門，陸奥，大和，武蔵の話などを承ったことを記憶しております．

大山：井口昌平先生のご専門は？

高橋（裕）：水理学，hydraulics です．河川工学の基礎が水理学です．土木では水理学といいますが，機械では水力学です．日本は学問別に次々違う名前を作りますね．英語でいえば，どちらも hydraulics です．役所のセクショナリズムはよく攻撃されるけれども，学問も相当なものだと僕は思っております（笑）．英語でいえば，大体一緒になってしまうのです．

　第二工学部の土木の教授人事は，ほとんど福田武雄先生がされました．先生は本郷にいたのでは，上が詰まっていてなかなか教授になれなかったのです．第二工学部ができて教授のポストができたことは非常に良かったと私は思います．福田先生の専門は橋梁，橋です．福田先生は大変優秀な先生で，橋のほうの成果としては，新潟の万代橋の設計に携わっておられます．隅田川の支流の日本橋川に架けた豊海橋は，日本で最初のフィーレンディールタイプの橋で，フィーレンディールというのは人の名前ですが，橋梁のタイプです．もちろん豊海橋は今も残っていますが，先生が20代の時の設計です．

グループ研究の卒論

高橋（裕）：福田先生は非常に新しいことを次々開拓されて，大学では，アルミニウム橋の講義も2度ほど聞きましたね．アルミニウム橋の講義をされたのは，日本中で福田先生だけではないですかね．先生は本郷では長老教授に睨まれていたともっぱらの噂でした．20代のころから日本の学会よりもドイツの学会を重んじて，ドイツ語で論文を書いたりして，教授と連名で論文を出そうとしなかったと伝えられています．第二工学部ができたのはちょうどいい機会でした．福田先生は第二工学部の土木の教育について非常に張り切っておられ，教授を集めるのもほとんど福田先生の考えで，全部の教授を外から呼んできたのです．河川の教授として安芸皎一先生をお呼びし，土木施工とかコンクリートは釘宮磐先生が呼ばれました．釘宮先生は世界最初の関門海底トンネルをつくったときの所長です．鉄道は沼田政矩先生で，現在の鉄道技術研究所の所長でした．

私は3年間講義を聞いて，卒業論文は安芸先生の指導で信濃川について級友と4人で研究をしました．

大山：卒論をグループでされたのですか？

高橋（裕）：卒業論文はグループが多かったですね．私の卒業は昭和25年（1950）ですから，昭和24年（1949）からはじめたわけで，2年生の昭和23年（1948）の時は秋田県の雄物川に夏の実習に行きました．花火で有名な大曲を通って秋田に出る川です．私が大学に入った1年の時に，昭和22年（1947）9月16日のカスリーン台風で利根川の堤防が切れたのです．それ以後，利根川の支流の小貝川は切れていますけれども，幸い，本川堤防はその後は切れていません．明治43年（1910）8月の台風で利根川は大破堤して，東京の東半分は水没しています．カスリーン台風は9月ですが，この時も利根川の南側の右岸堤防が切れました．安芸先生が当然，河川の権威ですからその破堤現場に行かれ，その時の話を2年生になってからの講義で伺いました．

そのころは毎年のように大水害です．今でも小さい川が切れていますが，当時は大河川の堤防が毎年切れています．昭和20年（1945）から昭和34年（1959）までの15年間は，毎年，水害による死者が1,000人を超えています．その15年間で死者が1,000人を切ったのは3年しかない．水害で1年に1,000人以上の死者は当たり前でした．伊勢湾台風に至っては約5,000人死んでいます．その他カスリーン台風も約1,400人の死者を出しているのです．だから，一つ台風がくれば，1,000人から2,000人亡くなるのは当然のことだった．最近は100人死んでも大騒ぎですが．このように毎年のように水害があったので，卒論も河川は人気がありました．水害調査から調べれば，研究テーマはあるし，安芸先生は講義でそういう話をしてくださったから，河川に興味を持つ学生が多く，それで卒論も大勢，安芸先生に指導を受けたのだと思います．

第二工学部のときの卒論はケーススタディが断然多かったです．渡部与四郎君は八丈島へ行って風力発電の設計をやりましたが，その指導教官は石川栄耀さんです．石川先生も非常に特徴があって，「講義はノートをとってはいかん．ノートをとると，ノートをとることに集中して，先生の話をろくろく聞かん．一切，自分の講義はノートをとってはいかん．よく頭の中に入れておいて，帰ってから書け」とおっしゃってました．帰ってから書いた人がいるかどうか知りませんけど（笑）．石川さんは寄席に通って，話術を勉強したと聞いています．大学の講義はおもしろくなければ意味がないということで，寄席に通われたそうです．

大山：石川先生の講義は大分違うんですか．

高橋（裕）：内容が全然違いましたね．たとえば，イギリスのハワードの田園都市構想などを大変丁寧に講義してくださいました．

山根：グリーンベルトの話も随分ありましたね．

高橋（裕）：ああ，しましたね．つまり，国土計画といっても，条文の解説ではなくて，アイデアですね．都市というものはどうあるべきか，グリーンベルトをどう使うべきか，そういう話はおもしろいですよ．都市計画の講義というと，法律の話ばかりする人がいるわけです．石川先生が作られた言葉に「妓率」という言葉があります．今では考えられないことでしょうが，都市の人口に対して芸者が何人いるかということがその都市の繁栄度合のインデックスになるというわけです．各都市の妓率というのを教えてもらいましたが，福島県の平市が多かったですね．昭和20年代前半は石炭景気ですよ．炭鉱の町は妓率が高かった．

僕は昭和30年（1955）の秋から本郷に勤めたのですが，本郷はケーススタディがまったくありませんでした．全部理論です．卒論というのは，すべて理論と実験です．「力学以外は学問ではない」という雰囲気がありましたね．力学と材料工学ね．それでも，本郷でも八十島義之助先生が昭和30年代終わりくらいから，卒論にケーススタディを入れるようになりましたね．

大学の講義の印象として，たとえば安芸先生の講義は全然システマチックでないし，先ほど申したとおりいわば経験談とそれに基づく河川観です．黒板に字を書くといっても，黒板に振り返って，そこにある白墨を使って斜めに適当に字を書いて終わりでした．それに対して福田武雄先生は正反対で，先生はもともと大学の助教授ですから，講義をするときに，左から順々に書いて，行を変えて，きれいに書いていくわけです．構造力学ですから数式が多いですけれども，一番終わりの黒板の端までいくと，また元に戻って，そこを消してというように，大変システマチックです．何章何節何とかと明示されました．安芸先生は章とか節が何もない．出まかせですね（笑）．それで，黄河の話とか，富士川の経験談とか，経験談が多い．多分，日本中の大学の土木工学の河川工学の講義で，安芸先生はきわめて個性的な講義だったと思います．黄河へ行った先生はそもそも他にいないですから．行ったとしても，普通の先生はそんな話はしないと思います．たとえば水理学とか，もっと大事な基礎学問を教えますよ．鉄道の沼田先生の講義は，安芸先生ほど不羈奔放ではないけれども，きわめて実務的な話をされました．僕がそういうことしか覚えていないのかも知れませんけど．

短縮授業と学徒動員

　応用化学科卒業の石原滋氏は，二工時代を振り返って，次のように述べている．

石原：高等学校の授業は戦争中，だんだん短くなりました．昭和20年（1945）高等学校卒業というのは，高等学校を2年で卒業しています．その前は確か2年半という時もあったようです．われわれ二工の昭和25年（1950）卒業組は，高等学校に入ったときに「おまえ達は2年に短縮だ．2年目は動員に行くから，1年間で3年分の授業をやるよ」といわれ，3年分を1年間に詰め込まれました．私は昭和19年（1944）に高等学校に入りまして，昭和20年（1945）の3月までの1年間でワーッとやられて，昭和20年（1945）の4月から動員になったのです．ところが，8月に終戦になってしまったわけですね．ですから，また学校へ戻ってきた．戻ってきても，もう授業は3年分やっちゃってますから（笑），あまりやることはないのです．そうしたら今度は，2年をもとの3年に戻すよということになりました．われわれの高等学校の1年上の方は，昭和20年（1945）に二工に入られて23年（1948）卒業となりました．われわれは昭和22年（1947）入学で25年（1950）卒業になっています．結局，そこの空いたところへ，山本先輩とか菅原先輩の昭和24年（1949）卒業の方が入っておられるということなのですね．復員で帰られた方とか，いろいろな関係で転科なさった方とか，当時はさまざまなキャリアを経た方が混在していたというふうにご了解いただいてよろしいのじゃないかと思います．

　ついでに申し上げますと，昔は高等学校卒だけが受けていたのですが，昭和22年（1947）の入学試験から専門学校を出た人が受けられるようになったのです．そういう点でまた門戸も拡がったし，競争率が若干上がったんじゃないかと思っております．ですから結局は昭和22年（1947）入学から正規の定員制，そして教育体制に戻ったということになりますね．

親身な卒論指導

　二工では卒業論文の作成にあたっても，学生と先生とがかなり親近感を持っており，先生の方も親身になって学生の卒論指導，卒業，就職のことを考えてくれていたというのが，二工卒業生のインタビューから伺えた．たとえば，島津製作所専務を経て子会社の島津メディカル社の社長をされた機械工学科卒の小澤七兵衛氏は，自身の卒論と卒業後の進路決定について，以下の

ように述べている．

小澤：私は動員されましたが，学生生活の最後の昭和20年（1945）5月頃に兼重寛九郎先生から「おまえ，卒業するんだったら，卒業論文を作らないといけない．自分が話してやる」といわれて，中西不二夫先生が当時，航空研究所の所長をしておられたので，中西先生に頼んでいただき，指導してもらいました．最後のほんの3カ月か4カ月ですが，そこで卒業論文を仕上げて，一応卒業させていただいたという思い出があります．そして兼重先生が当時，教授主任をしておられて，特別研究生という制度ができたので，その特別研究生になって大学に残らないかといわれたのです．そして就職まで面倒を見ていただき，結局，島津製作所へ入ったわけです．

機械工学科卒の山田嘉昭氏は，西千葉キャンパスでの生活，そして卒論研究ではほとんど航空研究所で生活した当時について，次のように述べている．

山田：本郷に対しては，やっぱり多少フラストレーションがあったという人がいるようですね（笑）．僕なんかは岡山の六高で田舎にいたから，なんともなかったですね．本郷はうらやましくも何ともない（笑）．しかし，東京の高校出身なんかで，東京で育った人が随分クラスにおりましたけど，家から通っていたんじゃないですかね．二工に振り分けられたということでがっかりしたという人も多少はいたかもしれませんね．それから私が航空研究所で卒論研究をした航空原動機学科には，高月龍男先生というおもしろい先生がおられました．その先生は神道派ですかね，吉田松陰の『講孟余話』[8]なんて講義をやっておられましたよ．

建築学科卒の高橋靗一氏は，当時を以下のように語っている．

高橋（靗）：共通教室におられた山内恭彦先生は本をお出しになっておられて，僕はそれを読んでいて，実物にお会いできたというので，ものすごく感激しましたね．それで，「野球，しましょう」といって，山内先生は野球が大好きでしたので，草野球をよくやりました．先生はものすごくハンサムでね，西千葉のイモ畑に置いておくにはもったいないくらいでした．大体，あの辺イモ畑でしょう．

---

[8] 幕末の尊皇派思想家としての吉田松陰が安政2年（1855）から約1年間をかけて故郷の長州萩で「孟子」を講読し読後の感想，批評，意見などをまとめたもので，後に彼が起こす松下村塾での教育にも用いられた．吉田松陰の国家観，人生観，学問観が見られる．

だから先生も学生もものすごくイモ臭くなっちゃうわけですよ．でも，山内先生は違ったな．すばらしい先生だった．

野城：高橋さんは，学部の時，辰野金吾さんの息子さんの辰野 隆(ゆたか)先生に師事して，建築よりもフランス文学のほうに傾倒されたと伺いましたが．

高橋（齢）：いやぁ，建築の講義なんて，これに比べれば俗の俗でね，わざわざ西千葉まで聞きに行くのはつまんないじゃないですか．本郷のほうがうんと近いから．僕，辰野先生のところに行って，「先生の講義を伺いたいのですが」といったら，「君，何科？」，「僕，建築です」，「あ，僕の親父も建築やっていたからなぁ」．その時，僕，「ああ，そうですか」といったんです（笑）．それで，第二工学部の建築に戻って，「辰野隆先生の親父さんて，建築やっていたの？」といったら，みんなドッと笑って，「おまえも学がないな」っていわれました（笑）．その時，辰野先生は何も不思議な顔をしないで，「うん，いいよ．単位はやれないけど」とおっしゃったので，「それはもう結構です」といった．だから，僕，美学の先生の大西克礼だとか，渡辺一夫，みんな講義を聞きましたよ．

吉村：辰野金吾さんは工部大学校の第1回卒業生ですね．

9.3 学生の就職と同窓会

終戦後の就職難

終戦時から昭和24年（1949），25年（1950）にかけては就職難で，学生の就職はかなり大変だったようである．昭和20年（1945）3月に卒業予定だったのが前年の昭和19年（1944）11月に繰り上げ卒業となった建築学科卒の梅田健次郎氏は，次のように語っている．

梅田：昭和20年（1945）3月末に卒業すべきところを，われわれは前の年の昭和19年（1944）11月に卒業になりました．私の場合は，海軍の基地の仕事に行かされました．われわれは海兵団に入れられて，兵隊の訓練を受けて，それで昭和20年（1945）3月に海軍技術中尉になりまして，私自身は海軍の設営隊の隊長を終戦までやっておりました．われわれは学徒出陣ではありませんけれども，九州の設営隊に張りつけられたり，それで今度は静岡県の浜名海兵団，また沼津にあります海軍の土木建築関係の技術訓練所で訓練を受けて，それから任官したわけです．静岡県の藤枝の周辺で部隊長をやっていたのが，ある日突然，

私の高等学校，大学の先輩で，海軍も上官だった方がおりまして，その方が名古屋の海軍府の建設担当のトップで赴任され，静岡にいる私に辞令を出して，名古屋にこいというわけです．私は名古屋の八事の山の中にあるトンネルの中で終戦を迎えて，八事の山の中で終戦の詔勅を聞いたことを覚えています．

野城：今の名古屋大学の近くですか．

梅田：そうです．そのとき私と一緒に終戦詔勅を聞いたのが，三木五三郎さんと同じ土木屋で，山本華彦君という京都出身の者です．二人で一緒に終戦の詔勅を八事の山で聞いて，それから私と山本君は三重県，愛知県の海軍の軍事基地の図面を揃えて米軍に引き渡す仕事をやらされました．そのためにしばらく海軍に残されました．アメリカの本部が名古屋の大通りに面した建物の中にありましたので，そこへ「これは三重県の四日市の郊外にあります軍事基地です」とか，「これは安城というところにあります基地です」とか，基地の図面を全部揃えてアメリカ軍に出したのです．そのために，私は海軍から退役するのが遅れたわけです．

　海軍から解放されて帰ってきましたら，偶然，私が海軍中尉だったときに海軍少佐になっている先輩がいたのです．五尺十三寸といってましたが，実は六尺三寸もある背の高い，有名な人でした．その方が方々の設営隊全体をやられて，私はその中の一つである藤枝の基地関係をやったのですが，その方が戦争が終わりましたから帰って，昔いた鹿島建設に戻った．それで，私はどこへ行こうかと思ったら，「おい，おまえは俺の会社へ入れ」といわれました．まだ鹿島建設が今の八重洲ブックセンターにあったころです．

野城：海軍での業務が終わったのは，昭和21年（1946）になっていたのでしょうか？

梅田：はい，私が鹿島に入りましたのはそれよりも後です．実は，私と山本君は，名古屋でその終戦処理が終わったころ，海軍設営隊関係の者は，今でいう運輸省，昔の鉄道省で働かせてもらえるということで，二人とも揃って名古屋鉄道局の土木本部長のところへ挨拶に行きました．「働かせてやる」といわれましたが，数日して知らせがきまして，「マッカーサー司令部からの指示で，海軍に任官した者を入れてはいけない」といわれてしまいました．今でも忘れられないのは，軍事基地の図面や何かを揃えて帰ってきますと，夜遅くなり，名古屋には市電がありますが，もう走っていないわけです．山本君と私は名古屋駅から八事の山のところまで歩いて帰りました．八事まで腹をすかせて歩いた，あの時代のことは忘れられません．

野城：その仕事をやり遂げたら，今度は軍歴があるからということで，名古屋の輸

送管理局からいわれたのですか．

梅田：はい．それで山本君はどうしたかというと，自衛隊ができましてから，自衛隊の設営関係の将校になりまして，相当偉くなったのです．私は，幸いにして，先ほどお話しした橋本さんという先輩がおられたものですから，私はその方のお世話で鹿島建設に入れてもらいました．

　私は，そのころ洋服なんか買えない時代ですから，軍服を着て鹿島建設に行きまして，「こういう者だけれども，採用してもらえないか」といいましたら，「1階の玄関を入って右のほうに現地部というところがあるから，そこへ行って採用してもらえないか頼め」といわれて行きましたら，「おまえ，そこに座っていろ」といわれて座らされて，1日何にもしてもらえないで，しょうがないから「明日また参ります」といって帰って，また行きました．次の日も同じところに座らされて，何の相手もしてくれない．これはもうだめだと思って，「私はこちらに入るのは諦めて帰らせていただきます」といったのですが，課長みたいな人が奥へ入っていって，偉い人に声をかけたのですね．そうしたら，その偉い方がドアを開けて出てきて，「おいおい，採用試験だ，採用試験だ，みんな集まれ」といって集まって，そこへ入りますと，5，6人の偉い方がおられて，「君は東大を出たと書いてあるけれども，先生の名前をいってみろ．これが第1番目の試験だ」．建築学科の先生の名前を全部いいまして，それで信用してもらえるかと思ったら，「君は早く卒業させられたけれども，卒論はやったんだろう？」「はい，やりました」「卒論は何だ？」というから，「構造物のねじれ振動というのをやりました」．そこで初めて信頼してもらえまして，鹿島建設はまだ鹿島組といってましたが，その鹿島組に入れてもらいました．

大山：あのころ，鹿島の主な業務は何でしたか．

梅田：土木の水力あるいは鉄道ですね．昔は，鹿島建設というのは鉄道で有名だったのです．たとえば，碓氷峠に上がっていくあの鉄道を中心となって作ったのは，まさに鹿島建設です．あとは丹那トンネルですね．丹那トンネルも半分やりました．ですからトンネル屋さんが多かった．建築の出身者というのは非常に少なくて，どちらかというと見下げられておりましたから，私もどうしようかなと思ったのですが，履歴書をいくつか書いて，鹿島建設が八重洲口から一番近いので，まずそこで試験を受けてみようと思いました．だめだったら，その次に近かったのは京橋の昭和通り側のほうにある清水建設でした．その次は清水建設に行こうと思って，履歴書をポケットに入れて，そろそろこれはだめだな，鹿島を諦めてと思っていましたら，その「みんな集まれ」といってくれた方が竹内六蔵という，東大の建築の大先輩だったのです．その竹内六蔵さんの息子

さんがわれわれの先輩で，鹿島建設の後に副社長になった竹内久夫さんです．

菅原操氏は土木工学科の当時の卒業生の就職について，次のように述べている．

菅原：就職先は，国鉄，建設省，運輸省，それからあのころは発電，それも水力というのが多かったですね．たとえば東北電力とか，日本発送電という，電力を作る，要するにダムを作る会社が一番評判が高く，希望者が多かったですね．官庁に行く人も多かった．それから統計的に，泉さん（本章脚注7参照）が集めてくれたデータなどを見ると，第一工学部の方はそのまま東大に残るとか，あるいは東大の傘下の小さな他の大学に行くとか，そういう学術分野に行く人が多くて，第二工学部の卒業生は地方公務員になった人が非常に多いということがございます．だから，私ども実習に行ったときも，そういう方が先輩にいて，夏休みなんか歓迎してくれて，ずいぶんいろいろなところの仕事をさせてもらったり，小遣いをもらったりしました．私どもの同級生の中では，あまり地方公務員に行ったのはいなくて，国鉄と建設省と，それから日本発送電に2人行きましたね．特に東北のダム開発を担当したのがずいぶんありましたね．

教官による就職の世話

山本卓眞氏は，二工では教官が学生の就職の世話をしてくれることがかなり多かったということを述べた上で，卒業当時の状況について，石原滋氏，後藤滋氏，尾上守夫氏とともに，以下のように語っている．

山本：学生の就職という点では，昭和24年（1949），25年（1950）当時はドッジ旋風による経済の緊縮で，皆苦労したという時代ですね．私も，星合正治先生のお陰で「富士通にお前を入れてやる」というので，私はそんなところは嫌だったんですけれども，客観情勢はもう否も応もなかったという時代でしたので，受けることにしました．

大山：当時は，就職が厳しいといっても，就職できない人はほとんどいなかったのですか．

山本：いや，ちょっと前では浪人していたのがいましたね．結局，ごく一部ですが，高等学校の教諭なんかをやった者もいますね．

橋本：山本卓眞先生のご本にも，「やや不本意ながら（就職した）」ということが書いてありますけれども．

山本：いやいや，私は農業に忙しくてね（笑）．就職指導の時間を欠席しちゃって聞いてなかったのです．だから，富士通信機製造株式会社というのはどんな会社か知らないから，町工場だと思って，これはやっぱり授業をさぼって農業に励んだので，最悪の就職を世話されたと思いました．それで，「先生，ひどいじゃないですか．いくら成績が悪いからって，こんな町工場はひどいじゃないですか」といったら，「この馬鹿」といわれました．まあ，それが今日までいるわけですから，すべて星合先生のお世話のおかげです．

橋本：昔はやっぱり，古河があって富士電機があって，富士通は3番目ですからね．

山本：先生が「あの会社はシーメンスと提携があって，逓信省の仕事をしている歴とした会社だ」と説明されました．昭和24年（1949）は，日本電気も日立もいっさい採らない．たとえば三田勝茂君なんかは，途中入社です．でも，日立は1人だけ採りました．しかし，一般的にはどこも採らないという年でしたから．昭和26年（1951）はだいぶ増えたでしょうが，昭和24年（1949），25年（1950）が苦労したんです．

石原：われわれと一緒の組は，わりに紙パルプ関係業界に行ったのが多いのです．電気などは会社が限られているかもしれませんが，紙パルプ業界はわりに会社が多かったですからね．だから，時の景気によって，こっちに行ったりあっちに行ったりでした．合成化学的なところは少なかったり，そのうちに今度は石油化学のほうになってきたりといろいろありました．比較的最近ですが，化学は一時公害で学生がこなくなっちゃったとか，私の友人なども嘆いていましたけれども，だいぶ揺れ，動きの変化がございますね．

大山：後藤先生の建築あたりは，就職はどういう状況だったのですか．

後藤：悪かったですよ．まだあのころは，昭和25年（1950）に卒業した時に，半分も決まってなかったんじゃないですかね．皆大学院と称して，ぶらぶら野球ばっかりやってました．1年後には，何とか皆どこかに収まったみたいですが，僕はたまたま特別奨学生枠を渡辺先生が取ってくれて助かりました．

石原：建築だとゼネコンとか，設計事務所とかもありましたね．

後藤：いろいろありますけれども，どこもまだよくなかったんじゃないですかね．昭和30年（1955）代になってからじゃないとよくはなりませんでした．

橋本：そうすると後藤先生は，第二工学部が解体されるときには，大学にいらっしゃったのですか．

後藤：ええ．半年間，特別奨学生という育英会の奨学金をもらってました．そして助手になり，その後11年ぐらい生産研にいました．

橋本：講座の数が65講座が35に減りましたね．二工が廃止になって，行き先がな

くなった人もいたのですか？
後藤：それは，卒業生のほうにはあまり直接はわからないですね．
尾上：講座の数は減ったけれども，その35というのは何で出たかといったら，現員がいる講座の数だったわけですね．ですから，そのために辞められた方というのは，ほんの1人か2人は他の大学へ移られた方がいますけれども，ほとんどそのまま残りました．だから，いちばん困っていたのは，要するに，しばらくの間，新しく採用できなかったことですね．
前田：しかし，教授，助教授は削減したけれども，助手以下に落ちたわけではないですからね．
尾上：少なくとも終戦の時点でいた現員は，ほとんどそのまま行ったわけです．
前田：お辞めになると，その数までは補充しないということですね．

卒論作成と就職に伴う苦労

　建築学科卒の齋藤竹生氏は，当時の卒論作成と就職に伴う苦労について，次のように語っている．

齋藤：就職は昭和19年（1944）11月ごろです．私は渡辺要先生の研究室で卒論を書きましたが，渡辺先生がいろいろと面倒を見てくださいました．当時，内務省という役所がありまして，そのお役人をしている方が渡辺先生と同期で，お世話いただきまして，そこの採用試験を受けました．入ったところは「戦災復興院」です．あのころは400万戸くらいの住宅が不足したものですから，どのようにして作っていけばいいかということが問題になりました．具体的には，住宅最低限の規模はどのようなものかといったことです．私は学生のころから渡辺先生のところでそのようなことを勉強しておりました．ここに7年間勤めまして，その後，石本喜久治先生という，東大出の有名な建築家で「分離派」という建築の派をご自分で作られた人なのですが，最終的には建築家になりたいと思っておりましたので，その人の事務所に入りました．
　あのころの戦災復興院の仕事というのは，すべてアメリカの支配下にありました．建築基準法という法律を全部英訳したり，すべて英語で折衝しなければいけなかったのです．私は日米会話学院で英語を勉強してこいということで行かせてもらいました．そこで3年くらい英語の勉強をしましたが，それは後に，特に役所を辞めてから，大変役に立ちました．

昭和23年（1948）から25年（1950）あたりにかけては，国家公務員の上級試験がはじまった時期で，人事院試験の開始，当時の公務員の採用，そして旧軍関係者の待遇については，以下のような会話がなされた．

杉山：先ほど，就職のお話がありましたが，昭和24年（1949）までは，土木工学科につきましては中央省庁，国鉄，電力関連への就職が多かったです．昭和25年（1950）から国家公務員の上級試験がはじまりましたね．

石原：いや，昭和24年（1949）が第1回の人事院試験で，その前に高文（高等文官試験）がなくなっております．実は，私は2年に在学中だったのですが，一応受けました．

中島：昭和24年（1949）は当初，各省がそれぞれ試験をやっていたと私は伺ってます．

石原：いや，ぜんぶ一緒だったですよ．

中島：マッカーサーがそれをなかったことにして，昭和24年（1949）の人に対してはもう1回実施したとか聞いております．ですから，昭和24年（1949）には2回受けたらしいですね．

杉山：統一試験が確か昭和25年（1950）からで，東大二工の非常勤講師であった尾之内由紀夫さんが人事課長か何かの時に，人事院で公務員試験をやったようです．

石原：昭和24年（1949）入省の人を23年（1948）に第1回の公務員試験ということで選抜したのですね．

山根：私の記憶では，実は昭和23年（1948）だったかと思いますけれども，公務員の首切りがあって，昭和24年（1949）卒業の方は確かに公務員試験はありました．あったのですが，各省が実際は採用せずに，採用したところも非常に少ないはずです．唯一，かなり大量に採用したのは，いまお話に出た人事院だったのです．その人事院に，当時私どもが第二工学部に入ったときに講師でお見えになっていた尾之内さんが，職階課長か何かをやっておられました．私は建設省に入りましたが，建設省で法律関係，つまり文科系の人達は昭和23年（1948）卒業以後から入りました．それ以前に人事院に採用された方が昭和24年（1949）に採用されて，昭和25年（1950）に建設省に移ってきたというようなことがあります．ただ昭和23年（1948）は昔の内務省時代の方がいらっしゃいますから，その辺のところはちょっと調べないとわからないと思います．国家公務員試験とは無関係に，それぞれのところで採用していたことが考えられます．

菅原：そうですね．昭和23年（1948）の秋ごろに運輸省，建設省，それぞれ試験があり，そこで採用決定だという電報をもらいましたから，やっぱり個々にやっていたかもしれませんね．ですから，法律系の方と少し違っているのですかね．人事院の話が出ていたのは，私どもはその次の昭和25年（1950）からかと思っておりましたが，そこのところはお調べいただいたらと思います．私どもは，公務員試験を受けるという話ではなくて，直に運輸省に行って試験を受けたということでしたね．

石原：私が記憶しているのは，人事院が全部の試験をやって，その成績に基づいて各省から来て面接をしたというようなことですが．

杉山：その試験が，確か昭和24年（1949）にはありましたね．

石原：それから，就職関係のことでさっきも山本先輩がちょっといわれたのですが，昭和24年（1949），25年（1950）は確かに就職難でした．昭和25年（1950）に朝鮮戦争が起きまして，それで景気が急によくなって，その次からはきっと就職の状況はもう少しよくなったのだろうと思います．

吉村：山本会長が試験をお受けになった頃は，占領軍によって，旧軍関係者はすべて入れなかったというのはあったのですか．

山本：ありました．私は士官学校を卒業しましたから，公職追放ということでした．解除になったのは朝鮮戦争の後ですよね．昭和27年（1952）ぐらいだったかな．ですから，同期生では誰も公職には就けなかったし，教員にもなれなかったという時代ですね．それは第一工学部も同じですから，「追放される権利を持つ．名誉だ」と（笑）威張っていましたよ．「占領軍から目を付けられるぐらい実力者だ」といって威張ってましたね．

菅原：大学へ入学したときには，旧軍関係者は全学生の1割という制限があると聞いていましたが，その1割の母数が何かよくわからなかったから，東大全体からいえば100人入ったとしても全然問題ないわけです．同じクラスの中で1割ということになると厳しくなっちゃいますね．われわれの学年は割にそういう復員者の比率が多かったかもしれません．でも，全体の母数が大きい中ですから，1割の範囲からはみ出たから入れなかったという話は，あまり聞かなかったですね．ただ，そういう制限は当然あって，占領軍に対する配慮はしていたと思うのです．

就職について，電気工学科卒の福富禮治郎氏は，次のように回想している．

福富：就職は大変な時でした．民間がほとんど採用しなかった時代ですからね．昭

和25年（1950）7月くらいに朝鮮事変がはじまるわけですが，景気がよくなるのはもっと後です．ですから，皆それぞれ努力して何とかしたんでしょうね．就職試験に受かる確率が10分の1だと仮定しても，つまり就職試験に落ちる確率が10分の9だと仮定しても，10回続けて落ちる確率は10分の9の9乗ですから，非常に少なくなるので就職は大丈夫だといっていた人がいましたね．

　私は公務員になりました．電気通信省が昭和24年（1949）にできて，昭和27年（1952）には電電公社に変わりました．昭和24年（1949）に逓信省が郵政省と電気通信省に分かれましたが，大きく分けると，事務系の方々が郵政省に行って，事務系のわずかの人と技術系のほとんどの人は電気通信省に行った．事務系の人でも，作家遠藤周作のお兄さんのように逓信省に行かないで電気通信省にこられた方もいます．大来佐武郎さんは電気を出たので，当時の逓信院に入りまして，電力系のほうをされました．戦争中，逓信省のことを逓信院といった時代（昭和20年（1945）から昭和21年（1946）まで）がありますが，非常に大きな役所だったのです．航空運輸や運輸関係も全部やっていたわけです．昭和18年（1943）に運輸通信省ができたとき，逓信省のもう一方の統合対象省庁は鉄道省ですから，国鉄だけです．電力も逓信省がやっていたのですね．その後，電力関係は商工省に移管されました．大来佐武郎さんは，その後，エコノミストになられるわけです．

応用化学科卒で商社に就職した石原滋氏は，当時の状況について，次のように語っている．

橋本：石原さんは，三井物産に行かれましたね．その当時としてはちょっと変わった進路ではなかったのですか．

石原：いろいろ調べてみますと，応用化学でも，三井物産には昭和2年（1927）卒業とか昭和9年（1934）卒業とかの方も入っておられます．ちょうど戦争中の人造石油の関連もありましたね．私がどうして製造業じゃない三井物産へ行ったかというと，たまたま先ほど申し上げたような就職難の時代で，私も一時，公務員になろうかと思っていたこともあったのです．実は通産省に行こうと思っていたら，親戚の一人に「だいたい技官が局長になった試しはないよ」といわれました．そのあたりは建設省とか，そういう官庁とちょっと違うんですね．

　それで，昭和22年（1947）の7月に元の三井物産と三菱商事，この2社だけが本当に解体させられてしまいましたね．その他のところはだいたい第二会社みたいに残ったのです．解体された後，新しい新会社が200ぐらいできました

かね．そのうち，昭和25年（1950）ごろまでになると少し固まってきまして，当時は第一物産といったのですが，その会社から学校に求人がきたわけです．たまたま私のクラスメートのおじさんか誰かが第一物産におりまして「俺も受けるけど」ということで，「じゃあ，受けてみるか」なんてことになり，大変動機は不純でございますけれども，それで一応入ったというわけです．

　ただ私も，理系を出て商社へ入って，少しユニークなところを出さなければいけないということで，たまたまですが，ちょうど日本の石油化学の誕生期で，技術導入・技術移転の仕事があって，それがうまくいきましてね．会社としても技術移転によるビジネスの開発が重要ということで，技術部という部署を作ったのです．それを立ち上げて15年ぐらいやったということもありました．それから，プラント輸出を担当したり，そして最後は調査部長をやりました．まあ，ちょっと人と変わった道は歩んでおりますが，それも二工の生活を経験したというバックグラウンドのせいかなとも思っております．

橋本：応用化学の授業というのは，より実践的であったような印象というのはございましたか．

石原：断言はあまりできませんが，今から考えますとそうだったかなと思いますね．ただこれは，たとえば法学概論で尾高朝雄先生が本郷から見えたりとか，そういう講義もありましたし，そういうジェネラルな教育をするということも，第二工学部というのは力を入れていたのではないかなと思います．

戦後復興を目指した役人生活

　船舶工学科卒で郵政省に入り，運輸省船舶局に配属となった小金芳弘氏は，二工時代の卒業，就職，そして就職後の当時の役人生活の状況について，以下のように語っている．

小金：就職は非常に大変で，全員のはけ口ができるまでには随分苦労しました．結局，2人ぐらいは大学に残りましたが，あとは大体，何とかあちこち潜り込んで就職しました．私は役人になったのですが，郵政省に私と赤岩昭滋が入りまして，それから運輸省に入りましたね．これも卒業してすぐ入れたわけではなくて，親父に頼んで私を郵政省から運輸省に移してもらったのです．今でいうコネですね．あの時は運輸省は造船屋は採用しなかったのです．私は人事院に一般職で採用してもらって郵政省に入ったのですけれども，郵便とか貯金などをやらされるよりは，せっかく船舶工学科を出たのだから造船にするかぐらいに思って，

当時衆議院議員をやっていました親父に頼んだのです．運輸省の人事課長を親父の高等学校の後輩とかで知っていたわけです．それで頼んでもらったら，造船屋を採用してもいいということになって，それで郵政省から私と赤岩と2人を昭和25年（1950）10月に運輸省船舶局に移らせてもらったのです．

船舶局に入ってしばらくしてから，後の経済企画庁，当時の経済審議庁に出向し，当時，「安本」といっていた，経済安定本部に出してもらいました．すぐに政変があって昭和29年（1954）に鳩山一郎内閣になってから，経済自立6カ年計画というのを当時の計画課というところが作成し，それを上へ持って行ったら，これは選挙の，今でいうマニフェストになるというので，内閣が飛びついたのです．経済自立6カ年計画というのを実行することによって，当時の経済自立を目指したわけです．

要するに，当時は朝鮮動乱特需でドルをもらっていたわけですけれども，昭和28年（1953）に朝鮮動乱は終わりになりますから，特需が終わりになるわけです．ドルがこなくなったら大変で，どうなるかと大騒ぎしていたのです．当時は失業がひどくなっていて，動乱ブームが終わりになるから就職も大変で，農家が自立するのも大変だというので，われわれはドル特需をもらわないで経済自立すると宣言したわけです．これから失業者はたくさん出るので，この連中を全部就業させて完全雇用にするという対策をわれわれ若手が出したのです．それを書いて持っていったら，上の連中が飛びついて，当時，高碕さんが企画庁の長官だったと思いますが，昭和30年（1955）の初めにこれは内閣の方針であると閣議決定してしまいました．

私は昭和25年（1950）卒業で，この6カ年計画を作ったのは昭和29年（1954）ですから，大学出て4年目です．一番古かった下河辺さんとか宮崎勇さんなども昭和22年（1947）ごろの卒業ですから，大学出て7，8年です．今でいうと，ちょうど30歳ぐらいの人が内閣のマニフェストを全部作るようなものですよ．全部秩序がぶっ壊れていたからそういうことができたのです．私は運輸省ですけれども，農林省とか通産省，建設省とかいろいろなところから人がきました．課内で議論すると，それぞれのところの大臣みたいに発現するわけですよ．大蔵省の人はあとからきましたが，日本銀行もいました．要するに，皆が勝手なことをいう時代だったのです．

鳩山内閣は，政治的には今の民主党が自民党に代わったのと同じで，吉田茂内閣，自由党内閣がずっと続いていたのを，もうだめだからというので代わったわけです．ですから，鳩山内閣は，どちらかというと反吉田ということで天下を取って，官僚内閣ではなくて政治主導であるということでやったのですが，

当時の民主党としては，国民生活に対する政策がないわけです．要するに，非常に政治的に，これからはアメリカともソ連とも独立してやっていくとか，官僚ではなくて政治家でやるのだということをいいましたが，一般国民に対してアピールするものがないわけです．われわれが出したものは，完全雇用で皆働けるようにするとか，ドルを特需でもらわないでもやれるようにするとか，これは勝手な作文であって，実はそのような目途は全然なかった．要するに，われわれ若手で，理想としてそういうものをやるのだということを，それこそ経済学も何も知らないのですが，提起したのです．それに喜んで内閣は飛びついたというわけです．

それで昭和30年（1955）初めの選挙で民主党が勝利し，第2次鳩山内閣ができたものの単独過半数ではなかったために，間もなく自由党と合併して自由民主党になったのです．鳩山さんたちは昭和29年（1954）当時は自由党だったのですが，皆さんご存じだと思いますけれども，三木武吉だとか，河野一郎だとか，8人の侍が飛び出して，非常にごたごたしていたのです．結局，昭和30年（1955）の選挙で民主党が勝利したので，自由党もこのままではだめだというわけで，自由党の吉田さんはもう引退していたわけですが，結局，鳩山内閣ができたのです．

今岡和彦さんの『東京大学第二工学部』[1]という本がありますね．あれに昭和19年電気工学科卒の宮崎仁さんが出てきます．宮崎さんはもともと電気屋で，大蔵省に入ったのです．昭和30年（1955）に鳩山内閣が勝利したときに経済企画庁になったのか，昭和29年（1954）かちょっと忘れましたけれども，いっぺんに機構も大きくなって，それまで計画部などといっていたところが計画局になって，大来佐武郎さんは計画部長で，すぐに局長になったんですよ．その後第1次石油危機後の昭和49年（1974）から宮崎さんは経済企画庁の事務次官になるわけです．

小金芳弘氏は，二工の時代的特徴と自分の進路を振り返って，「とにかく第二工学部というところはでたらめなところですよ．大体，戦後は，すべてのものがでたらめになってしまって，よくいえば自由です．要するに，それまでの秩序が完全に壊れました．私の場合，造船学科などという理系に行くつもりはまったくなかったのです．戦争中，文系の高等学校の定員が半分以下，3分の1ぐらいに削られた．理系が逆に大膨張していましたから，その中で自分の進路を決めたようなものです」とも述べている．さらに小金氏は，

二工時代の学生の特徴について，以下のように述べている．

小金：『東京大学第二工学部』という本は非常によく書けていますけれども，当然のことながら，二工ができるいきさつであるとか，戦争中の話であるとか，あるいは戦後入った人たちは非常に苦労したとかという話が非常に多いわけです．われわれみたいに純粋戦後派で二工時代に遊び暮らしていた連中から見ると，あの人たちはやはり真面目ですよ．要するに，大学在学中はほぼ戦争中でしょう．戦争中は遊んだりすることはあまりできないので，兵隊へ取られるのを覚悟の上で，入学した以上はお国のために技術屋として貢献するわけですから，サボっているわけにはとてもいかないので，一生懸命勉強するわけです．

　第二工学部を卒業した連中が戦後，技術屋としてわが国の産業界でリーダーシップを取れたのは，新しい時代の雰囲気みたいなものに非常に順応できたからだと思います．要するに，長い間，伝統を背負ってきたところというのは，昔からのやり方とか，考え方とか，教授の権威であるとか，そういうものがありますから，それにとらわれてしまうということができるでしょう．

小金芳弘氏は，上記のように，第二工学部の卒業生達が技術者としてわが国の産業界でリーダーシップを取れたのは，新しい時代の雰囲気のようなものに非常に順応できたからだと思うと述べているが，当時の時代背景として世界の産業技術に関する一種の革命の時代であるという認識について，以下のように語っている．

小金：わが国の終戦をまたぐ昭和 17 年（1942）から昭和 26 年（1951）にかけての「二工時代」というのは，政治的にいうと民主革命，そして技術的にいうと，いわば技術革命の時代です．日本の場合は，明治維新から明治にかけて，まず工場を導入しました．それから，鉄道，電気を入れました．これは全部，欧米の後を追いかけてきたわけです．このようにして，最後に起きた技術革命がフォード革命です．フォードはどこが革命的かというと，自動車，機械メーカーの大量生産を実現した点です．それまでは大量生産ができたのは繊維が典型的でしたが，繊維とか石けんとか，要するに，物を加工して出す大量生産技術はできていました．ところが，機械というものは，熟練工が一つ一つリベットを打って，組み立ててやらないと機械にならないわけですから，大量生産設備のための機械というのは皆手作りでした．道具である鉄は大量生産です．溶鉱炉で消費される石炭は蒸気機関で山から大量に掘り出すことができる．ですから石

炭と鉄鋼によって産業革命が可能となったといえます．産業革命の土台になったのは鉄で，戦後も鉄は産業の米であるとかいわれました．要するに，機械で物を大量生産するのが産業革命ですが，その最も強力な生産手段である機械というものは，熟練工が作らなければできなかった．だから，非常に高価で，これを買うために非常に巨額の金が必要とされたのです．

明治時代に機械の大量生産が可能になったものとして，鉄砲と自転車とミシンがあります．これがその後のフォード革命につながっていきます．つまり鉄砲は武器で，鉄砲をつくるためにはベアリングというのを非常にたくさん使います．銃身を大量生産したことになります．鉄砲も昔は鍛冶屋さんみたいな人がトンカチトンカチやっていたものを，銃身を軍事用に大量生産するためにベアリングを大量生産しました．耐久消費財というもので大量生産が初めてできたのがミシンと自転車です．自転車は遊びのための道具ですが，ミシンというのは，それまで着物を縫うのに，糸も布も大量生産できたのが，縫うのは女性が手でやらなければならなかった．紡績で布を作るところまではできたものの，その後はずっと手でやらなければいけなかったのが，ミシンが工場に導入されて，工場でミシンを使えば着物を作れるようになった．でも着物というか，洋服は大量生産に適しません．要するに，人によって体型だとか何かが違いますから．だから，ミシンができて工場もミシンを使ったけれども，一番初めに家庭に普及したのだと思います．

フォードが出てきたのは，一つは電気というエネルギーが大量に送られるようになったからで，もう一つは，ベアリングのような，鉄砲や自転車，ミシンを作るための共通の部品が大量にできたので，それを使ってフォードが自動車を大量生産しようというアイデアを作ったのです．それまでの自動車は途方もない高級品でしたので，貴族，大金持ちでなければ乗れなかったのです．これはピーター・ドラッカー[9]が書いておりますけれども，当時のＴ型フォードの値段は今でいう双発ジェット旅客機ぐらいの値段だったそうです．Ｔ型フォード

---

[9] Peter F. Drucker 1909-2005. オーストリア生まれの経営学者でニューヨーク大学教授（1950-1971），クレアモント大学院大学教授（1971-2003）を務める．数多くの著書の中で代表的なものとして，"Concept of the Corporation", John Day, 1946，『断絶の時代——来たるべき知識社会の構想』（林雄二郎訳），ダイヤモンド社，1969（原題：The Age of Discontinuity），『非営利組織の経営——原理と実践』（上田惇生・田代正美訳），ダイヤモンド社，1991（原題：Managing the Nonprofit Organization: Principles and Practices），『ドラッカー名著集8 ポスト資本主義社会』（上田惇生訳），ダイヤモンド社，1993（原題：Post-Capitalist Society）などがある．

を量産する工場を作ったのが1915年で，それから後に自動車の値段がぐんと安くなると同時に，同じ要領で耐久消費財が，ミシンや自転車だけではなくて，冷蔵庫や洗濯機など，いろいろな機械が量産できるようになったのです．フォードが作りはじめた耐久消費財の大量生産というものが本当に軌道に乗ったのが1920年代で，アメリカだけが工員でも自動車に乗れるようにということで大量生産し，工員と西部のカウボーイで馬に乗っていた人がジープに乗るようになる．ヨーロッパには一応広がったのですが，ヨーロッパでも車に乗れるのは上層階級だけです．ヨーロッパも機械の大量生産という点ではアメリカに立ち遅れたのですが，日本はもっと遅れました．ヨーロッパでは，一応，貴族とか，大金持ちなどは自動車に乗って遊び歩いていたけれども，日本ではまだそこまで行かなかった．

　ヨーロッパの場合には，いろいろなヨーロッパのメーカーが出てきました．ヨーロッパ人の自動車というのはすべて遊びです．フェラーリだとか，ロールスロイスもそうですけれども，全部高級車であって，貴族とか大金持ちのための乗り物ということでヨーロッパの自動車メーカーは生まれてきたわけです．日本の金持ちは，外国のものを輸入すれば乗ることはできたでしょうけれども，非常にわずかな人しかそれができなかった．ですから，飛行機だとか，戦車とかを作る技術が日本で遅れるのは当たり前なんです．向こうでは大量生産して，アメリカであれば工員にまで自動車が行くようになる．その技術を使って飛行機を作るということになれば，日本はかなうはずがないのです．

　造船の場合もそうです．ブロック建造方式などというのは，フォード式のものにヒントを得てできたのでしょうが，要するに，船舶の大量生産です．アメリカは戦時標準船というものを大量に作りました．いくら日本が沈めたって，どんどんできてくる．私は造船がそんなに繁栄するなんてまったく思っていなかったです．造船所は漁船や内航船を作っており，当時，計画造船というのもやってはいたのですが，1次船から4次船までの計画造船というのは内航船，つまり沿岸航路なんです．外航船を作り出したのは第5次船からなのです．大体，占領軍が外航船の建造を禁止していたから，わが国では作れなかったのです．昭和30年（1955）ごろになると，これからは外航船も作れるようになるという話で，船の方も外航船や輸出船も出てくるし，結構景気もよくなって，輸出でがんがんもうかりました．昭和30年（1955）過ぎからはいろいろなものが先行き明るくなりました．経済企画庁の調査課長であった後藤誉之助さんが，「もはや戦後ではない」という白書をつくったのが昭和31年（1956）ですから，そのころから日本の景気がよくなったといえるでしょう．

就職：民間企業と公務員

　二工の卒業生は民間企業に就職した者が多く，しかもいろいろな業種でそれぞれ活躍した成功者が多いといわれている．一方で公務員になった者でも，県などの地方自治体で活躍した者が多いという．このような特徴については，以下のような会話がなされた．

大山：産業界に就職する人というのは，第一工学部と比べて二工はどの学科でも多かったのですかね？　よく本に書かれているのを見ると，二工卒業者は民間で活躍してる人が多いといわれていますが．

山本：比べたことがないのでよくわかりませんが，官界に行った人は非常に少なかったのは事実ですね．たとえば電気工学科では，メーカーはすべて不況で採用しないということでしたが，電力と応用分野，たとえば電鉄会社に行ったのがクラスの中におりました．近鉄，阪神，東急とかいった会社に4人ぐらい行きましたね．それから電力会社，電気化学とか，そういう電力の応用分野が非常に多かったですね．

橋本：電気業界でも，山本卓眞さんとか三田勝茂さんとか…他にもおられましたか．

山本：あとは森園（正彦）とかですね．三菱も1人行きましたね．でも，すんなり入ったのはほんの2，3人で，あとはいっぺん浪人して途中入社とか，そういうのが多かったです．三田君は「俺は途中入社だ」っていってましたから．でも，その年のうちに就職したと思います．

大山：芝浦製作所の社長をされた渡辺亮さんが，そのことをおっしゃってました．三田さんも，公務員になろうと思って失敗したのですが，そうしたら先生が，その後になってから就職の世話をしてくれたと．

山本：あのころの先生はよく学生の就職の面倒を見てくれましたね．私の場合，嫌がるのを富士通に押し込んでくれたのも星合先生ですし．いまから考えると，本当によく面倒見ていただいた．

大山：先生としては，義務感というか，学生のためと思ってですか．

山本：そういう時代だったということもあるかと思いますが，やっぱり，明らかに使命感を持っておられましたね．星合先生ですと，富士通の社長とクラスメートだったんです．「おまえ，1人ぐらい採れや」とやったんじゃないでしょうかね．不況の最中とはいえ「まあ，おまえがそういうなら，1人ぐらいいいか」ということで，お情けで入ったということだと思います．

橋本：土木の先生って，そういうところがあると思いますね．要するに，仕事の範囲がすごく狭いでしょう．ですから，建築会社か建設省か，あるいは道路公団

かに集まって，やっぱり友達関係がものすごく強くなる．そういう傾向があるのじゃないですか．昔は，現代と比べると，エリートはものすごいエリートだったですからね．

山本：たしかに，社会が小さかったですね．

吉村：それと，統計的に調べたほうがいいと思うのですが，目立つのは，副社長というのが多いです．技術系のトップに行くものの，副社長なのですよ．ということは，社長はやっぱり法学部出身者が占めていたのですかね．最近は技術系出身の社長が増えてきていますが．

菅原：土木のほうは，仕事の関係で結局，公共事業や何かをやることが多いわけですから，その計画作成者である市の土木部とか，あるいは県の土木部とか，そういうところに行くわけです．中央官庁だったら，国鉄とか建設省などというふうになります．あのころは電力の問題がいちばん大きくて，日本発送電とか，そういうところがよかったのです．当時のことはよくわからないけれども，県の土木部長になっている人数というのは，二工出身者が非常に多いですよね．あのころは県の場合には，県に直接行って，そのまま採用されたのでしょうね．それで，県の土木部長さんに非常に二工の出身が多いということがありますね．

橋本：人脈も能力のうちという．

吉村：おそらく，学部全体の空気のなかで，管理職に向くような人間形成が進んでいたのかも知れないね．そうでなけりゃ，なかなか副社長，トップに行かないですよ．それから，県のそういう上のポストに就かれるというのも，マネージャーとしての資質が備わっているということですかね．

石原：建設業に入った人もいますが，皆それぞれそういうところへ入れば，その会社の役員までは行ってますね．石川六郎さんはちょっと別で，もともと国鉄に入ったんだけれども，鹿島に引っ張りこまれて，鹿島の婿さんになっちゃった．これは特別だったと思いますね．

二工の歴史と学生の連帯感

　工学部増強という国家的要請の中で，二工創設の過程において陸海軍がかなり関与していたことは事実である．また一方で，9年間という短い存続期間が，そこでともに学び，生活した学生，同窓生達の連帯感を強めたことも事実であろう．当時の学生達が二工の創設と廃止についてどのように考えていたかについては，以下のような会話がなされた．

大山：第二工学部の創設時は，かなり軍の協力というか軍が貢献しているわけですよね．そのあたりは，学生は知っていたのですか？

尾上：いや，少なくとも私達は，軍の関与のことさえ知らなかったわけだから，入るまでは知らなかったですね．後から聞いたことですが，陸海軍からの要請で東京大学がそれに応じたということを知りました．初代の学部長の瀬藤先生が，やっぱり引き受けたからには本当に全力を挙げてやられる方で，戦時中だから大義名分があるといっておられました．軍が約束したのだからこの資材をよこせといって，担当官を飛び越して直接軍に交渉に行かれるわけです．だから，あの当時としては，そうとう物資が不足しているころにもかかわらず，木造ですけれども，全部の建物が建ったのです．それから，設備なんかも結構当時としてはいいもので，図書もたくさん入ってるし…．第一工学部の学生にうらやましがられたのは，入学したらハンドブックを全員に1冊ずつくれたのですね．大きな厚いものでしたが，それを覚えています．

山本：尾上先生がおっしゃるように，第二工学部を作ったというのは，戦争には間に合わなかったけれども，戦後の日本の経済的な復興には明らかに貢献したというのが，正しい見方だと思いますね．本来，戦争に勝とうと思ったら，もっとずっと前から倍ぐらいに，技術屋を，つまり理工系を増やさないと無理でしたね．

　私は戦争中つくづく思ったのは，飛行機に乗るとプロペラのスピナーとかエンジンから油が漏れて，座席のなかに油がこぼれて，飛行場のゴミが入って真っ黒になっておりまして，これでは日本は欧米には対抗できないということですね．いちばんひどかったのは，満州事変のとき空中射撃が多かったのですが，風防に油が付いてると照準器鏡にも油が付いて，見えないのです．それでは撃てないし，これでは戦争にならないというのが，満州での感想でした．

　それ以外には，通信兵から「少尉殿，皆馬鹿にして無線機を使ってくれないのです．だから使ってください」と頼まれるわけです．「よしきた」といって使うと，初めは通じるのですが（笑），そのうちにもうピーピー，ガーガー雑音がするので，それで降りてきたら，通信兵がもういわなくてもわかっていてガックリするのです．「おまえ，そんなに嘆くな．これはおまえのせいじゃない．真空管が悪いんだ」といいました．なぜそれがわかったかというと，昔の士官学校の最後のころは，ちゃんと通信工学を教えたのです．スーパーヘテロダインとか，いろいろなものがあるというので，通信兵のせいじゃなくて真空管が悪いんだということも含めて教えられたわけです．通信兵を一所懸命慰めると同時に，これでは戦いにならないなというのが私の痛烈な思いだったのです．そ

れが，第二工学部に入る一つの動機になっているのですが．
　戦争には負けてしまったのですが，その後に役立ったのは間違いない．だから，その後になって，特に法学部が「工学部は戦争に協力した」といって，第二工学部を廃止する行動に出るというのは理解できなかったですね．そういうのは短見もいいところでしょう．

吉村：法学部というよりは，やっぱり経済学部でしょうね．大内兵衛さんの影響が大きいですね．

後藤：当時の教授会議事録資料などを読みますとがっかりしますね．第一工学部も協力しなかったっていうのですから，大学というところはこんなくだらないところかと思いました．

吉村：第二工学部の廃止のとき，65講座あったのですが，35講座を除いてぜんぶ召し上げられたわけです．こんなことは東大の歴史上，初めてですよ．35講座残してぜんぶ取り上げて，そしてそのときに経済学部と社研を作っているんです．

前田：あと，教養学部ですよね．

吉村：でも，あれは第一高等学校と東京高等学校と浦和高校のいいところだけ掛け合わせたから，大してお金はかかってないですね．キャンパスは一高のキャンパスそのまま使っていましたから．

山本：当時，私はまだ20歳代ですから何も世の中のことをわかってないけど，これだけ日本が破壊されて，日本の再建にはどうやったって技術屋が大量にいるというのは，20歳代の前半の若者でもわかったわけですね．だから私は，工学部に入ってこれからやる仕事がいっぱいあるという気持ちでした．それを講座を取り上げるというのは，何たる愚行と思いますね．

後藤：私もそう思いました．

前田：福田先生の書かれた文章には，「第二工学部の施設と人員は，東京大学の再建という大きな立場から解消し…」「その一部をもって戦時中発展を停止されていた文科系講座に加え…」とあります．それからまた，「第一工学部の講座の強化にあてられた」とも書いてあります．

吉村：それは公式見解だけど，現実に起こったのは二工廃止と講座のほぼ半減であって，いわば「略奪」ですよね．だけど，政府も間違えたね．戦後の復興期を考えると，将来の工学技術者養成ニーズを見通した技術政策なんてなかったに等しいから．

橋本：ただ，時代の流れはやっぱり，工学部だったのでしょう．大きな流れは決して工学部にとって逆風ではなかったですよね．

前田：ただ，学内の議論としては，東大だけが工学部を2倍も持っているのはちょ

っと多すぎるかという，その妙なバランス感覚というのはあったかもしれませんね．

山本：逆の議論としては，東大こそ2倍持って然るべきだという議論が出てもよかったと思うのですけどね．戦後役立ったのは，いわゆる駅弁大学です．あれは明らかに日本の再建に役立ったと私は思います．急行の停まるところ必ず大学ありということで，ワーッと一気に増えたわけですから．だけどその前に，第二工学部を残しておけばもうちょっと立ち上がりが早かったと思いますね．

橋本：むしろ，当時は技術系の官僚が力を持っていた時期のような気がするのですね．昭和22年（1947）から昭和27年（1952）にかけての間です．だから，東大だけちょっと特異な議論をしていたということなのですかね．

二工の閉鎖が決定されたころには，学生の間にもこの先どうなるのだろうかというかなり大きな不安と心配とがあったようである．機械工学科卒の山田嘉昭氏は，当時を思い出して，次のように述べている．

山田：井口常雄先生（当時の二工学部長）が，東大で経済学部の先生にやられているとか，二工の建物がつぶれそうとか，だめだ，もたないとか，戦争中にできたものだから「やめろ」といわれているとか，そんな話を盛んにいっておられました．でも二工閉鎖が決まった後，千葉からこちら（生産技術研究所）へきてからは，大学院で新しい人がどんどんくるようになって，学生もくるようになりました．持っている兵力でやるよりないですから，皆さんそれでがんばったと思いますね．僕らは別として，皆さん，能力がありましたね，十分にそれまでに蓄えられた能力を発揮されたんじゃないですか．六本木に移るちょっと前が糸川英夫さんあたりが活躍されたころで，ある意味では黄金時代だったですかね．

同窓会の結びつき

二工OB達のそれぞれの学科における同期の同窓会の結びつきはかなり固い．山本卓眞氏は昭和24年（1949）電気工学科卒業であるが，毎年電気卒の二工OB会をやっていて，多い時は10数名集まっている．しかしながら最近は皆，年をとってきたので参加者が少しずつ減っているとのことである．機械工学科卒の小澤七兵衛氏は，二工同窓会について「われわれ卒業したのは全部で55人ですが，現存するのはたしか20名余りでして，そのうち実際

に同窓会に出られるのは大体10人くらいです．最近はご夫人も一緒に出ておりますので，全部で15人くらいという形です．しかし，私も体が弱っているし，もう今年くらいからやめざるを得ないなといっています」とも述べている．

同窓会の仲間は，常にある時期何らかの共通の体験，意識を共有しているというのが前提になっている．二工の場合，戦時中という特殊な時期に生活や境遇をともにしたこと，そして二工自体が9年間で廃止という「運命」をたどったことが，同窓会仲間意識をより強固なものにしているのだろう．

石原：第一と第二の同窓会の比較というようなことをおっしゃったけれども，われわれが学校にいたときには交流もなければ，卒業してから応用化学の場合，昭和25年（1950）卒は，高等学校が一緒だった連中が会ってたまに合同のクラス会というのをやるのですが，皆それほど熱心じゃないのですね．全然一緒に勉強したことがないのですから．ただ，東大の応用化学の同窓会といいますか，親和会というのがありまして，それにはちゃんと応用化学系，今は化学系4学科ぐらいの全員の名簿があって，昭和25年（1950）ならば，それぞれ第一工学部，第二工学部って書いてありますよ．だから，一応その中では一緒ですが，まあそれほどクラスメートという実感はないですね．他の学科はどうか知りませんけれども．

橋本：石原さんの時代には，研究室みたいのがあって，下級生・上級生の方と一緒に実験をやったりされたのですか．

石原：下級生，上級生はいなかったですね．だいたい卒論の時だけなのです．大学の3年のときに講座が分かれまして，ゼミというのでしょうか，最大8人ぐらいで，少ないところは2，3人のところもありました．だから，上の方が残っておられれば別ですけれども，そうでなければ関係ないです．2年のときも演習以外はそういうのがありませんから，上下のつながりは，あまりないです．他の学科はどうなのでしょう．一工，二工というのが一緒にやったというようなことが，過去にありますかね．

尾上：電気も，年次によって違うんだけれども，僕の年次のものは，一工，二工，ずっと同窓会を一緒にやってますね．

山本：電気の昭和24年（1949）は一緒にやってましたが，そのうちにどうもおもしろくないということになり，そして話が合わなくなって，分かれたのです．

橋本：どういうふうに話が合わないのでしょう？　立ち入ったことですが．

山本：いやあ，話が合わないのですね．

大山：学生時代の話が合わないのですか.

山本：なんか雰囲気が違うなという感じでした.

杉山：昭和25年（1950）卒の土木は，一工，二工と3回か4回一緒にやりましたかね．私は名古屋にいましたから，「真ん中だから，おまえやれ」といわれて，世話役を2回くらいやりましたが，苦労しました．二工は割合まとまりますけど，第一工学部はなかなかまとまらないのですね．連絡が大変だったからもうやめということで，確か20年ぐらいたってからはやってないですね.

前田：いまもそうです．本郷の工学部と生研とを比べると，われわれ生研は「鉄の団結」といわれてますよ.

大山：その伝統が生きてる.

前田：生きてます（笑）.

橋本：所帯もちょっと小さいからですかね.

前田：それもありますね．お互いの顔がわかるくらいです．だけど，一工，二工はほとんど規模が同じですけどね.

菅原：昭和24年（1949）組も，土木で一工と二工が一緒にやったというのはあまりありませんね．それはやっぱり，二工の場合は寮があって，学生の間の絆といいますか，付き合いが多い．一工の方はおそらく，皆，自宅に近いのでそれぞれ家から通っていたから，私的な付き合いがなかったのかも知れませんね．何か特別な行事をやろうというので，サッカーをやりに行ったりしたことはありましたね．そういう，何か特別に先生が声を掛けてやるようなときには会いましたけれども，毎年同年だから会があるというのは，あまりないですね．やはり，二工はそういう意味で，社会に出てからもいろいろと動きやすかった面があるのではないですか．同級生，あるいは先輩，後輩の，むしろ縦の絆が強かったですね．先生もよくいろいろ指導してくれたり，先生の家へ行ったりというのもありました．先生が就職など学生の面倒をよく見てくれましたね．われわれの先輩がいつもいっておりましたが，近所の農家へ行ってイモを採ってきたりするのを，地元の住民が文句をいいにきたときに，福田武雄先生というのは非常に厳正な人なのですが，「東大の学生はそんなことはしない」といって，はね返したとも聞いております．それ以来，住民も文句をいわなくなったというくらいです（笑）．先生とのつながりも強かったように思いますね．そのくらい，学生のことをよく先生が見てくれていたということは，確かにありましたですね.

大山：二工と一工の先生も，そういう違う意識を持っていたのですかね．自分は二工の先生だとか，自分は一工の先生だとかいう意識です.

菅原：福田先生などはよい例でしょうが，二工にきた先生というのは特別な存在で，

リーダーというか主任のような形で一工から出てこられて，要するに腕がよくて二工にこられて大いにがんばろうという意識があったと思いますね．ただ，話によると，福田先生が今度は人集めのときに，やっぱり経験者を呼ぶということで，釘宮先生とか，そういう人を引っ張ってきたという感じがありました．福田先生がいつもおっしゃっていたのは，「橋梁にしたって，実際に経験のない人が教えてもだめなのです」ということでした．彼のところで勉強していた人は，皆そういいますね．だから，結果的に産業界というか，土木の場合ですから，官公庁で経験をしたような人を引っ張ってきたというようなこともありました．ですから必然的に授業にしても実務的に経験に基づく学術指導をされたという結果になったと思います．

対照的な二工と一工

　一工と二工とを対照づける話として，土木工学科卒の高橋裕氏と山根孟氏は以下のように語っている．

高橋：本郷の河川工学の講義は河川水理学です．おそらく日本中の河川工学の講義は河川水理学だと思いますね．専ら洪水の流れを水力学的に解いたり，あるいは川底の土砂がどう動くかをセディメント（sediment）の移動という，可能な限り力学を用いて河床の動きとか洪水の流れとかを考慮しつつ解こうとするわけです．こうして洪水に関しては，当然，力学を用いて解けますけれども，実際には現場を調べて理解することが大事なわけです．現場経験の多い人は普通は教授にならないですからね．

山根：いろいろな先生の講義を聞きましたが，二工で受けた教育の中で印象に残っているのは，福田先生がおっしゃった「君達は技術をよく理解した上で，技術を本当に効果的に活用する．そして世の中のために尽くそうと思うならば，まず自然をよく見なさい．自然を理解しないで，すべてのことをやってはいけません．同時に社会のニーズをよく心得ていないといけませんよ」ということです．「自然を理解し，社会を理解する．それがあって初めて技術の効果を上げていくのですから，そういうつもりでやりなさい」とおっしゃいました．この言葉が僕は常に印象に残っています．

高橋：福田武雄先生はわれわれの教育に対して非常に熱意を持っておられました．それが高じて，個人的に話したこともありますが，本郷の第一工学部に対して大変厳しかったです．「本郷でやっているようなのは技術者教育ではない．自分は工部大学校の精神で教育をしているのだ」とおっしゃってました．そもそも

明治19年（1886）に工部大学校と一緒になって，僕もよく知らないけれども，あれで工部大学校の精神が東大の工学部で薄らいだのではないだろうかと福田先生はいっておられました．「工部大学校の教育こそが本当の技術者教育だ，自分はそういうつもりで第二工学部の教育をした．それを考えると，今の本郷の教育は技術者教育ではない」と，かなり痛烈におっしゃいましたよ．それを公の場でちょっと触れられたこともありましたね．最近はあまりないですが，合同の同級会をやったりすることがたまにありました．一工と二工の両方の先生方をお呼びするのですが，このような会合のときも，本郷の先生方の集まりは悪いですよ．「本郷の先生はこんな状況だ．自分の弟子を最後まで愛する気持ちがない．本郷のような教育をやっていたら，いい技術者は生まれないな」ともおっしゃってました．技術者教育というのは工部大学校の教育を受け継がないといかんということですね．たとえていえば，「現場を重んずる」ということですかね．ドイツなんかそのようですが，大学に3年なり4年なりいるとすると，そのうちの1年間は現場でトレーニングをしなければいかんとか，そういうふうにしたいといっていましたよ．だけど，カリキュラムその他，そう自由にはいかないじゃないですか．それで，本郷の教育を随分批判していましたね．

二工と一工の同窓会

建築学科卒の梅田健次郎氏と土木工学科卒の三木五三郎氏は，一工と二工の同窓会について次のように語っている．

大山：二工の同級生というか，そういうお仲間と定期的に集まっておられるのですか？

梅田：同窓会は続けておりました．たとえば，二工の同級生で，建設省の住宅局長をやって，日本建築センターへ行った沢田光英，あれは同級生です．それから吉川圭二は郵政へ入って，郵政の建築をやるつもりでいたのが郵便番号制度をつくれといわれてそれをやりました．非常に優秀な男で，ぜひ今日，一緒にきたいと思ったのがこられなくなってしまいました．

大山：同窓会は年に何回かはされるのですか？　何人くらい集まるのですか？

梅田：もうクラス会はやめようや，ということにしました．沢田が主催して，東京ステーションホテルの一部屋でクラス会をやったときに，6人集まりましたでしょうか．今は，もう沢田も元気かどうかわかりませんし，その他の連中も体がなかなか自由にならず，私みたいにちゃんと歩いている者はいないという噂です．

大山：6名で集まられたのは何年前ですか．
梅田：そうですね，もう5年くらい前になりましょうか．
大山：学年が違っては，あまり一緒にというのはできないですか？
梅田：学年が違ってはよくわかりません．今回もここにくるときに名簿を見ましたが，1年後輩で，生き残っている人で知っている人はおりません．
三木：土木の場合もクラス会は去年でやめました．要するに，出てくるのがやっとということになっている人が多いものですからね．もうわれわれの年齢になりますと．
梅田：そうですね．私も満89歳で，来年3月には満90歳になりますから，足腰はまあ大丈夫ですが，脳細胞の低下は大変なものでして．
野城：いえいえ，とんでもありません．
大山：本郷のグループと一緒ということは一回もないのですか．
梅田：それは，一緒にクラス会をやった時代がありますよ．私どもの名簿を見ますと，本郷の時代の学生服を着たのと，それからそういうのが揃った一人一人写した写真集があります．

　建築学科卒の高橋靗一氏は，一工と二工の同窓会について，建築学科の場合は卒業生がいろいろな建築関係，建設会社にいたりするので，一工，二工は関係なく，第一工学部と第二工学部で一緒にすることも多く，会う機会が多いため，一緒に同窓会をしていると述べている．

9.4　二工スピリット

二工と一工の学生の気風

　二工と本郷一工との学生の交流は，サッカーとか野球などで一工，二工の間の対抗試合をやる以外にはほとんどなかったようである．菅原氏は，「共通授業で一工へ行って授業を聞いたこともあるが，講演を聞く程度の話で，講義として聞いたことはない」と述べている．また山本氏は「私は本郷へ講義を聞きに行ったことは一度もない．本郷へ行ったのは，たまたま用事があって東京に行ったので映画を観に行ったのと，あとは卒業式だけで，入学式も行かなかった」と述べている．さらに山本氏は，「われわれのころは，皆アルバイトに忙しくてね．アルバイトの点では，本郷より恵まれていなかっ

たんじゃないかと思うのですね．たとえば，家庭教師とかデスクワークのようなアルバイトというのは千葉ではほとんどなくて，もっぱら農耕だった．それから，クラスメートは買い出しの担ぎ屋とか，それからアルバイトをやるにしても東京まで行ってやらなきゃいかんと．地の利というのは決してよくなかったですね．ということで，その部分だけはちょっと余計に働かなきゃいけなかったという差はありましたね」と述べている．

　船舶工学科卒の小金芳弘氏は，一工，二工と旧制高校を重ね合わせて，次のように述べている．

小金：私は本郷の雰囲気というのは全然知らないのですが，他の人に聞くと，二工とはまるで違うというのですよ．学生が教授の前に行くと直立不動になるとか．私は本郷なんてほとんど行ったことないし，人から聞くだけですが．要するに，東京帝国大学というのは，当時でいえば大変なブランド物だったのではないかと思います．われわれは，当時は戦争中ですから，本郷の生活やキャンパスの雰囲気がどうのなんてことはあまり考えなかったのです．

　旧制高校の卒業生というのは，また気風が違うのですよ．旧制高校というのは，第二工学部もそうですけれども，死滅しているので，天然記念物のトキと同じですよ．トキは残っているので絶滅は避けられるかも知れませんが，旧制高校生とか，「二工精神」などというものは当時の人間が皆いなくなったら絶対再生できませんからね．私は学習院におりまして，学習院というのは旧制高校と気風が非常に違う学校でしたので，旧制高校の雰囲気は味わえなかったと思っていたのが，二工の学寮へ入って旧制高校気分を満喫できたのです．旧制高校かたぎというのは，彼らは非常に難しい試験を通ってやってきたエリートには違いないんだけれども，あれは学校の方針があったのでしょうか，大学へ入ればまた就職するまでの間，一生懸命勉強しなければいけないので大変だと，中学のときは入学試験勉強で大変だったと，その間の高等学校ぐらいは自由にやらせてやろうということがあったのではないかと思うのです．旧制高校の雰囲気というのは，いってみれば，やれ伝統だとか格式だとかいうのでなく，要するにバンカラなんですよ．制服をきちんと着込まないで，下駄をはいて，破れた服を着て，今破れたジーンズをはくのと同じかどうか知らないけれども，放歌高吟するし，学寮で寮雨とか涼雨とか称して2階から小便をするとか，でたらめなことをやっても，管理者があまり文句をいわなかった．

　二工が本郷一工に対抗意識があると今岡さんの本[1]には書いてありますけれ

ども,少なくとも私達は全然そんなことは考えていなかったですね.むしろ本郷というのは窮屈で退屈で大変なところだと,だからおれ達第二工学部でよかったというふうに思っていましたし,今でもそう思っています.あいつらに負けずに勉強しなければいかんという気はあったのかもしれませんね.特に戦争中に二工で過ごした人たちは,それはあるかもしれない.

いずれにしても,いってみれば戦争の生んだ鬼っ子みたいなものであって,鬼っ子なんだけれども,時代があるから,そういう鬼っ子が生まれてくるような環境があったのだろうと思うのです.政治的にも日本は大正時代に大正デモクラシーがあったり,マルクス経済学でなければ経済学でないという時代があって,いろいろな時代がありましたから.

建築学科卒の齋藤竹生氏は,二工時代の生活について,次のようにも述べている.

齋藤:私はほんとうに二工でよかったなと思っています.入ったときからよかったですね(笑).東京なんか通り越してこっちにくると,何となく気持ちが晴々しました.魅力があるところですね.よく本郷の人がこっちにきて野球や対抗の運動会をやるんです.そうすると,たいてい二工の建築が勝っちゃうんですね.先生は「これはエサがきっといいからだ」といってね(笑).私の友達も,しょっちゅう千葉へ食べにきました.昭和17年(1942)の初め頃ですが,当時でも肉でも魚でも野菜でも何でもありましたね.

明るい性格の二工卒業生

二工卒業生との懇談会,インタビューを終えて特に印象的に感じることは,世の中に物や食料が満ちあふれ,すべて「必要以上に」ありあまる現在にわれわれが生きる中で当時はかなりの窮乏生活をしていたはずの二工卒業生達のほぼ全員が学生時代を思い出しながら明るく語っているということである.皆の性格が明るいということに加えて,ほぼ全員が常に人生,境遇に対しても前向きで,積極的かつエネルギッシュで,自由闊達に生きているという印象を受けた.さらには皆とても記憶力がよく,多くの大学時代の友人,先生方の名前を卒業後60余年が経った今でもとてもよく覚えていて,次々と口に出すことである.高橋靝一氏などはインタビューの間に40名近くもの同級生,友人,先生方のことを熱く語っていたし,小金芳弘氏も「第二工学部

は旧制高校と同じで死滅しているので，天然記念物のトキと同じですよ．トキは残っているので絶滅を避けることはできるけれども，旧制高校生とか，「二工スピリット」などというものは絶対再生できませんからね」と明るく語っている．さらに小金氏は，二工の友人仲間関係，そして当時の時代背景についても，以下のように語っている．

小金：第二工学部の連中は非常にドライですから，簡単に仲間が集まれる人だけ集まって昼飯食うとかは積極的にやりました．今岡さんの本[1]によりますと，二工スピリットの中に，非常に田舎者的であるとか，バンカラであるとか書いてありますけれども，同時に，これはなるほどと思ったのですが，あくの強い人があまりいないとも書いてあります．私は，それは二工の特色ではなくて，一種の技術屋かたぎだろうと思います．技術屋だってもちろんあくの強い人もいますけれども，数少ないです．技術屋は機械だけを黙々といじって，好きなことはするけれども，子分をいっぱい集めていろいろ号令するとか，非常に有名になって賛美者をたくさん集めるとか，そういうことにあまり興味のない人が多い．二工スピリットというのか，二工かたぎというのか，バンカラだとか何とかというのは確かにありますが，同時に，あくの強い人があまりいないというところも確かにあります．

　私は今の教育のことはわからないけれども，たとえば上下関係が厳し過ぎるとか伝統があると，それが一種の気風みたいな，文化みたいなものになると思うのです．今はどちらかというと建前的なものがあって，役人などの気質もそれに縛られるというのが現実です．私などは自由闊達なところが非常に気に入っていましたが，大体，経済企画庁にはそういう建前に縛られない自由な人間が多い．文化とか気風とかいうものは，全体がそれであまり固まり過ぎると問題も発生してくると思うのです．典型的なのは昔の軍隊だと思います．軍隊がきっちりそういうものを作り上げて，特に陸軍は幼年学校のようなところにはめ込んで作ったから，優秀で勉強がよくできて性格もいいという人も，そうでない人でも，はめ込んでやりますから，全体がゆがんでしまうと思うのです．佐野眞一が軍人甘粕正彦について書いた作品[10]の中にも書いてあります．組織が長期に固定化すると，やはり個人個人はよくても，全体として問題が起きま

---

[10] 『甘粕正彦――乱心の曠野』（新潮社，2008）．佐野眞一が，無政府主義者大杉栄らを殺害した大杉事件の主犯とされる陸軍憲兵大尉で甘粕正彦（1891-1945）について書いた評伝．

すね．だから，戦時中という特殊な時代には，甘粕さんのような有能な人でも，軍隊という特殊な組織に入ってしまったためにああいう事件が起こったのです．

私は計画局にいたときに大来佐武郎さんに頼んで，オランダのハーグにある Institute of Social Studies というところに留学させてもらいました．その時に計量経済の分野で有名なティンバーゲン教授の講義を聞きました．あそこには常駐の教授みたいな人はごく少数で，あとはほとんど他の学部，研究所とか大学とかから来て講義するわけです．計量経済モデルのコースを聞きましたが，すごいやり手の先生でした．いろいろな講義をそこで聞きましたが，とても役に立ちました．大来佐武郎さんが当時の役人を留学させるということで尽力して頂いたのですが，金森久雄さん，宮崎仁さんなど，その後に企画庁で活躍された人々が数多くいます．経済審議庁も戦後に経済企画庁となりましたし，東大第二工学部も9年で閉鎖となりましたが，私は組織が長期にわたって影響力を持ち続けられるかということに関しては，非常に疑問を持っているのです．

あの当時は一種の過渡期でして，明治時代の日本を作った政治にしても，行政にしても，経営にしても，技術にしても，それなりに完成しておりまして，軍隊なども完成し過ぎてしまって，どうにもならなくなって，明治日本の持っていた価値観みたいなものではやっていけない時代がきていたと思います．第二工学部なども，その連中がはじめた戦争を遂行するための技術者養成ということで作ったわけでしょう．実際問題としては，ほとんど役に立たないうちに終わってしまいましたが，後に日本の企業とか役所とか，そういうものが近代化される時に，確かにわずか9年の間に出てきた連中の貢献としては，非常に大きいという特徴がありますね．ただ二工卒業生が他の学校の卒業生と比較して，たとえば産業界でより大きな影響力を持てたか否かについては，より詳細に調べないと結論は出ないかも知れませんね．

専門を深くやることはもちろん大事ですけれども，それぞれパラダイムというものがありまして，そのパラダイムに従って仕事をやっているわけです．技術革命が出てくる非常に大きい要因は，別の分野との交流があって初めてそこから新しいアイデアが出てきて，新しいものが生まれるということなんですね．専門分化が非常に発達して，そこでずっとやるのも一つの生き方ですが，アレキサンダー・グラハム・ベル[11]などは，自分は専門家でない方の専門家だとい

---

11) Alexander Graham Bell. 1847-1922. スコットランド生まれの学者で発明家．電話機の発明者として知られている．雑誌サイエンス（*Scientific American*）を発行するアメリカ科学振興協会（American Association for the Advancement of Science）の創設者でもある．

っているように，彼は横断的にいろいろなことを考えるという性格なのです．人種でも，混合すると，そこから活力が出るように，そういうものが大事でしょうね．純粋培養というのは，生理学的にいってもよくないですね．

　小金芳弘氏の主張は，人間が生きていき仕事をしていく上で，大切なこととして，各自が専門性を深化させることを認めつつも，狭い分野にとらわれることなく，他の異なる分野の人間とも積極的な交流を保ちながら，多種多様なものの見方，考え方を適切に「混合させつつ」，広い視野を持つことの重要性，そしてそのような生き方，姿勢が新しいものを生み出す活力となるということを強調したかったのではなかろうか．二工の教授陣には一工を「はみ出た」人々，産業界の企業，メーカー等の外部からきた人々，と多くの異なるバックグラウンドを有する人々が集まり，西千葉キャンパスという，当時の「都会」である本郷とは対照的な異なったところでともに生活し，教育研究に携わっていたということが，小金氏のような考え方を創出させる根源となり，かつまた二工スピリット湧出の根源ともなっているのではなかろうか．

自由闊達な二工生

　建築学科卒の齋藤竹生氏は次のようにも述べている．

齋藤：村松貞次郎先生が次のようにいっておられます．「二工建築学科の特色を一言でいえば自由闊達となる．初代の教室主任の小野薫先生のリベラルな気性と，教官全体のヒューマンな人柄がこの空気を作り上げた．この温かい教室の中で，学生たちが伸び伸びと，互いに先輩をリーダーとし，勉強し合った．その学生同士のつながりが今日も強く生きている．この反骨と自由，そんな先生方の翼のもとで，学生は随分勝手なことをしたものである．」私自身，まったくそのとおりの経験をさせてもらいまして，「本郷でなくてよかった」とむしろ思っているくらいでございます．

　私の第二工学部における建築の3年というのは，京都の三高をつなぎあわせると5年間になりますが，非常に自由な学問をさせてもらいました．本郷のあんなところで勉強するよりもはるかによかったなと思っているくらいでございます．高校が2年で打ち切られたということは，あのときは確かにショックだったのですが，2年，そしてそれから3年という二工の学生生活は非常によかっ

たと思うのです.

　昭和24年（1949）建築学科卒の高橋靗一氏が，第二工学部時代について「第二工学部って，賢いんですよ（笑），数は少ないんだけどね．なぜ賢いかというと，遊んでいたからですよ．遊ぶということが先になくちゃだめですよ」と明るく語っていたのも印象的である．さらに高橋氏は続けて，「私の場合，学生時代の友人としては，同級生に限らず，学年が違っていても友人が多くいました．木造建築，建築の歴史については桐敷真次郎氏，フランスゴチック建築史については飯田喜四郎氏，ローマ時代の古代建築については堀内清治氏といったように，それぞれのテーマについて何か知りたいことがあると，すぐ友人あるいは先生方に電話をかけました．そうすると，「おまえも物を知らねえな」といいながら友人が教えてくれました．それが一番いいのです，覚えなくてすむのですから」と述べている．

　戦後の混乱の中で，そしてまた第二工学部の存廃が議論され，多分自分達が学び卒業する第二工学部が廃止となることを学生生活最後に見届けたであろうという状況の中で，このようなことを明るく語れる高橋氏の「余裕」というか「大らかさ」に圧倒されたものである．

　学年を越えたお付き合い，友人関係，師弟関係は二工を特徴づけるものの一つであるような気がする．二工スピリットを象徴する特徴の一つとして皆が性格的に明るいということを述べたが，昭和17年（1942）から昭和26年（1951），わが国にとってまさに激動の時期に大学時代を過ごした彼らは，日常生活も学業も就職も，そしてまた彼ら自身の人生そのものも自らの思うようにはならなかったはずである．そのような中で青春時代を過ごした彼らには，千葉で大学生活を過ごした二工卒業生に限らないであろうが，人生の中でどのようなことが起こってもそれをしっかりと現実として受け止めた上で自らの新たな人生を切り開き，築き上げていくという逞しさが身についたのであろう．

　昭和20年（1945）3月に卒業予定であったのが昭和19年（1944）9月に繰り上げ卒業となった二工建築卒の梅田健次郎氏も，卒業後海軍の海兵団で訓練を受け，いくつかの海軍軍事基地，海軍技術訓練所などを経て，鹿島建

設に就職し，丸の内で仕事をしていたのが，急に東海村へ行って仕事をするように言われ，原子力発電関連の仕事をすることになり，それが自身の将来を決めることにもなったと「波乱万丈」の人生を笑って語り，最後に「人生何が起きるか，本当にわからないものです」と結んでいる．人生何が起きるか予測はつかないということはすべての人にとって事実であったとしても，各人に起こった状況の下で自らの人生にどのように向き合い，対処し，そしてそれぞれの人生をどのように開拓し，構築していくかは各人が決定し，努力していかねばならない．その意味で，彼ら二工卒業生は戦時中の混乱，激動の中でわが国の国家，社会の動きを冷静に見つめながら，それぞれの人生に立ち向かい，今度は終戦，そして戦後の経済成長の中でまさに逞しく生き，活躍を続けたといえるのではなかろうか．

二工スピリットで大学生活を謳歌

　昭和25年（1950）船舶工学科卒の小金芳弘氏はインタビューの中で，「第二工学部というのは「でたらめ」なところなんですよ．大体，戦後は，よくいえば自由なのですが，とにかくすべてのものが「でたらめ」になってしまって，すべてのものが壊れましたから」と語っておられた．そしてご自身学習院高等科から大学に進学するに際しては，兵隊にとられるのを免れるために1年の浪人もできない状況の中で，文科に入ろうと思ったら定員が3分の1に減っているのに対して，理科では定員が増えていたから，その方が入りやすいと思って自分の進路を決めたとのことである．そのようにして大学生活を二工での寮生活とともに「謳歌」し（といっては失礼かも知れないが），船舶工学科を卒業し，当時の郵政省への就職に至るまでをとても楽しく語られたのが印象的である．「でたらめ」な社会状況の中でご自身が学業と研究と，そして先生や就職してからの上司との人間関係をすべて巧みに，したたかに，そして粘り強くやってこられたというのは，まさに「二工スピリット」の実現の証しであろう．

　昭和24年（1949）電気工学科卒で富士通の社長を務めた山本卓眞氏は，陸軍士官学校を卒業して二工に入り，学生時代の生活がかなり苦しいものであったことを淡々と，それも楽しく思い出しているような雰囲気で語ってい

た．学生時代の友人関係が，卒業後も皆がそれぞれ異なる業種で活躍している同士との会合という形で半世紀も続いているというのは，まさに二工の学生時代の結びつきが何か皆の共通の「思い出」として共有されていたことを示しているのではないだろうか．山本氏が「軽挙妄動するな．広く学び，深く考えよ」という当時の法学概論の尾高朝雄教授の言葉をとても印象深く記憶しているのには驚嘆したものである．二工学生が千葉キャンパスで工学分野のいろいろな専門の学問体系を学ぶ中で，本郷から講義のためにわざわざきてくれた社会科学分野の先生による講義の中での発言，主張は当時の工学部学生にとってもかなり強い印象を与えたことが察せられるのである．さらに山本氏はご自身が陸軍士官学校を卒業したということで「公職追放」に遭い，就職難の中で朝鮮戦争が終わるまで同期生が皆，公職につけず教員にもなれなかったという時代を経験している．このような中で山本氏は「このような境遇は第一工学部も同じだ．われわれは追放される権利を持つ．名誉なことだといって威張ってましたよ．占領軍から目をつけられるくらい実力者だといって威張ってました」と語っていたのも印象的である．自らの境遇がたとえ自分達にとって不利な，不幸なものであったとしても，それに負けてしまって諦めるのでなく，逆に撥ね返すだけの強靭な精神力を持っていたというのも二工スピリットの一つの重要な側面であると思うのである．

　昭和26年（1951）3月に機械工学科を卒業した石丸典生氏は，松島・尾高（2006）[12]の中で，負け惜しみかも知れないがといいつつも，「学生達については第二工学部のほうが優秀だったという人もいるし，また先生達についても二工では若手の優秀で，意欲に富んだ先生がたくさん配属されたから，第二工学部の教育レベルが高く，富士通の山本社長とか，航空機の黒田さんとか，多くの立派な人材を輩出した」と述べている（8.2節参照）．石丸氏は二工時代を総括して，「自分は大学時代そう勤勉ではなかったものの，学校の近くの寮で生活した当時を振り返って，結果的には第二工学部でよかった」と結論づけている．さらに石丸氏は二工卒業後を振り返って，「自らどこへ転職しても生来楽天家なのか，順応性がいいというのかわからない」と

---

[12] 松島　茂・尾高煌之助編『石丸典生オーラルヒストリー』，法政大学イノベーション・マネジメント研究センター，No. 20, 2006.

いいつつ，どちらかといえば少しずつ大きい会社へ移っていったことを前向きにとらえ，運がよかったと述べている．石丸氏の話からは，二工出身の学生としてのプライドと負けじ魂がとても強く感じられ，まさに彼の行動力に基づく経歴こそ二工スピリットを表す象徴的な部分であろう．

第10章 二工教育の現代的意義と高等教育への示唆

　東京大学第二工学部の栄光と功績を再評価する必要があるのではないか，21世紀という現代に生きるわれわれはそのことを再度，検証しておく必要があるのではないか，という問題意識に基づいて，編著者らは本書作成を企画した．第二工学部出身者懇談会に参加して得た印象，結論，そしてそこから得られる東京大学第二工学部の現代的意義と，それがわが国の現代高等教育，科学技術人材育成，もの作り産業政策といった課題に対して示唆するものについてまとめる．

10.1　二工プロジェクトの沿革

　吉村融元政策研究大学院大学学長と前田正史東京大学理事・副学長（元東京大学生産技術研究所長）の対談が，大山達雄政策研究大学院大学副学長の司会進行の下，小川正昭政策研究大学院大学客員研究員，磯谷桂介政策研究大学院大学大学運営局長も参加して，平成24年（2012）6月29日に政策研究大学院大学にて行われた．吉村・前田両氏には政策研究大学院大学において実施中の第二工学部再評価のための「二工プロジェクト」の成立の経緯を主に語ってもらった．二工プロジェクトでは，多くの二工卒業生との懇談，インタビュー等を行ったが，両氏にはそれらのほとんどに参加いただいた．両氏にとっては，二工の創立から廃止に至るまでの経緯を明らかにするばかりでなく，その背景にあるもの，示唆するもの，意味するもの等を明らかにすることによって，わが国の科学技術政策，工学教育，高等教育政策といった面において，現代のわれわれにも有益な何かが描けるのではないだろうか

といった希望と期待とがあったはずである．対談は，第二工学部，二工プロジェクトの話題からはじまったものの，次々と話題は広がり，技術者，テクノクラート，技術官僚，明治期と現代の高等教育政策，科学技術政策，人材育成，日本と欧米の文化比較に至るまで，非常に多岐にわたった．広くわが国全体を見直し，反省し，それによってわが国の将来に向かって有益な示唆を与える端緒となれば幸甚である．

二工プロジェクトの誕生

大山：二工プロジェクトの誕生について話していただきたいのですが，そもそも東京大学第二工学部というものを調べてみようというきっかけは何だったんですか？

吉村：きっかけは僕の高等学校の先輩で，猪瀬博[1]さんをはじめ，多くの著名な人達が第二工学部出身だったんですが，「本郷の銀杏並木でないところというのは，一体どこなのですか？」と僕ら後輩が聞くと，「おまえ，広いイモ畑の真ん中だ」というのです．そのときに，私はいまだに覚えているんだけれども，猪瀬さんとか逓信省に行った平三郎氏が，第二工学部の学生であったことを決してイヤだとはいわなかったね．「イモ畑でひどいよ．だけど，先生が違うんだ」と目を輝かしていっていたね．あの時は通うのに，お茶の水から多分1時間以上かかったんじゃないの．

前田：本郷の人はそこで下りて歩いていくのに，反対向きにさらに乗っていくわけですから．私のおじさん筋の師匠なのですが，新宿に住んでおられて，自分はてっきり本郷に行けると思っていたわけじゃないですか．そうしたら，お茶の水を過ぎてさらにどんどん行って（笑），駅を下りたら，海岸とイモ畑しかない．西千葉の駅がまだないころなので，稲毛ですね．

吉村：その時から，「第二工学部ってすごい」っていうイメージがあるんですよ．

大山：その前は，先生，二工というのはご存じなかったんですか．

吉村：だって，僕が旧制七年制高校の尋常科のときに第二工学部ができたんだもの．二工創設は平賀総長の時でしたね．高校の先輩が随分行きましたよ．

　僕は，ほんとうは最初モニュメントになるものを生産研があった六本木の歩

---

[1] 昭和23年（1948）に東京大学第二工学部電気工学科卒業後，論文「電子管式擬似トラフィック装置に関する研究」で工学博士．東芝㈱を経て，東京大学教授，工学部長を務めた後，昭和62年（1987）に退官．電子情報通信学会長，文部省学術情報センター初代センター長などの要職を歴任し，わが国の情報通信分野の発展に大きく貢献した．

兵第三連隊のあった建物に作るべきだと主張したんです．文化庁の役人達にも，その先輩達にも全然そういう意識がないんだよ（笑）．第二工学部が何たるかも全然知らないのが，文化庁をやっているんだから，これはもう……．

大山：建物だけはちょっと残ったんじゃないですか．

前田：物性研究所の部分ですね．

吉村：だから，今度，新しい政策研究機関を作ったら，この政研大の隣に土地を空けてありますから，バンと建てるから，中に入ってください．

前田：ありがとうございます．

吉村：それで初めてご恩返しができる．一方で，工部大学校のことを調べていたんですが，日本は科学・技術テクノクラートの政府の中での地位が低いですね．日本はだめなんですよ．これがやっぱりほんとにわれわれが取り上げるべき重要なイッシューだよ．科学技術政策を作る上での大きな問題ですね……．

大山：それは吉村先生が前からずっといっておられますね．そのようなプロジェクトをなぜやらないんだ，どうしてだと．

吉村：民間は実力の世界だから，二工の卒業生で民間の社長，副社長になられた方は，いっぱいいるわけですね．しかし，役所っていうのは，事務官優位の組織・人事が牢固としているね．

前田：そうですね．

吉村：今，最も僕が危ないなと思うのは，肝心の旧通産省の中の工業技術院が全部現場に散っちゃったでしょう．

前田：そうですね，産総研（産業技術総合研究所）になりましたね．

吉村：だから，ヘッドクオーターに技術テクノクラートの頭脳がいないんです．これは先進国だったら，考えられない．

前田：だから，今のエネルギー政策でも，エネルギー庁にはまだちゃんと人材がいるんですけど，あまり発言力がないですね．結局，いい計画か政策案をつくっても，真面目に取り上げられることなくごみ箱に捨てられているだけで，ますますモラルダウンしていくし，学者が真面目にそれをやり切れるかというと，毎日それを考えているわけではないので，つまみ食いで，時給3,000円でコメントしろといったって，それは無理ですよ．やっぱりずっとウォッチしている役所の人，まさにテクノクラートがきちんとやっていかないと，基盤となるものの継続性がなくなってしまう．

吉村：スウェーデンとかアメリカといったところで，国の科学技術が決まってくる基本のところにいるポリシーコミュニティの人たちが，どういうキャリアを経て，そういう人がどのように育ったのかを旧科技庁，文科省OBの有本建男さん

（現・政策研究大学院大学教授）が調べたいというので，ぜひ調べなさいよといってあります．そこから絶対何か出てくると思う．

日本と欧米の文化の違い

前田：あともう一つ，文化的な差がありますね．欧米ではヒエラルキーというか，システムに慣れている．しかしながら，日本はどうしても視野が狭いというか，小さいものの調和を図るのは非常に得意なんだけれども，全体のシステマチックなものをルールを遵守してやれるかというと難しい．

大山：それはあるかも知れないですね．

前田：じゃ，どう改善していくのかというと，なかなか僕は悲観的です．

大山：大規模システムのコントロールといった面では欧米の方が得意ですか．

前田：得意ですし，しつこく説得しますね．日本人は，不安に思っている方に対して科学をベースに説得するのがあまり得意ではないのですね．一生懸命話すけれども，現場の交渉人が現場の方に対応するわけです．つまり理屈で説明して納得してもらうというよりは，これまでもなだめすかすというやり方しかやっていないんじゃないでしょうか．

吉村：何が重要イッシューかということを明確にした上で，それに基づいた論議をしていないんだよ．

前田：全然していないんですよ．

吉村：政府はどうかというと，中教審の報告なんか見ているとおわかりのとおり，他省庁もみんなそうだけれども，過去のは一切失敗じゃないんだよ．「何をやりました．これをやりました．さはさりながら，世の中が変わったから，こうやります」としかいわない．

大山：それはありますね．

吉村：じゃ，前のは間違っていたの？という，イッシューレージング[2]が全然ない．アメリカの大統領のレポートなんかを見ると，必ずレージングイッシューというのが一つの章で論じられるなり，そういう部分が最初にあって，どこが問題かということで国民的議論に持っていくんですよ．それがない．

前田：たとえば，東電の株主総会が昨日ありましたね．10時からスタートして3時半まで，あれは東電社長の勝又さんをいじめる会で，前向きの何かをする会ではないんです．やめる人なんだから，あそこで何をやっても何の意味もないんだけれども，猪瀬直樹氏がいった東電病院の稼働率がそれほど大事なイッシ

---

[2] issue raising．問題提起．過去の問題レビューに基づいて問題点を指摘し，提示する．

ューなのかと．ちょっと違うだろう，という人もいないし，私もいわないし，黙っているわけですね．だから，私もそういう意味では同罪です．いえば，またややこしいことを説明しなくてはいけなくなるからです．

大山：そういう場合には欧米ではどうしますかね．

前田：やっぱり支えますよね．間違えて事故を起こした人の責任追及はもちろんありますけれども．

大山：責任は責任で追及しますが，何が原因だったかという究明，それはやるでしょう．

前田：敗者復活戦は必ずありますからね．きちんと自分の失敗をレビューした人には未来が拓けますが，日本は違います．徹底的にいじめますから，そこはだめなんです．ボロを出したやつはだめなやつということになります．それは「もんじゅ」の事故の時もそうだったですね．あの時の学習効果が全然ない．申し訳ないんだけれども，当時の原子力をやっている人はケミストリー，化学をあまりご存じなかった．原子物理学者と技術者はいましたけれども，化学反応として何が起こるかということがわからないから，金属ナトリウムが表に出たときに，そばに金属で酸化物がどういう反応をするか，説明できないわけですね．金属ナトリウムの液体をドラフトチャンバーの中で燃焼させるような定義されていない条件で実験をやっちゃって，あれ以来，われわれ何百億か何千億か損していますね．あのあたりがそもそも発端にあったと私は思いますね．もうちょっときちんと専門家の意見を聞くべきだろうと思うわけです．

大山：欧米では専門の違う人がお互いに議論を戦わせますね．

前田：戦わせるし，自分を免責しなければいけないから，十分に他人や専門家の意見を聞かないといけない．最後は自分が責任をとらなければいけないですからね．

明治期の教育：工部大学校

小川：吉村先生がさっきおっしゃった工部大学校は工部省の管轄だったんです．そこでは現場と一体になって，現場のニーズに応える教育もありましたし，その伝統が後に東大第二工学部に蘇ったのかもしれません．だけど，後に文部省管轄になって，違ってきたんですね．

吉村：前田さん的観点から解釈なさると，工部大学校というのは，東大とはちょっと違っているわけです．それは何かというと，工部省が所管しているということです．一方，法学部は司法省の研修所から東大に入るわけですから，法学部，工学部などを出身学部とする人材育成という基本的なところというのは，全部，

多元的に進んでいたわけですよ．それが，明治19年（1886）に帝国大学令を出したあたりから，えらい一元的，画一的になっていった．

前田：ただ，学部はそのまま来ていますから，なかなか融合的にというのは難しい……．授業時間一つにしても，学部の授業時間5分変えるのだって大変でした（笑）．

大山：それは東京大学だからですよ（笑）．

前田：法学部と工学部の授業開始時間が違うので，学生が法学部の講義を聞こうと思っても間に合わないわけです．「悪いけど，時間を合わせてよね」というので2年かかりました（笑）．しかし一度合わせると全学部一緒になりました．

大山：そうらしいですね．うちなんか，そんなのすぐ変えちゃう．

前田：それは，先生，おっしゃったように，伝統の差がそれぞれありますから．

大山：まさにそうですね．

生産研に引き継がれた二工の精神

大山：前田先生には，二工から生産研に変わって，生産研で二工というのがどのような形で残っているのか，あるいはそのような雰囲気があったのかどうか，東大の本郷の工学部と比べてどうだったのか，そのようなことをお聞きしようかと思っておりました．

前田：二工の雰囲気はありましたね．私が工学部の学生のとき，第二工学部も生産研も実は知りませんで，ときどき普段お付き合いしない先生が授業においでになるんですね．この先生，一体誰なのかなと思ってみたら，生産技術研究所と書いてあるわけです．学部の講義なので非常勤講師できておられていて，研究所の先生なので一風変わった先生がやっぱり多くて，非常にユニークな印象を持ちました．

　私は金属なんですが，石田洋一という教授がおられたんですね．本郷の先生は良くも悪くも「教員」なんですけれど，生研の先生方はむしろ研究者なわけですね．そうすると，学生でも研究者と同じ扱いをするものですから，かなり難しい話をワーッといって，いなくなっちゃうわけですよ（笑）．よくわからなくて，変わった先生だなと思うと，大体，生研の先生だったですね．

　そのくらいの印象しかなくて，実際にドクターをとるときに副査の先生で生研の先生が一人入っておられて，審査してもらうために論文をお届けしたのが，初めて私が六本木にきたときだったのです．ですから，昭和55年（1980）12月くらいにきて，六本木にこんなものがあるんだと思ってほんとにびっくりした

んです．その方は，二工の第2期か，3期だと思うんですが，館充(たてみつる)という先生で，ついこの間亡くなられました．

それから，本郷の助手を3年やっていましたので，その間，ポスドクに出たりして，戻ってきたのが昭和59年（1984）で，今度は六本木に教員として戻ってきました．六本木に2回目に行ったときは，辞令を当時の生研所長の尾上守夫先生からもらいました．館先生も尾上先生もお二人とも二工の卒業生ですね．

多分，当時の生研の教授の3分の1くらいが二工の卒業生もしくは分校の卒業生だったのです．私が講師になって最初の月，6月に着任したので7月頃だったと思いますが，田村重四郎(たむらちょうしろう)という土木の分校の卒業生なのですが，その先生に呼ばれましてね．土木の先生ですよ．私は金属材料ですから，普通，本郷の工学部だったらあり得ないですね．工学部の金属工学科の若い講師を土木の教授が呼び出すかといったら，それはあり得ないです．田村先生の教授室に呼ばれて，なんか恐ろしげな先生なんですね（笑）．「君は第二工学部を知っておるか？」，こうはじまるわけです．知るわけないですね，初めてですから．「うーん，それはいかん」とかいって，2時間くらい講義を受けるわけです（笑）．たぶん，若い教員はみんなあの先生の洗礼を受けていたんじゃないかと思うんです．

それであらましを聞いたあと，当時ですから，生研20年史と30年史，その2冊くらいをいただいて，「これをきちんと君は読んでおかなければいかんな」といわれましてね．そういう先生方の教育をいろいろ受けました．

それから，同じようなことで，所内の委員会があるのですが，初任の若い教員というのは所内を知らなければいけないという，たぶん親心なんでしょうか，出版委員会に所属させられるんです．出版委員会というのは，今でいう広報委員会みたいなもので，いろいろな所内の研究の内容をかみ砕いて説明したり，あるいは『生産研究』という，今でも続いているジャーナルへの記事を先生に書いていただいたり，それをお願いに行く小間使いなわけです．そうすると，私は金属材料が専門だけれども，否が応でも建築の先生や電気の先生のところにお願いにいかないといけないんですね．また，気難しい先生が多いわけです．なかなかイエスともいわないで，向こうを向いたまま返事をしないような，そういう先生もいるわけです（笑）．そういう難しい先生とそうでない先生が裏表でパッケージになっていて，大体助けてくれるんですけれども，そういうコミュニティーがかなり濃密にありましたね．

加えて，研究推進室という組織がありまして，これは何をする組織かというと，坂内正夫先生や生駒俊明先生[3]が最初に作ったのではないかと思います．生駒先生が助教授時代に研究所全体の将来構想や研究の方向づけを分野の違う人間

も含めて全体で考えたほうがいいということで作ったのではないかと思います．私も若いのですが，入れてもらいまして，電気の専門の話も聞かせてもらうし，当時はマイクロメカニクスがはじまったばかりで，ナノテクの走りでしたね．そういう勉強みたいなものを一緒にやって，政府にどういう予算の仕組みをつくってもらうといいだろうかとか，どういう研究費の枠組みを作るとわれわれの願っているような技術開発ができるのかとか議論していましたね．そこに，その組織とは別の，今でいう顧問委員会みたいなものなんですけれども，産業界の方に入っていただいて，現職の部長さんとか，あるいは若い重役さんにきていただいて，かなりストレートにわれわれの研究の内容を批判してもらったりしました．

　生研とは直接は関係ないんですが，本多光太郎[4]が昔，「学問のあるところに技術は育つ，技術のあるところに産業は育つ，産業は学問の道場である」という言葉をいっているのですね．学術を鍛えるには現場がないとだめということです．現場はわれわれにとっては産業なので，産業の人に聞いてもらって批判を受けないとだめだと．これはたぶん，第二工学部のスピリットだったのだと思います．ですから，生研には，正直いって，ものすごくたくさん論文を書く先生はあまりいなかったのです．今はたくさん書くので，だんだん工学部に近づいているのだけれども，どちらかというと企業との共同研究で，非常に実用的な研究というか，開発をやって，その過程で学生を教育していくというスタイルの先生がわりと多くおられました．藤田隆史先生という先生がおられたのですが，もう20年くらい前，生産研に所属した時代にいくつかの知的財産所有権をお持ちになっていて，給料よりたくさん実施料が入っていたということで有名な先生でした．それから，今の原発もそうなのですが，圧力容器の安全基準を作る先生がおられて，これは中桐（滋）先生とか，柴田碧先生は政府のそういう規格作りのために自分の研究成果を援用する．だから，さっき吉村先生がおっしゃっていた工技院なんかと一緒にやっていて，そうするとあまりオープンにできないネタが多いということもあって，なかなか論文は書けないんですね．だけど，規格は彼らが全部作っている．いわゆる今のサイテーションイ

---

3) 元キヤノン㈱取締役副社長，東京大学名誉教授．昭和48年（1973）東京大学工学部電子工学科卒の半導体技術者．昭和57年（1982）から平成6年（1994）まで生産技術研究所教授．東京大学退職後，日本テキサス・インスツルメンツ㈱の筑波研究開発センター長，代表取締役社長などを務め，平成17年（2005）からキヤノン㈱顧問となる．平成21年（2009）から現職．

4) 1870-1954．物理学者で鉄鋼，金属の研究者．KS鋼，新KS鋼と呼ばれる磁性鋼の発明者として知られている．

ンデックスであったり，ランキングであったりというところにはちょっと遠い世界の先生方がわりと多かったですね．

そんなことで，着任当時は，今から思えば，第二工学部のテイストのかなり濃い先生がシニアな先生として残っておられました．ただ，そのあとどんどん退職されていきましたので，私の世代が最後かもしれないですね．しつこく私も若い人を呼んではいろいろな話をしていますけれども，少しでもそういう雰囲気が残ったらいいなと思っています．

やっぱり産業界と非常に近い，距離感が非常に近い，六本木に生産研があったということも幸いして，新橋あたりにたくさん企業の本社がありましたから，本郷にはこないけれども，六本木なら夜もあるし行きやすいみたいな感じでした（笑）．よく会社の人がきてくれたし，霞が関（文部省）の磯谷さんの先輩なんかも近かったですね．だから，文部省の悪口をわれわれいっていますけれども，当時はよく一緒に議論できたんです．

磯谷：草原克豪さんとか工藤智規さんとか．

前田：そうそう．皆さんが所長室にきたり，あるいは事務部長さんの部屋でお酒を飲んだりして，いろいろな議論をしてました．青臭い議論ですよ，われわれは個別の陳情なんかしませんから．大学の予算のシステムをこう変えようとか，たとえば民間等との共同研究という仕組みをつくったのも生研なんですね．今では当たり前なんですけれども，ああいう共同研究を民間とやるという仕組みをつくったのは初めてです．

大山：本郷のほうはそういうのは？

前田：いや，違うんです．国の制度としては受託研究しかなかったのです．受託研究はわれわれが一方的に委託を受けてやる研究です．そうじゃなくて，共同研究をやりましょうということです．民間はお金を出して，われわれも人を出して，知的財産をお互いにイーブンという仕組みそのものを国に提案して作ってもらったんです．たぶん，草原さんが課長とか，そういう時代だったと思います．生駒先生が生研側の担当と聞いています．

磯谷：それは昭和57年（1982），58年（1983）ですね．

前田：その頃作ってもらったんです．それがなぜ必要であったかというと，フランスのCNRS（フランス国立科学研究センター）と生研とでマイクロロボットの研究をやろうとしたときに，CNRSは「お金を出してもいい」といったのです．ところが，さっき先生がおっしゃったように，共同研究というカテゴリーでは文部省以外のお金を注入する仕組みがなかったんですね．ましてや外国の政府のために委託研究を受けるという仕組みはなくて，やむなくそこは一回お断り

したみたいですが，これではいけないというので，ルールを作ったようです．CNRSとそれ以来，ずっと20年間，共同研究を続けておりまして，今はお金をちゃんといただいて，フランス人も20人くらいきて共同研究をやっています．これも二工の先生たちの前向きというか，何でも新しいものにチャレンジしていく，仕組みとして新しいものを作っていこうということの結果だと思います．

本郷工学部と生産研

大山：先生方に関しては，本郷との交流はあったのですか？

前田：ありました．もちろん人事的には，私も本郷の卒業生ですし，二工の卒業生は非常に少ない先生たちだけですから，あとは全部，本郷の学部を卒業して，大学院もドクターまで向こうにいて，こっちにくるわけですね．くるんですけれども，あまりにも二工OBは「濃い」人たちですから，わりと染まるんですよ（笑）．ほんとに「濃い」んです．

　こういうと悪いのかもしれませんが，本郷はやっぱり忙しいんですね．学部の教育の責任をかなり重く持たされているし，組織がフラットではないので，ヒエラルキーが何層にも何重にもなっているので，いろいろなデシジョンをするのに時間がかかる．特に若い教員は教室会議なんか，もう座席が決まっていて，教授の先生がお茶を飲むまで手を出しちゃだめとかね（笑）．

大山：工学部もそうですか？

前田：工学部もそうですよ．助教授なんて，教室会議で声なんて出せなかったそうです．生研はまったく違いますからね．私，講師だったですけど，所長が別に偉いなんて思っていなかったですから．そういう文化なんですね．「助教授だから黙っていろ」なんていわれたこともないし，人事も非常に平等に，講師にもちゃんとスタッフをつけてくれます．それは本郷ではあり得ないです．全然文化が違う．

大山：それはやっぱり二工の自由闊達な文化ですかね？

前田：多分そうだと思います．二工から生研に変わったときに，本書にも書いてありますが，講座数が減りましたね．

大山：減りました，半分近くに相当減らされました．

前田：ええ，そのときに教授をとるか，助教授のポストをとるか，だけだったので，分野はカバーしなければいけない．10分野あるとしたら5分野にするわけにいかないですね．だから，教授，助教授ラインでやるわけにいかないので，フラットにするしかなくて，教授もしくは助教授どちらかを残すような形で，分野は一応全部カバーする．そうすると，「あいつは助教授だけど，この分野の代表

だよね」という，尊重する気持ちはあったのだと思います．

大山：じゃ，減らされたのがかえって，そういう形になって……．

前田：私はよかったと思います．ただ，前に申し上げたことではちょっと私の恨み言が濃くなっていました．あとで尾上先生から私は注意されたんですが，「当時の瀬藤先生は決して恨み言を人前ではいわなかったよ．与えられた自分達の役回りの中で，どう選択するかということを前向きにとらえていたので，人のせいにすることは決してあの人はなかった」といっておられました．申し訳ないことでした．

大山：六本木に移ったのが昭和26年（1951）ですか，二工の改組は生産研へという流れだったですかね．だから，もう二工の将来はそういう意味では生産研にそっくりきて，ここで頑張るしか，彼らにしてみればなかったということですかね．

前田：それしかなかったですね．

生産研と企業経営

大山：講座数は60から35くらいに減りましたね．

前田：やはり戦争に負けていますし，学内での体制は，本郷での先生方ですから．戦前，経済学部は平賀先生に迫害を受けましたから（笑），そのとばっちりは，若干，第二工学部と生研にきたのだと思います．それはそれとして，いいと思うのですよ．私は，むしろいい時代を過ごさせてもらったなと思いますね．そういう先輩がまだ現役でおられましたから．尾上先生なんかも，今はああやってニコニコされていますけれども，ほんとに怖い所長だったですよ．非常に頭のいい，今でも賢い方ですが，教授会で説明なさる内容も理路整然としていて，非常に尊敬できるタイプです．

大山：尾上先生はメーカーにおられましたね．

前田：リコーの副社長になられました．所長をやめて定年になってリコーの副社長ですからね．当時，東大の工学部長をやって，民間企業で採用してくれる，なんていうことはなかったんです．どこかの私立大学の教授になるのが普通で，そういう意味でも，生研の先生方は，もともと産業界に近いところで研究もされていたし，産業界の方から引いてもらえたというんですか，それは誇りですね．今のファナックの監査役にも，中川（威雄）先生とかうちのOBの先生が入っています．多分，本郷工学部のOBで民間企業の役員をやっている人は少ないんじゃないですか．

大山：元生研教授の生駒俊明先生なんかも．
前田：そうです．生駒さんもすごいですよ．
大山：あの先生は二工の影響は受けていますか．
前田：受けていますよ．いろんな意味で，反発力も含めて．
大山：ええ，あの雰囲気で感じますね．
前田：生駒さんは，相当，近いですよ（笑）．
大山：じゃ，今度，二工の話を聞いてみますかね．
前田：うーん，でも反発するかもしれない（笑）．聞いてみてください．「俺は，二工なんか知らない」というかもしれませんけど，私から見ると，彼はかなり影響を受けていますね．大学ではほんとうの製品開発につながらないので，自分でやってみたかったんですね．それで，テキサス・インスツルメンツ（TI）の研究所に行って，今度は多分，事業をやりたくなったんだね．彼はHEMTという，今のBSパラボラの中心にある高速トランジスタの研究者です．それがまだ今みたいに売れる前だったんだけれども，多分，TIでもうちょっと半導体をやりたかったんですね．

　生駒さんが欲しかったのはスピード感と事業のボリューム感というか，日本が変わるくらいのいろんなことをやりたいということですね．ところで，TIで彼が大変だったのは，営業利益2割というのがどうもTIの基本的なリミットなんだそうなんです．それが下がると経営者はクビなんですね．彼は研究所の所長さんだったからあまり関係なかったんだけれども，そのうち「日本TIの社長になれ」といわれてなった瞬間にそれがくるわけです．日本の企業はそんなことはないから，これはえらいところにきたなと本人も思ったみたいです．それでも，そういうのをやりたいのがもともとの生研のカルチャーだと思います．私も多分そうだと思います．やっぱり何が大変というと，米国本社とのやりとりになるわけですね．日本だけのビジネスでクローズしていないわけだから．そうすると，自分の意図と反して，彼が一番苦しんでいたのは，ある工場のリストラをやれといわれて，自分としては必ずしもポジティブに思っていなかったんだけれども，やるしかなくて，ほとほと疲れ果てた時期がありましたね．そういうこともあったからだと思うんですが，TIも5年くらいやっておやめになって，「もう，僕はいい．クビ切りはもういやだよ．そのかわりいろいろな会社の社外取締役をやって，研究開発を応援してあげるんだ」といわれて，何社かのお手伝いをしていたんです．その一つにキヤノンがあって，いつの間にか副社長になった．「もう，先生，いい加減，やめたらどう？」っていってます（笑）．後進に譲ってもらわないとね．でも，経営者としても通じるくらいのセ

ンスを，彼も生研で磨いたのではないでしょうか．私はまだまだそこには至りませんけれども，目標の一人です．

そういうスピードとボリュームという文化，これはおそらく私が第二工学部で学んでいないのでわからないですが，私の師匠の松下幸雄先生は二工の教員でしたから，彼は海軍の技術将校で出ていたので民間企業にいたわけではないんだけれども，技術将校で日本鋼管の現場で仕事もやっていたんですね．いろいろな話を彼から聞きました．そうですね，二工の話は，私は学部のときから聞いていましたね．第一工学部なんだけれども，第二工学部の助教授をやっていましたね．学部を卒業して，すぐ助教授なんです．当時はすごいですよね．

大山：第二工学部でそういうことがあったのですか．

前田：ええ，あったのです．だから，二工へは行きたい人がいないから，若い先生をリクルートしたのです．

大山：助教授で行かれて？

前田：ええ，助教授で行かれて，すぐ海軍の併任になって，実質的には中目黒にあった技術研究所で仕事をやっていた．それで，日本鋼管京浜製鉄所（今のJFE）の炉前なんかで指導して，戦争に負けて，そのときの海軍の研究所にあった白金の熱電対とかごっそり持って西千葉に帰ってきた（笑）．だから，西千葉のわれわれの研究室は松下先生が持ち帰った熱電対があり，本郷が物不足で喘いでいるときにも悠々仕事をやっていました（笑）．軍事物資，みんな，持ってきちゃった．これはもう時効ですね．白金とか，金目のものはかなりごっそり持ってきて，余裕でやっていたのですよ．

なぜ第二工学部が作られたのか？

小川：一つ疑問があるのですが，二工が産業界とかなり密着したような形で一つのシステムを作っていたことに関する疑問です．本来，二工を作るときは先生も半分，学生も半分というふうに本郷と同じものを作るはずだったわけです．ところが本郷の先生も二工に行かないから，二工では産業界から集めざるを得なかった，そして結果的に産業界と一体の教育になった．それは結果的にそういう形になったのでしょうか，偶然な形で二工というのは産業界と一体化した形の一つの教育システムを作ったのでしょうか．それとも，当時，戦前というのは，かなり実務教育の工学系の学校を，大量に作らなくてはいけないという流れで，私大も含めて，工学系専門学校や大学の付属工学系専門部をどんどん作りましたね．そういう流れの中で，二工というのも独特の形にならざるを得

なかったのでしょうか，その辺をちょっと伺いたいのですが．

前田：おっしゃるところもあると思います．もともと，なんで第二工学部のような，一工よりも学生定員の多い組織を作らなければいけなかったのか，といわれれば，戦時技術者と今おっしゃったんだけれども，戦争続行中なんですから，対外的な説明にはそう書かざるを得なかっただろうと思いますね．しかし，金を出したのが海軍だということは，海軍はあの時点で戦争は先が見えていると思っていたんじゃないかと思うのです．だから，だれが賢かったのか，わからないですが，まあ，「本郷は爆撃でだめになるかもしれない．そのときにどこかに保険を置いておいたらいいんじゃないか」と思った方がいたのでは？ これは，もう想像でしかないので．

大山：相当な仮説ですね（笑）．

前田：わかりません，平賀先生が生きていれば何か答えていただけたかもしれないのだけれども，これも偶然かもしれません．偶然かもしれませんが，何かそういう意図はあったのではないかなと思うわけです．それで，人手不足で皆兵隊に行っていますから，人数が足りないのは最初からわかっていたはずですね．本郷の60歳代の大教授が西千葉に行くわけは絶対ないのですから，「おまえ，行け」といって若いやつが行かされるに決まっている．それも最初からわかっていたことだろうと思いますね．ただ，学生は文句はいいませんから，かわいそうに順番で，くじ引きで行った．まあ，時代の流れだと思いますが，ただ，なぜ作ったのかというと，戦時技術者というのについては，ちょっと間に合わない．大学では間に合わなくて，専門学校とか職業学校なら意味があると思うのですけど，それにしては大規模過ぎるような感じがしますね．

大山：実質，すぐ戦争は終わっちゃうわけですからね．

前田：これ，昭和16年（1941）の補正予算でしたっけ．

大山：そうです．

小川：ただ，早稲田大学というのは理工学部がある中で，別に専門部工科という形で戦時中に一学年400人規模の学生を集めていますね．他の私学もそういうところがあります．

前田：すみません，私はそれは知らなかったので．その辺と時系列的に合わせてみて，確認したほうがいいかもしれないですね．

吉村：そこは推測以外にない．多分，軍事目的，当時のニーズに即効的に応えるために，おそらく専門学校をたくさん作ったんですよ，理工系に限らず，医者もそうですね，粗製濫造で作った．でも，たぶん平賀さんは，東大の総長をおやりになっていて，そういうのと違ってやっぱりエリートを作らなければだめだ

という認識はおありになったんじゃないでしょうか．陸軍に比べて海軍はわりにそういうことに理解があったかもわからないですね．本郷の度し難い，固いところも，当然，総長をおやりになっていればおわかりになっていたでしょうね．

前田：それは苦労しましたでしょう．

吉村：だから，そうでないスピリットというのは，何となく以心伝心できるんじゃないですかね．

前田：しかし，西千葉じゃなくて，船橋あたりだったらもうちょっと違っていたかもしれないです（笑）．

大山：違っていたかもしれないですね．あそこまで行っちゃうと，学生も先生も本郷との交流がない……．

前田：西千葉はまったく独立国ですからね．

大山：山本卓眞先生なんて，あそこにいる間に，本郷に1回行ったかな，2回行ったかな，なんてそんな感じだったですよ．

吉村：いやぁ，ひどいところだった．僕は偶然だけれど，東大の助手のときに，西千葉に非常勤で行けといわれて，お茶の水まできて……．

前田：先生，そのころどこに住んでいたんですか．

吉村：鷺宮でした．まず，お茶の水の田園とかいう音楽喫茶に入って，コーヒー一杯飲んでから行こうとするわけです．それで，コーヒー飲んでいるうちにイヤになっちゃうんですよ（笑）．稲毛海岸のところでしたから．それで帰りに乗ると，担ぎ屋のおばさんがいっぱい乗っていて，アサリか何かをみんな上にあげているから，滴が網棚からたれてくる（笑）．

前田：それで，臭うんですよね，ちょっと．

大山：尾上先生だったですかね，あの当時は秋葉原の駅から本郷が見えたとか，どなたか書いておられました．それでも自分は千葉まで行かなきゃいけなかったとかいう話を書いておられました．

前田：それはあったでしょうね．

テクノクラートの必要性

吉村：もう一つは，これは前田先生はぼやいてはいかんからと，中からおっしゃられないでしょうけど，僕らが見ていると，戦後の南原総長のところで刷新の委員会をつくって二工を廃止した時が，やっぱり先見の明がなかったということです．だって，明らかに国としては，その後の経済復興を考えたときに，技術革新というのは，当然，見越していなければいけないんだもの．あの第二工学

部は温存しておけば，どれだけ国全体に資したか，わからないですよ．そこのところの先見の明がなかったなと思いますね．やっぱり，総長が文科系の人だったからかな，そこへ，戦後，経済学で追放になった人が戻ってきて，かなり悪質なことをやった（笑）．われわれから見れば，悪質ですよ．

前田：いやいや，まあ，そうはいっても……．

吉村：そういうことは中からおっしゃれないだろうから，私のコメントとして入れておいてもらえばいいですよ．そこは僕は歴史に残すべきだと思う．それから，それを見抜けなかった文部省というのも欠点があるね．文部省だけが技術テクノクラートが全くいない役所なんだよ．技官としては学校建築の専門家しかいないんだから．

前田：旧科技庁がもうちょっと生き残っていれば，あと通産省に技術的な方がいればいいんですが，今，公務員試験もだいぶ変わっちゃいましたし．

吉村：そう，通産省もサムライ，いなくなっちゃったですよ．前田先生のご専門の分野だけれども，やっぱり鉄鋼関係のところね，田畑新太郎なんていうすごい技官がいたよ．

前田：タバシン（笑），そうでしたね．

吉村：一鉄鋼課長ですよ．課長で鉄鋼協会，つくっちゃうんだもの．そして鉄鋼協会の専務理事の給料を東大総長より上にしちゃった．

前田：それを下げるのが私の仕事だったので（笑）．田畑新太郎はすごいですよ．車のプレジデントに運転手がついていたんですから．学会の専務理事で，そんな，黒塗りの専用車を持っている人，いないですよ．給料，総長より高いでしょう．いやぁ，すごいです．でも，彼のポリシーはこれくらいでないと製鉄会社の社長と対等にものはいえませんということでした．

吉村：やっぱり先見性があったし，見識があったんです．鉄鋼協会ですから，学会です．

前田：ええ，鉄鋼協会をつくって，なんと経団連ビルに入れていたんですよ．大した人です．そこからだんだん小さくなってきて……（笑）．いろいろなところで，先生，縁がありますね．

大山：土木とか，鉄，金属は，工学部の中でも相当パワーのある学科ですね．

前田：それも製鉄や非鉄製鉄の講座だけなのですよ．他の先生は関係ない．はっきりしていますから．たとえば非鉄金属のアルミニウムをやっている先生は，野に放たれちゃうわけです（笑）．なんにも面倒，みてくれないです．全然ないです．日本のアルミ業界なんか，結構苦しいですからね．

大山：南原総長の時の刷新委員会の経緯に戻りますが，かなり教授会で議論をたた

かわせた記録なんかも残っているようですが，すごいですね．そうとうすさまじいです．

吉村：それで，社研と経済学部の講座を増やしたわけです．経済学部は一番最後にできたから講座数が少ないので，全部二工からふんだくった．ひどい話ですよ．だけど，いわんとするところは何かというと，二工をつぶすことによって，どれくらい国としては損しているかということです．

大山：そういうのがもうちょっと検証できるといいんですけど，あくまでも仮説になりますから．

吉村：でも，わずか9年間の二工の卒業生で，産業界に行かれた方々はもちろんいろいろな活躍が見えているけれど，建設省に入られた方とか，逓信省に入られた方にもいろいろ聞いてあるんじゃないの？　それで，二工卒業あるいは生産研の先生達が，やっぱり大きい公団の仕事なんかをなされたというのはマネジメント能力があるし，さっきおっしゃった企業に招ばれるというのは，人柄というか，吸引力があったのだと思うのです．

前田：そうですね．そうでないと招んでもらえないですね．

吉村：やっぱりそういう人材が育っていたということですよ．役所というのは，それがむしろ大事ですから，土木とか建設省，それから逓信省でそれぞれに偉くなられたのはそれだと思うんです．

磯谷：大事ですね，組織のリーダーですね．

吉村：大山さんを前に置いて悪いけれども，むしろ，大山さんみたいな秀才型のエンジニアというのは，役所へ行って，喧嘩しないもの（笑）．多分，二工を出た人っていうのはそういうスピリットがあるから，省内の中で，ピタッと型にはまる人じゃないのがかなりいたんだろうと思うんです．

前田：そうとう死屍累々なんじゃないですかね（笑）．残った人は偉くなっている．

吉村：倒れちゃうか，しかし，ある種の省内主流派じゃない，批判勢力として，大きい仕事をしていく人が多かったんでしょうね．

生研スピリットと日本の科学技術政策

前田：二工って，常に何かあったときの保険であり，そして伸びてくるところなんですね．

吉村：それ，とても大事なことだね．

前田：常にやんちゃ勢力なんですね．私がもう一つずいぶんいわれたのは，「黙ったら生研じゃないからね」．どんなにイヤがられても，生意気いうのが生研．や

っぱり次男坊なんだから，それなりにいい続けろと，長男はいえないことも多いんだと．それをよくいわれましたね．
吉村：それ，大事なスピリットだね．
大山：そういうスピリットがあるし，綿々と続いているんでしょうね．
前田：ええ，一工の猪瀬博先生が工学部長だった時代に，彼は1年しか学部長をやっていなかったですけど，随分可愛がってもらいました，よく生産研においでになられました．彼が一番愛した弟子が坂内正夫さんです．猪瀬－坂内ですね．今の情報研がそのラインでできています．
大山：そうですか．
前田：ほんとに困ったときに，猪瀬先生が工学部長として助けてくださいましたね．生研もいろいろ不祥事があったんですね．そのときに，彼がマスコミにも適切なコメントを出してくれて，助けてくださいました．
大山：亡くなられたのが突然だったから残念だったですね．
前田：ええ．
吉村：そういう技術教育，技術テクノクラートを作った歴史の中で，われわれが外から見ていると，期待するところが非常に強いですね．ですから，願わくば，われわれの無責任な立場から申し上げると，自前の大学院，それも何とかの単位とかディグリーとかこだわらない，もとの精神の大学院教育みたいなものを生産研がお持ちになってほしいと僕らは願いますね．
前田：私は個人的にそれを志向していったのですが，いろいろハードルがありましてね．
吉村：でも，今，そういう時代になりつつあるじゃないのかね．
大山：まさに二工についての本書の仕事というのもそれなりにそういう方向を目指そうということなのです．
吉村：すべて一様というのでなく，ユニークなものを育てよう，ということですね．
大山：多様な，いろいろ人材が出てくるようにする，その辺がなかなか実現が難しいですね．
吉村：そして，さっきから話題に出ている科学技術政策，僕はこのままだとだめだと思う．そういうものを作れる，何か研究部門とか講座を生産研につくっていただきたいなと思うのです．
前田：先生に前からそういうリクエストをいただいていて，部分的にですが，そういうセクションができています．まだまだ十分とはいえないし，発信力もありませんが……
吉村：それから，せっかく産業界と前から近い関係を持っているのですから，たと

えばインターナショナルスタンダードみたいなものの戦略というのは，むしろ生産研が産業界と協力なさって作られるくらいになって欲しいのです．通産省でも，できなくなっちゃっていますから．

前田：さっきちょっと申し上げたように，規格をつくるご協力は，つい15,6年前まではほんとうに密にやってきたんです．ただ，おっしゃるとおり，工業技術院がなくなった瞬間に今度は個人プレーになって，先生方は相変わらず規格のISO（International Standards Organization）の委員会の委員長とかやっていますけれども，サポートがまったくないのですね．

吉村：それから，企業がね，今まで通産省がやっていたことをパッと引いちゃったから，「これからは民の時代です」というので，ほんとうに民間がやるかといったら，せめて業界で戦略を立ててやればいいんだけれども，各社ごとでしょう．だめなんです，全部海外にやられちゃうのです．

前田：そう，それでやられちゃうんです．ハイブリッドカーのプラグはほんとにいい例ですよ．こういうと民間企業の人に申し訳ないんだけれども，規格ってどういうものかという発想が，ほんとうにガラパゴス化していて，国内でのマーケットしか見ていないんです．それでフォルクスワーゲンなんかに梯子を外されて，慌てるわけですね．あまりにもったいない．昔は，それは役所がやっていたのですが，先生がおっしゃるように，役所がもうできなくなっちゃった．本来は日本の業界一丸となって，金を出し合ってもやってほしいですね．

吉村：せめて業界で戦略を，と思うのですが．

前田：足の引っ張り合いしかない．

吉村：どうしてですかね．

前田：日本人は悲しいかな，トータルの利益が増えれば，自分たちも分け前が増えるという信頼感をやっぱり持てない．あいつに取られちゃうとイヤだと，そっちのほうが先に行っちゃう．それが唯一なかったのが役所なんですけれどね．

大山：そうですね．

前田：やっぱりニュートラルに見て，たとえば，八幡と富士を合併させようとか，こういうことは，やっぱり役所でないとできない．ただ，この政治主導の世界になって，役所の人間も何かいえばクビになるし，天下りといわれればできないし，全体に縮み切っているんです．

大山：やっぱり日本は役所がしっかりしないとね．

吉村：以前，技官のOBをうちで何十回とヒアリングやったんですよ．その中で，僕が印象的だったのは，日本のいろいろな産業分野で戦後に技術導入を図りますね．そのときにドルで対価を払わなければいけない．そうすると，わが故郷

福井なんかは，一生懸命，生糸で羽二重を作って輸出して，それで福井の業者のところにドルが入って外車に乗れたか？というと，そんなことは全然ないんです．全部，外国為替管理法で，通産省を中心に政府がドルをためて，福井には円しか来ない．ただ，それを使って，技術導入の対価を払う審査会があるんですよ．技官に聞いてみたら，おもしろいことをやっている．技術導入にあたっては，その技術が日本にとって次の技術振興のステップになるレベルのものかどうかということが審査基準の一つだというわけです．第2は，1社だけ儲けさせるのはだめというわけです．業界全体のレベルアップにつながるというのは，大事なクライテリアだというのですね．だから，やっぱり考える人が技官にいたんだよね．

前田：特に，当時ですから，製鉄業でLD転炉といいますけれども，あれの技術導入のときにまさにそれです．それを技術導入するときの物語は，『イノベーションの本質』[5]という，ミシガン大学博士課程の学生さんが調べた本があります．それはおもしろかったです．

大山：政策のための科学というのは，そういうのも調べてやるといいですね．

吉村：政策のための科学は大山さんが専門だけれども，下手をするとだめになるのは，分析，分析といっていると，経済学者は過去のデータの分析だけやるようになるんです．アメリカでもそういう傾向がある．そうすると，肝心の科学技術はそんなものから出てこない．俺，有本君をからかっていったんだけど，科学技術政策のための科学，馬鹿いうな．大体，政策を科学だと思っているの？って．先進国では，政策というのはアートだと思っているんだよ，みんな（笑）．

前田：それ，名言ですね．

吉村：だから，下手をすると，MOT（Management of Technology）と称して変なデータをチョコチョコ分析したのばかりが日本で出てくる．

大山：さすがにMOTはないみたいですけどね．あの分野はまだ混沌としていますから，二工プロジェクトはそういう意味では，今回ぜひ早く実現，完成したいと思っております．

吉村：大事だと思いますね．

大山：タイミングとして，あまり遅くなってしまうと，生研でも二工OBの先生方が，もういなくなっちゃう．山本卓眞先生も亡くなられたわけでしょう．ですから，もう皆様80歳代後半くらいになっているのですね．そういう意味では，できるだけ早急にぜひ完成したいと思っておりますのでよろしくお願い致しま

---

[5] レオナード・H・リン著，遠田雄志訳『イノベーションの本質――鉄鋼技術導入プロセスの日米比較』，東洋経済新報社，1986．

す．
前田：ここまでありがとうございました．
大山：こちらこそお忙しい中ご協力いただき，どうもありがとうございました．今後ともぜひよろしくお願いします．

10.2　二工教育とわが国の高等教育の将来

ヘンリー・ダイアーの教育実験

　明治政府がヘンリー・ダイアーを都検に迎えて工部大学校を創設し，明治維新期のわが国において「教育実験」ともいうべきエンジニア教育，工学教育，高等教育の実験を行ったことを 7.1 節に述べた．ダイアーが目指した工学教育は，クラーク博士が札幌農学校にマサチューセッツ農科大学のモデルを移植したような，西洋の特定の教育モデルの移植をはかることではなく，イギリス人の実務的実践的訓練を重視する教育方式を基礎にして，実践に加えて理論，学理をより重視するというヨーロッパ大陸諸国の教育制度を取捨選択しつつ適宜採り入れるという，いわば統合的な教育モデルを提示し，実現することであった．

　このような工部大学校におけるイギリス型教育と大陸型教育との「統合モデル」は，明治 10 年（1877）の *Nature*（『ネイチャー』）誌[6]の中でも高く評価された．ダイアーはエンジニア教育において最良の効果を期待できるのは，これらのイギリス型教育と大陸型教育という両方の方式を賢明に結合する以外にはあり得ないと確信していたようである．まさに工部大学校はその学生達に対して「工学の作業上としての実地経験と結合された高度に科学的な理論教育」を実施していたといえよう．そのような中から，タカジアスターゼを創製した高峰譲吉，東京駅を設計した辰野金吾，琵琶湖疏水事業を進めた田辺朔郎など，工部大学校卒業生には数えあげればきりがない多くの人材が輩出されたのである．ダイアーの「教育実験」が日本において成功し，その教育の精神が東京大学第二工学部の教育方針の中に生かされたのは必然

---

[6] "Engineering education in Japan", *Nature*, 17 May, 1877, pp. 44-50.

とまでは断定できないとしても，決して偶然ではなかったはずである．

工部大学校のカリキュラムの特色

高橋裕氏（土木，昭和25年（1950）卒）はインタビューの中で，二工土木工学科の福田武雄教授について，次のように述べている．

> 「福田武雄先生はわれわれの教育に対して非常に熱意を持っておられました．それが高じて，私は個人的に話したこともありますが，本郷の第一工学部に対して大変厳しかったです．（中略）工部大学校の教育こそが本当の技術者教育だ，自分はそういうつもりで第二工学部の教育をした，そして本郷の教育は技術者教育ではない，とかなり痛烈におっしゃいましたよ．」

工部大学校の教育方針が二工の教育に大きな影響を与えたことを具体的に確固として示す一例といえるのではなかろうか．

工部大学校は明治6年（1873）に開学した工学寮がそのはじまりである．工部大学校のカリキュラムの特色は，実習時間の多さや卒業前に学生を現場に出すという「実地学」の設置などであった．これは，カリキュラムを任されたお雇い外国人ヘンリー・ダイアーがドイツ，フランスの学理主義のアカデミックな大学教育にイギリスの実践主義の大学教育を融合させようとしたものであった．しかし，明治19年（1886）に工部大学校が東京大学工芸学部と合併する際，実習や現場での経験は不要とはいわないまでも不急とされ，工部大学校の教育の特徴は失われてしまっていたともいわれている[7]．

二工が存在した時期は戦時中ということで大学の年限が3年から2年半に短縮され，カリキュラムを自由にできる状況ではなかった．このことから，上記の福田先生の本郷の第一工学部に対する厳しい見方の発言の趣旨は，二工土木においては外部から教師を招くことでより実践的な教育を試みたとみなすことができるであろう．実際，二工土木では，設立時に3人の教授を外部から招聘しており，他学科と比べ，建築学科と並んで最も多い．土木工学科以外の他の学科においても，相当程度，外部からの教師が多く，二工にお

---

[7] 国土政策機構編『国土を創った土木技術者たち』，鹿島出版会，2000.

いてはそれぞれの教師が自身のこれまでの経験を講義で話したことが多かったのではないかと推測される．二工設立にあたって教師が不足していたという事情はあったにせよ，結果として実践的な教育を行う環境が整っていた可能性が高いことは事実であろう．

　わが国の明治維新当時のイギリスは，大陸諸国に比べて技術教育の制度化に大きく遅れをとっており，工部大学校に匹敵するような組織的な工業教育機関が存在しなかった．そのような中で，スコットランドにあるグラスゴー大学，あるいはイングランドのロンドン大学ユニバーシティ・カレッジでは科学技術の導入，教育，人材育成に積極的姿勢を示していた．その場合でも，ドイツのような単科の工科大学へと進むのではなく，それらの専門学問分野はあくまでも総合大学の一角に位置付けられて，いわゆる一般教養学との関係が重視されていた．ロンドン大学ユニバーシティ・カレッジで初めて科学の学位を授与するようになったのは，わが国の明治維新以前の安政7年(1860)である．イギリスで広い教養教育を重視すべきか，それともより専門的でより職業的な教育を重視すべきかという2つの考え方の間で激しい論争を展開していたのはこの頃である．大学史研究家のエリック・アシュビー[8]は彼の著書[9]の中で，科学・技術教育と教養教育に関して，「技術がイギリスの大学に入ったのは，一つには歴史の偶然の出会いによるが，それはまた一つには，教育思想の指導者たちの深い確信──科学・技術教育が教養的学習と切り離されてはならないという確信によるものであった」と述べている．

---

[8] Eric Ashby. 1904年イギリス生まれの生物学者．1950年にはアイルランドのベルファスト大学学長に就任し，1967-1969年にはケンブリッジ大学学長も務め，大学管理者として多くの業績を残している．アシュビーは大学を生物のようにとらえ，大学は遺伝(伝統)と環境の産物であるとして，大学のエネルギーは，卓越性，客観性，理性，知識といった内部論理，入学志願者の圧力，そして卒業生を引き出す吸引力という3つの力のせめぎ合いと均衡の中から出てくると主張している．著書として『科学革命と大学』(島田雄次郎訳，玉川大学出版部，1995, 182p)，『エリック・アシュビー講演集　科学技術社会と大学』(宮田敏近訳，玉川大学出版部，2000, 246p)などがある．

[9] 『科学革命と大学』(上記脚注8).

工部大学校の教育方針と二工

　ヘンリー・ダイアーが提起した英国型教育方式としての実務重視型教育と大陸型教育方式としての理論重視型教育を統合するという工部大学校の教育方針は，第二工学部に引き継がれた．一方，大陸型教育方式としての理論重視指向という流れは大学南校，東京開成学校から東京大学創立を経て，東京大学工芸学部が作られ，そこでの教育に生かされた．この理論重視指向の流れは工部大学校の実務型教育とは対極的なものとして位置づけられるものであるが，本郷の東大第一工学部において引き継がれ，東京大学工学部の伝統的教育方針として今もなお存続して生き続けているということができる．二工に引き継がれた実務重視型教育は，二工の教官には若い教官が多くいたこと，あるいは実務経験のある民間，産業界出身者も多かったこと等によって，かなり「自由に」行われたということに基づいているといえよう．

　二工の教育方針は，初代の瀬藤象二学部長の考え方の影響を大きく受けている．瀬藤教授自身は理化学研究所にも研究室を持っており，東大と理化学研究所の両方で研究をしていたこともあって，理化学研究所という組織の「伝統的風土」としての研究者個人それぞれの自由な研究姿勢と研究態度を重視するという雰囲気にもかなりなじんでおられたといえる．瀬藤教授は二工廃止後，生産技術研究所長をされた際にも，研究所としては研究者個人の自主性に任せるという自由な組織であるのがよいという考え方に基づいて生産研の運営をされたことが一つの特徴であった．

　東京大学というわが国最大の高等教育機関に附置された研究所という組織において，研究テーマの選定と策定に際しては，基本的には研究者個人の自由，自主性に任せ，そして研究所の運営にあたっては，教授，助教授，講師，助手というピラミッド型上下構造にこだわることなく，研究者がそれぞれいわば対等に参加，協力をするという運営形態を生産研が採用したというのは，まさに二工時代の「瀬藤イズム」の継承といえるのではなかろうか．

遊び心と好奇心

　二工卒業生との懇談会，インタビューの後日談として尾上守夫氏（電気，昭和22年（1947）卒）は次のように語っている．

「二工には理化学研究所（理研）出身の先生も多くおられた．二工と理研の共通点をあげるとすれば，「遊び心」があったということじゃないでしょうか．「遊び心」は研究者には必要ですよ．遊び心があれば，既定観念にとらわれることなく，いろいろなことに手を出してやってみて，その中から新たな発見が得られたり，新しいものができたりするものですよ」

また尾上氏は，二工教官，生産研の所長も経験され，理研から派生して作られた会社である理研光学，後のリコー㈱を経ているが，二工当時は大学院生として瀬藤象二先生を身近に「拝顔」していた立場からも，次のように語っている．

「瀬藤先生というのはとにかく「すごい人」です．理念と熱情とパワーと，すべてが普通の人と比べたら桁外れです．あのような人物は今後も出てこないでしょう．瀬藤先生が権限を与えられて次々と思い切った決断をされ，実行力を発揮されたのを思うとき，現在の大学における自治あるいは学部の自治の声の下に各種の改革が進められないこと，そしてまた現在のわが国の政治が国民の信頼と尊敬を得ることなく，混沌として政策の策定，実行ができないことがもどかしく思われます．」

またさらに尾上氏は，当時の二工と一工のカラーの違いを思い出しつつ，現在の高等教育，大学教育について，そして研究者の態度としての必要要件についても，次のように述べている．

「本郷は優等生を作るところです．しかしながら学校秀才というのは，何かが欠けているのです．点数のみで序列をつけてしまうのは危険です．生産研ではトップクラスの次に位置する学生を採用するのです．そして彼らが自由に快適に過ごせるような環境を作るのが最も重要です．そして研究者にとって最も大切なのは「好奇心」だと思います．好奇心というのは，多くのことに関心を持ち，チャレンジをし，それらの中から大きな成果が得られることを目指すのです．」

尾上氏は，現在のわが国が国際的な観点から見たときに，高等教育のあり方，研究成果の発信といった側面に限らず，経済，政治の面においても衰退しつつあることを憂いつつも，「二工の例からもわかるように，人間というものは極端に不便な状況に置かれると起死回生の一手が思い浮かんでくるも

のであって，さらにまたエネルギッシュな，活動的かつ積極的な人間が出てくるものなのです」とも述べ，楽観的な態度でわが国の将来に期待している．

　質の低下，レベルの低下が叫ばれ，嘆かれつつある昨今のわが国の大学の状況を見るとき，そしてまた衰退しつつあるといわれるわが国の国際競争力，そして政治的影響力を目の当たりにする昨今，学問分野に限らず，政治，経済の分野においても国際的かつグローバルなスケールで，前向きかつ積極的に前進し，活躍できる人材が緊急に生まれてほしいと願うのみである．

二工の教育の特徴

　瀬藤象二教授ご自身の情熱を傾けた献身的努力によって東京大学第二工学部が創設され，スタートし，運営されてきたことは，これまで述べてきたとおりである．東京大学第二工学部が工学教育を通した人材育成といった側面においてなぜそれなりの「成功」をおさめたかについて考えてみたい．まず，東京大学第二工学部の教育の特徴となる点をあげるとしたら，以下の3つにまとめることができるであろう．

　(i) 工業と工学の連携
　(ii) 工学的基礎能力の充実
　(iii) 他の学問分野との連携

　まず (i) については，瀬藤教授ご自身が第二工学部長として二工の入学式の時に，そしてまた生産技術研究所の初代所長としての挨拶の時にも述べられたことである．瀬藤教授は第二工学部長として「輪講会の目的」と題する文書を提出しているが，そこには学問細分化，専門化が極端に進むと他の分野のことがわからなくなるため，これを防ぐために学問研究の総合化が必要となる．第二工学部では，まず輪講会によって教官同士が相互にお互いの専門を認め合い，理解し合うことによって，それぞれが自分の専門における問題解決を図ることが必要であると述べている（3.1節参照）．

　また瀬藤教授は「生産技術研究所の発足に際して」と題する告辞の中で「領土狭少，天然資源貧弱のわが国で工業生産の増強を図るには，高度に工業技術を活用せねばならない．しかるに日本の工学と工業とは，別々に発達し，互に密接に提携したものは少ない．工学と工業との実際の結び付きを行

うことを生産技術研究所の使命として取り上げたのは，この欠陥を是正するために最も緊要と考えたからであって，技術の実際問題を取り上げ，これを総合的に研究し，その結果を実用化試験によって確認して世間に周知せしめることを目的としているのである」と述べている．瀬藤先生の当時の認識として，わが国においては工学と工業の連携が不十分なために生産現場に於ける技術が遅れがちであること，そのことがわが国の産業の復興を妨げていること，そしてそれを是正することが現在最も必要であること，等が強調されている．

(ii) については，二工の共通教室が第一から第三まで3つあり，第一は応用力学，応用数学，第二は応用物理学，応用電気工学，放射線工学，そして第三は工業分析化学，化学機械学というように，工学全般の基礎的能力を身につけさせるための講義が用意されていた．特に共通第一教室の山内恭彦先生の応用力学の講義などは，二工卒業生諸氏も述べているように，非常に格調高いもので，若い学生達に学問への意欲，情熱を十分に抱かせるものであった．共通教室という形で工学分野全般の基礎力を身につけさせるための講義を全学科に提供していたのは，当時の二工教授陣がこのような工学基礎能力の重要性を十分に認識していたからであろう．

(iii) の他の学問分野との連携については，二工カリキュラムの中に，法学，経済学などの社会科学分野の講義が用意され，本郷キャンパスから教授陣がわざわざ千葉二工キャンパスまで講義にきていた．二工学生達に与えた影響も大きかったようで，二工卒業生の山本卓眞氏（電気，昭和24年（1949）卒）なども，特に「法学概論」を受講して感銘を受けたと述べている．しかもこのような本郷からわざわざ千葉二工キャンパスまで講義にこられた先生方がかなり長期にわたって，二工が存続したほとんどすべての期間にわたって講義を担当されたということは，社会科学分野の学問にまったくなじみのなかった学生達にもかなり強烈な印象を与え続けたといえるのではなかろうか．

以上述べたように，二工の教育の特徴として挙げられた3つの項目はいずれも工学教育，ひいては高等教育にとっても重要かつ必要なもので，このような必要事項あるいは目標を達成することによって，社会にとっても大きな貢献をなし得る人材育成が可能となったのであろう．

二工と一工の教育の特徴

　東京大学第二工学部が9年間に総計2,562名の卒業生を送り出した中で，産業界，官界，学界において多くの傑出した人材を輩出したことはこれまでに述べた通りである．なぜこのようなことが可能であったか，なぜこのようなことが起こったか，ということについては，簡単簡明に答えられる問題でないことはもちろんである．われわれは東大二工の特徴を，8.2節の卒業生の活躍状況のところにまとめたように，二工では一工にはない独特のカラーが形成されたと考える．その相違点は以下のようにまとめることができよう．
　(i) 野性的で自由奔放な雰囲気のキャンパス
　(ii) チャレンジングで積極的な教育，そして実践的，実務的な工学教育
　(iii) チャレンジ精神，パイオニア精神，創意工夫，進取の気性に満ち溢れた教官と学生達
　(iv) 専門の工学教育に加えて，人文・社会科学の講義による広い視野と新たな学問の息吹き
　(v) 仲間意識とバンカラ気質の伝統

　上記のように，自由闊達な雰囲気の中で教官と学生達が協力して勉強，研究，生活をしたために，二工ではクラスメートも皆全員覚えているといった状況であったことは卒業生達も皆が語っていた．先生も学生も皆がリラックスした自由な雰囲気を作り，それが東大二工の大きな特徴を形作ったといえるであろう．

　7.2節に述べたように，戦後から現代にかけて，大学改革への一連の審議がなされ，それらが次第に具体化され，制度化されていくという過程があった．その中で，本書のテーマである東京大学第二工学部という学部が消え去り，生産技術研究所という別の研究組織に発展的に継承されていったという事実がある．東大二工と同じく，多くの工学系の学部，高等教育機関が戦前，戦中にかけて創設された．その多くは戦後，そのまま存続し，新制の高等教育制度の中で工学系の大学として，さらに国立，公立，私立の大学の工学部として存続し，しかも昭和30年（1955）代後半以降，政府の方針もあり急拡大されていく．卒業した大量の優秀な若者が工業部門に投入されていき，その後の日本経済の発展に大きく貢献した．戦後の復興，その後の高度成長

期には多数の工学系卒業生が養成され，産業界で活躍した．大学を中心とする高等教育界も大いにその付託に応えて，戦後の繁栄に至る道程を支えたといえる．そのような中で，東大二工がなぜ学部として存続できなかったのかという卒業生たちの嘆き，そしてそれを無念に思う気持ちは本書の随所で示されている．その経緯については，本書で詳細に述べられており，過ぎ去った歴史の残念な一こまとして振り返ることしかできない．ただ，戦後存続して発展していった多くの工学系の大学，学部は，その出発点において，当時の東大二工が抱いて，存続を念願したその理念を継承ないしは発展させていったのであろうか．あるいは無関心であったのだろうかという疑問は残るのである．

　二工設立時に，さらには生産研への移行期に，瀬藤象二教授が希求した「工学と工業との連携を図る」という理念は，戦後の工学教育の中でいかに実践されていったのか，それともなおざりにされたのであろうか．実際は後者に近いというのが真相のようだ．

　戦後に増大した工学系学部は，形態的には多かれ少なかれ，戦前の帝国大学の講座制，教授会自治を踏襲することになった．固い教授会自治の下で，大学のトップマネジメントは有効に機能せず，大学自身では変革の意欲も実績もなく，旧態依然に陥ってしまったようだ．一方，日本の企業は，復興，高度成長の波の中で，キャッチアップのためにひたすら世界の技術・ノウハウを追い求め，その製品化を企業の中の研究・開発，生産・技術システムの中で追求し，製造・販売の成果を上げている．大学からは素質のある基礎的な学力を持つ学生を採用すればよいという方針であり，研究，製造に関わるノウハウは OJT（On the job training）により社内教育でまかなうというスタイルをとってきた．

　戦後の荒廃から復興を成し遂げ，高度成長も達成して工学教育の実績を上げたかに見えるが，その実情は，戦後45年たった平成時代当初のころはどうだったのであろうか．大学と企業・工業との遊離はある意味で構造化された形で推移してきたようである．その結果，大学の危機的状況への指弾が随所で展開されるようになった．

わが国の工学教育の問題点

　平成元年（1989）に入るとすぐに，各種の高等教育に関する審議会，委員会の中で，わが国の工学教育に対する多くの問題点が指摘された．

　まず平成元年（1989）4月には日本学術会議第五部の工学教育小委員会（委員長・今井健一郎）が日本工学アカデミー工学教育委員会の協力のもとに，工学教育に関する内外の事情の調査を行い，わが国の工学教育に関する危機意識とともに，下記のような問題を指摘した．

　(1) 人材需給の側面において，大学等は新時代の変化に対して弾力的に十分な対応ができないのではないか，そしてまた産業側も人材要請，対応が不十分ではないか．

　(2) 人材育成の質的問題として，有能な若者が工学系大学に希望に燃えて入学しているか，そして在学中の充実度はどうか．産業の第一線技術者が最先端の専門や知識を吸収し，新しい技術の創生に対処できる体制にあるかどうか．

　(3) わが国の工学教育は欧米に十分評価されているのか．国際的な共通基盤の確立が達成されているか．

　(4) 欧米に比べて工学教育の研究体制，運営組織，大学行政の在り方と運営などに多くの課題を抱えているのではないか．

　平成2年（1990）2月には，日本学術会議第五部において経済団体連合会の産業技術委員会（委員長・佐波正一）が経済構造調整委員会（委員長・山本卓眞）に対して，工学教育に関する諸問題について次のような説明を行っている（内田，1995[10])参照）．

> 「日本の工学教育は，明治初期に工部大学校で開始し，良い教師をイギリスから招き，イギリスで容れられなかった理想を日本で実行した．それは理論と実践の両立にあった．高等教育も大事だが小・中学校に問題がある．モノを考えるという教育ができていない．国全体の社会的雰囲気の中で問題意識が出来ないと事は進まない．」

[10) 内田盛也『いま，工学を問う──若者に夢と情熱を与えるために』，日刊工業新聞社，1995．

一方，『日経ビジネス』誌[11]は，当時の日本の国立大学の実情を「大学の破産——日本産業の土台が揺らぐ」との大見出しで特集した．その中で，昭和58年（1983）からの財政再建による大学予算抑制の影響を受け，東京大学，京都大学など旧帝国大学を筆頭に，全国の国立大学の研究設備，教育施設の狭隘・荒廃，教育環境の劣化が著しく進行し，国立大学は空洞化しつつあることを報じている．さらに当誌では，国からの補助金では必要な設備，機器をそろえるにはとうてい足りず，教授自らが企業からの資金集めに四苦八苦している状況を報じ，東大工学部を初めとして，教授達が後継者の博士課程の大学院生も十分に育てられない苦境を嘆きつつ，産業界からの信頼が揺らいでいる実情を紹介している．視察に東大を訪れた海外の研究者は，大学内の施設設備の貧弱さに一様に驚くという．さらに当誌は「大学の環境悪化で，本来ならば教育・研究の第一線を担うべき人材がより多い研究費を求めて民間へ流出する傾向が止まらず，『国立大学は世紀末』と総長，学長たちは嘆く」とも報じている．英国の科学雑誌[12]は日本の大学の設備を「大学にあるより博物館に展示した方がいい代物」と酷評しているとのことであった．

　工学教育の現場を衰退させないために，危機感を抱く大学関係者達は各種対策を試みている．旧帝大系の首脳は全国の国立大学から重点大学ともいうべきいくつかの大学を選抜した上で予算の傾斜配分を行ういわゆる「重点大学構想」を提起し，また地方国立大学では地元出身の有力政治家，政府首脳に陳情に赴いたりするなどの対策を進行させている．産業界は現状ではこのような状況に無関心であるようだが，このような状況が続くと，それはやがては日本の産業自身にツケが回ってくることをその特集では指摘している．

　平成3年（1991）3月25日の日本学術会議第五部報告では，「工学教育に関する諸問題と対応—特に産業社会の視点から—」として，大学と産業界の連携を図るべく，以下のような7項目の提言をしている．

(1) 産業界の人材需給問題の把握と長期予想

---

11) 平成2年（1990）12月17日号
12) "*New Scientist*", Reed Business Information Ltd., 1990, Sep.

(2) 社会的要請・社会情勢の進展への大学の対応

(3) 大学組織（学部・大学院の構成），学生定員，カリキュラムなどへの産業界からの要請

(4) 産・官・学界の協力による工学系技術者の継続教育体制の確立

(5) 工学教育に関わる大学の環境整備およびそれにかかわる税制その他の制度の整備

(6) 国際交流に対処し得る学部（学科）・大学院（専攻）の評価・認定体制

(7) その他（学問領域，研究関連など）

　平成2年（1990）当時のわが国の国立大学の研究環境の悪化，空洞化の実情を指摘した『日経ビジネス』誌に掲載された記事，あるいはそのような「大学の質の低下」の状況を踏まえた上での日本学術会議第五部報告に記された上記の指摘は，いずれも重要事項であるというだけではないはずである．両案はそれぞれ独自に対策を考えるべき問題ではなく，両者を連結，相互に対応させつつ必要な対策を考えるべき問題である．当時から20年以上を経た現在において，社会的にもその重要性が注目され大きく取り上げられ，解決策を真剣に議論し，何らかの効果的改善がなされたか，ということを振り返る時，われわれ大学人が自信を持って十分な役割を果たしてきたといえないのは残念なことである．

科学技術系人材の育成と確保

　平成4年（1992）4月24日に，「科学技術政策の大綱」が閣議決定され，新世紀に向けてとるべき科学技術の総合的基本方策が示された．そして平成5年（1993）5月，科学技術系人材部会は，諮問第20号「科学技術系人材の確保に関する基本指針について」の審議を開始し，将来のわが国社会の展望を，①将来の世代構成の変化（高齢化社会の到来，女性の進出），②国際社会におけるわが国の位置づけ，③世界およびわが国の将来の発展に対する科学技術の役割，④将来の社会における科学技術系人材の役割，位置づけ（単純労働から知的労働へのシフト）の4点をふまえ，科学技術系人材確保の重要性を検討した．

欧米各国では，工学技術者を代表する各種組織が，工学教育の重要性を協調しつつ，政府に対する提言，工学技術者の資格認定，工学教育の諸問題への具体的対応などを行っている．たとえば米国では米国工学教育協会（American Society for Engineering Education, ASEE），ヨーロッパでは欧州工学教育協会（European Society for Engineering Education, Société Européenne pour la Formation des Ingénieurs, SEFI），そして日本では日本工学教育協会（Japanese Society for Engineering Education, JSEE）がそれぞれ個人，法人を構成会員としつつ各国，各地域における工学教育の振興と発展に努め，貢献している．ASEE は 1893 年に設立された非営利組織であって，創立以来約 120 年の歴史を有しているが，工学教育，技術教育の発展，そして工学関連の研究の推進をはかりつつ，政府，民間企業との連携，協力も積極的に行っている．SEFI は 1973 年の設立であるので，これまで約 40 年という長い歴史を有している．SEFI は高等工学教育機関の連携をはかることを目的として，英仏独伊の 21 大学によって創設された．これらの大学間では教授，研究者，学生らの交流を通して高等工学教育の発展と改善をはかることが目的とされている．

　わが国の JSEE は，日本学術会議の学術研究団体として登録したのは平成 8 年（1997）であるが，法人としての設立は昭和 37 年（1962）まで遡るという古い歴史を有する団体であって，産学官を連携することによって高度工学人材の育成を目指している．雑誌『工学教育』を年 6 回ずつ刊行し，工学，工業教育上の諸問題に対する調査研究を行い，大学，産業界の会員へ情報を提供しつつ，理工学専門教育プログラムの審査なども行っている．社会，経済におけるグローバル化が日々進行する中，工学教育面においても今後ますます国際協力，国際連携が活発化することは不可避であって，それによって工学教育分野におけるイノベーションが生まれ，多くの成果が得られることが期待される．

　日本学術会議の部会長を務めてきた内田盛也氏は，その著書[10]の中で，日本の工学教育の多くの問題点を指摘している．特に，大学の産業界からの遊離については，大学が科学研究費も含めて文部省（現在は文部科学省）の管轄下に入っているのに，企業が行う科学研究費は通商産業省（現在は経済

産業省）が支援し，その縄張りが固定化したことによるとしている．「大学は産業界から遊離し，孤立すると同時に，実務専門化に必要な教育情報と人材育成への協力について，ダイナミックに伸張する産業界との接点とその支援を失い，知識の府としての地位が著しく低下する主要な要因の一つとなった」[13]と警鐘を鳴らし，日本の行政，産業，大学が協調，協力することの必要性を提唱している．

日本のもの作り産業

平成時代に入ってさらに20数年を経た現在，平成25年（2013）の状況はどうであろうか．工学教育の世界でも幾多の改革もなされているが，その一方で，日本産業を支えていた製造業の停滞が声高に論じられるようになった．かつて世界の工業へのキャッチアップに励んできた製造業が，今はフロントランナーになっているが，その強さが依然維持されているとの擁護論[14]もある一方，目標と手段を見つけられないままに立ちすくんで衰退に向かっているとみる悲観論もある．

「日本のもの作り産業の衰退」に関しては，本当に衰退したのか否かに関する現状認識と産業の将来について明るい期待が持てるのか否かを考える時，悲観論と楽観論とが混在している．これらに対して結論を出すことが必要なことではない．われわれが解決を問われている問題は将来のわが国の工学教育，高等教育をどうすべきか，日本を将来どのような方向に進めていくべきかということであろう．その意味では，わが国産業界においては製造業が衰退し，改革，改善を迫られ，そして大学においては理工系離れが進み，若い人々が理工学部への進学にあまり関心を示さなくなっている現在，わが国の工学教育，大学教育が変わらなければならないことは事実である．工学部の学科構成，学生定員，教育カリキュラムがこれまで通りであってはならないし，また学科の名称や講義題目など表面的な改革だけで，中身がこれまでと

---

[13] 前出本章脚注10, p.154.
[14] 藤本隆宏「日本のものづくり現場は「夜明け前」か」，『一橋ビジネスレビュー』，2012年，12月．なお本誌の特集は「日本のものづくりの底力」であって，何人かの擁護論が展開されている．

さほど変わらないようでは改革にならないはずである．

　米国の主要な大学では，このような改革は年単位といってよいほどに急激かつ大胆に行っている．わが国においてこのような改革が行われることは不可能であるし，またそこまで行う必要はないかもしれない．しかしながら，工学部という学部は，少なくとも理学部とは違って，社会，産業，企業の動向，ニーズ，将来をとらえた上で，それに沿った教育があってよいはずであるし，またそのような教育をすることが工学部に問われているのである．

　瀬藤象二教授が「工業と工学の遊離」を危惧し，それらは連携すべきであるということを強調されたのは，現在にもそのまま当てはまるのである．工学教育，ひいては高等教育の将来を考える時，学問の基礎的知識を重視することは当然であるとしても，工学部が社会のニーズ，製造業を中心とする産業の動向，企業の技術向上と将来のあり方について無関心であってはならないはずである．グローバル規模での情報収集と分析能力が問われるのである．そのために工学に限らず他の学問分野に関する知識も情報も必要となる．わが国の若い学生達の理工系離れを危惧する時，もの作り産業の将来を考える時，大学工学部が工部大学校から東大二工時代にかけて目指した工学教育のあり方が現在においても十分に通用する．そして現代のわれわれが忘れてはならない考え方であるという意を強くする．

　早稲田大学ファイナンス総合研究所顧問の野口悠紀雄氏は，製造業の行方についても工業教育のあり方についてもきわめて手厳しい．野口氏は昭和38年（1963）に東大工学部を卒業し，後，東大先端技術研究所の教授も務めているが，「日本の工学部は時代遅れ」と酷評している[15]．国際交流についての未熟さという問題がある他に，日本の工学部はあまりに変わろうとしないという．アメリカの大学では必死に研究資金を集めなければやっていけない．そのためには社会的評価が必要であり，客観的な指標が受容されている．そのために変わるのが当たり前である．しかし日本ではその必要性が薄く，大学は変わらないでもやってこれたという．伝統的な工学分野に偏って

[15) 野口悠紀雄「躍進するアジアの大学　取り残される日本の大学」『週刊ダイヤモンド』，2012.10.27.

おり，名称は変えても，土木，建築，鉱山，冶金，船舶などが未だに強い一方，コンピュータ・IT関連で遅れているという．

THE（タイムズ・ハイヤー・エデュケーション）の世界大学ランキング（2012-13年）で日本の大学の順位が低下しているが，工学分野についても東大が世界では28位，アジアでも5位，京大，東工大はさらに下位となる．アジアのトップはシンガポール国立大学，3位は浦項工科大学である．後者は韓国の民間会社である浦項製鉄が1986年につくった創立30年に満たない大学であるが，東大はその下のランクなのである．最近流行の大学ランキングはその結果が一人歩きするため，それに一喜一憂することはいかがかとも思われるが，いろいろな基準に基づく定量化指標に基づくランキングをそれぞれの大学がそれなりの利用方法に基づいて参考にすることは有意義といえるかも知れない．

野口氏はまた東大二工についての印象を次のように語っている[16]．

「私の印象では東大の，工学系では新しいことをやっている人に二工出身の人が多かったが，逆にいえば，既存の分野は変わらないで硬直化していたので，新しいことをやらざるを得なかったのではないか．東大第二工学部，さらには工部大学校がよい成果を出せたのは，その当時においてはベストな教育方法を選択できたのではないか．特に二工は，硬直的かつ伝統的な工学部からの束縛を離れて，自由にできたのがよかったのであろう．ただ現在においては，各大学は実務界との交流を重視しており，工学教育において，二工，工部大学校でのような実務界との実践的な交流を深めることはもはや不要である．大学は基礎力をつけるところであって，応用は基礎力がつきさえすれば，卒業して現場に出れば実践できるはずである．大学工学部に必要なのは，学力において世界の最先端を目指すことである．」

工学部が学問としての基礎的，基本的な部分のみを教えるというのは極端に過ぎるのかもしれない．なぜならば工学部が基礎部分の知識のみを教えるとすると，理学部との違いも明確にならないからである．工学部教育は基礎的知識の伝達を主とするとしても，それに加えて，電気，機械，化学，土木，

---

[16] 平成24年（2012）10月17日，野口研究室にて，大山達雄と小川正昭が面談．

建築，経営，その他産業界の現状とニーズと問題点と将来といった多くの側面を考慮した上での教育である必要があるのではなかろうか．それが工学部と理学部，他の学問分野との違いを明確にすることにもなるはずである．それぞれの学問分野に応じて基礎的な部分については必要性，重要度に応じて共通，統一的な教育を行うものの，学生全体に対して画一的，統一的にマニュアル通りに教育することではなく，学生個人の能力，才能，そして性格に至るまですべて合わせた教育をすることが必要となろう．教師と学生との厚い個人的信頼関係によって結ばれた教育，長崎海軍伝習所から工部大学校，第二工学部，生産技術研究所へと培われ，継承された「伝統」と「精神」は，現在の高等教育においても重要なものであって，われわれが将来に向かって残すべき，そして生かすべき大切なものがあると思われる．二工の経験をどのように評価し，今後の工学教育に役立てていくかということについては，まだまだ多面的に考察しうるものと思われる．

二工の経験の現代への示唆

　ある限られた一時期に存続したに過ぎない東大二工の経験ではあるが，現在においてもいくつかのものが学べるのではなかろうか．ただ，現在の時点においては，当時とは大きく環境は変化しているし，自由に柔軟に考えられる要素も増えている．工学の範囲を大きく幅広くとらえることもできるだろうし，隣接分野との連動と協力は一層重要になっているであろう．

　当時においても，山本卓眞氏（電気，昭和24年（1949）卒）は氏の受けた授業の中で尾高教授の法学の授業に感銘を受けているといっているし，高橋裕氏（土木，昭和25年（1950）卒）は，河川の防災において単にコンクリート堤防の力学的な強度を問題にするのではなく，川相を見て歴史的・伝統的な防災を考えることの重要さを学んだという．工学においても理系のみならず，法律，経済学等の文系の学問との連係も必要であろう．また，現場も知る必要があるという場合の範疇も，単に日本の製造業というだけでなく，サービス業等のソフト産業も含めて考えるべきであろうし，さらにグローバルな視点で世界の企業，業界の動きも見据えなければならない．教育の場も単に狭い日本の大学等を固定的に考えるのではなく，大学院も含めて流動的に

自由に移動できる形を作るべきであろう．学生にとって，さらに教育，学問にとって何がいいのか，ひいては社会にとって何がいいのかが判断基準であろう．どのような状況で，かつどのような条件でこれらを実現できるかは，個々の場で，学生，研究者，個々の教育機関，行政等，工学教育に関わるすべてのもので模索すべき今後の課題であろう．

　一般に，社会科学は自然科学とは違って実験はできないということは定説である．しかしながら，この二工の設立より戦後の活動実績という経験からは，はっきり数量化はできないが，教育に対する社会的成果についての，膨大な社会実験がなされたとも解釈できよう．もちろん戦争に役立てるという意図した成果ではなく，結果として得られた産業発展への貢献という教育成果である．現在，日本の長期経済停滞の中で製造業の沈滞も叫ばれている．日本の企業がかつての全盛時の成功の余韻に浸って，新たに必要な経営改革を断行しえないでいることへの批判も多い[17]．その一方で，新たな産業の発展を目指しての，高等教育を充実すべしとの論も根強い．新たな産業の発展のゆくえとそのイメージは，政府にとっても他の誰にとっても簡単に描けるものではない．

　アメリカでIT産業が興隆してきたこと，その中でもまた思いもしない分野が日々拡大成長していること，日本ではアニメやコミックが一大産業に成長しつつあることなどは，すべて予想外のできごとである．誰にも予測できない未来については，何が起こってもいいような，その可能性に柔軟に対応できる体制は整備しておかねばならない．そのためには新たな方向性は示しながら，基礎的な高等教育を充実していくということは，最重要なことと考えられる．それを実証した事例としての二工の成果は十分に説得的であろう．

二工教育と現代高等教育

　本書の作成にあたっては，技術者養成のための教育のあり方，工学部にお

---

[17] 野口悠紀雄氏は日本の製造業のハードには強いがソフトに弱い脆弱性を指摘し，それを技術を生かし切れない企業経営の硬直性に基づくと説明している．（野口悠紀雄「ニッポンの選択――技術を活かしきれない日本の企業経営」『週刊東洋経済』，平成22年（2010）11月20日号）

ける教育，研究のあり方，そして高等教育全般についても，わが国の高等教育政策を考える上で何が重要なのか，何が必要なのか，そして高等教育政策はどうあるべきなのかといった点まで考察し，それを何らかの政策提言といった形にまとめられることまでを目標に掲げ，それに努めたつもりである．これらの目標に対する解答が得られたとはもちろん考えていないが，少なくとも，東京大学第二工学部の創立から廃止に至るまでを記述し，二工卒業生の先輩方との懇談，インタビューを終えた現在，これらをまとめ，総括するにあたって，二工における教育から得られた示唆としてのわが国高等教育のあり方については，以下に示す4つの項目を考慮すべき重要かつ必要な事項として提起しておきたい．これらの項目内容はすべてが二工の教育にあてはまるもので，彼らが何らかの形で意識し，かつ実現を試みた事項であると思えるのである．

(i) 多元性，多様性の重要性

高等教育による人材育成を考えるに際して，たとえば文部科学省といった一つの組織がすべての学問教育分野，研究分野の管理，運営に携わる必要はないであろうということである．明治維新期には，工部省が設立した工部大学校，司法省が設立した法学校，札幌開拓使による札幌農学校，そして内務省が設立した駒場農学校といったように複数の官庁がそれぞれ異なる高等教育機関を有していた．さらにこれらの機関は，それぞれの教育方法の理念的背景として，工部大学校ではイギリス型実務重視教育，法学校ではヨーロッパ大陸型教育，札幌農学校ではアメリカ式実学重視教育，そして駒場農学校ではフランス，ドイツ型学理理論重視教育をモデルとしたというように，それぞれが異なる目的と異なるミッションを有し，それに基づいてそれぞれ異なる形態の高等教育を行っていたといえる．このような状況は，それぞれの機関がそれぞれの目標，ミッションを実現すべく，機関間の競争を導くことによってそれぞれが進歩発展するということになったのである．このような多元性，多様性が重要かつ有効であることは，現代の高等教育においても十分に通じるはずである．

(ii) 競争の必要性

本郷一工に対する競争意識と負けじ魂が二工卒業生達のその後の彼らの成

功に繋がったであろうということは前述の通りである．上記 (i) にも述べたように，いくつかの異なる機関，官庁がそれぞれの担当する分野の研究組織あるいは教育組織を持つことによって，多元的，多様な管理，運営が行われ，それが教育効果，研究成果，そして人材育成といった面でのお互いのいい意味での競争をもたらし，よりよい結果，成果が得られるはずである．

ただここで注意しておきたいのは，「競争」をすればよいというものではなく，競争，そしてそれに基づく評価は，同様のミッションと目標を持ち，同程度の規模を有し，ほぼ同様の組織形態を有する機関，主体間でなされるべきである．それが競争がよりよい，より望ましい，より高い目標に到達するための必要条件である．各種教育機関，研究機関がお互いに競争をすることによって，それぞれがレベルアップ，質の向上をはかれるということは事実である．それぞれの機関がいかにして有能な質のよい人材を確保できるか，そして彼らによりよい教育，研究の機会を与えることによって，いかにしてよりよい教育効果，研究成果を出させるか，ひいてはそれをどのようにして高度の人材育成に結びつけるか，これらをすべて組織間，機関間で競争させるということである．すなわち競争とそれに伴う評価というのは，多元的，多様な組織，機関がある中で，あくまでも同様の目的，同様のミッションを有し，同程度の規模を有し，ほぼ同様の組織形態を有する機関，主体間で行われるべきである．目的，ミッションの異なる組織間での比較，評価は不可能であるし，またするべきではない．そしてまた規模や組織形態のまったく異なる機関，主体間でもなされるべきではない．競争はあくまでも同様の目的，同様のミッションを有し，ほぼ同様の組織形態を有する機関，主体間で行われるべきである．

(iii) 理論と実践のバランスと混合

工部大学校を設立するにあたって，ヘンリー・ダイアーが理論重視の大陸型伝統的学理重視教育と実践重視のイギリス型実習重視教育のバランスを考えた混合型スタイルをとったことが，工部大学校の成功に繋がった．この工部大学校の創立精神は，その後の二工の教育における理論と実習の両方のバランスを考えるという二工精神にも合致するものである．理論なき実践では実践応用上の進歩，発展が望めないし，また実践なき理論は理論のみに閉じ

こもることによって，理論の応用から得られる社会的貢献が期待できないことになる．理論と実践のバランスを考慮しつつ，これらをうまく混合させることが理論そして実践の両面における進歩と発展を可能にするはずである．

(iv) 自己責任，自己評価，自己改革の実践

評価とは本来多面的，多角的，そして動態的であることが必要であることから，究極的には多元的でなければならないということを強調したい．すなわち，評価に際しては，ある一面のみをとらえるのでなく，多くの側面から，しかもいろいろな角度から対象をチェックする必要があり，さらには多元性，多様性が重要であるということは，いろいろな評価機関によるさまざまな評価基準があってよいということである．本来，絶対的にこれが唯一の正しい評価であるといったものはあり得ないはずである．このような多面的，多角的かつ多元的な評価があってはじめて，それらが自己評価と結びつくことによって正しい自己改革が行われるといえるであろう．さらにまた，評価というものは，一時点のみを見るのではなく，定期的に繰り返し，複数の時点で見た上で動態的にとらえるべきである．このことからも評価方法自体一つの方法に限定することなく，いろいろな方法が考えられるはずである．したがって評価は本来，ある部分のみを評価するというのでなく，全体を総合的に評価するという総合評価でなければならないということである．

たとえば大学の活動を大きく教育，研究，大学運営，社会的貢献という4つの側面から眺める場合でも，各大学が定めるそれぞれの側面における本来の目的と照らし合わせた上で，どのような側面をどのように把握するか（大きく捉えるのか，どのように細分化するのか）を考慮した上で，何を，どのような角度から，どのように（たとえば定量的と定性的，絶対的と相対的というように）とらえるかを慎重に考慮，検討することが必要である．現在わが国の大学評価として行われているように，大学をすべて統一的に同一基準で評価する必要はないはずである．同様の形態，目的を有する大学間には，それなりの評価方式があってしかるべきである．グルーピングされた同様の形態，目的を有する大学間では「相対的に評価してもよい」はずである．いずれにしても現在までのところでは完全かつ普遍的な大学評価方式があるとは思えない．時代とともに，社会状況とともに変更があってよいし，またそ

のような必要も生じるはずである．現在までのところ，わが国の大学評価が所期の目的を達成しているとはいえないものの，いろいろな評価の試み，試行錯誤があってよいはずである．

「評価をする」，「ランキングをつける」ということについては，特に米国人などは相対的な評価をある意味で「楽しむ」のに対して，日本人は結果を深刻に考えすぎるという全般的な傾向があると思われる．つまり，評価とは，どのような評価方法に基づくものであったにせよ，完全な評価はあり得なく，やはりある種の側面をとらえたものに過ぎないと考えるべきである．そしてまた絶対評価と相対評価，あるいは定量的評価と定性的評価というそれぞれ大きく2つの評価方法が考えられるが，これらのうちのどちらかが常に望ましいなどといったことはあり得ないはずである．評価の対象に応じて，状況に応じて，用い方に応じて，適宜いずれかを，あるいは場合によっては両者を組み合わせて用いるべきであろう．

結びに代えて

第二工学部の歴史を語るとき，最も忘れてはならないのは瀬藤象二先生であろう．瀬藤先生は第二工学部の初代学部長であって，また二工が終了するときの第3代学部長でもある．さらにまた瀬藤先生は電気工学科の教授でありながら，理研の主任研究員としてアルマイト研究を専門として多くの成果をあげているが，管理者としての実力，能力も抜群に高かったため，瀬藤先生の大学人としての業績はまさに二工とともに，といっても過言ではないであろう．尾上守夫氏（電気，昭和22年（1947）卒）は尾上守夫（1999）の中で「第二工学部も生産技術研究所も瀬藤先生の情熱と識見によって形作られたといってもよい」と述べている．

瀬藤教授は昭和17年（1942）4月に二工開学に際して，学生教職員に対しては「思うようにならない点もあろうが，全学部が教職員および学生一体となって新たな二工の建設に努められたい」と述べ，また新入学生たちの父兄に対しては「ただ単に子弟に大学教育を受けさせるという消極的な考えではなく，それぞれの学生が各自の得意とするところを見出し，将来の日本国家の運命を双肩に担ってほしい」と述べている．この瀬藤先生のお考えは，

学生と教官との結びつきを密にし，お互いがそれぞれ一人の人間としての結びつき，人間関係を確立することに貢献し，それが「二工スピリット」として学生たちの心の中にもその後の人生においてもずっと長く生き続けたのではないかと思われるのである．

　森毅氏[18]は新聞の著書紹介[19]の中で今岡和彦氏の著書[20]を興味深く取り上げている．まず「いま千葉大学のあるところに，東大の第二工学部があった．当時の日本で最大のこの工学部は日米開戦へ向けて東京帝大総長であった海軍造船中将平賀譲と海軍首脳部の「ボス交渉」によって作られ，戦後は「戦犯学部」として講和の年に姿を消した」として書き出しの紹介をした上で，「設備はなくてむしろ混乱の熱気がある．卒業生からの聞き書きを中心にしているので，年をとると青春を美化したくなる癖を差し引くにしても，戦争目的への秩序の一元化より，整備された秩序を持った本郷と違った，荒野の無秩序の活気が語られている．これは，ある程度はうなずけることで，整備より混沌が未来を生み出すというのは，創造の逆説である」と書いている．

　本郷第一工学部との対照的な位置づけ，そして二工の「混乱」状態が「創造的未来」を生み出したのでは，という視点も面白い．さらに森氏は今岡氏の著書の昨今の「大学改革」との関連づけについて，期待を込めて次のように述べている．

　「第二工学部の存在が，東京大学とくにその工学部のアカデミズムのその後に，どのような影響を与えたか，とても気になる．なぜならそれは，このごろまた話題になっている学部増設や，キャンパスの移転にとって，大きな教訓になるはずのことだからである．外部の要請から十分な設備なしに出発し，若手やメーカーからの教授導入がアカデミズムの閉鎖的な秩序をゆるがし，そして荒涼たる環境と時代の激動が若者たちを育てる．ちょっとできすぎたストーリーだが，歴史の忘却にゆだねるのは惜しい．その出身者が戦後の「技術戦争」を支

[18) 1928-2010 京都大学名誉教授．数学者，エッセイスト，評論家．関数空間解析の位相的研究を専門領域とする数学者であるが，一般向けの多くの評論，エッセイ，対談集等も残している．
19) 昭和 62 年（1987）4 月 26 日，朝日新聞書評欄．
20) 今岡和彦『東京大学第二工学部』，講談社，1987．

えたという結果によってではなく，大学のあり方についての一つの実験として読むべきであろう．整備計画に偏りがちな「大学改革」にとって，イメージを豊かにしてくれるはずだ．そして，この頃の秩序の枠にとりこまれた工学部学生たちに読ませてやりたい．」

まさに本書の意図するところと共通する視点があるのは非常に興味深いことである．東京大学第二工学部の教育と研究のあり方を伝え，その成果とわが国の産，官，学全体における貢献について検証することは，大学改革に限らず，わが国の高等教育全般にとっても有益なことだと信ずる．

ヘンリー・ダイアーが述べたとされる「エンジニアは真の革命家である」の表現に出会ったとき，少なからず驚きを感じた．世の中を政治的あるいは暴力的に変革する革命家という意味ではないことはもちろんであるが，筆者なりに考えるに，あるいは想像するには，以下のようなことではないだろうか．すなわちダイアーは工部大学校で自らの理想とするイギリス型実務重視教育と大陸型理論重視教育を混合するという理念に基づいた教育を，いわば彼にとっては「教育実験」，「社会実験」を行ったといえる．そこで得た彼の結論は，彼が母国イギリスに帰国してから主張しているように，エンジニア教育にとっては，自然科学に限らず，人文科学，社会科学も含めた一般教養教育も同時に必要であるということであった．このことはダイアーの主張にあるエンジニアが種々の多面的かつ広範な一般教養知識を身につけることによって，世の中を変え，社会を変えうる，いわゆる「革命家」になり得る，そしてそれこそがまた「真の革命家」であるといったことをいおうとしていたのではなかろうかと思えるのである．

工学出身者が人文科学，社会科学も含めた一般教養教育に基づく文系知識を得ることは，文系人間が理系知識を身につけるということよりも容易なはずである．このことを特に工学出身者は自分達の強みとして認識すべきであり，また利用すべきである．またその有利さを工学出身者は大いに発揮すべきである．ダイアーが思い描いていたのはそのあたりにあったのではないかと思えるのである．ダイアーのこの主張は，理工系離れが進行しつつある昨今，貴重かつ重要な「主張」といえるのではなかろうか．

おわりに

　まえがきのところでも少し述べたが，生産技術研究所第7代所長を務められた岡本舜三氏は『生産研究』（31巻5号，1979）の中で以下のように述べている．

　「爾来35年既に2,799名（内分校204名）の卒業生が実社会に25～35年の足跡を残しており，検討資料には事欠かない．筆者の属する土木の分野で見る場合，第二工学部の卒業生には技術行政官として，優れた管理能力を発揮した人が多かったように思われるが，このことは千葉の雰囲気と無関係であるとは思えない．分析は土木・電気・応化等専門分野別，また研究上あるいは技術上の業績，社会的活動，管理者能力等活動度別，その他種々の観点からなさるべきであろうが，二度と行い得ないこの貴重な実験の結果を詳細に分析評価することは，今後の工業教育の在り方を考える上に参考になる点が多いと思われる．」

　本書がこのような岡本氏の鋭敏な「見通し」に対して答えられたかという問いに対しては，「YES」と答えるだけの自信は持ち合わせていない．しかしながら，われわれが収集して得られた資料，そしてわれわれが実施した5回の懇談会，そして10名の二工OBとのインタビューから得ようとした二工卒業生像，そして彼らの精神的支柱ともいうべき二工スピリットについては，かなり明確になったのではないかと自負している．二工スピリットともいうべき，彼らの精神的強靱さと性格的明るさは，どのような社会，環境の中でも，どのような時代においても，われわれが社会，組織の中で生きていく上で有効かつ必須なものといえるのではないだろうか．そしてまた彼らが千葉キャンパスにおいて経験，体験した学生生活，そして教師との交流は，グローバル化の進む中でますます各国間競争が激化する現在においても十分通用するものであり，またさらにわが国高等教育の進むべき一つの方向を示唆しているといえるであろう．現に彼ら二工卒業生達は就職した企業においてそれぞれ国際競争の中で逞しく，そしてしたたかに戦ってきたのである．

本書において，二工卒業生達とのインタビューを通して二工の歴史，業績，貢献を検証することを目指す中で，現代の技術者教育，大学教育に限らず高等教育全般に示唆するものが存在することを認識し，それを明らかにすることを試みた．さらには平成16年（2004）のわが国の国立大学法人化を経た大学改革，大学評価等についても，筆者の個人的な見解を述べさせてもらった．このような筆者らの試みがわが国の将来の高等教育のさらなる発展にわずかでも貢献できるならば，それに勝る喜びはない．

　最後になったが，本書の作成にあたって，政策研究大学院大学と東京大学生産技術研究所から出版費用援助を得たことをここに感謝の意とともに記しておきたい．

　　平成25年（2013）11月
　　　　　大山達雄（政策研究大学院大学理事・副学長，特別教授）
　　　　　前田正史（東京大学理事・副学長，東京大学生産技術研究所教授）

参考文献

天野郁夫『大学の誕生（上）——帝国大学の時代』，中公新書，2004．
天野郁夫『大学の誕生（下）——大学への挑戦』，中公新書，2005．
天野郁夫『国立大学・法人化の行方——自立と格差のはざまで』，東信堂，2008．
石附　実『近代日本の海外留学史』，中公文庫，1992．
泉　知行「東京大学第二工学部土木工学科における教育と環境」，東京大学工学部社会基盤学科卒業論文，2007．
市川昭午『高等教育の変貌と財政』，玉川大学出版部，2000，197p．
一色尚次『B29より高く飛べ！』，原書房，2010．
稲葉清右衛門『ロボット時代を拓く』，PHP出版，1982，208p．
今岡和彦『東京大学第二工学部』，講談社，1987，270p．
内田盛也『いま，工学を問う——若者に夢と情熱を与えるために』，日刊工業新聞社，1995．
梅渓　昇『お雇い外国人——明治日本の脇役たち』，講談社学術文庫，2007．（原書は日経新書23，日本経済新聞社，1965）
尾上守夫「生研半世紀の回顧と展望」，『生産研究』，51巻10号，1999，pp.692-701．
小倉金之助『近代日本の数学』，講談社学術文庫，1979，237p．（原書は新樹社，1956）
茅原　健『工手学校——旧幕臣たちの技術者教育』，中公新書，2007．
北　政巳『国際日本を拓いた人々——日本とスコットランドの絆』，同文館，1984．
北　政巳『御雇い外国人ヘンリー・ダイアー』，文生書院，2007．
喜多村和之編『高等教育と政策評価』，玉川大学出版部，2000，280p．
久米　豊『二階の居候』，同人，1996，316p．
久米　豊『回想——人と生活と』，同人，1997．
黒田彰一「私の歩んできた道」（第1回－第3回），精密工学会誌，No.5，p.459，No.6，p.576，No.7，p.704，2008．
経済協力開発機構（OECD）『図表でみる教育——OECDインディケーター（2007年版）』，明石書店，2007，471p．
小金芳弘『小金芳弘・戦後日記』，東海大学出版会，2010．
志村史夫『いま『武士道』を読む——世紀の日本人へ』，丸善ライブラリー，1999．
ハインリッヒ・シュリーマン著，石井和子訳『シュリーマン旅行記——清国・日本』，講談社学術文庫，1998．
菅原　操『懸け橋』，交通新聞社，2005．
瀬藤象二先生追憶記念出版会（代表 大山松次郎）『瀬藤象二先生の業績と追憶』，電気情報社，1979．
ヘンリー・ダイアー著，平野勇夫訳『大日本——技術立国日本の恩人が描いた明治日本の実像』，実業之日本社，1999．（原書は Dai Nippon, The Britain of the East, a Study in

National Evolution, London, Blackie & Son, 1904）
大学の研究教育を考える会編『大学評価とその将来』，丸善，1999，337p.
第二工学部記念誌編集委員会編『未来に語り継ぐメッセージ——工学の曙を支えた技術者達／第二工学部の思い出』，東京大学生産技術研究所，一般財団法人生産技術研究奨励会，2012.
田口卯吉『日本開化小史』，岩波文庫，1980.
橘木俊詔『東京大学——エリート養成機関の盛衰』，岩波書店，2009.
田原総一朗「「兵器屋」たちの「発想の転換」の戦後史」，『新潮45』，Vol. 5, No. 6, 1986, pp. 128-152.
『東京大学生産技術研究所10周年誌』，『生産研究』，11巻6号，1959，東京大学生産技術研究所．
東京大学生産技術研究所編『東京大学第二工学部史：開学25周年記念』，東京大学生産技術研究所，1968.
『東京大学生産技術研究所20周年誌』，『生産研究』，21巻5号，1969，東京大学生産技術研究所．
『東京大学生産技術研究所30周年誌』，『生産研究』，31巻5号，1979，東京大学生産技術研究所．
『東京大学生産技術研究所40周年誌』，『生産研究』，41巻5号，1989，東京大学生産技術研究所．
東京大学百年史編集委員会編『東京大学百年史』，東京大学出版会，1988.
野口悠紀雄「躍進するアジアの大学　取り残される日本の大学」，『週刊ダイヤモンド』，2012年10月27日号．
藤井哲博『長崎海軍伝習所——十九世紀東西文化の接点』，中公新書，1991.
星合正治先生追憶記念会編『星合正治先生の思い出』，コロナ社，1988.
松島　茂・尾高煌之助編『石丸典生オーラルヒストリー』，法政大学イノベーション・マネジメント研究センター，No. 20，2006，250p.
宮田親平『科学者たちの自由な楽園——栄光の理化学研究所』，文藝春秋，1983.
三好信浩『明治のエンジニア教育——日本とイギリスの違い』，中公新書，1983.
文部科学省編『データからみる日本の教育2006——Japan's Education at a Glance』，2006，86p.
文部科学省編『文部科学白書——平成18年版』，2007，491p.
文部科学省生涯学習政策局調査企画局『教育の国際比較——平成19年版』，2007，99p.
山口開生『NTTにかけた夢』，東洋経済新報社，1992，216p.
山田稔追想録編集委員会『山田稔追想録』，ダイキン工業株式会社，1989，546p.
山本卓眞『夢をかたちに』，東洋経済新報社，1992，240p.
山本卓眞『志を高く——私の履歴書』，日本経済新聞社，1999.

事項索引

ア
アクレディテーション　181
麻布時代　135
遊び心　334
アルバイト　257, 301
イ
医学所　148, 161
医学校　148, 161
イギリス型教育　330
依託学生　256
一工・二工合併案　114
一般会計予算　189
一般教養学　332
岩倉使節団　151
ウ
運動会　68
エ
エラスムス計画　182
エンジニア教育　330
オ
欧州工学教育協会（SEFI）　342
大阪帝国大学　21
お雇い外国人　5, 152
音楽鑑賞会　68
カ
開学式　38, 55
海軍伝習所　11
海軍兵学校　33
開成学校　3, 148, 157, 161
開成所　3, 147, 148, 161
科学技術系人材部会　341
科学技術審議会　102
科学技術政策　326
　　──の大綱　341
科学研究費　102, 106
科学振興調査会　102
学位令　111

学習院　148
学制　153
　　──改革実施準備会　56
学生宿舎　52
学徒出陣　88
学農社　19
学歴社会　236
学科別就職先　79
学科別卒業生数　195
学科目制　174
学校教育支出　190
学校教育法　108, 111
カリキュラム　58
寛政異学の禁　148
咸臨丸　14
キ
企画院　30, 89
技術院　102
技術者教育　299
技術テクノクラート　312, 325, 327
九州帝国大学　21, 26
教育基本法　108, 111
教育支出　190
教育実験　159, 330
教育体制　64
教官宿舎世話人会　61
教授会　61
　　──自治　338
教授総会　61, 62, 106, 134
競争　348
共通教室　63
京都大学　340
京都帝国大学　25, 162, 172
教養教育　332
共立学舎　19
勤労動員　104

359

ク

グラスゴー大学　332
軍依託生　71, 256
軍関係出身の学生　113
軍事研究　89

ケ

慶應義塾大学　19, 28, 173
経済安定本部　286
経済構造調整委員会　339
研究部　133, 192

コ

講演会　68
工学教育　145, 146, 157, 330, 339, 342, 344
　　──小委員会　339
工学部分校　124
工学寮　→　工部省工学寮
工学会　172
講義時間割　56
工業教育機関　332
工業専門学校　23, 33
講座制　174, 338
孔子廟　148
工手学校　165
　　──スピリット　169
厚生委員会　61
高等教育　146, 148, 157, 159, 177, 189, 330, 348
　　──機関　173
　　──行政　162, 186
　　──政策　175, 186, 193, 348
高等工業学校　23
高等師範学校　173
工部省　1, 149
　　──工学寮　2, 19, 149, 157, 160, 161, 164, 331
工部大学校　2, 5, 10, 157, 160, 161, 299, 330, 346, 348
語学賞委員会　63
国立学校設置法　131
国立総合大学　173
国立大学法人　175, 177
国立複合大学　173
護送船団方式　174
駒場農学校　149, 155, 348

サ

札幌農学校　155, 168, 330, 348
産業技術委員会　339
サンデー毎日　196
サンドイッチ方式　7
三八答申　175, 179

シ

士官学校　283
自己改革　350
自己責任　350
自己評価　176, 181, 350
質の保証　181
実務重視型教育　333
重点大学構想　340
種痘所　148, 161
主任研究員制度　138, 143
松下村塾　156
上級試験　282
常置運営関係委員会　134
昌平校　147, 148
昌平坂学問所　147, 148
情報公開　176
食堂委員会　61
食糧事情調査　73
諸芸学　165, 168
女子英学塾　19
初等中等教育　189
塵劫記　15
人事院試験　282
新制国立大学　162, 173
新大学制委員会　115
新大学制実施準備委員会　108, 114, 122, 127, 129

セ

生研スピリット　326
生研　→　生産技術研究所
政策評価　184
生産技術研究所　42, 119, 125, 128, 142, 146, 191, 337, 346
製造業　343
聖堂　148
世界大学ランキング　345
絶対評価　351
説明責任　181
戦災復興院　223, 281

戦犯学科　216
専門職大学院　180
　ソ
造家学会　172
相対評価　351
ソクラテス計画　182
卒業論文題目　90
　タ
大学院重点化　176, 193
大学院大学　175, 193
大学院特別研究生　71, 106
大学改革　175, 176, 353
大学種別化構想　175, 193
大学進学率　183, 187
大学審議会　175, 186, 193
大学設置基準　174
大学東校　157, 162
大学南校　3, 157, 162
大学評価　176, 179, 181, 184, 350
　——システム　178
大学令　111
大講座制　133, 192
大西郷遺訓　54
第二工学部設立準備委員会　34
第二工学部設立準備専門委員会　137, 139
第二工学部設立準備相談会　33
第二次世界大戦　37
大陸科学院　223
大陸型教育　330
大量生産　289
多元性　348
多元的評価システム　179
多様性　348
　チ
千葉学部案　114
千葉大学案　114
中央教育審議会　175, 177, 179, 186
朝鮮事変　284
朝鮮動乱特需　286
　テ
帝国大学工科大学　4, 6, 11, 161
帝国大学令　163
定性的評価　351
定量的評価　351

テクノクラート　208
鉄の団結　297
電気学会　172
　ト
東京医学校　162
東京開成学校　3, 161
東京工業大学　27, 173
東京高等工業学校　173
東京商科大学　173
東京職工学校　170
東京数学会社　172
東京大学　115, 148, 157, 161, 162, 333, 340
　——工芸学部　3, 6, 11, 157, 161
　——理学部　3
東京帝国大学　21, 46, 47, 161, 162
　——一覧　59
　——工学部　4
　——工科大学　168
東校　157
統合モデル　330
同窓会　295, 299
東北帝国大学　25
『渡海新編』　13
特別研究生　256
都検　4, 330
図書委員会　61
図書室　51
　ナ
長崎海軍伝習所　12, 16, 20, 152, 346
名古屋帝国大学　21
南校　3, 157
　ニ
二工スピリット　122, 170, 300, 303, 307
二工廃止論　116
日華事変　22, 31, 37, 89
日本学術会議第五部報告　340
日本工学アカデミー工学教育委員会　339
日本工学教育協会（JSEE）　342
日本大学　29
入学式　37, 38
入学者選抜　38
認証評価　181

事項索引　361

ネ
年度別就職先　79
ノ
野武士精神　208
ノブレス・オブリージュ　78
ハ
白線浪人　124
バンカラ気質　200
蕃書調所　16, 147, 161
ヒ
引き揚げ学生　113
平賀粛学　33
フ
フォード革命　288
武士道　151
フランス国立科学研究センター（CNRS）　318
文理科大学　173
ヘ
閉学式　123
米国教育使節団　107, 111
米国工学教育協会（ASEE）　342
ホ
法学校　348
戊辰戦争　20, 146
北海道帝国大学　172
ポリテクニク　168
ボローニャ宣言　182
モ
もの作り産業　343
ヤ
矢内原事件　31

弥生会　68
ヨ
洋書調所　147, 161
四六答申　175, 179
ラ
ランキング　183
リ
理化学研究所　119, 143, 333
理科系研究所案　114
陸軍士官学校　33, 308
理工系拡充　21
理工系離れ　210, 238, 343, 353
理論重視型教育　333
理論と実践　349
輪講会　62
臨時委員会　134
臨時教育審議会　175, 186
レ
連合国総司令部　110, 120
ロ
六・三・三・四制　108, 111
ロケット時代　135
ロンドン大学　332
ワ
早稲田大学　27, 173
アルファベット
ISO　328
MOT　329
OJT　338
THE　345

人名索引

ア
青木　繁　227
赤岩昭滋　285
安芸杏一　270
安芸皎一　64, 269
安倍能成　254
新井民夫　260
有沢広巳　32
有馬朗人　177
有本建男　312

イ
飯田喜四郎　227, 306
井口常雄　42, 114, 116, 125, 271, 295
井口昌平　271
池辺　陽　225, 226, 266
生駒俊明　316, 321
石井聖光　226
石井善昭　222
石川一郎　132
石川滋彦　224
石川栄耀　272
石川六郎　198, 212, 292
石黒五十二　167
石田洋一　315
石橋絢彦　166, 167
石原　滋　244, 251, 253, 255, 274, 279, 284
石丸典生　77, 205, 308
石本喜久治　281
一色尚次　212
伊藤鄭爾　225, 226, 267
伊藤博文　1, 4, 10, 152, 153, 162
糸川英夫　206, 295
稲葉清右衛門　198, 213, 258
井上　馨　1, 4, 10, 162
井上春成　132
井上　勝　4, 18, 162

猪瀬　博　72, 311, 327
今井健一郎　339
岩倉具視　4, 148, 151, 162
岩崎富久　64
岩下秀夫　227

ウ
上野景範　162
潮　恒郎　198
内田盛也　342
内田祥三　33, 223, 225, 264
内田祥文　224-226
内村鑑三　155
梅田健次郎　244, 248, 262, 276, 299, 306

エ
エアトン　4
榎本武揚　20, 147, 166
遠藤謹助　4

オ
大内兵衛　32, 115
大木喬任　153
大来佐武郎　284, 287, 304
大久保利通　152, 153
大隈重信　1, 152, 153, 162
大河内正敏　138
大高正人　226
大鳥圭介　3, 147, 166
大西克礼　276
大村益次郎　148, 162
岡崎　久　218
岡部　保　200
岡本舜三　61, 65, 141, 267
尾高朝雄　45, 63, 218, 285, 308
小野　薫　223, 225, 226, 262, 265, 305
小野　進　227
小野友五郎　11, 15, 17, 150
尾之内由紀夫　282
尾上守夫　119, 144, 198, 220, 244, 255,

363

257, 260, 279, 316, 333, 351

カ
勝　麟太郎　13
加藤弘之　147, 148, 153
金森久雄　304
兼重寛九郎　129, 133, 275
亀山直人　115, 129, 132
河合栄次郎　32
河合正一　226
河原一郎　226
神田孝平　148, 171, 172

キ
菊池真一　59, 121
菊池三男　201
岸田日出刀　223
木戸孝允　1, 152, 162
木村俊彦　226
桐敷真次郎　227, 306

ク
釘宮　磐　64, 203, 267, 271
草原克豪　318
工藤新平　153
工藤智規　318
久保慶三郎　203
久米　豊　77, 198, 210, 212
クラーク，ウイリアム・S　154, 155
グリフィス，ウイリアム　152
黒田清隆　156
黒田彰一　216, 244

ケ
ケリー，ハリー　120, 128, 132
ケルビン卿　4, 9

コ
小池　明　222
神代雄一郎　226
小金芳弘　207, 244, 247, 261, 285, 287, 301, 302, 307
小坂　忠　201
小澤七兵衛　244, 274, 295
五代友厚　162
後藤　滋　225, 244, 253, 264, 279
後藤誉之助　290
小林宏治　222, 259
近藤健男　198
コンドル，ジョサイア　5, 154, 267

サ
西郷隆盛　54
西郷南洲　169
齋藤竹生　223, 244, 247, 264, 281, 302, 305
坂内正夫　316, 327
坂上義次郎　201
佐治泰次　227
佐藤章介　155
佐野利器　29
佐波正一　339
澤井善三郎　118, 129

シ
志賀重昴　155
志田林太郎　9
柴田　碧　317
渋沢栄一　147, 162, 166
シュリーマン，ハインリヒ　150
勝田高司　224, 225
ジョン万次郎　14
城谷　豊　227

ス
菅原恒覧　10
菅原　操　201, 202, 244, 247, 251, 267, 279
杉山孝雄　244, 251, 257
鈴木　弘　121, 134
ストッダード，ジョージ　111

セ
尺　振八　19
関野　克　58, 114, 223, 225, 226, 266
瀬藤象二　34, 38, 67, 103, 114, 116, 120, 126, 128, 133, 136, 168, 191, 333, 351

ソ
副島種臣　152

タ
ダイアー，ヘンリー　4, 6, 154, 157, 164, 330, 353
ダイバース　4
高月龍男　275
高橋靴一　244, 275, 300, 302, 306
高橋　裕　64, 140, 244, 269, 298, 331, 346
高畑政信　268
高松豊吉　167
高峰譲吉　8, 330

364

高山英華　224-226
高山直質　9
田口卯吉　147, 166
竹内久夫　279
竹内良夫　200, 201
田代　和　218
辰野金吾　8, 276, 330
辰野　隆　276
館　充　316
田中一彦　225
田中　尚　226
田中不二麻呂　163
田中　豊　64
田辺朔郎　9, 330
田畑新太郎　325
玉松　操（真弘）　148
田村重四郎　316
丹下健三　263, 266
　ツ
津田　仙　19
津田真道　148
坪井善勝　225, 262
　ト
徳川慶喜　147, 148
徳永勇雄　226
富井政英　227
外山正一　168
豊田正敏　219
　ナ
内藤明人　203
内藤多仲　263, 264
長岡半太郎　138
中川威雄　260, 320
中桐　滋　317
中澤岩太　167
中澤弌仁　201
長友宗重　227
中西不二夫　275
中浜万次郎　→　ジョン万次郎
中村貞吉　167
長与又郎　30
南波松太郎　261
南原　繁　115, 129, 132, 191
　ニ
西　周　148

西川卯三　266
新渡戸稲造　151, 155, 168
丹羽重光　21, 30, 45, 137
丹羽　登　66
　ヌ
沼田政矩　64, 267, 271
　ノ
能川昭二　198
野口悠紀雄　344
能見正比古　221
野村民也　122
　ハ
長谷川房雄　226
浜口隆一　225, 226, 267
浜田　稔　223, 266
林　羅山　148
半谷哲夫　201
　ヒ
土方成美　32
肥田浜五郎　18, 150
平尾　収　206
平賀　譲　21, 30, 31, 137, 271
平島良一　132
平田鉄胤　148
平田森三　214, 259
広井　勇　155
　フ
ファビウス中佐　12
フェロノサ，アーネスト・F　154
福沢諭吉　19, 171
福田節雄　126
福田武雄　64, 140, 267, 273, 297, 298, 331
福富禮治郎　244, 251, 260, 283
藤井俊雄　74
藤島亥治郎　223
藤田隆史　317
藤原銀次郎　28
古市公威　11, 165, 167, 168
古川　修　227
ブルック，ジョン・M　14
フルベッキ，ギド　152
　ヘ
ペリー　5
ベル，アレキサンダー・グラハム　304

ホ

星合正治　65, 74, 122, 126, 133, 135, 217
星野昌一　225
細川泰嗣　198
穂積重遠　35
堀　正人　58
堀内清治　227, 306
本多健一　244
本多光太郎　317

マ

前川國男　224, 266
前島　密　162
マーシャル　4
町田良治　198
マッカーサー元帥　111
松下幸雄　322
的場　中　167
丸安隆和　203, 257, 269
マレー，デビッド　163

ミ

三浦梅園　168, 169
三木五三郎　64, 73, 244, 248, 269, 299
三田勝茂　196, 198, 218, 228, 280
箕作秋坪　148
光吉健次　227
南方熊楠　168
南　清　9
峰岸泰夫　227
宮崎　仁　198, 287, 304
宮部金吾　155
三好晋六郎　167
ミルン　5
三輪雅久　227

ム

武藤義一　72
武藤　清　263
村松貞次郎　223, 226, 227, 264, 305

モ

茂木武雄　72
モース，エドワード　154
元岡　達　260

森　有礼　10
森　荘三郎　33
森　毅　352
森園正彦　198, 218, 219, 291
森脇義雄　261
モレル，エドモンド　1, 154, 164

ヤ

八十島義之助　273
柳川　昇　45
山尾庸三　3, 4, 10, 162, 164
山口楠雄　259
山口開生　74, 86, 198, 219
山田　稔　198, 212
山田嘉昭　227, 244, 275, 295
山根　孟　201, 244, 251, 253, 257, 298
山野正登　208
山内恭彦　61, 114, 269, 275
山本学治　226
山本卓眞　63, 85, 196, 198, 213, 218, 228, 244, 251, 255, 260, 269, 279, 295, 307, 336, 339, 346

ヨ

横井小楠　152, 153
横井秀俊　260
吉川圭二　251, 262, 299
吉田松陰　156, 275
吉田秀雄　227
吉村　恆　201

ラ

ランキン　4

レ

レイケン，ペルス　152

ワ

若林　実　226
脇村義太郎　32
渡瀬寅次郎　155
渡辺　亮　209, 291
渡辺一夫　276
渡辺　要　224, 225, 266, 281
渡邊洪基　164, 167
渡辺守之　198

編者略歴

大山達雄（おおやま・たつお）
 1945 年　栃木県芳賀郡に生まれる
 1969 年　東京大学工学部計数工学科卒業
 1977 年　コーネル大学大学院工学部博士課程修了（Ph. D.）
　　　埼玉大学教養学部助教授，同大学院政策科学研究科教授，政策研究大学院大学教授などを経て
 現　在　政策研究大学院大学理事・副学長，政策研究科長，特別教授
 専門分野　オペレーションズリサーチ，数理計画法，数理モデル分析
 主要著書　『アルゴリズム』（情報処理実用シリーズ 6，丸善，1989），『最適化モデル分析』（日科技連出版，1993），『パワーアップ離散数学』（共立出版，1997），『公共政策と OR』（共著，朝倉書店，2002），『公共政策評価の理論と実際』（編著，現代図書，2006），『公共政策 OR ハンドブック』（監訳，朝倉書店，2007）ほか

前田正史（まえだ・まさふみ）
 1952 年　和歌山県田辺市に生まれる
 1976 年　東京大学工学部金属工学科卒業
 1981 年　東京大学大学院工学系研究科博士課程修了，工学博士
　　　東京大学生産技術研究所講師・助教授・教授・所長などを経て
 現　在　東京大学理事・副学長，東京大学生産技術研究所教授
 専門分野　循環材料学，材料熱力学，素材プロセス工学，環境科学
 主要著書　『Beyond Innovation——「イノベーションの議論」を超えて』（編著，丸善プラネット，2009），『ベースメタル枯渇——ものづくり工業国家の金属資源問題』（共著，日本経済新聞出版社，2011），『エネルギー資源データブック』（共編，オーム社，2013）ほか

東京大学第二工学部の光芒——現代高等教育への示唆
2014 年 3 月 19 日　初　版

［検印廃止］

編　者　大山達雄・前田正史
発行所　一般財団法人　東京大学出版会
　　　　代表者　渡辺　浩
　　　　153-0041　東京都目黒区駒場 4-5-29
　　　　電話 03-6407-1069　FAX 03-6407-1991
　　　　振替 00160-6-59964
印刷所　株式会社三秀舎
製本所　誠製本株式会社

Ⓒ2014　Tatsuo Oyama, Masafumi Maeda, *et al.*
ISBN 978-4-13-066810-1　Printed in Japan

JCOPY　〈(社)出版者著作権管理機構　委託出版物〉
本書の無断複写は著作権法上での例外を除き禁じられています．複写される場合は，そのつど事前に，(社)出版者著作権管理機構（電話 03-3513-6969，FAX 03-3513-6979, e-mail : info@jcopy.or.jp）の許諾を得てください．

吉川弘之
本格研究 A5判 296頁 / 3500円

吉川弘之・内藤　耕
「産業科学技術」の哲学 4/6判 216頁 / 2400円

堀井秀之
社会技術論　問題解決のデザイン A5判 288頁 / 3000円

池内克史・大石岳史 編著
3次元デジタルアーカイブ A5判 284頁 + DVD 1枚 / 4800円

吉澤　徹
流体力学 A5判 354頁 / 3800円

合原一幸・神崎亮平 編
理工学系からの脳科学入門 A5判 240頁 / 2800円

三村昌泰 編
現象数理学入門 A5判 216頁 / 3200円

駒込　武・川村　肇・奈須恵子 編
戦時下学問の統制と動員　日本諸学振興委員会の研究 A5判 800頁 / 12000円

ここに表示された価格は本体価格です．ご購入の際には消費税が加算されますのでご諒承ください．